Beck'sche Schwarze Reihe
Band 153

Bundesrepublik Deutschland – DDR
Die Wirtschaftssysteme

Soziale Marktwirtschaft
und Sozialistische Planwirtschaft
im Systemvergleich

Mit Beiträgen von
Hannelore Hamel, Rudolf Knauff, Helmut Leipold,
Reinhard Peterhoff und H. Jörg Thieme

Herausgegeben
von Hannelore Hamel

Vierte, überarbeitete und erweiterte Auflage

VERLAG C. H. BECK MÜNCHEN

Mit zahlreichen Tabellen und Übersichten im Text

CIP-Kurztitelaufnahme der Deutschen Bibliothek

Bundesrepublik Deutschland – DDR, die Wirtschaftssysteme:
soziale Marktwirtschaft u. sozialist. Planwirtschaft im
Systemvergleich / mit Beitr. von Hannelore Hamel ...
Hrsg. von Hannelore Hamel. – 4., überarb. u. erw. Aufl.
– München : Beck, 1983.
ISBN 3 406 09062 1

NE: Hamel, Hannelore [Hrsg.]; GT

ISBN 3 406 09062 1

4., überarbeitete und erweiterte Auflage. 1983
Einbandentwurf von Rudolf Huber-Wilkoff, München
© C. H. Beck'sche Verlagsbuchhandlung (Oscar Beck) München 1977
Satz: Georg Appl, Wemding – Druck: aprinta, Wemding
Printed in Germany

Inhalt

Vorwort zur ersten Auflage 11
Vorwort zur vierten Auflage 14

Erster Teil
Gesellschaftstheoretische Fundierung der Wirtschaftssysteme
(Helmut Leipold)

I. Planungs- und Eigentumsordnung als konstitutive Ordnungsformen 17

II. Die liberale Gesellschaftstheorie 22
   1. Der klassische Liberalismus 22
   2. Der Neoliberalismus 31

III. Die Konzeption der Sozialen Marktwirtschaft 35
   1. Konzeptionelle Grundzüge und Einflüsse 35
   2. Ansatzpunkte der Kritik 38

IV. Die marxistisch-leninistische Gesellschaftstheorie 46
   1. Begründung der sozialistischen Eigentumsverhältnisse . . . 47
   2. Begründung der sozialistischen Planwirtschaft 49
   3. Ansatzpunkte der Kritik 54

Zweiter Teil
Ordnungspolitische Gestaltung der Wirtschaftssysteme
(Hannelore Hamel)

I. Ordnungspolitische Grundentscheidung nach 1945 . . . 61
   1. Die Spaltung Deutschlands 61
   2. Die Neuordnung der Wirtschaft 65

		3. Marktwirtschaft – Zentralverwaltungswirtschaft	67
		4. Wirtschaftspolitische Funktionen des Staates	71
II.	Der Aufbau der Wirtschaftssysteme in den fünfziger Jahren		73
		1. Planungs- und Koordinationssysteme	74
		2. Eigentums- und Unternehmensordnungen	77
		3. Geld- und Bankensysteme	80
		4. Staat und Wirtschaft	82
III.	Wirtschaftspolitische Kurswechsel in den sechziger Jahren		84
		1. Stabilisierungspolitik in der Bundesrepublik	85
		2. Ökonomisierungspolitik in der DDR	89
IV.	Neue wirtschaftspolitische Herausforderungen in den siebziger Jahren		94
		1. Wirtschafts- und sozialpolitische Neuorientierung in der Bundesrepublik	94
		2. Intensivierung und Rezentralisierung in der DDR	101
V.	Ordnungsgestaltung und wirtschaftspolitisches Zielsystem		110

Dritter Teil
Die Funktionsmechanismen der Wirtschaftssysteme
(Rudolf Knauff)

I.	Planung und Koordination der Wirtschaftsprozesse	116
	1. Was hat der Koordinationsmechanismus zu leisten?	116
	2. Koordination durch Märkte und Preise in der Bundesrepublik Deutschland	120
	3. Koordination durch zentrale Planung und Bilanzierung in der DDR	128
	a) Die „planmäßige proportionale Entwicklung" der Volkswirtschaft	128
	b) Ablauf und Inhalt der Planung	129
	c) Die Bilanzierung als Koordinationsmechanismus	141

II. Leistungsanreize und Kontrollen 151
  1. Anreize und Kontrollen durch Wettbewerb in der Bundesrepublik Deutschland 152
    a) Grundmuster des Wettbewerbs 152
    b) Typische Varianten des Wettbewerbs 155
    c) Tendenzen zur Beschränkung und Aufhebung des Wettbewerbs 157
    d) Wettbewerbspolitik 164
  2. Anreize und Kontrollen durch ökonomische Hebel in der DDR 167
    a) Unwirtschaftlichkeiten als Folge von Interessengegensätzen 167
    b) Anreize und Kontrollen durch Fondsbildung und Abgaben an den Staatshaushalt 173
    c) Mangelnde Aussagefähigkeit des Preissystems 180
    d) Verschärfung der administrativen Kontrollen 184
III. Prinzipien der Einkommensverteilung 186
  1. Einkommensverteilung in der Bundesrepublik Deutschland 186
  2. Einkommensverteilung in der DDR 193

Vierter Teil
Planversagen versus Marktversagen
(Helmut Leipold)

I. Alternative Allokationssysteme in Wirtschaft und Politik 199
  1. Politökonomische Allokationssysteme der Bundesrepublik Deutschland 200
  2. Das einheitliche Allokationssystem der DDR 203
II. Private und öffentliche Güterversorgung 207
  1. Marktversagen – Planversagen 207
  2. Private Güterversorgung und Marktversagen 208
  3. Private Güterversorgung und Planversagen 210
  4. Öffentliche Güterversorgung in Marktwirtschaften 212
  5. Öffentliche Güterversorgung in Planwirtschaften 215

III. Umweltprobleme und technischer Fortschritt 218
   1. Externe Effekte als systemindifferentes Problem 218
   2. Zurechnung externer Effekte in Marktwirtschaften 221
   3. Zurechnung externer Effekte in Planwirtschaften 227
   4. Vergleich der Umweltbelastungen und umweltpolitischen Maßnahmen 234
   5. Ressourcenknappheit und technische Fortschritte 243
   6. Wirtschaftlich-technische Leistungsfähigkeit der Marktwirtschaft 246
   7. Wirtschaftlich-technische Leistungsfähigkeit der Planwirtschaft 250

Fünfter Teil
Gesamtwirtschaftliche Instabilitäten: Erscheinungsformen, Ursachen und Konzepte ihrer Bekämpfung
(H. Jörg Thieme)

I. Die Systemindifferenz gesamtwirtschaftlicher Stabilitätsziele 262
II. Diagnose gesamtwirtschaftlicher Instabilitäten 266
III. Ursachen gesamtwirtschaftlicher Instabilitäten 284
IV. Instrumente und Wirkungsprobleme der Stabilitätspolitik 298
   1. Konzepte und Träger der Stabilitätspolitik 298
   2. Stabilisierung durch Finanzpolitik 301
   3. Stabilisierung durch Geldpolitik 311
   4. Stabilisierung durch Außenwirtschaftspolitik 322
V. Kritik der Stabilitätskonzepte und Lösungsansätze 328

Sechster Teil
Sozialpolitik – Rahmenbedingungen und Strukturen
(Reinhard Peterhoff)

I. Der Ursprung moderner Sozialpolitik in Deutschland . . 338
II. Gesellschaftlicher und ökonomischer Bezug sozialpolitischen Handelns 339

   1. Sozialethische Aspekte der Sozialpolitik 341
   2. Ordnungspolitische Aspekte der Sozialpolitik 347

III. Organisation und Leistungsstruktur sozialpolitischer Instrumente 356
   1. Organisation 356
   2. Finanzierung 366
   3. Leistungsstruktur 369

IV. Wirtschafts- und gesellschaftspolitische Wirkungen sozialpolitischen Handelns 376

Anmerkungen 385

Abkürzungen 427

Die Autoren 429

Vorwort zur ersten Auflage

Ausgehend von der zunehmenden Kritik am marktwirtschaftlichen System und der damit verbundenen Forderung nach „Systemveränderung" und „Systemüberwindung", ist die ordnungspolitische Diskussion über alternative Wirschafts- und Gesellschaftssysteme in den vergangenen Jahren in der Bundesrepublik Deutschland immer stärker in den Vordergrund gerückt. In politischen Debatten, Hochschulseminaren, Lehrerfortbildungskursen und auch in Schülerdiskussionen wuchs das Interesse, die Gestaltungsprinzipien anderer Systeme kennenzulernen, ihre Funktionsmechanismen zu begreifen und sie hinsichtlich ihrer ökonomischen und sozialen Wirkungen zu vergleichen. Nicht selten – und aus deutscher Sicht verständlich – konzentrierten sich solche Diskussionen auf die Frage, worin sich „Sozialistische Planwirtschaft" und „Soziale Marktwirtschaft" – wie die Wirtschaftssysteme der DDR und der Bundesrepublik Deutschland in ihrem jeweiligen Selbstverständnis genannt werden – unterscheiden, ob und inwieweit das eine System dem anderen überlegen sei. Hat sich die von Ulbricht 1970 verkündete Prognose, die DDR werde die Bundesrepublik „überholen ohne einzuholen", inzwischen bestätigt? – Auch heute noch werden solche Fragen oft vorschnell beantwortet, sei es mit dem Hinweis auf den nach wie vor höheren Lebensstandard in der Bundesrepublik, sei es mit der These, die DDR-Wirtschaft werde planmäßig und bewußt nach „gesellschaftlichen Erfordernissen" gestaltet. Diskussionen dieser Art bleiben unbefriedigend, solange die Kenntnisse über die Funktionsweisen der beiden Wirtschaftssysteme unzureichend sind.

Auch quantitative Vergleiche einzelner volkswirtschaftlicher Größen wie Sozialprodukt, Nationaleinkommen, Arbeitsproduktivität oder Kapitaleffizienz sind wenig geeignet, die grundlegenden Unterschiede der beiden Systeme deutlich zu machen. So wichtig solche Vergleiche auch sind – ihre Aussagekraft ist, zumindest gegenwärtig noch, erheblich eingeschränkt aufgrund methodischer Mängel (z. B. unterschiedlicher Abgrenzung und Berechnung der einzelnen Größen), aufgrund statistischer Unzulänglichkeiten (z. B anderer Erhebungsmethoden und Nichtveröffentlichung von Primärstatistiken in der DDR) und nicht zuletzt aufgrund der kaum quantifizierbaren Qualitätsunterschiede der Produkte und Produktionsmittel.

Eine andere Möglichkeit des Vergleichs besteht in der detaillierten Nachzeichnung der Strukturen beider Wirtschafts- und Gesellschaftssysteme und der Entwicklung ihrer Teilbereiche. Ein solcher empirisch-deskriptiver Ansatz liegt beispielsweise den vom Bundesministerium für innerdeutsche Beziehungen herausgegebenen „Materialien zum Bericht zur Lage der Nation" und den Veröffentlichungen des Deutschen Instituts für Wirtschaftsforschung Berlin zugrunde, auf die in den Beiträgen dieses Bandes zurückgegriffen werden konnte.

Die Einsicht, daß Einzelfakten ihren Stellenwert erst im Systemzusammenhang erhalten, prägt den systemvergleichenden Ansatz, der in diesem Band gewählt wurde: Ausgangspunkt der Beiträge ist die Frage nach der Ordnungsbeschaffenheit der beiden Wirtschaftssysteme, den hieraus resultierenden Funktionsmechanismen und den jeweiligen wirtschaftspolitischen Gestaltungsproblemen. Mit diesem ordnungstheoretischen Ansatz wird versucht, die ökonomische Qualität der beiden Allokations- und Distributionssysteme herauszuarbeiten und deren Unterschiede aus den in ihnen wirksamen ordnungsbedingten Interessenlagen der wirtschaftenden Menschen sowie aus den jeweiligen Systemen der Leistungsanreize und Kontrollen zu erklären.

Diesem Anliegen folgend, wird zunächst der Frage nachgegangen, welche ordnungspolitischen Konzeptionen den beiden Wirtschaftssystemen zugrunde liegen und wie sie gesellschaftstheoretisch fundiert sind (1. Teil). Daran anschließend wird die Einführung der „Sozialen Marktwirtschaft" und der „Sozialistischen Planwirtschaft" im Nachkriegs-Deutschland beschrieben und deren Entwicklung bis zur Gegenwart in groben Zügen nachgezeichnet (2. Teil). Vor diesem Hintergrund werden die Gestaltungsprinzipien und Funktionsmechanismen der beiden Systeme analysiert, wobei vor allem der den Planungs- und Koordinationssystemen immanente Rechnungszusammenhang aufgezeigt wird und die in der Bundesrepublik und in der DDR jeweils realisierten Leistungsanreize und Kontrollen untersucht werden (3. Teil). Wie sich hierbei zeigt, sind in beiden Systemen Probleme aktuell, die von den ökonomischen Funktionsmechanismen nicht ohne weiteres erfaßt werden, aber dennoch im Interesse übergreifender Ziele wirtschaftspolitisch zu lösen sind. Dies gilt z.B. für die sogenannten öffentlichen Güter wie Bildung, Verteidigung u.a. oder für „externe Effekte" wie Umweltverschmutzung (4. Teil), und es gilt in besonderem Maße für die makroökonomischen Instabilitäten, die sich – trotz gegenteiliger Behauptungen – auch für die „Sozialistische Planwirtschaft" der DDR nachweisen lassen (5. Teil). In beiden Systemen wird ein Schwerpunkt staatlicher Aktivität in der Sozialpolitik gesehen – in der Bundesrepublik als Ergänzung und Korrektur der marktbedingten, in der DDR der zentralgeplanten Einkommensverteilung (6. Teil).

Die Autoren sind sich bewußt, daß auch der hier gewählte Ansatz nur Teilantworten zuläßt – allein schon deshalb, weil wichtige Problemfelder wie etwa die innerbetrieblichen Entscheidungs- und Arbeitsprozesse zugunsten anderer zurücktreten mußten; die Auswahl scheint jedoch dadurch gerechtfertigt, daß die systemvergleichende Analyse makroökonomischer Prozesse noch weitgehend Neuland darstellt und neue Wege des Systemvergleichs erschließt. Alle Beiträge sind aus dem Bemühen heraus geschrieben, die systemvergleichende Diskussion zu versachlichen und speziell in der innerdeutschen Auseinandersetzung eine Orientierung an wissenschaftlich begründeten Argumenten zu ermöglichen. Die Verfasser folgen damit einem besonderen Anliegen ihres früheren Lehrers, Professor Dr. K. Paul Hensel, der dieses Projekt noch kurz vor seinem Tode am 20. April 1975 initiiert hat.

Marburg, Juli 1977　　　　　　　　　　　　　　　　Hannelore Hamel

Vorwort zur vierten Auflage

Der ersten, 1977 erschienenen Auflage dieses Bandes sind 1978 eine unveränderte und 1979 eine nur geringfügig aktualisierte Auflage gefolgt. Für die nun vorliegende vierte Auflage war jedoch eine gründliche Überarbeitung der Beiträge notwendig. Zunehmende Funktionsmängel, verstärkte binnenwirtschaftliche Anpassungsschwierigkeiten, neuartige außenwirtschaftlich verursachte Probleme und die Suche nach geeigneten Lösungen bestimmten in den vergangenen Jahren die wirtschafts- und gesellschaftspolitischen Bemühungen in der Bundesrepublik Deutschland ebenso wie in der DDR. In der Bundesrepublik führte der Ausbau des Sozialstaates bei gleichzeitig erlahmendem Wirtschaftswachstum und steigender Arbeitslosigkeit zur ordnungspolitischen Neuorientierung; in der DDR nahmen – infolge der Energie- und Ressourcenverknappung – die systembedingten Unwirtschaftlichkeiten gravierend zu, die man durch eine tiefgreifende Reform der gesamten Lenkungs- und Unternehmensorganisation zu beheben versuchte. Diese institutionellen und wirtschaftspolitischen Veränderungen waren in den einzelnen Beiträgen dieses Bandes zu berücksichtigen und in die Analysen einzubeziehen.

Gegenüber den früheren Auflagen geht demzufolge der erste Teil (H. Leipold) stärker auf die vor allem in der Bundesrepublik zu beobachtende wachsende Diskrepanz zwischen ordnungspolitischem Leitbild und konkreter Wirtschaftspolitik ein. Der zweite Teil (H. Hamel) verfolgt die wirtschaftliche Entwicklung der Bundesrepublik und der DDR bis in die neueste Zeit und verdeutlicht, inwieweit die Wirtschaftssysteme beider Länder in den vergangenen Jahren ordnungspolitisch umgestaltet wurden. Mit den Auswirkungen der jüngsten wirtschaftspolitischen Entwicklung auf den marktwirtschaftlichen wie auf den zentralgeplanten Funktionsmechanismus befaßt sich der dritte Teil (R. Knauff); hierbei werden besonders die Ende der siebziger Jahre in der DDR vollzogene Umgestaltung der Leitungs- und Unternehmensorganisation sowie deren Wirkungen auf die Planungs-, Anreiz- und Kontrollsysteme untersucht. Der vierte Teil (H. Leipold) ist um eine Analyse der immer drängender werdenden Probleme des Umweltschutzes und der Ressourcenknappheit erweitert worden, und zwar speziell im Hinblick auf die Frage, welche Bedeutung dem technischen Fortschritt bei der Lösung dieser Probleme unter den jeweiligen Bedingungen der Markt- bzw. Plankoordination beizumessen ist. Daß in beiden Systemen das Ausmaß gesamtwirtschaftlicher Instabilitäten Ende der siebziger Jahre eher zu- als abgenommen hat, wird im fünften Teil (H. J. Thieme) empirisch belegt sowie auf Ursachen und Bekämpfungsmöglichkeiten hin überprüft. Der sechste Teil (R. Peterhoff) setzt sich schließlich mit den immer deutlicher gewordenen Problemen der Ausweitung sozialpolitischer Aktivitäten auseinander, wobei die Zusammenhänge zwischen Sozialkonsum und wirtschaftlicher Leistungsfähigkeit für beide Systeme dargelegt werden.

Insgesamt lassen die in den Beiträgen aufgezeigten Reformen der vergangenen Jahre deutliche Akzentverschiebungen in der Wirtschaftspolitik beider Länder erkennen, ohne daß hierdurch die eingangs erwähnten Probleme gelöst werden konnten. Die Behebung der nach wie vor bestehenden systemimmanenten Funktionsmängel macht in der Bundesrepublik wie in der DDR eine konsistentere Ausgestaltung der Wirtschaftsordnung und eine stärkere konzeptionelle Orientierung der Wirtschaftspolitik notwendig, will man den internen und externen Herausforderungen der achtziger Jahre wirksam begegnen.

Marburg, Juni 1982　　　　　　　　　　　　　　　　　Hannelore Hamel

Erster Teil

Gesellschaftstheoretische Fundierung der Wirtschaftssysteme

Helmut Leipold

I. Planungs- und Eigentumsordnung als konstitutive Ordnungsformen

Menschliches Zusammenleben ist ordnungsbedürftig und ordnungsabhängig. Dieser Zusammenhang gilt sowohl für primitive als auch industriell hochentwickelte Gesellschaften. Ordnung wird hierbei verstanden als Gesamtheit der Regeln, welche bestimmte Verhaltensweisen ge- oder verbieten. Indem Menschen ihre Handlungen freiwillig oder unfreiwillig an Regeln orientieren, wird der potentielle Verhaltensraum eingeengt, das Verhalten wird also „regelmäßig", d.h. geordnet. Regeln selektieren Handlungen und ermöglichen so eine Handlungsordnung mit relativ stabilen Verlaufsmustern.

Die Regeln können spontan gewachsen sein oder auch bewußt gesetzt werden; sie können in Form von ungeschriebenen Werten, Normen, Institutionen, Sitten und Gebräuchen oder in Gesetzen oder Verordnungen, also in Rechtsverfassungen ihren Ausdruck finden. Die Gesamtheit der Regeln, die das wirtschaftliche Verhalten formen, konstituiert die Wirtschaftsordnung.

Der Begriff der Wirtschaftsordnung wird in der Literatur nicht einheitlich definiert. Bei Hensel umgreift – im Anschluß an Eucken – eine Wirtschaftsordnung neben der Gesamtheit der Regeln, die als sittliche und rechtliche Gebilde erfaßt werden, noch das morphologische Gebilde. Diesem Gebilde werden verschiedene Ordnungsformen, wie z. B. Formen der Planung, des Eigentums, der Unternehmung, der Preisbildung und der Geldversorgung zugerechnet.[1] Die verschiedenen Gebilde können nur analytisch unterschieden werden, denn die morphologischen Formen werden ihrerseits durch Regeln sozialer und rechtlicher Art begründet.

Da Wirtschaftsordnungen äußerst komplexe Gebilde sind, in die sowohl die Regeln verschiedener gesellschaftlicher Teilbereiche und Teilverfassungen als auch verschiedene Ordnungsformen einzubeziehen sind, wird der Versuch einer nur annähernd vollständigen Beschreibung und Systematik zu einem umfangreichen und komplizierten Unterfangen. Allerdings sind nicht alle Regeln und Elemente von gleicher Ordnungskraft. Besondere Bedeutung haben jene Regeln, welche die Planungs- oder Lenkungsordnung und die Eigentumsordnung konstituieren. Im Ansatz der morphologischen Ordnungstheorie werden bezüglich der Planungsordnung die beiden Grundformen der dezentralen und der zentralen Planung der Wirtschaftsprozesse, bezüglich der Eigentumsordnung die Formen des Privat- und des Kollektiveigentums, unterteilt in Staats- und Gesellschaftseigentum, unterschieden. Eine exakte Trennung zwischen den beiden Teilordnungen erweist sich jedoch bei näherer Betrachtung als schwierig. Werden Eigentumsrechte ihrem ökonomischen Gehalt nach als ein Bündel von Verfügungs- und Nutzungsrechten verstanden, so umgreift dieses Bündel auch das Recht, bei der Planung über Sachen verfügen oder sie nutzen zu können. Eigentumsrechte beinhalten also zugleich Planungsrechte, und Planungsrechte sind zugleich Ausdruck von Eigentumsrechten. Ungeachtet solcher Verflechtungen werden im folgenden beide Teilordnungen getrennt, da sie jeweils auf verschiedene Handlungsebenen bezogen sind. Die Planungs- oder Lenkungsordnung regelt primär die Art und Weise der Koordination wirtschaftlicher Entscheidungen von Millionen Wirtschaftseinheiten, während die Eigentumsordnung primär die Entscheidungsbereiche der einzelnen Wirtschaftseinheiten regelt. Eigentumsrechte sind ihrer begrifflichen Fassung nach Ausschließungsrechte; sie gewähren einzelnen Personen das Recht zur Bearbeitung, zum Verbrauch, zum Genuß des Ertrags und zur Übertragung vermögenswerter Objekte, somit ein Bündel von exklusiven Verfügungsrechten.[2] Diese Rechte können auf verschiedene Personen verteilt sein, so daß das Bündel der Rechte auch von mehreren Personen wahrgenommen werden kann. Immer aber müssen die Verfügungsrechte bestimmten Personen zugerechnet werden, ein Erfordernis, das sich auch bei kollektivem Eigentum stellt. Jedermanns Eigentum ist niemandes Eigentum.

Indem Eigentumsrechte Beziehungen zwischen Personen und Objekten (Sachen) abgrenzen und einen einzelwirtschaftlichen, von Einwirkungen anderer freien Entscheidungsraum definieren, werden gleichzeitig auch Verhaltensbeziehungen zwischen Personen rechtlich vorgeformt und sanktioniert, ohne dabei jedoch die Art und Weise der Abstimmung von Entscheidungen vorzuschreiben. Diese Regelung erfolgt im wirtschaftlichen Teilbereich durch die Planungs- und Lenkungsordnung. Sind die Planungskompetenzen den Einzelwirtschaften, also Betrieben und Haushalten, zugeordnet und werden deren Entscheidungen über Märkte und Preise abgestimmt, so handelt es sich um ein System dezentraler Planung oder eine marktwirtschaftliche Ordnung. Werden dagegen die Planungskompetenzen zentralisiert, also einer zentralen Instanz zugeordnet und Entscheidungen vermittels der Bilanzierungsmethode koordiniert, so spricht man von einem System zentraler Planung der Wirtschaftsprozesse.

Die Planungs- und Eigentumsordnung standen seit jeher und stehen immer noch im Mittelpunkt gesellschaftstheoretischer Konzeptionen und ideologischer Auseinandersetzungen. Ihre Bedeutung als Bauprinzipien der Wirtschafts- und Gesellschaftsordnung kommt in den gebräuchlichen Kurzformeln von Ordnungen wie z.B. privatwirtschaftliche, soziale oder kapitalistische Marktwirtschaft einerseits und sozialistische, staatliche oder zentrale Plan- und Verwaltungswirtschaft andererseits zum Ausdruck.

Im folgenden soll versucht werden, die wichtigsten Argumente zusammenzustellen, mit denen die Wirtschaftsordnung der Bundesrepublik Deutschland, die durch überwiegendes Privateigentum an den Produktionsmitteln im Verein mit marktwirtschaftlicher Koordination charakterisiert ist, und die der DDR, die durch überwiegendes Staatseigentum im Verein mit zentraler Planung und Bilanzierung der Prozesse geprägt wird, begründet werden. Beiden Wirtschaftsordnungen liegen jeweils bestimmte gesellschaftstheoretische Konzeptionen im Sinne von Leitbildern oder Grundzielen zugrunde. Es ist daher zweckmäßig, die Leitbilder im Selbstverständnis der Gesellschaftstheorien zunächst darzustellen und anschließend kritisch zu würdigen.

Dieses Vorhaben ist bezüglich der DDR-Wirtschaftsordnung relativ einfach, da hier in der marxistisch-leninistischen Theorie eine einheitliche und in sich geschlossene Theorie vorliegt. Dagegen ist im Fall der bundesrepublikanischen Wirtschaftsordnung eine ähnlich geschlossene gesellschaftstheoretische Fundierung nicht auszumachen.

Die Geschlossenheit bzw. Offenheit in der gesellschaftstheoretischen oder weltanschaulichen Fundierung der Wirtschaftsordnungen finden interessanterweise in den jeweiligen Verfassungen beider Länder ihren Ausdruck, in denen die Baupläne der Wirtschaftsordnungen vorgezeichnet sind. Die entsprechenden Artikel der Verfassung der DDR lassen keine Unklarheiten aufkommen, wie die Wirtschaft zu gestalten ist. In Artikel 9 Absatz 1 ist festgelegt, daß die Volkswirtschaft der DDR auf dem sozialistischen Eigentum an Produktionsmitteln beruht. Gemäß Absatz 3 des Artikels 9 ist die Volkswirtschaft eine sozialistische Planwirtschaft, in der zentrale staatliche Leitung und Planung der Grundfragen der gesellschaftlichen Entwicklung mit der Eigenverantwortung der örtlichen Staatsorgane und Betriebe sowie der Initiative der Werktätigen verbunden ist.[3] Diese und weitere Verfassungsregelungen legen somit eindeutig eine zentralistische Ausgestaltung der DDR-Wirtschaftsordnung fest. Auf die den Regelungen zugrunde liegenden Begründungen kommen wir an späterer Stelle zurück.

Dagegen sind die entsprechenden Regeln über die Gestaltung der Wirtschaftsordnung in der Verfassung der Bundesrepublik Deutschland weniger eindeutig, was als sichtbarer Ausdruck der offenen und pluralen gesellschaftlichen Fundierung gewertet werden kann. Das ordnungspolitische Leitbild wird von verschiedenen geistigen Strömungen wie z.B. der christlichen Soziallehre, dem klassischen Liberalismus und Ordoliberalismus sowie dem freiheitlichen Sozialismus geprägt.

Das Grundgesetz bestimmt lediglich die Eigentumsordnung, während die Planungsordnung im Sinne einer wettbewerblich geordneten Marktwirtschaft nicht ausdrücklich erwähnt und geboten wird. Nach Artikel 14 Absatz 1 werden das Eigentum und das Erbrecht gewährleistet, wobei Inhalt und Schranken durch Gesetz bestimmt werden. Nach Absatz 2 soll der Gebrauch des Eigentums zugleich dem Wohle der Allgemeinheit dienen. Artikel 15 sieht sogar vor, daß Grund und Boden, Naturschätze und Produktionsmittel zum Zwecke der Vergesellschaftung durch Gesetz und per Entschädigung in Gemeineigentum überführt werden können.[4] Diese sehr offene Regelung der Eigentumsrechte ist vor allem im Kontext der Entstehungsgeschichte des Grundgesetzes zu verstehen und Ausdruck der Konkurrenz und des Kompromisses zwischen liberalen und sozialistischen Strömungen. Die Formulierungen vermitteln zugleich ein Bild über die Unsicherheit der Verfassungsväter bezüglich der wünschenswerten Wirtschaftsordnung und bieten Raum für spätere Ausgestaltung. Das Bundesverfassungsgericht hat mit seiner Interpretation des Artikels 14 diese Lücke geschlossen und dem Gesetzgeber die Richtung der Ausgestaltung gewiesen. Das Privateigentum wird darin als elementares Grundrecht gewertet, das in einem inneren Zusammenhang mit der Garantie der persönlichen Freiheit stehe.[5] Dieses Urteil ist sowohl in der Wortwahl als auch in der Gesinnung Ausfluß liberaler Grundwerte. Das Eigentum wird als Garant eines persönlichen Freiheitsraums bestimmt, der eine autonome, dem Zugriff der öffentlichen Gewalt entzogene Lebensgestaltung ermöglichen soll.

Mit dieser den Ideen der liberalen Gesellschaftstheorie entliehenen Interpretation des Eigentumsrechts hat das Bundesverfassungsgericht gleichzeitig eine Vorentscheidung für die Planungs- und Lenkungsordnung getroffen, ohne es explizit formuliert zu haben. Der Streit der Lehrmeinungen, ob das Grundgesetz neutral sei gegenüber der Planungs- und Lenkungsordnung oder aber eine marktwirtschaftliche Ordnung nicht nur ermögliche, sondern sogar gebiete, verliert vor dem Hintergrund der bundesverfassungsgerichtlichen Interpretation des Artikels 14 und der Sinnentfaltung anderer Grundrechte an Plausibilität.[6] Sollen persönliche Freiheitsrechte zur autonomen Lebensgestaltung und andere elementare Grundrechte gewährleistet sein und bleiben, kann nur eine prinzipiell dezentralisierte, also marktwirtschaftliche Lenkungsordnung verfassungskonform sein, wobei allerdings ein breiter Gestaltungsraum für wirtschafts- und sozialpolitische Eingriffe und Korrekturen verbleibt. Auszuschließen ist eine zentrale staatliche Planung der Wirtschaftsprozesse, denn sie würde, wie Hensel nachgewiesen hat, die Grundrechte des Grundgesetzes sinnentleeren und aufheben.[7] Insoweit ist das Grundgesetz keineswegs neutral in bezug auf alternative Planungsordnungen.

Somit sind in den Verfassungen der Bundesrepublik Deutschland und, wie oben gezeigt wurde, auch der DDR die Baupläne für die jeweiligen Wirtschaftsordnungen vorgegeben. Hier ist es die privatwirtschaftliche, sozial eingebundene Marktwirtschaft, dort die sozialistische Planwirtschaft. Unter den verschiedenen, der marktwirtschaftlichen Konzeption zugrunde liegenden Leitbildern ist als tragende und ausschlaggebende Strömung der Liberalismus in seiner klassischen und neoliberalen Form anzusehen, der mit seinen beiden großen Leitbildern Freiheit und Wohlstand das eigentliche geistige Fundament einer privatwirtschaftlichen Ordnung lieferte und bis heute noch liefert.

II. Die liberale Gesellschaftstheorie

1. Der klassische Liberalismus

Der Liberalismus als geistige, politische und ökonomische Bewegung entwickelte sich im 17. Jahrhundert in England. Sein Grundanliegen gilt dem Nachweis, daß die Menschen aufgrund eigener Einsicht und Erfahrungen fähig sind, ihr gesellschaftliches Zusammenleben zu ordnen, ohne sich dabei irgendwelchen von „oben", also von Kirche, Staat, Fürsten oder anderen Obrigkeiten vorgegebenen Werten, Regeln und Institutionen unterwerfen zu müssen. Die liberale Gesellschaftstheorie entzündete sich an der Kritik des fürstlichen Absolutismus und entwickelte „die Gesetze einer emanzipierten Gesellschaft, die Konsequenzen der tatsächlichen, realen Handlungsfreiheit der Menschen".[8] Sie zielt auf den Nachweis, daß eine spontane, aufgrund von autonom handelnden Menschen zustande kommende, freie Ordnung nicht nur möglich, sondern darüber hinaus auch noch produktiver als eine zentral diktierte und kontrollierte Ordnung ist. Durch die Übertragung dieses Programms auf den wirtschaftlichen Bereich, was vor allem durch die liberalen Theoretiker des 18. Jahrhunderts geschah, war die Idee der Marktwirtschaft begründet.

Das liberale Verständnis des gesellschaftlichen Zusammenlebens geht von sehr realistischen Prämissen aus. Der Mensch wird als unvollkommenes Wesen akzeptiert, das als Träger unterschiedlicher Bedürfnisse primär seine je eigenen Interessen denkt und zu realisieren sucht. Um Erfolg zu haben, müsse er jedoch im Zusammenleben mit den Mitmenschen deren Interessen, Meinungen und Bewertungen berücksichtigen und sich an sie anpassen. Ein einzelner könne sich eine Gegenleistung nur verdienen, indem er anderen diene. Sein Verhalten gilt demnach nicht als wertvoll oder gut, wenn es idealen Normen und Zwecken entspricht, sondern es ist gut, wenn es von den Mitmenschen als wertvoll empfunden und akzeptiert wird. Die so durch unmittelbare soziale Kontrollen begründete spontane Ordnung des Zusammenlebens sei nicht nur produktiv, sondern sichere auch eine weitgehend freie und autonome Entfaltung der menschlichen Fähigkeiten. Folglich war man bestrebt, die Gesetze, welche die sozialen Austausch- und Integrationsprozesse regeln, und die Ordnungsbedingungen, unter denen diese Gesetze wirken können, zu bestimmen.

Vor dem Hintergrund dieses Vorhabens erfuhren die Institutionen des Privateigentums und des Marktes einen besonderen Stellenwert. Dies wird im Werk von John Locke (1632–1704) deutlich, der als der originäre Begründer der liberalen Gesellschaftstheorie anzusehen ist und der das liberale Eigentumsverständnis am nachhaltigsten beeinflußt hat. Weil Locke dem Menschen die Fähigkeit zutraut, sein eigenes Leben zu führen und eine Ordnung des Zusammenlebens – bereits im Naturzustand – aufzubauen, muß er ihn als freies und gleichberechtigtes Wesen anerkennen. Indem er jedem Menschen ein Eigentum an seiner eigenen Person zubilligt, rechnet er auch dessen Arbeit und das durch Arbeit Geschaffene dessen Eigentum zu. „Denn diese Arbeit ist das unbestreitbare Eigentum des Arbeitenden, und niemand außer ihm selbst kann ein Recht haben auf irgend etwas, was einmal mit seiner Arbeit verbunden ist."[9] Hier klingt bereits die liberale Norm an, daß der Schutz des Geschaffenen, des Eigentums also, identisch ist mit dem Schutz der Persönlichkeit und der autonomen Lebensgestaltung.

Nun sah Locke durchaus die sozialen Folgen der Eigentumsrechte; denn das natürliche Bestreben bestehe in der Vermehrung des Besitzes. Ungleicher Besitz werde so lange unproblematisch sein, solange für den Eigenbedarf gearbeitet werde und dieselbe Fülle an eigentumsfähigen Objekten den anderen bleibe, „wenn sie nur denselben Fleiß aufwenden wollten".[10] Erst das Aufkommen des Geldes und der arbeitsteiligen Tauschwirtschaft ermögliche große Vermögen in den Händen einzelner und daraus folgend auch soziale Unterschiede. Locke rechtfertigt das ungleiche Vermögen mit der Zustimmung der Menschen, Geld einzuführen, um so den Besitz dauerhaft zu machen und mehr zu verbrauchen und zu besitzen, als existentiell benötigt werde. Die Einsicht, daß große Vermögen Ausdruck der Tüchtigkeit seien und der Tüchtige das Recht habe, über die Arbeit weniger Tüchtiger zu disponieren, gebiete es, auch ungleiches Eigentum zu tolerieren und durch Gesetz zu schützen. Hierin wird bereits eine weitere liberale Grundnorm deutlich: Ungleiches Vermögen wird zugunsten ökonomischen Wohlstands akzeptiert, denn wer den Erwerbs- und Besitztrieb beschränke, beschneide damit auch die Aktivitäten der Tüchtigen und Fleißigen.

Mit der Lockeschen Prämisse, daß die Persönlichkeit und die persönliche Arbeit die originären Quellen von Eigentum und Werten seien, Eigentum an geschaffenen Werten also unlöslich mit dem Eigentum an Person und Arbeit verbunden sei, war eine äußerst wirksame, aber zwiespältige eigentumspolitische Legitimationsbasis gelegt worden.[11] Zwiespältig war dieser Ansatz deshalb, weil er einerseits geeignet war, feudale und absolutistische Privilegien, die nicht auf Leistung basierten, zu erschüttern und damit eine auf Leistung beruhende Gesellschaft zu begründen; insofern hatte er durchaus einen revolutionären Impetus. Zum anderen wurde damit die Arbeitswerttheorie begründet, die wiederum geeignet war, das Privateigentum in Frage zu stellen. Denn wie sollte die Forderung, daß Arbeit Eigentumsrechte verleihe – also alles das als je eigenes Eigentum zu gelten habe, worauf ein einzelner seine Arbeit verwende –, in Einklang gebracht werden mit dem von Locke selbst gebrauchten Beispiel, wonach der Torf, den der Knecht im Auftrag seines Herrn sticht, nicht sein eigenes, sondern seines Herrn Eigentum sei?[12] Der undifferenzierte Anspruch auf Eigentum aus Arbeit wird bei Locke dadurch relativiert, daß er von gleichen Chancen im Prozeß der Aneignung von vermögenswerten Objekten ausgeht und den erfolgreichen Eigentumserwerb als Ausdruck der Tüchtigkeit und des Fleißes wertet. Dem Tüchtigen stehe deshalb auch das Recht zur Disposition über die Arbeit anderer Menschen zu, die ihrerseits ihre Arbeitskraft gegen Entgelt veräußern können. Es liege im Interesse aller Gesellschaftsmitglieder, wenn der Tüchtige seine Fähigkeiten entfalten könne, weil dadurch der allgemeine Wohlstand gefördert werde. Die Zustimmung zu einer auf Leistung – im Verein mit Geld- und Marktverkehr – aufbauenden Gesellschaftsordnung verlange deshalb auch die Tolerierung ungleicher Besitzstände.

Es wundert nicht, daß Locke sich mit dieser Eigentumstheorie dem Vorwurf aussetzte, Anwalt des Besitzbürgertums zu sein. Marx bezeichnete ihn als Sensualist und Ökonom, „der die neue Bourgeoisie in allen Formen vertrat, die Industriellen gegen die Arbeiterklassen und die Paupers, die Kommerziellen gegen die altmodischen Wucherer, die Finanzaristokraten gegen die Staatsschuldner..."[13] Dabei ist interessant, daß die Marxsche Arbeitswerttheorie und die darauf aufbauende Mehrwert- oder Ausbeutungstheorie, die wiederum zur Negation des Privateigentums an

Produktionsmitteln führen, in direkter Nachfolge der Eigentumstheorie von Locke stehen. Wie Schlatter gezeigt hat, folgten Marx und andere sozialistische Theoretiker der Tradition der radikalen Interpreten der Naturrechtslehre, sie sind „loyal adherents" der von Locke begründeten Eigentumstheorie.[14]

Neben Locke gilt David Hume (1711–1776) als prominenter Vertreter der liberalen Gesellschaftstheorie. Anders als Locke begründet er das private Eigentum und dessen Schutz durch Rechtsregeln nicht mit dem naturrechtlich verankerten Recht auf Eigentum an der eigenen Person und der eigenen Arbeit, sondern mit dem gesellschaftlichen Nutzen dieser Institutionen. Die Herausbildung privater Eigentumsrechte erklärt er als Folge der allgemeinen Einsicht, daß die knappen Güter die wesentliche Quelle sozialer Konflikte und Störungen darstellten.[15] Deshalb seien die Menschen übereingekommen, die Güter aufzuteilen und das Eigentum wie auch das menschliche Zusammenleben dem Schutz vernünftiger Regeln zu unterwerfen. Zur Erläuterung dieser These diskutiert Hume alternative Bedingungen, bei denen die Institution des Eigentums überflüssig sei. Zunächst erübrigten sich solche Rechte im goldenen Zeitalter des allseitigen Güterüberflusses, in dem weder Interesse an einer Rechtsordnung noch an Eigentum bestehe. Dies gelte auch für eine Welt, die erfüllt sei von Freundschaft und Großmut. In dieser Welt, in der die Gesellschaft eine einzige Familie bilde, bestehe kein Bedürfnis nach Eigentum, und der Nutzen der Rechtsordnung hebe sich auf. Auch im anderen Extrem, einer Welt in Not mit dringendem Mangel an Gütern, wie sie sich z. B. in Zeiten einer Belagerung ergäbe, werde der Bedarf an Eigentumsregeln zugunsten des Willens zur Selbsterhaltung zurückgedrängt. Alle genannten Welten seien jedoch fiktive oder außergewöhnliche Zustände, denn der Mensch zeichne sich sowohl durch egoistische als auch altruistische Motive aus, die Natur und Ökonomie böten weder einen Zustand allseitigen Überflusses noch allergrößter Not. Unter diesen Bedingungen aber seien Eigentumsregelungen unentbehrlich und nützlich für die Allgemeinheit.

Wenn Einigkeit über die Institution des Eigentums und dessen

Schutz bestehe, stelle sich die Frage, wie und wem es zugeteilt werden solle. Das Vorhaben, die Besitztümer den höchsten Tugenden zuzuteilen, scheitert nach Hume an der Schwierigkeit, Tugenden zu erkennen, weil jeder die wahren Tugenden für sich beanspruche.[16] Die Zuteilung der Güter gemäß der Tugend wird daher als unpraktikable Regel abgelehnt. Genauso wenig praktikabel sei das Vorhaben, die Güter und Besitztümer gleichmäßig auf die Gesellschaftsmitglieder zu verteilen. Diese Regel sei zudem selbst bei inquisitorischer Überwachung, der die Tendenz zur Tyrannei innewohne, wirkungslos, denn die unterschiedlichen Fähigkeiten, Veranlagungen und Motive der Menschen würden eine Gleichverteilung sehr bald sprengen und nach einiger Zeit zu neuerlichen unterschiedlichen Besitzverhältnissen gemäß dem Leistungsprinzip führen. Deshalb müsse dieser Versuch scheitern, zumal er mit einer erheblichen Wohlstandsminderung verbunden sei.

Nach Hume sollte daher das Eigentum gemäß den Regeln der Okkupation, Akzession und Sukzession gebildet werden. Okkupation begründe Eigentumsrechte aufgrund der Bearbeitung und Inbesitznahme der Sache, Akzession durch den Zuwachs, der aus der besonderen Beziehung des Eigentümers zu seinem Eigentum resultiere, Sukzession durch Übergang des Eigentums nach dem Tod des Eigentümers auf die Erben.

Die Begründung der Eigentumsrechte bei Hume wurde hier etwas ausführlicher wiedergegeben, weil sie nahezu alle Aspekte der Eigentumsproblematik durchleuchtet. Wie Locke sieht Hume das Kernproblem im Bedingungsverhältnis zwischen Eigentumsregelung und einer nur der Herrschaft des Rechts unterworfenen freien Gesellschaft.

Seine Erklärung, private Eigentumsrechte beruhten auf der Einsicht, Auseinandersetzungen um knappe Güter zu kanalisieren, zu unterbinden und Rechtssicherheit zu stabilisieren, erinnert an neuere eigentumstheoretische Ansätze. Demsetz, ein maßgeblicher Repräsentant des „Property-Rights"-Ansatzes erklärt die Generierung privater Eigentumsrechte aufgrund geringerer Transaktionskosten, die bei der Internalisierung externer Effekte auf die betroffenen Entscheidungsträger entstehen (s. a. S. 219 ff.). Privates

Eigentum wird als dasjenige Instrument gesehen, das eine exakte Zurechnung der Entscheidungsfolgen auf die Betroffenen gewährleiste. Die enge Verknüpfung von Kompetenz und Verantwortung unterbinde ständige Verhandlungen und Streitigkeiten bei der Internalisierung externer Effekte.[17] Weil somit Entscheidungsfolgen und Risiko zurechenbar werden, sieht Streißler – in Anlehnung an die klassische liberale Eigentumstheorie – die Funktion der Privateigentumsordnung in „der Optimierung der durchschnittlichen wirtschaftlichen Entscheidung bei Unsicherheit."[18] Er fügt hinzu, daß die Vertreter der sozialistischen Eigentumstheorie, speziell Marx, dieses Problem nicht erkannt und beachtet hätten, worauf an späterer Stelle noch zurückzukommen sein wird.

Die liberalen Theoretiker sahen im Eigentum – neben seiner Funktion als Garant einer persönlichen Freiheitssphäre – vor allem ein Instrument, das den ökonomischen Wohlstand steigert. Das Wohlstandsziel rangiert hierbei vor dem Gerechtigkeitsziel, das gleichwohl nicht aus den Augen verloren wird. Es dominiert jedoch die Einsicht, daß nur das verteilt werden kann, was vorher produziert worden ist, so daß bei Nichtprivateigentum die Anteile am Sozialprodukt zwar möglicherweise gleichmäßiger verteilt werden können, dafür aber absolut kleiner ausfallen. Mises meint diesen Zusammenhang, wenn er das Grundanliegen des ökonomischen Liberalismus als Nachweis interpretiert, „daß die sozialistische Gesellschaftsordnung weniger geeignet sei, Wohlstand für alle zu schaffen als die kapitalistische."[19]

Locke und Hume, die als wichtige Repräsentanten des klassischen Liberalismus herausgegriffen wurden, haben das liberale Eigentumsverständnis nachhaltig geprägt. Indem sie die Möglichkeit einer freien, allein durch Recht und nicht durch obrigkeitliche Willkür geregelten Ordnung des menschlichen Zusammenlebens aufzeigten, begründeten sie zugleich die Idee der Marktwirtschaft. Das Verdienst, dieses Programm auf die wirtschaftlichen Beziehungen übertragen und zu einer umfangreichen Theorie der Marktwirtschaft ausgebaut zu haben, gebührt Adam Smith (1723 bis 1790).

Der Einfluß von Locke auf Smith wird in folgendem Zitat deutlich, das übrigens die einzige Stelle ist, wo sich Smith explizit über das Eigentum äußert: „Das Eigentum, das jeder Mensch an seiner Arbeit besitzt, ist in höchstem Maße heilig und unverletzlich, weil es im Ursprung alles andere Eigentum begründet."[20]

Smith ist vor allem als Theoretiker des „Wohlstands der Nationen" bekannt; er gilt als geistiger Vater der Marktwirtschaft. Es wäre jedoch einseitig, ihn als reinen Ökonomen zu bewerten, denn sein ökonomisches Theoriesystem ist in eine umfassende Sozialtheorie eingebunden. Dies wird deutlich in der „Theorie der ethischen Gefühle", seiner ersten großen Arbeit.[21] Hier versucht er, die Faktoren herauszuarbeiten, die das individuelle, auf die Realisierung der eigenen Interessen und die Verbesserung der eigenen sozialen Lage bedachte Handeln gesellschaftlich leiten und kontrollieren. Nach Smith erweist sich das Urteil der Mitmenschen über einzelne Handlungen als ein solcher Integrations- und Sozialisationsfaktor. Menschliches Handeln sei zunächst immer individuelles Handeln, das jedoch der Zustimmung durch andere bedürfe und hier erst seine soziale Bedeutung erfahre. Insofern sei es immer auch soziales Handeln, dessen Wertigkeit und Richtigkeit von vornherein nicht feststehen und auch nicht mit wissenschaftlicher Sicherheit erkannt werden könnten. Menschliches Handeln sei demnach stets Handeln auf Probe. Im Zuge der Interaktionsprozesse schälten sich erfolgreiche Handlungen heraus, während weniger erfolgreiche abgeschrieben würden. Eine solche durch „Versuch-und-Irrtum" zustande gekommene Handlungsordnung, die individuelle Motivationen und Kenntnisse nutzt, sei daher produktiver als jene, die auf diese Antriebskraft verzichte. Smith zeigt insbesondere in seiner Theorie des „Wohlstands der Nationen", daß die ökonomische Entwicklung Ergebnis derartiger spontaner Prozesse sei, denen allerdings soziale und ökonomische Gesetzmäßigkeiten innewohnten. Diese Entwicklung habe begonnen mit der Arbeitsteilung und der Einführung des Geldes, die beide nicht das Werk beabsichtigter Planungen und Gestaltungen seien, sondern sich schrittweise ergeben hätten, „aus einer natürlichen Neigung des Menschen, zu handeln und

Dinge gegeneinander auszutauschen."²² Im Zuge der weiteren Entwicklung sei es zur Akkumulation des Kapitals gekommen, die wiederum nicht das Ergebnis weiser Voraussicht zentraler Behörden, sondern vielmehr Folge des fortwährenden Strebens der Menschen nach besseren Lebensbedingungen gewesen sei. Smith hegt kein großes Vertrauen in die unternehmerischen Fähigkeiten der Regierung und der öffentlichen Verwaltung, da er bei ihnen kein direktes Interesse an der sparsamen Verwendung der ökonomischen Ressourcen sieht. „Große Nationen werden niemals durch private, doch bisweilen durch öffentliche Verschwendung und Mißwirtschaft ruiniert."²³

Das Kernstück seiner marktwirtschaftlichen Theorie ist die Idee des Gleichgewichtspreises. Der sich auf dem Markt aus Angebot und Nachfrage bildende Marktpreis besorgt die Lenkung und Abstimmung der privaten Antriebe. Er schwankt um den natürlichen Preis, der zur Deckung der durchschnittlichen Produktionskosten einschließlich eines normalen Gewinns ausreicht. Smith zeigt anhand einer Vielzahl praktischer Beispiele, daß auf den Märkten eine Tendenz zum Ausgleich von Angebot und Nachfrage wirksam sei, so daß es auf volkswirtschaftlicher Ebene eine Tendenz zum gesamtwirtschaftlichen Gleichgewicht gebe. Als wichtigste Voraussetzung hierzu wertet er den Abbau der Wettbewerbsbeschränkungen, und dies bedeute zunächst und zuerst den Abbau der staatlich gesetzten und garantierten Beschränkungen und Begünstigungen. Der Staat bekommt die Aufgabe zugewiesen, einen rechtlichen Rahmen aufzustellen und die Einhaltung der Rechtsregeln zu kontrollieren. Darüber hinaus habe er eine Reihe öffentlicher Güter (Bildungswesen, Landesverteidigung, Infrastruktur) bereitzustellen.²⁴

Damit ist in groben Zügen die Konzeption einer privatwirtschaftlichen Marktwirtschaft umrissen, wie sie von Smith begründet und gefordert wird. Dieses Programm gewährleiste ein „System der natürlichen Freiheit" und des ökonomischen Wohlstands, jedoch keine vollkommene Ordnung. Smith sah durchaus mögliche dysfunktionale Folgen privaten Vermögens- und Erwerbsstrebens. Geburt und Vermögen bewertet er als „die beiden entscheidenden Umstände, die einen Menschen über den anderen erheben. Sie bilden die Grundlage für persönliche Unterscheidung und sind daher die Hauptursachen, warum Autorität und Unterordnung unter Menschen von selbst entstehen."[25] Den Weg zur Kontrolle sozialer, politischer und ökonomischer Machtverhältnisse sieht er nicht in der Beschneidung privater Erwerbstriebe und der Beseitigung privater Eigentumsrechte, sondern im Abbau staatlicher Begünstigungen und in der Unterwerfung privater Aktivitäten unter die Kontrolle des Marktes und der Konkurrenz.

Bei Smith liegt das liberale Programm als geschlossene gesellschafts- und wirtschaftspolitische Konzeption vor, deren Umsetzung einen durchschlagenden Erfolg hatte. Es war ein Programm, das für die damaligen politischen und ökonomischen Verhältnisse konzipiert war. Nichts wäre deshalb einfallsloser, als Lösungen für heutige Probleme in wortklauberischer Manier in den Texten der Klassiker zu suchen. Die Welt von heute mit ihrer hochindustrialisierten Wirtschaftsweise ist nicht mehr die Welt des klassischen Liberalismus. Neue Probleme erfordern neue Antworten. Lebendig blieben jedoch bis heute die Idee einer freien Gesellschaft und mit ihr unverzichtbare liberale Ordnungsprinzipien, an denen sich zeitgemäße Lösungen zu orientieren haben.

Die Originalität und bleibende Wirksamkeit dieser Idee zeigen sich in neueren, den heutigen Verhältnissen angepaßten gesellschaftspolitischen Konzeptionen, welche Mängel des klassischen Programms zu berücksichtigen versuchen und dennoch den grundlegenden Ideen des klassischen Vorbilds verpflichtet sind.

2. Der Neoliberalismus

Die neoliberale Konzeption ist in den dreißiger Jahren durch Walter Eucken, Franz Böhm, Hans Grossmann-Doerth, Alexander Rüstow u. a. begründet worden. Im Unterschied zum Altliberalismus wird davon ausgegangen, daß eine funktionsfähige Wettbewerbsordnung sich nicht von selbst ergebe, sondern eine „rechtsschöpferische Leistung"[26] darstelle; sie sei vom Staat bewußt zu gestalten und zu erhalten.

Auslösende Momente ordoliberaler Neubesinnung waren die Weltwirtschaftskrise, die zunehmende Vermachtung der Märkte, Unternehmenskonzentrationen und das Vordringen totalitärer Staatsformen und Ideologien. Das Vertrauen in die liberale Idee einer sich selbst regulierenden Ordnung war erschüttert. Aber das Gegenstück, die zentral geplante und geleitete Wirtschaft oder Zentralverwaltungswirtschaft, konnte keine akzeptable Alternative sein, da sie als unvereinbar mit den liberalen Grundwerten, insbesondere mit der Idee des Rechtsstaates, bewertet wurde.

Zwischen beiden Polen der freien, staatlich nicht bewußt gestalteten Verkehrswirtschaft einerseits und der Zentralverwaltungswirtschaft andererseits siedelt die Euckensche Ordnungskonzeption an. Seine Diagnose der Wirtschaftspolitik des Laissezfaire, die mit ihrem Programm des Freihandels, der Gewerbe- und Niederlassungsfreiheit, der Bauernbefreiung und anderer Freizügigkeiten die Industrialisierung überhaupt erst ermöglicht hatte, führte Eucken zu der Einsicht, daß ihr grundlegender Mangel darin bestanden hatte, die Gestaltung der Wirtschaftsordnung den Privatinteressen überlassen zu haben. Das freie Walten der Interessen garantiere noch keine produktive Gesamtordnung; vielmehr suchten Anbieter und Nachfrager, wenn immer möglich, „Konkurrenz zu vermeiden und monopolistische Stellungen zu erwerben oder zu behaupten. Ein tiefer Trieb zur Beseitigung von Konkurrenz und zur Erwerbung von Monopolstellungen ist überall und zu allen Zeiten lebendig."[27] Dieser Hang zeige sich sowohl auf den Güter- als auch auf den Arbeitsmärkten, und er wird als wesentliche Ursache der sozialen Notlage der Arbeiter im 19. Jahrhundert erkannt. Daraus schlußfolgerte Eucken jedoch nicht, Märkte und privates Eigentum an Produktionsmitteln zu beseitigen und sozialistische Produktionsverhältnisse – deren Funktionsbedingungen er sorgfältig analysiert hatte – herbeizuführen. Vielmehr sah er die große Chance und Notwendigkeit der Wirtschaftspolitik darin, „Bedingungen herzustellen, unter denen sich funktionsfähige Marktformen und Geldordnungen entfalten können."[28]

In der bewußten Gestaltung und Kontrolle einer Wettbewerbsordnung also unterscheidet sich die ordoliberale Konzeption von jener des klassischen Liberalismus. Das verfassungsrechtliche Grundprinzip hat nach Eucken die Herstellung eines funktionsfähigen Preissystems vollständiger Konkurrenz auf den Güter- und Dienstleistungsmärkten zu sein. Als weitere konstituierende Prinzipien einer Wettbewerbsordnung fordert er Sicherung der Geldwertstabilität, Garantie des freien Marktzugangs, Gewährleistung privaten Eigentums, Herbeiführung des Prinzips der vollen Haftung und der Vertragsfreiheit sowie Konstanz der Wirtschaftspolitik. Darüber hinaus schlägt er als regulierende Prinzipien staatliche Monopolkontrolle, Korrektur der Einkommensverteilung durch staatliche Einkommenspolitik und regulierende Eingriffe des Staates im Falle anomaler Marktreaktionen und nichtinternalisierter Kosten vor.[29]

Das private Eigentum an Produktionsmitteln gilt Eucken als unabdingbare Voraussetzung einer Wettbewerbsordnung, da das Kollektiveigentum zur unkontrollierbaren Zusammenballung ökonomischer und politischer Macht führe. Das Privateigentum bedürfe jedoch der Kontrolle durch die Konkurrenz. „Nur die Wettbewerbsordnung macht im Rahmen der modernen industrialisierten Wirtschaft das Privateigentum auf die Dauer erträglich. Aber Privateigentum ist wiederum eine Voraussetzung für eine freie Staats- und Gesellschaftsordnung."[30] Euckens Einstellung zum Privateigentum ist also nicht frei von Mißtrauen, da er im Falle unkontrollierter privater Verfügungsgewalt immer die Gefahr eines Machtmißbrauchs als mögliche Tendenz betrachtet. Andererseits werde diese Gefahr nicht durch die Einführung kollektiven Eigentums gebannt, da sich bei dieser Eigentumsform das Machtproblem infolge der Kopplung ökonomischer und politischer Macht in doppelter Schärfe stelle. „Festzuhalten ist: daß Privateigentum zu Mißständen führen *kann,* Kollektiveigentum führen *muß.* Alle Lösungen, die auf Verstaatlichung des Eigentums und zentrale Lenkung hinzielen, vermindern die Leistungsanreize, verschlechtern die Kostenrechnungen und machen Bürokratisierung der Wirtschaftsverwaltung unvermeidlich."[31]

Wie Eucken sieht auch Friedrich August von Hayek die wichtigste Funktion des Privateigentums darin, die wirtschaftliche von der politischen Sphäre abzugrenzen und so private Lebensbereiche dem Zugriff politischer Herrschaft zu entziehen. Privateigentum sei nichts anderes als der materielle Teil der geschützten Individualsphäre.[32] Hayek stellt deshalb unmißverständlich fest, „daß das System des Privateigentums die wichtigste Garantie für die Freiheit ist, und zwar nicht nur für diejenigen, die Eigentum besitzen, sondern auch fast ebensosehr für die, die keines haben."[33] Privates Eigentum habe deshalb als unverzichtbares Element einer freien Gesellschaft zu gelten, weil es das ökonomische Machtpotential auf viele, voneinander unabhängige Personen verteile und somit die Abhängigkeiten einzelner von einer übermächtigen Herrschaftsinstanz gering halte. So besitze der reiche Millionär in seiner Rolle als Arbeitgeber immer noch weniger Macht als der kleine Funktionär, der, gestützt auf den ganzen Staats- oder Parteiapparat, die Entscheidungsmacht über Lebens- und Arbeitsbedingungen anderer Menschen habe.

Neben dem Privateigentum gilt bei Hayek die spontane, marktwirtschaftliche Ordnung als korrespondierende Rahmenbedingung einer freien Gesellschaft. Im Gegensatz zu zweckgerichteten *Organisationen* bleibe den Menschen in *spontanen Ordnungen* ein breiter Freiheits- oder Bewegungsraum. Zudem erlaube die spontane, wettbewerbliche Ordnung den Aufbau komplexerer Gesamtordnungen, weil hier das Wissen und die Motivationen der Gesellschaftsmitglieder sehr viel besser als in den zentral geplanten und organisierten Systemen genutzt würden. Hayek nennt es daher paradox, „wenn heute oft gesagt wird, daß wir die moderne Gesellschaft bewußt planen müssen, weil sie so komplex geworden ist. In Wirklichkeit können wir eine Ordnung von solcher Komplexität nur dann erhalten, wenn wir sie nicht nach der Methode des ‚Planens‘, d. h. nicht durch Befehle handhaben, sondern auf die Bildung einer auf allgemeinen Regeln beruhenden spontanen Ordnung abzielen."[34]

III. Die Konzeption der Sozialen Marktwirtschaft

1. *Konzeptionelle Grundzüge und Einflüsse*

Die neoliberale Strömung lieferte einen wesentlichen Beitrag für die Konzeption der Sozialen Marktwirtschaft, die vor allem von Alfred Müller-Armack entwickelt und von Ludwig Erhard politisch umgesetzt wurde. Ziel dieser Konzeption ist es, „auf der Basis der Wettbewerbswirtschaft die freie Initiative mit einem gerade durch die marktwirtschaftliche Leistung gesicherten sozialen Fortschritt zu verbinden".[35]

Nach Müller-Armack verdankt die Konzeption der Sozialen Marktwirtschaft dem Neoliberalismus zahlreiche entscheidende Anregungen, besonders auf den Gebieten der Wettbewerbstheorie und -politik. Die eigentlichen Wurzeln dieser Konzeption sieht er jedoch in anderen Strömungen.[36] Hierzu zählt er das an die Stelle der stereotypen marxistischen Kapitalismuskritik getretene Denken in Wirtschaftsverfassungen und -stilen, z.B. von W. Sombart, dann die vor allem durch Max Weber geförderte Einsicht in die Bedeutung geistiger und religiöser Faktoren für die gesellschaftliche Entwicklung, ferner die Theorie der wirtschaftlichen Entwicklung von J. Schumpeter, die Arbeiten der Theoretiker des freiheitlichen Sozialismus und schließlich auch die in den zwanziger Jahren entwickelte philosophische Anthropologie. Die Soziale Marktwirtschaft sei deshalb keine ausschließliche Wettbewerbstheorie, sondern im weitesten Sinne eine Integrationsformel; sie erstrebe eine stilhafte Koordination „zwischen den Lebensbereichen des Marktes, des Staates und der gesellschaftlichen Gruppen. Ihr Ansatz ist daher ebensosehr ein soziologischer wie ein ökonomischer, ein statischer wie ein dynamischer".[37]

Im ökonomischen Bereich werden Märkte in Verbindung mit Leistungswettbewerb als die grundlegenden Ordnungs- und Koordinationsprinzipien anerkannt, da sie am besten wirtschaftliche Freiheit und Wohlstand garantierten und somit eine tragfähige Grundlage für ein vielgestaltiges System der sozialen Sicherung darstellten.[38] Wie in der neoliberalen Konzeption wird auch hier die Notwendigkeit einer aktiven staatlichen Wettbewerbspolitik gefordert. In den Fällen, in denen die Marktabstimmung versage oder zu unerwünschten Ergebnissen führe, habe der Staat zu intervenieren. Allerdings sollen die Interventionen am Prinzip der Marktkonformität orientiert sein; d.h. Veränderungen des marktwirtschaftlichen Bedingungsrahmens im Interesse sozialer Ziele sollen nicht die Funktionsfähigkeit des Marktmechanismus, d.h. den Ausgleich von Angebot und Nachfrage durch Preise, stören.

Auch die globale Konjunktursteuerung über Geld-, Finanz- und Außenwirtschaftspolitik wird als verträglich mit der Politik der Sozialen Marktwirtschaft erachtet. Als vorrangiges Ziel sei die Sicherung eines stabilen Geldwertes anzustreben, das längerfristig die beste Grundlage für einen hohen Beschäftigungsstand biete und damit dem Ziel der Vollbeschäftigung der Arbeitskräfte diene.

Schließlich habe der Staat durch eine aktive Sozialpolitik für soziale Gerechtigkeit und Sicherheit zu sorgen. Dies erfordere eine aktive Einkommens- und Umverteilungspolitik. Die Gestaltung des sozialen Sicherungssystems soll am Grundsatz der Subsidiarität ausgerichtet werden. Danach hat der Staat nur solche Risiken und Unterstützungen zu übernehmen, die einzelne Personen, Familien oder abgrenzbare soziale Einheiten unter zumutbaren Bedingungen nicht tragen können. Statt kollektiver Zwangsregelungen ist also ein nach individuellen Bedürfnissen geordnetes Sicherungssystem anzustreben, bei dem der Staat die Rahmenbedingungen zu setzen hat, so daß hierbei auch Raum für sozialstaatliches Handeln bleibt. Das Subsidiaritätsprinzip soll in der Sozialordnung den gleichen Stellenwert erhalten wie der Wettbewerb für die Marktsteuerung. Beiden Ordnungsprinzipien wird der besondere Vorzug zugeschrieben, Kompetenzen (Leistung) und Verantwortung (Gegenleistung) möglichst eng zur Deckung zu bringen, worin nach liberaler Auffassung die wichtigste Vorkehrung und das eigentliche Geheimnis einer produktiven Wirtschafts- und Sozialordnung zu suchen sind. Die selbstverantwortliche Gestaltung der sozialen Vorsorge und Risikosicherung setze eine tragfähige Vermögensbildung breiter Bevölkerungsschichten voraus, wofür die marktwirtschaftliche Ordnung die günstigsten Voraussetzungen biete. Der wohlfahrtssichernden Leistung des Marktsystems wohne eine ureigene soziale Potenz inne, die durch einen sozialen Ordnungsrahmen zu ergänzen und zu nutzen sei. Der sozialpolitische Rahmen umfaßt dabei in der Konzeption der Sozialen Marktwirtschaft den ganzen Komplex sozialer Sicherung von der Vollbeschäftigung, der Vermögensbildung, dem Arbeitsschutz, der betrieblichen Mitbestimmung bis hin zur staatlichen Unterstützungspflicht wirklich Bedürftiger.

Der Einfluß des freiheitlichen Sozialismus ist sowohl in der starken Gewichtung sozialer Ziele in der Konzeption der Sozialen Marktwirtschaft zu erkennen als auch in der praktischen Wirtschaftspolitik der Bundesrepublik Deutschland. Mit der neosozialistischen Ordnungsvorstellung verbinden sich verschiedene geistige Strömungen, von denen hier nur jene Richtung beachtet wird, die im Godesberger Programm der Sozialdemokratischen Partei Deutschlands ihren Ausdruck fand.[39] Darin werden der demokratisch verfaßte Rechtsstaat, der marktwirtschaftliche Wettbewerb und das Privateigentum anerkannt. Die These vom Klassenkampf als Triebkraft des ökonomischen und politischen Wandels wurde ebenso aufgegeben wie das Postulat der Diktatur des Proletariats. Stattdessen wird die demokratisch-pluralistische Ordnung als politische Dauerform akzeptiert. Das Dogma der Vergesellschaftung der Produktionsmittel gilt nur noch in jenen Bereichen, in denen offensichtliche wirtschaftliche Machtverhältnisse nicht mit anderen wirtschaftspolitischen Mitteln bekämpft werden können.

Auch bezüglich der Planungs- und Lenkungsordnung vollzog der freiheitliche Sozialismus eine Abkehr von orthodoxen Prinzipien. Er bejaht den Wettbewerb und die Marktkoordination soweit wie möglich und will die staatlichen Planungskompetenzen weitgehend auf eine Makrosteuerung Keynesscher Prägung beschränken.[40]

Während die von Müller-Armack entwickelte Konzeption der Sozialen Marktwirtschaft die Wirtschaftspolitik der Nachkriegszeit bestimmte, ist seit Mitte der sechziger Jahre ein verstärkter

Einfluß der neosozialistischen Konzeption unverkennbar. Die heute in der Bundesrepublik Deutschland realisierte Wirtschaftsordnung einschließlich der aktuellen Wirtschafts- und Sozialpolitik vereinigt daher Elemente beider Konzeptionen.

2. Ansatzpunkte der Kritik

Die Konzeption der Sozialen Marktwirtschaft hat breite Zustimmung gefunden. Ihre praktische Umsetzung führte zu einer beträchtlichen Erhöhung des wirtschaftlichen Wohlstandes, der wiederum eine solide Grundlage für den Ausbau des sozialen Sicherungssystems bildete. Obwohl damit die von den geistigen Vätern dieser Konzeption angestrebten und vorausgesagten ökonomischen und sozialen Leistungsziele verwirklicht zu sein scheinen, haben sich in der Wirtschafts- und Sozialordnung der Bundesrepublik Deutschland unübersehbare Divergenzen zwischen den konzeptionellen Vorstellungen und der vorfindbaren Wirklichkeit entwickelt. Die Abweichungen werden am allseitigen Ausbau des Wohlfahrtsstaates und am Einfluß organisierter Interessengruppen deutlich. Wie dargestellt, hat der Staat gemäß der Konzeption der Sozialen Marktwirtschaft neben der Gestaltung eines wirksamen Ordnungsrahmens noch vielfältige wirtschafts- und sozialpolitische Aufgaben zu übernehmen. Die Hauptaufgabe soll in seiner Funktion als ordnender Staat bestehen, während die Aufgaben als produzierender Staat, d.h. als Produzent und Finanzier öffentlicher Güter, und als Sozialstaat eng begrenzt werden. Gerade bei der letztgenannten Funktion hat sich jedoch die stärkste Expansion der Staatsaufgaben vollzogen, während bei der Ordnungsaufgabe im Vergleich zur Konzeption die größten Defizite konstatierbar sind. Der Ausbau des Sozial- und Wohlfahrtsstaates kann an dieser Stelle nur schlaglichtartig aufgezeigt werden.

Die Staatsquote, d.h. der Anteil der gesamten Staatsausgaben am Bruttosozialprodukt, stieg von 1960 bis 1980 von 32,5 vH auf 48 vH. Die Sozialquote, d.h. der Anteil der Sozialausgaben (Renten-, Kranken-, Unfall-, Arbeitslosenversicherung, Kindergeld, Sozialhilfe u.a.) am Bruttosozialprodukt, stieg im gleichen Zeitraum von 20,7 vH auf über 30 vH.[41] Die Abgabenbelastung in Form von Steuereinnahmen der Gebietskörperschaften und der Beiträge zu den sozialen Einrichtungen expandierte entsprechend und betrug 1980 mehr als 38 vH des Bruttosozialprodukts. Parallel zu dieser Entwicklung nahmen die Beschäftigten bei Bund, Länder und Gemeinden und die Personalausgaben erheblich zu; der Personalbestand erhöhte sich von 1970 bis 1980 um 30 vH, die Personalausgaben wuchsen um mehr als 200 vH. 1980 betrugen die Personalausgaben im öffentlichen Dienst rund 160 Mrd. DM, was rund 18 vH der Einkommen aus unselbständiger Arbeit ausmacht. Die Verschuldung von Bund, Ländern und Gemeinden stieg von 1960 bis 1975 von knapp 53 Mrd. DM auf 256,4 Mrd. DM und belief sich Mitte 1981 auf 501 Mrd. DM. Damit erhöhte sich in diesem Zeitraum die Schuldenlast je Einwohner von 950 DM auf mehr als 8130 DM im Jahre 1981.

Ähnlich spektakuläre Steigerungsraten waren im Gesundheitswesen zu verzeichnen, worauf noch näher einzugehen sein wird. Von 1960 bis 1980 wuchsen beispielsweise die Ausgaben der gesetzlichen Krankenversicherung fast um das Zehnfache, während das Bruttosozialprodukt im gleichen Zeitraum nur um knapp das Fünffache zunahm.[42]

Diese wenigen Angaben lassen bereits den Trend, wenn auch nicht die Vielfalt der staatlichen Aufgaben und Regelungen auf den verschiedenen wirtschafts- und sozialpolitischen Gebieten erkennen. Wir wollen uns im folgenden darauf beschränken, an einigen Beispielen die ordnungspolitischen Besonderheiten und Wirkungen der staatlichen Aktivitäten aufzuzeigen.

Eine *erste* markante Besonderheit besteht in der Vermengung von ordnenden, produzierenden und verteilenden Staatsaufgaben, wobei die verteilende oder soziale Funktion die beiden anderen Aufgabenbereiche mehr und mehr geformt und dominiert hat. Die Folgen der sozialen Formung der Ordnungsgesetzgebung lassen sich am Beispiel der Wohnungsbaupolitik verdeutlichen. Die Regelungen der Mietverträge und der Mietfestsetzung gemäß dem II. Wohnraumkündigungsgesetz von 1974 räumen dem Mieter eine überlegene, nahezu eigentümerähnliche Rechtsposition gegenüber dem Vermieter ein. Der weitgehende Mieterschutz mindert wegen der Mieten- und Kündigungsregulierung einmal den Anreiz zur Bereitstellung des Mietwohnangebots. Zum anderen führt er dazu, daß Wohnungen, deren Um- oder Neubau geplant ist, für längere Zeit nicht vermietet werden, also leerstehen, um einem drohenden Dauerwohnrecht durch neue Mieter zu begegnen. Die Folgen sind das Erlahmen des Mietwohnbaus sowie leerstehendes Wohnpotential, das auf rund 700 000 Wohnungen geschätzt wird. So kommen Eckhoff und Werth in ihrer Untersuchung über die Wirkungen des II. Wohnraumkündigungsgesetzes zu dem Ergebnis, daß die Abschaffung dieses Gesetzes für die Mieter letztlich „vorteilhafter wäre als die Beibehaltung".[43]

Ähnlich unsoziale Folgen von sozial gedachten Ordnungsgesetzen sind beim Kündigungsschutz bestimmter Arbeitnehmergruppen, z. B. bei besonderen Schutzregelungen für jugendliche oder ältere Arbeitnehmer, nachweisbar, indem sie die Berufschancen der „Begünstigten" am Arbeitsmarkt verschlechtern.

Auch bei der Produktion oder Finanzierung öffentlicher Güter und Leistungen sind sozialpolitisch motivierte Sonderregelungen zur Regel geworden. Beispiele bieten das Krankenhaus- und das öffentlich organisierte Verkehrswesen. Die soziale Staffelung der Gebühren oder Tarife, z. B. bei der Bundesbahn oder bei kommunalen Verkehrs- und Versorgungsbetrieben, führt häufig zu Verlusten, die durch Zuwendungen aus öffentlichen Haushalten gedeckt werden. Die Verlustübernahme durch teilweise verschiedene öffentliche Budgets und die Ausrichtung der Leistungen und Entgelte an sozialen Zwecken erschweren eine rationale betriebliche Wirtschaftsrechnung und behindern somit eine effizienzbedachte Unternehmensführung. Die im Vergleich zur Privatwirtschaft nachweisbare ineffiziente Wirtschaftsweise öffentlicher Betriebe ist das Resultat der sich ausweitenden Trennung zwischen Belastungen (Kosten) und Begünstigungen (Erträge), womit die *zweite* ordnungspolitische Besonderheit der Staatsaktivitäten angesprochen ist:

Viele öffentliche Leistungen werden unentgeltlich bereitgestellt und aus verschiedenen Quellen finanziert. Die Folge ist, daß die konkreten Verteilungs- und Belastungswirkungen kaum noch durchschaubar und noch weniger kalkulierbar sind. Die Trennung zwischen Belastung und Begünstigung ist typisch für das kollektiv organisierte Sozialversicherungssystem und hierbei besonders für das Gesundheitswesen. Nach dem Krankenhausfinanzierungsgesetz vom 29.6. 1972 und der Bundespflegesatzverordnung vom 25.4. 1973 sind die Investitionskosten der Krankenhäuser durch Zuwendungen des Bundes, der Länder und der Gemeinden, die Betriebs- oder Benutzerkosten dagegen über die Pflegesätze der Patienten bzw. der Kassen zu finanzieren. Die Folgen dieser Mischfinanzierung sind leicht erkennbar: Die Aussicht auf Zuschüsse aus verschiedenen Budgets und die automatische Überwälzung der laufenden Betriebskosten stimulieren den Bau von immer mehr Krankenhäusern und somit von Überkapazitäten. So verwundert es nicht, daß derzeit über 50 000 überzählige Krankenhausbetten vorhanden sind. Daneben geht für die Krankenhausleitungen als Folge der automatischen Kostenübernahme durch die laufende Anpassung der von den Kassen bezahlten Pflegesätze jeglicher Anreiz verloren, kostenbewußt und sparsam zu wirtschaften. Auch hier darf daher die Kostenexplosion nicht überraschen: Die Tagespflegesätze in den Krankenhäusern sind auf derzeit 200 bis 300 DM und darüber gestiegen.

Die Krankenhausfinanzierung bildet nur eine Ursache der Kostenexplosion im Gesundheitswesen. Ein weiterer Faktor liegt in der gesetzlichen Regelung der Kostenträgerschaft durch die gesetzlichen Krankenkassen, in denen rund 93 vH der Patienten versichert sind. Infolge des für gesetzliche Krankenkassen vorgeschriebenen Sachleistungsprinzips geht für die Versicherten jeglicher Zusammenhang zwischen Leistung und Kosten verloren. Die Patienten erfahren die Höhe der wirklichen Behandlungskosten nicht, da diese zwischen den kassenärztlichen Vereinigungen und den Krankenkassen verrechnet werden. Aufgrund der anonymen Kostenverrechnung sind weder die Patienten noch die Ärzte an einer kostenbewußten Behandlung interessiert. Wie bei anderen vermeintlich „unentgeltlich" bereitgestellten Leistungen verführen auch hier die Regelungen zur „Trittbrettfahrer"-Mentalität,

d. h. zur verschwenderischen und mißbräuchlichen Inanspruchnahme der Sozialleistungen. Die Resultate sind überdurchschnittliche Ausgabensteigerungen für ärztliche Leistungen. So stiegen die Kosten im Zeitraum 1960–1976 bei stationären Krankenhausbehandlungen um das 13,9-fache, bei ambulanten Behandlungen um das 7,1-fache, beim Zahnersatz um das 21,3-fache und bei Arzneimitteln um das 9,8-fache.[44]

Die Ausdehnung der ärztlichen wie auch der wohlfahrtsstaatlichen Leistungen insgesamt geht ungeachtet der im Einzelfall als unentgeltlich empfundenen Inanspruchnahme in volkswirtschaftlicher Sicht mit einer entsprechenden Steigerung der Belastungen einher. Die Belastungen in Form hoher Steuern, Abgaben oder Versicherungsbeiträge müssen dabei zunehmend auf Haushalte mit vergleichsweise geringen Einkommen verteilt werden. Die steigende Belastung führt zur Verschlechterung der Steuermoral und zur Entstehung illegaler wirtschaftlicher Subkulturen. Die staatlichen Maßnahmen zur Verhinderung dieser illegalen Aktivitäten und zur Eindämmung mißbräuchlicher Inanspruchnahme öffentlicher Leistungen verursachen nicht nur weitere Kosten, sondern induzieren in der Regel auch weitere Gesetze und Regelungen. Das Vorhaben, interessenbedingte Fehlentwicklungen durch zusätzliche Detailregelungen zu beheben, verstärkt die für die staatlich organisierte Wirtschaft ordnungsbedingt angelegte Verrechtlichung und Bürokratisierung, womit die *dritte* Besonderheit staatlicher Aktivitäten genannt ist:

Die Bereitstellung öffentlicher Güter und Leistungen obliegt der staatlichen Bürokratie. Deren Leistungen werden entweder unentgeltlich oder nach dem Prinzip der Kostendeckung bereitgestellt. In beiden Fällen unterliegen die Bürokratien nicht der konkurrierenden Bewertung nach Maßgabe der Markterfolge. Einnahmen und Ausgaben eignen sich wegen der aufgezeigten Besonderheiten nicht als Leistungsmaßstab. Mangels geeigneter Kriterien wird als Indikator für die Leistung der Bürokratien das jeweils zugeteilte Budgetvolumen herangezogen. Ein hohes und zudem periodisch steigendes Budget signalisiert nach außen korrespondierende Leistungsanstrengungen und fördert zudem Ansehen und Einfluß der beamteten Bürokratieleiter. Aufgrund der input-orientierten Form der Leistungsbewertung neigen Bürokratien folglich zur Expansion sowohl der Leistungen als auch des Faktor- und speziell des Personaleinsatzes. Weil kein wirksamer Anreiz zur bedarfsgerechten und sparsamen Ressourcenverwendung besteht, sind die bürokratischen Aktivitäten durch detaillierte Vorschriften und Dienstanweisungen zu kontrollieren. Das Verhalten bürokratischer Amtsinhaber zeichnet sich daher durch die korrekte Befolgung von Regeln und Vorschriften aus, während risikoreiche Initiativen möglichst gemieden werden.

Die mit dem Ausbau der wohlfahrtsstaatlichen Leistungen einhergehende Expansion staatlicher Bürokratien, denen ohnehin eine expansive Eigendynamik innewohnt, geht zu Lasten der privatwirtschaftlichen Initiativen und Freiräume; sie führt also gleichzeitig zur Zurückdrängung des Marktsystems. Die Reduzierung des privat- und marktwirtschaftlichen Sektors resultiert jedoch nicht nur aus dem Wachstum der staatlichen Aufgaben und Leistungen und dementsprechend der staatlichen Bürokratien; sondern auch die genuin privat- und marktwirtschaftlichen Beziehungen und Bereiche werden mehr und mehr reguliert und formalisiert. Dies engt die einzelwirtschaftlichen Entscheidungsspielräume ein und beeinträchtigt private Antriebe, Verantwortlichkeiten und elementare marktwirtschaftliche Spielregeln. Die Indienstnahme der Wirtschaftsordnung für soziale und staatliche Zwecke untergräbt daher sukzessive die Funktionsweise des Marktsystems. Die Folge ist die von den Befürwortern der Marktwirtschaft beklagte und von ihren Gegnern als „Versagen" kritisierte Divergenz zwischen der Konzeption der Sozialen Marktwirtschaft und der Wirklichkeit.

Die Gründe für diese divergente Entwicklung sind primär in der Ordnung des politischen Systems angelegt. Dabei kann die vielfach vertretene Auffassung nicht recht überzeugen, daß sich die Divergenz aus der bewußten Abwendung der verantwortlichen Politiker von den Grundsätzen der Sozialen Marktwirtschaft und der Hinwendung zu wohlfahrtsstaatlichen Konzeptionen ergeben hätte. Die Entwicklung zum umfassenden Ausbau des Sozialstaates wurde bereits während der Regierungszeit von Parteien eingeleitet, die sich als authentische Hüter der Sozialen Marktwirtschaft verstanden. Die Hauptursache ist, weitgehend unabhängig von konzeptionellen oder programmatischen Parteirichtungen, in der Eigendynamik parlamentarischer Demokratien zu suchen.

In demokratischen Ordnungen sind die Politiker gezwungen, in den periodisch anstehenden Wahlen möglichst viele Stimmen zu gewinnen. Da Mobilitätsgrad und Informationsstand der Massenwähler gering zu veranschlagen sind, unterliegen die Politiker dem ständigen Druck, wählerwirksame Maßnahmen zu ergreifen. Als bevorzugte Adressaten bieten sich die Wählerschichten mit relativ geringen Einkommen an, die die Wählermehrheit repräsentieren. Die Ausweitung der staatlichen Leistungen erscheint dabei als erfolgversprechender Ansatzpunkt, obwohl deren Finanzierung Schwierigkeiten bereitet. Die Politiker können diese Schwierigkeiten zwar so lange vor den Wählern verbergen, wie diese finanziell nicht direkt belastet werden. Mit zunehmender Expansion der staatlichen Leistungen sind jedoch auch einkommensschwächere Wählerschichten von höheren Steuern und Beiträgen betroffen. Da bei einer hohen Belastungsquote Stimmenverluste drohen, liegt für die Politiker die Versuchung nahe, die Finanzierungslasten möglichst wählerwirksam zu verteilen, wozu sich die Kreditaufnahme oder die partielle Überwälzung auf die Privatwirtschaft anbietet. Auf diese Weise kommt es fast zwangsläufig zur Vermengung der ordnenden, produzierenden und verteilenden Funktionen des Staates und zur sich ausweitenden Kluft zwischen Belastung und Begünstigung.

Vor allem die Indienstnahme der ordnungspolitischen Gestaltungsaufgabe für sozialstaatliche Zwecke läuft den Grundsätzen der Sozialen Marktwirtschaft zuwider. Der neoliberalen Ordnungsidee liegt die Erkenntnis zugrunde, daß die Formung der Wirtschaftsordnung nicht den Privatinteressen überlassen werden kann, sondern eine vorrangige Staatsaufgabe sei. Gefordert wird daher ein „starker" Staat, der zu einer entschlossenen Sicherung der Wettbewerbsordnung zu verpflichten ist. Angesichts der beschriebenen Eigendynamik politischer Verhaltensweisen und Prozesse in parlamentarischen Demokratien kann die praktische Einlösung dieser Forderung kaum erwartet werden. In einer Konkurrenzdemokratie handeln Politiker auch als Repräsentanten bestimmter Wählergruppen und sind deshalb nur schwerlich als interessenenthobene Instanzen vorstellbar.

Die Möglichkeiten einer entschlossenen Ordnungs- und Sozialpolitik werden zudem noch durch die Macht und den Einfluß organisierter Interessengruppen begrenzt. Die verbandsmäßig organisierten Teilinteressen verfügen in einer Demokratie über verschiedene Mittel und Wege des politischen Einflusses, z. B. durch Mobilisierung von Wählerstimmen und Spenden oder durch die Repräsentanz eigener Vertreter in Parteien und legislativen oder exekutiven Machtzentren. Neben der indirekten Einflußnahme können Verbände in direkten Verhandlungen, z. B. Tarifverhandlungen, Daten setzen, die von der staatlichen Wirtschaftpolitik hinzunehmen sind und deren Handlungsspielraum einengen.

Die geistigen Väter der Sozialen Marktwirtschaft haben die von organisierten Interessen ausgehende mögliche Beeinträchtigung der staatlichen Ordnungspotenz erkannt. So forderte Eucken als ersten staatspolitischen Grundsatz einer erfolgreichen Wirtschaftspolitik die Begrenzung, notfalls sogar die Auflösung wirtschaftlicher Machtgruppen.[45] Auch diese Forderung deutet jedoch auf eine theoretisch unzureichend fundierte Staatsauffassung hin. Zumindest konnten in der Bundesrepublik Deutschland bisher weder die geforderte Begrenzung des Verbändeeinflusses noch die entschlossene, auf die Sicherung der Wettbewerbsordnung gerichtete Politik praktisch eingelöst werden.

Eine Neubesinnung der Rolle und Aufgaben des Staates mit dem Ziel, die expansiven Entwicklungen des Staatssektors zu begrenzen und die Marktkräfte zu revitalisieren, ist angesichts der Dynamik und Allianz von Politik-, Bürokratie- und Verbandsinteressen mit wohlgemeinten Forderungen und Appellen nicht zu leisten. Voraussetzung dafür sind theoretisch fundierte und allgemein akzeptierte Einsichten in die Möglichkeiten und Restriktionen staatlichen Handelns in parlamentarischen Demokratien. Die Zuweisung der wirtschafts- und sozialpolitischen Aufgaben des Staates hat den theoretisch begründeten Eigengesetzlichkeiten des politischen Systems Rechnung zu tragen. Einen geeigneten Zugang zum realistischen Verständnis der Möglichkeiten und Grenzen politisch-staatlichen Handelns verspricht die in den letzten zwei Jahrzehnten entwickelte „Ökonomische Theorie der Politik", die zudem auch die Bereiche der Bürokratie- und Verbändetheorie einschließt.[46]

IV. Die marxistisch-leninistische Gesellschaftstheorie

Der Ausgestaltung der DDR-Wirtschaftsordnung liegt im Gegensatz zu jener der Bundesrepublik Deutschland mit dem Marxismus-Leninismus eine einheitliche und in sich geschlossene Gesellschaftstheorie zugrunde. Im folgenden soll untersucht werden, wie das sozialistische Eigentum und die sozialistische Planwirtschaft begründet und legitimiert werden. Gemäß der in der DDR üblichen Terminologie werden die Bezeichnungen „marxistisch-leninistische Theorie" und „sozialistische Theorie" synonym verwendet. Auf die Texte der Begründer des wissenschaftlichen Sozialismus wird nur gelegentlich zurückgegriffen, da Karl Marx (1818–1883) und Friedrich Engels (1820–1895) bekanntlich außer einigen vagen Hinweisen kein Programm zur ordnungspolitischen Gestaltung der sozialistischen Ordnung hinterlassen haben. Mit ihrer Analyse und Kritik der vorsozialistischen, besonders der kapitalistischen Produktionsweisen lieferten sie zwar die Grundlagen für die Begründung des Sozialismus. Insofern ist die Kritik der privat- und marktwirtschaftlichen Wirtschaftsordnung selber schon ein wichtiges Glied in der Begründungslinie der sozialistischen Eigentums- und Planungsordnung. Darüber hinaus ergab sich jedoch die Notwendigkeit, die sozialistische Gesellschaftstheorie weiterzuentwickeln und zu einem ideologisch geschlossenen Aussagesystem auszugestalten.

1. Begründung der sozialistischen Eigentumsverhältnisse

Die besondere Bedeutung, die das Eigentum und die Art der volkswirtschaftlichen Planung im Selbstverständnis der sozialistischen Theorie erhalten, liegt in der Gewichtung ökonomischer Verhältnisse und Ordnungsbedingungen für das gesellschaftliche Zusammenleben begründet. Gemäß den Erkenntnissen des Historischen Materialismus werden menschliches Sein und gesellschaftliche Entwicklung dominant durch die Arbeit, d. h. durch die Auseinandersetzung der Menschen mit der Natur, geprägt. Indem die Menschen auf die Natur einwirken, sie durch ihre Arbeit in Güter umformen und sich aneignen, formen sie zugleich die Bedingungen der Lebensgestaltung; es entstehen relativ stabile Beziehungsverhältnisse, die in der sozialistischen Terminologie als *Produktionsverhältnisse* erfaßt werden.

Da sich die Produktion materieller Güter generell als Verausgabung von menschlicher Arbeit unter Zuhilfenahme von Produktionsmitteln vollziehe, sei in der Art und Weise der Verbindung der arbeitenden Menschen und der Produktionsmittel die entscheidende Ordnungsbedingung der jeweiligen Produktionsverhältnisse zu sehen. Die Art und Weise der Verbindung dieser beiden Elemente werde nun ihrerseits durch die Eigentumsverhältnisse an den Produktionsmitteln vorgeformt, so daß der Charakter verschiedener Produktionsverhältnisse von den ihnen jeweils zugrunde liegenden Eigentumsverhältnissen abhängig sei. Nimmt man hinzu, daß den ökonomischen Verhältnissen gemäß dem Basis-Überbau-Theorem der Vorrang gegenüber den politischen, rechtlichen und kulturellen Verhältnissen eingeräumt wird, indem sie jene Verhältnisse wenn auch nicht im Sinne eines eindeutigen und strengen Kausalzusammenhangs so doch „in letzter Instanz" ausformten und bedingten, ergibt sich der überragende Stellenwert der Eigentumsverhältnisse für die sozialistische Gesellschaftstheorie. „Das Eigentum ist folglich das entscheidende, aber durchaus nicht das einzige Element der ökonomischen Basis der Gesellschaft."[47]

Bezüglich des Eigentums an den Produktionsmitteln werden

zwei grundlegende Eigentumsformen unterschieden: das private und das gesellschaftliche Eigentum. Beim privaten Eigentum seien die Produktionsmittel einzelnen Personen oder Gruppen zugeordnet, was den Ausschluß des anderen Teils der Gesellschaft vom Eigentum impliziere. Es wird in die drei grundlegenden Formen des Privateigentums der Sklavenhalter, des feudalen und des kapitalistischen Privateigentums klassifiziert. In allen diesen drei Ausformungen habe es spezifische Formen der ökonomischen Ausbeutung und der politischen Herrschaft, damit auch spezifische Klassengesellschaften begründet. Erst das gesellschaftliche Eigentum, bei dem sich die Produktionsmittel in den Händen der gesamten Gesellschaft befinden, ermögliche ein menschliches Zusammenleben, das frei von Ausbeutung und Unterdrückung der nichtbesitzenden Klasse durch die Klasse der Eigentümer sei. Die Beseitigung des Privateigentums an Produktionsmitteln wird deshalb als erster und wichtigster Schritt gewertet, eine gerechte und herrschaftsfreie Gesellschafts- und Wirtschaftsordnung zu schaffen. Diesen Stellenwert des Eigentums zu erkennen, sei von „entscheidender Bedeutung für die theoretische Begründung des revolutionären Kampfes der Arbeiterklasse. Sie beweist, daß sich die Arbeiterklasse nur befreien kann, wenn sie das kapitalistische Eigentum an Produktionsmitteln revolutionär aufhebt und an seine Stelle das sozialistische Eigentum setzt."[48]

Das mit dem Anspruch wissenschaftlicher Absicherung erhobene Postulat, daß die Einführung des sozialistischen Eigentums eine notwendige Voraussetzung für eine gerechte Ordnung und eine bewußte Gestaltung der künftigen ökonomischen Entwicklung sei, basiert auf dem „Gesetz der Übereinstimmung der Produktionsverhältnisse mit dem Charakter und dem Entwicklungsniveau der Produktivkräfte".[49] Dieses Gesetz wird als das grundlegende, den Verlauf der menschlichen Geschichte bestimmende Entwicklungsgesetz definiert. Die Produktivkräfte, also die Menschen mit ihren Kenntnissen, Fähigkeiten und Motivationen, sowie die Produktionsinstrumente, die ebenfalls ein bestimmtes Potential an Kenntnissen enthalten, entwickelten sich ständig und repräsentierten das dynamische Element der ökonomischen Entwicklung. Bei industrieller Produktionsweise bestehe ihr markantes Kennzeichen in dem hohen Grad der Vergesellschaftung, womit die hochgradig arbeitsteilige Produktionsform gemeint ist: Es entstehen große Produktionseinheiten, in denen Vorprodukte für die Produktion anderer Güter produziert werden, die ihrerseits eine Kombination von in anderen Betrieben produzierten Elementen sind. Die Güter durchlaufen bis zur Konsumreife eine Reihe von miteinander verbundenen Produktionsstufen, in denen jeweils ein Teil der gesamten Arbeit verausgabt wird. Sollen die Produktivkräfte sinnvoll gelenkt, sollen also die menschliche Arbeit und die materiellen Produktionselemente so auf die Hunderttausende von Produkten innerhalb der einzelnen Sektoren und Zweige verteilt werden, daß dabei eine möglichst optimale Befriedigung der individuellen und kollektiven Bedürfnisse erzielt wird, bedarf es der Planung und Koordination der Produktionsprozesse.

2. Begründung der sozialistischen Planwirtschaft

Der Forderung nach einer ökonomisch sinnvollen und bewußten Planung und Lenkung der Produktivkräfte könne unter den Bedingungen kapitalistischer Produktionsverhältnisse, also bei privat- und marktwirtschaftlicher Wirtschaftsweise, nicht genügt werden. Hier erfolge die Verteilung der Arbeit auf die Produkte und die Koordination der isoliert betriebenen Aktivitäten durch das spontan wirkende Wertgesetz in Form der „Markt-Profit-Regulation". Die aus liberaler Sicht hervorgehobenen positiven Funktionen der spontanen Ordnung verkehren sich in der sozialistischen, auf Marx zurückgehenden Interpretation ins Negative. Zweck der privatwirtschaftlichen Produktion sei der Gewinn. Allein gemäß diesem Ziel und nicht des Gebrauchswerts wegen würden Waren produziert und in Konkurrenz mit anderen Produzenten auf dem Markt angeboten, wo sich im Zuge von Versuchs- und Irrtumsprozessen ein Gleichgewicht von Angebot und Nachfrage erst im nachhinein herausstelle. Der für eine optimale Bedürfnisbefriedigung gerade notwendige Aufwand an Arbeit und Produktionselementen werde nicht planmäßig und aufgrund bewußter Regulationsprozesse, sondern eher zufällig, aufgrund eines spontanen und für den einzelnen Produzenten anonym bleibenden Spiels ermittelt, das zudem zur Vereinzelung und zum Gegeneinander der Produzenten führe. Die spontanen Prozesse auf einzelnen Märkten summierten sich auf gesamtwirtschaftlicher Ebene und induzierten insgesamt eine planlose, krisenhafte Entwicklung der Makroprozesse. Die irrationalen gesamtwirtschaftlichen Folgen der Marktkonkurrenz zeigten sich in Form von Massenarbeitslosigkeit und enormen Verschwendungen knapper Ressourcen als unvermeidbare Begleiterscheinungen der Krisen. Im Gegensatz zur liberalen Argumentation wird daher der positive Zusammenhang zwischen marktwirtschaftlicher Ordnung und ökonomischem Wohlstand negiert.

Aber nicht nur bezüglich des Wohlstandsziels, sondern auch bezüglich des Ziels einer leistungsgerechten Verteilung wird ein Versagen dieser Ordnung diagnostiziert. Die Zuordnung der Produktionsmittel zu der Klasse der Privateigentümer, denen die Klasse der Nichtbesitzenden, der Arbeiter, gegenüberstehe, die lediglich über ihre Arbeitskraft verfügten, impliziere, daß ein Teil des durch kollektive Arbeit geschaffenen Sozialprodukts von den Produktionsmitteleigentümern ohne entsprechende Leistung angeeignet werde. In der Diskrepanz zwischen dem gesellschaftlichen Charakter der Produktionsprozesse und der privatwirtschaftlichen Verfügungsgewalt über die Arbeit und Aneignung der Mehrarbeit wird der Grundwiderspruch kapitalistischer Ordnungen gesehen, der zur revolutionären Auflösung dränge. Der Prozeß der Auflösung könne zwar durch Anpassung der Ordnungsverhältnisse, z.B. in Form staatlichen Krisenmanagements und sozialpolitischer Eingriffe, aufgehalten werden. Die Dynamik der Produktivkräfte aber erzwinge eine Veränderung der Produktionsverhältnisse, und das bedeute zuerst und zunächst der Eigentumsverhältnisse. Die Einführung gesellschaftlichen Eigentums an Produktionsmitteln wird deshalb als notwendiger und zwingender Schritt gewertet, wodurch der Einklang von Produktivkräften und Produktionsverhältnissen wiederhergestellt werde. Erst dann entspreche dem gesellschaftlichen Charakter der Arbeit wieder die gesellschaftliche Aneignung gemäß der Arbeitsleistung, und erst dann sei eine weitere Entfaltung und Lenkung der Produktivkräfte im Dienst der allseitigen Bedürfnisbefriedigung gesichert. Das der Konkurrenzordnung eigene Gegeneinander der Menschen schlage um in ein Füreinander: Es komme zu Beziehungen der solidarischen Zusammenarbeit und zur Selbstverwirklichung des einzelnen.

Die neue mögliche Qualität des menschlichen Zusammenlebens, die mit der Besitzergreifung der Produktionsmittel durch die Gesellschaft und mit der Beseitigung der anarchischen Warenproduktion erreichbar werde, hat Engels als Entwurf angedeutet, der bis heute noch den offiziellen Erwartungshorizont ausfüllt, allerdings bis heute auch noch der Erfüllung harrt: „Die Anarchie innerhalb der gesellschaftlichen Produktion wird ersetzt durch planmäßige bewußte Organisation. Der Kampf ums Einzeldasein hört auf. Damit erst scheidet der Mensch, in gewissem Sinn, endgültig aus dem Tierreich, tritt aus tierischen Daseinsbedingungen in wirklich menschliche ... Erst von da an werden die Menschen ihre Geschichte mit vollem Bewußtsein selbst machen, erst von da an werden die von ihnen in Bewegung gesetzten gesellschaftlichen Ursachen vorwiegend und in stets steigendem Maß auch die von ihnen gewollten Wirkungen haben. Es ist der Sprung der Menschheit aus dem Reich der Notwendigkeit in das Reich der Freiheit."[50]

Die bewußte Gestaltung des menschlichen Zusammenlebens wird also zuerst als bewußte und rationelle Regelung der wirtschaftlichen Prozesse begriffen. Der Sprung in das Reich der Freiheit habe im Wirtschaftssystem und hier in der bewußten Planung und Leitung der Volkswirtschaft anzusetzen, und in diesem Zusammenhang siedelt auch die gesellschaftstheoretische Begründung der sozialistischen Planwirtschaft an. Eine Planung im gesamtwirtschaftlichen Maßstab werde im Sozialismus möglich, weil auf der Basis des gesellschaftlichen Eigentums an Produktionsmitteln der Zwang zum Gegeneinander, zur Konkurrenz entfalle. Erst die Planwirtschaft und die Ablösung der spontan und naturwüchsig ablaufenden Marktprozesse, in denen die objektiv wirkenden ökonomischen Gesetze unsichtbar und für den einzelnen Produzenten unbewußt blieben, erlaube die bewußte Ausnutzung der Gesetzmäßigkeiten. Erst hier könne die Gesamtarbeit einschließlich der Produktionselemente planmäßig auf die verschiedenen Produktions- und Bedürfnisrichtungen verteilt werden. An die Stelle der spontanen, marktkoordinierten Bewegungsweise trete nun die planmäßig proportionale Entwicklung der ökonomischen Prozesse als spezifisch sozialistische Bewegungsweise.

Das die sozialistische Planung durchdringende Postulat der planmäßigen Proportionalität erfordert, daß jede Abteilung, jeder Sektor, jeder Zweig und jeder Betrieb in der Volkswirtschaft den Anteil an der Gesamtarbeit erhält, der vom Standpunkt einer optimalen Bedürfnisbefriedigung notwendig ist. Unter sozialistischen Ordnungsbedingungen würden diese Anteile nicht mehr länger im Zuge friktions- und krisenreicher ex-post-Anpassungen ermittelt, sondern könnten aufgrund bewußter, die ökonomischen Gesetzmäßigkeiten erkennender Planung festgelegt werden, weshalb hier eine im Vergleich zur Marktwirtschaft sehr viel produktivere Gesamtordnung zustande komme.[51]

Der in einer Planwirtschaft erzielbare, vergleichsweise höhere ökonomische Wohlstand korrespondiere zudem mit einer gerechten Verteilung der Güter. Da alle Mitglieder der Gesellschaft Eigentümer der Produktionsmittel seien und soweit die Gleichheit in bezug auf die Stellung zu den Produktionsmitteln garantiert sei, könne es auch keine Ausbeutung des Menschen durch andere Menschen geben, und das Prinzip der Verteilung nach der Arbeitsleistung sei gewährleistet.

Auch bezüglich des Freiheitsziels wird die sozialistische Gesellschaftsordnung als überlegene Ordnung vorgestellt. Das in der liberalen Gesellschaftstheorie den höchsten Stellenwert einnehmende Postulat der Sicherung persönlicher Freiheitsrechte erfährt allerdings eine andere Sinngebung und Interpretation. Das liberale Freiheitsverständnis wird als „individualistisches" oder „personalistisches" Postulat abgewertet.[52] Freiheit könne nicht auf die Forderung nach einer geschützten, autonomen Sphäre der individuellen

Lebensgestaltung reduziert werden, sondern müsse als gesellschaftliches Verhältnis zwischen Menschen und den objektiven Gesetzen in Natur und Gesellschaft erfaßt werden. Unter den Bedingungen des privaten Eigentums an Produktionsmitteln und der Marktkoordination könne sich die so definierte Freiheit weder für die Kapitaleigner noch viel weniger für die abhängig Beschäftigten entfalten, denn beide Gruppen seien in ihrem Handeln einem anonymen Verwertungszwang und einer nicht beherrschbaren spontanen Bewegungsdynamik ausgeliefert. In dem vor allem auf Engels zurückgehenden Freiheitsverständnis wird Freiheit als Einsicht in die Notwendigkeit definiert, „in der auf Erkenntnis der Naturnotwendigkeiten gegründeten Herrschaft über uns selbst und über die äußere Natur; sie ist damit notwendig ein Produkt der gesellschaftlichen Entwicklung".[53]

Danach manifestiere sich ökonomische Freiheit in der bewußten und rationellen Regelung der Arbeitsprozesse, was nur im Rahmen einer sozialistischen Planwirtschaft möglich sei. Die liberale Forderung der Freiheit *vom* Staat werde unter den neuen Ordnungsbedingungen gegenstandslos; sie modifiziere sich im Sozialismus zur Freiheit *im* Staat, d.h. zum Recht und zur Pflicht, aktiv an der Gestaltung der ökonomischen und politischen Prozesse mitzuwirken. Die Abgrenzung wirtschaftlicher und persönlicher Bereiche vom politischen oder staatlichen Herrschaftsbereich wird als nicht länger notwendig erachtet, da im Sozialismus eine Identifikation und Verschmelzung von Produzent, Eigentümer an Produktionsmitteln und machtausübender Staatsbürger vorausgesetzt werden. Individuum, Staat und Gesellschaft gelten demnach in der sozialistischen Theorie als prinzipiell widerspruchslose Einheit, die sich durch die aktive Mitarbeit aller Gesellschaftsmitglieder in Wirtschaft und Staat unter der Führung der Partei der Arbeiterklasse entfalte.

3. Ansatzpunkte der Kritik

Aus dem Überblick über die gesellschaftspolitischen Leitbilder und deren Begründung wird ersichtlich, daß der Weg, über den man in der marxistisch-leninistischen Theorie eine ökonomisch effiziente und sozial gerechte Ordnung erreichen will, in eine im Vergleich zum liberalen Weg andere Richtung geht: An die Stelle des Privateigentums tritt das gesellschaftliche Eigentum an Produktionsmitteln, das in zwei Hauptformen unterteilt wird: in das staatliche Eigentum und das genossenschaftliche Eigentum; privates Eigentum wird lediglich im Bereich des persönlichen Eigentums, d.i. Eigentum an Konsum- und langlebigen Gebrauchsgütern, toleriert; an die Stelle der dezentralen, marktkoordinierten Planung tritt die gesamtwirtschaftliche, zentralkoordinierte Planung der Wirtschaftsprozesse. Obwohl sich die liberale und die sozialistische Ordnungskonzeption grundlegend voneinander unterscheiden, liegen ihnen, zumindest der begrifflichen Fassung nach, vergleichbare Leitbilder zugrunde, die jedoch unterschiedlich interpretiert und gewichtet werden.

Im Vergleich zur liberalen zeichnet sich die sozialistische Konzeption durch ihre Geschlossenheit und Einheitlichkeit aus und beansprucht zudem noch den Status einer wissenschaftlich abgesicherten, allein wahrheitsgemäßen Erkenntnisposition. Dies sowie die Gewichtung ihrer auf Gerechtigkeit, Solidarität und andere Sozialwerte orientierten Leitbilder könnten eine überlegene gesellschaftstheoretische Konzeption vermuten lassen; zumindest ist hierin ihre soziale und politische Ausstrahlungskraft begründet, die sie zur mächtigen Herausforderung und zum Gegenpart der liberalen Gesellschaftstheorie werden ließ. Dort, wo sie nicht in die Praxis umgesetzt wurde, trug sie dazu bei, das soziale Gewissen zu schärfen und sozialpolitische Programme zu entwickeln.

Überall dort jedoch, wo diese Ordnungskonzeption durchgesetzt und verwirklicht wurde, zeigte sich eine unübersehbare Diskrepanz zwischen vorgegebenen Leitbildern und Realität. Wie anhand des Systemvergleichs zwischen der Bundesrepublik Deutschland und der DDR in den folgenden Beiträgen noch nachgewiesen wird, hat die sozialistische Ordnung keinen höheren Wohlstand, keine vergleichbaren Freiheitsrechte und schließlich auch keine Verteilung nach der Arbeitsleistung hervorgebracht.[54] Gemessen an dem eigenen Anspruch, kann diese Ordnungskonzeption keine überzeugenden Ergebnisse vorweisen; sie weist vielmehr immanente Mängel auf. Es wäre unzulässig, die Ursachen dieser Defizite in den Versäumnissen der Menschen, speziell der verantwortlichen Politiker, zu suchen, und ihnen vorzuwerfen, sie hätten die in der marxistisch-leninistischen Konzeption vorgegebenen Prinzipien nicht konsequent verfolgt oder beherzigt. Auch der Einwand, daß die an den bisher erreichten Ergebnissen orientierte Analyse und Vergleichung nicht beweiskräftig seien, weil hierbei noch offene, zukünftig aber realisierbare Potentiale unberücksichtigt blieben, kann immer weniger überzeugen, je länger die sozialistische Ordnungskonzeption praktiziert wird. Alle Erfahrungen sprechen bisher dagegen, daß die Defizite und Abstände geringer werden.

Die Ursachen der Mängel sind vielmehr in der marxistisch-leninistischen Ordnungskonzeption selber – und hier in deren unrealistischen Prämissen – zu suchen: Sie geht von einer unrealistischen Vorstellung über das Planungs- und Lenkungsproblem in industriell entwickelten Volkswirtschaften aus, die wiederum von einem unrealistischen Menschenbild getragen wird. Die Gründe hierfür sind in den Theorieentwürfen der Begründer des wissenschaftlichen Sozialismus, insbesondere bei Marx, angelegt. Wie Helberger in seiner methodenkritischen Arbeit nachgewiesen hat, zeichnet sich der Marxismus durch eine völlige Vermischung von Beschreibung, Wertung und Erklärung aus, was wiederum auf die Vermischung von „moralisch-politischem Impuls" und „theoretisch-deskriptiver Erkenntnisintention" zurückzuführen sei.[55] Jeder Versuch, die normativ geprägten Ordnungsvorstellungen zu realisieren, muß daher scheitern oder zumindest unvollständig bleiben.

Bezüglich der in der sozialistischen Gesellschaftstheorie angestrebten Planungskonzeption ergibt sich folgender thesenartig vorgetragener Zusammenhang: Der Anspruch, die volkswirtschaftlichen Prozesse bewußt und zielgerichtet planen und damit Spontaneität unterbinden zu wollen, führt notwendig zur zentralen staatlichen Planung und Koordinierung. Zentrale Planung aber bedeutet Zentralisation der ökonomischen Macht in den Händen politischer Instanzen, führt also zur Zusammenballung ökonomischer und politischer Macht. Der großen Mehrheit der Gesellschaftsmitglieder verbleiben deshalb nur minimale Freiheits- und Partizipationsräume. Die Zentralisation und Konzentration der ökonomischen Verfügungsgewalt modifiziert zugleich das gesellschaftliche Eigentum an Produktionsmitteln in Staatseigentum.

Die notwendige Modifikation der Konzeption einer gesamtwirtschaftlichen ex-ante-Proportionierung und bewußten Gestaltung der Wirtschaftsprozesse in die Form der zentralen Planung und Koordinierung liegt ursächlich im Problem der Unübersehbarkeit volkswirtschaftlicher Prozesse begründet. Da in industriell entwickelten Wirtschaftssystemen die Zahl der zu planenden Güter die Millionengrenze übersteigt, können einzelne Produzenten die gesamtwirtschaftlichen Zusammenhänge nicht mehr einsehen. Sie können daher ohne Integration in eine die gesamte Volkswirtschaft umgreifende Wirtschaftsrechnung nicht erkennen, ob ihre Entscheidungen ökonomisch rational oder irrational sind. Um Umstände, Anlässe und Folgen einzelner ökonomischer Handlungen gesamtwirtschaftlich einordnen und lenken zu können, ist ein Rechen- oder Informationswerk notwendig, das die Einzelhandlungen in einen gesamtwirtschaftlichen Rechnungszusammenhang integriert. Dies bedeutet – ökonomisch spezifiziert –, daß eine rationale Planung und Lenkung der Wirtschaftsprozesse nur dann möglich ist, wenn die Entscheidungen über die Verwendung der Güter an den Verfügbarkeiten bzw. Knappheiten der einzelnen Güterarten orientiert sind, wenn also die Differenzen zwischen Aufkommen und Bedarfen einzelner Güterarten bekannt sind. Ein einzelner Produzent kann diese Differenzen nicht kennen, da er die Gesamtprozesse nicht übersehen kann. Auch die Gesellschaft kann nicht ohne ein entsprechendes Rechen- oder Informationssystem, wie es Engels im Falle der Vergesellschaftung der Produktion prognostiziert hat, „einfach berechnen", wie die

Arbeit und die Produktionselemente auf die verschiedenen Verwendungsrichtungen verteilt werden; abgesehen davon, daß es ein handelndes Wesen namens Gesellschaft nicht gibt. Es genügt nicht einfach zu wissen, „wieviel Arbeit jeder Gebrauchsgegenstand zu seiner Herstellung bedarf", um danach den Volkswirtschaftsplan einzurichten.[56] Dazu muß man wissen, welche Bedarfe mit Hilfe welcher Güter realisiert werden sollen, d.h. es muß entschieden werden, welche Millionen Güter in welchen Arten und welchen Mengen mit welchen Verfahren zu produzieren und wie und auf wen sie zu verteilen sind. Dies ist nur möglich, wenn Informationen über die relativen Verfügbarkeiten oder Knappheiten bezüglich aller Güterarten bekannt sind. Verzichtet man hierbei auf das über Märkte und Preise und im Zuge spontaner Anpassungen funktionierende Informationssystem, verbleibt lediglich die Zentralisierung der Informationen in Verbindung mit einer zentralen Koordinierung der ökonomischen Entscheidungsprozesse.

Da Planung nichts anderes ist als Festlegung und vorwegnehmende Koordinierung von Teilarbeiten und Teilprozessen hinsichtlich angestrebter Sollzustände, bedeutet das Vorhaben einer umfassenden und bewußten ex-ante-Proportionierung zukünftiger Wirtschaftsabläufe auch nichts anderes als die Programmierung zukünftiger Verhaltensweisen von Millionen von Menschen. Sie bedeutet also die Festlegung, Abstimmung und Anordnung von Handlungen, die innerhalb eines bestimmten, in der Zukunft liegenden Zeitraumes durchzuführen sind.

Die Umsetzung der zentral programmierten und koordinierten Handlungsordnung im Zuge der Planrealisierung muß notwendigerweise durch konkrete Regeln, d.h. durch Verhaltensgebote in Form von Planauflagen, Kennziffern und Anordnungen, erfolgen. Hierbei muß der zukünftige Bewegungs- oder Freiheitsraum, der einzelnen Produzenten in der Planausführung bleibt, minimal gehalten werden; denn würde ihnen ein freier, breiter Dispositionsspielraum gewährt, wäre die Erreichung der angestrebten Sollzustände, d.h. die Planerfüllung, gefährdet.

Wer daher eine spontane, marktkoordinierte Ordnung durch

eine bewußte Planung und Proportionierung der Prozesse ersetzen will, fordert damit eine zentrale Programmierung der Verhaltensweisen, die zur Einengung persönlicher Freiheitsräume und zur Unterwerfung unter den Willen der zentralen Instanz führt, die wiederum die Umsetzung ihres Plans über Auflagen und Verhaltensgebote erzwingen muß; sie muß es tun, weil sich bei einem Verzicht auf Verhaltensgebote automatisch eine spontane Ordnung entwickeln würde. Die bewußte Proportionierung und Gestaltung würde dann hinfällig.

Diesem Begründungszusammenhang könnte nun der Einwand entgegengehalten werden, daß die zentrale Planinstanz die Einzelwillen der Produzenten bereits im Prozeß der Planaufstellung berücksichtige. Bei der Planausführung bestünde daher für die Produzenten keine Veranlassung, gegen den zentralen Willen als Ausdruck des Gesamtwillens zu verstoßen. Vielmehr sei eine freiwillige, ohne Planauflagen zustande kommende Ausführung der im Plan festgelegten zukünftigen Verhaltensweisen zu erwarten. Deshalb sei auch keine Beschränkung des Freiheitsraums gegeben, da sich gemäß dem sozialistischen Selbstverständnis Freiheit als Einsicht in die Notwendigkeit entfalte.

In dieser Vorstellung, die nur als „kommunistische Fiktion" bezeichnet werden kann, offenbart sich augenfällig ein unrealistisches, weil normatives Menschenbild, das explizit oder implizit der sozialistischen Ordnungs-, speziell der Planungskonzeption zugrunde liegt. Menschen, die ihre eigene Lebensperspektive einzig und allein an der die gesellschaftlichen Interessen repräsentierenden Planperspektive ausrichten, müssen als Wesen gedacht werden, die von sozialen Tugenden durchwaltet sind, denen Besitz- und soziales Aufstiegsstreben, Egoismus, Neid und sonstige allzu bekannte menschliche Schwächen fremd sind und denen die plankonforme Arbeit zum ersten Lebensbedürfnis wird.[57] Dieses Menschenbild setzt den Glauben voraus, daß der Mensch ein in ständiger Entwicklung auf eine ausgedachte Vollkommenheit hin befindliches Wesen sei. Es offenbart also eine aszendente Anthropologie, die nur als anthropologische Überschätzung bewertet werden kann. Tatsächlich läßt sich ein solches vollkommenes Wesen bisher in der Geschichte, auch in der bisherigen Geschichte sozialistischer Ordnungen, nicht auffinden und nachweisen.

Selbst wenn man den Glauben an eine Vollkommenheit des Menschen, die allenfalls durch genetische Manipulationen erreichbar erscheint, konzediert, muß die sozialistische Ordnungskonzeption aufgrund entscheidungs- und organisationstheoretischer Überlegungen eine Fiktion bleiben. Die Vorstellung, daß sich Einzelinteressen und gesellschaftliche Interessen, repräsentiert durch die Zentralinstanzen, entsprächen und daher keine Machtzentralisation und keine Unterordnung unter den zentralen Willen zu befürchten seien, vielmehr also eine allseitige Harmonie der Interessen möglich sei, geht von einem Organisationstyp aus, der in der Organisationstheorie hinlänglich als mechanistisches Maschinen-Befehls-Modell bekannt ist. Hierbei wird eine Welt der organisierten Einfachheit unterstellt, in der eine überschaubare Zahl von Elementen in wohlproportionierter und determinierter Weise aufeinander einwirken. Das klassische Beispiel ist das Uhrwerk, in dem die Teile in mechanischer Art und Weise verbunden sind und friktionslos ohne spontane Abweichungen funktionieren. Tatsächlich stellen sich industrialisierte Volkswirtschaften als Systeme organisierter Komplexität dar. Sie sind komplex, weil hier Millionen von Elementen in interdependenten Beziehungen stehen; sie sind organisiert, weil sich die wirtschaftlichen Prozesse größtenteils in Organisationen abspielen. Innerhalb der Organisationen müssen Teilaufgaben den Menschen zugewiesen und normiert werden. Hierbei sind einzelne Teilaufgaben nicht im Sinne einer eindeutigen und widerspruchslosen Ziel-Mittel-Hierarchie organisierbar.

Die einzelnen Aufgabenträger entwickeln und vertreten Teilziele, die sich aus den besonderen Aufgaben ihres Zuständigkeitsbereichs ergeben. In der Befolgung und Durchsetzung der Teilziele wird es notwendigerweise zu Konflikten mit anderen Aufgabenträgern kommen. Sollen diese Konflikte gelöst werden, sind laufende Abstimmungen und Einigungen auf vorher nicht festgelegte Ziele notwendig. Sobald jedoch dezentrale und laufende

Abstimmungen zugelassen werden, besteht die Gefahr, daß die zentral festgelegten und ex-ante-programmierten Ziele nicht erreicht werden.

Das Vorhaben, Wirtschaftsprozesse bewußt und zielgerichtet zu proportionieren und entsprechend zu realisieren, verlangt deshalb einen hierarchisch strukturierten Verwaltungsapparat, bei dem die ökonomische Macht an der Spitze zentralisiert ist und Konflikte auf untergeordneten Verwaltungsebenen jeweils durch Entscheid der übergeordneten Instanz gemäß den Planzielen beigelegt werden. Für ökonomische Freiheiten im Sinne einer freien Alternativenwahl verbleibt unterhalb der Hierarchiespitze kein Raum; sie müssen in repressiver Manier unterdrückt werden. Deshalb findet man überall dort, wo die sozialistische Planungskonzeption in die Realität umgesetzt und praktiziert wurde und wird, ein Planungssystem zentraler Planung, bei dem die ökonomische und politische Macht in den Händen der Parteielite konzentriert und durch den Staatsapparat abgesichert ist. Das gesellschaftliche Eigentum an Produktionsmitteln nimmt hier notwendigerweise die Form des Staatseigentums an.

Zweiter Teil

Ordnungspolitische Gestaltung der Wirtschaftssysteme

Hannelore Hamel

I. Ordnungspolitische Grundentscheidung nach 1945

1. *Die Spaltung Deutschlands*

Das Ende des Zweiten Weltkrieges bedeutete für Deutschland die totale Zerstörung: das Land war verwüstet, die Menschen kämpften ums Überleben, der Staat hatte aufgehört zu existieren. Am 5. Juni 1945 übernahm der „Alliierte Kontrollrat", bestehend aus den Oberbefehlshabern der vier Besatzungsmächte USA, Großbritannien, Frankreich und Sowjetunion, die Regierungsgewalt. Auf der Potsdamer Konferenz (17.7.–2.8. 1945) wurde die Aufteilung des Landes in vier Besatzungszonen beschlossen und den Oberbefehlshabern die Eigenverantwortung für ihre jeweilige Zone übertragen. Trotz der Vereinbarung, Deutschland als politische und wirtschaftliche Einheit zu behandeln, war mit der Eigenverantwortlichkeit der Besatzer die Voraussetzung geschaffen, die Zonen in die jeweiligen Machtbereiche einzubeziehen.

Noch im Laufe des Jahres 1945 erließ die Sowjetische Militär-Administration in Deutschland (SMAD) zahlreiche Befehle zur Sozialisierung der Wirtschaft in der von ihr besetzten Zone[1]: Bereits im April (also noch vor Kriegsende) wurde durch Befehl Nr. 1 das Bankenvermögen beschlagnahmt, im September folgte eine Bodenreform, bei der alle landwirtschaftlichen Betriebe mit mehr als 100 ha Betriebsfläche und alle Betriebe von Kriegsverbrechern und Nazis unabhängig von ihrer Größe entschädigungslos enteignet wurden, und im Oktober wurden durch den Befehl Nr. 124 „Über die Beschlagnahmung und provisorische Übernahme einiger Eigentumskategorien in Deutschland" mehr als 10 000 Betriebe konfisziert, von denen 9 281 – darunter 3 843 Industriebetriebe[2] – verstaatlicht und über 200 der größten und wichtigsten Betriebe aufgrund von Reparationsansprüchen in sowjetisches Eigentum überführt wurden.[3]

Gleichzeitig schuf die SMAD die Grundlagen für eine neue staatliche und politische Ordnung, die ebenfalls am sowjetischen Vorbild orientiert war: Neben den Länderverwaltungen von Mecklenburg, Brandenburg, Sachsen-Anhalt, Thüringen und Sachsen wurden bereits am 25. Juli 1945 „Deutsche Zentralverwaltungen" für Industrie, Verkehr, Handel und Versorgung, Land- und Forstwirtschaft, Brennstoff und Energie aufgebaut, die folgende Aufgaben wahrzunehmen hatten: (1) Erfassung und Verteilung der Rohstoffe, Halb- und Fertigfabrikate der Industrie sowie der Landwirtschaft und Fischerei, (2) Aufstellung und Durchführung von Produktionsplänen für Industrie und Handwerk und die Versorgung der Bevölkerung, (3) Kontrolle der Planverwirklichung sowie der wirtschaftlichen Entwicklung des gesamten Zonengebietes, (4) Vorbereitung und Kontrolle von Maßnahmen zur Förderung der wirtschaftlichen Entwicklung, (5) Durchführung von Maßnahmen zur Erzielung einer einheitlichen Organisation und Arbeitsweise in den Ländern und Provinzen zwecks Leistungssteigerung. Diese Zentralverwaltungen sollten die SMAD unterstützen und die wirtschaftliche Tätigkeit der einzelnen Länder koordinieren.[4] – Außerdem wurde bereits 1945 mit dem Aufbau der späteren Massenorganisationen begonnen: es entstanden der „Freie Deutsche Gewerkschaftsbund" (FDGB), die „Antifaschistischen Jugendausschüsse" als Vorläufer der „Freien Deutschen Jugend" (FDJ) u. a. Die aus Moskau zurückgekehrten Emigranten Ulbricht, Pieck u. a. erzwangen im April 1946 den Zusammenschluß von KPD und SPD zur „Sozialistischen Einheitspartei Deutschlands" (SED), mit deren Mitgliedern alle Schlüsselstellungen in Staat und Wirtschaft besetzt wurden.

Die Politik der westlichen Besatzungsmächte war zunächst

ebenfalls auf die Zerstörung des deutschen Kriegspotentials und auf Reparationsleistungen gerichtet. Sie war durch die im „Plan des Alliierten Kontrollrats für die Reparationen und die Kapazität der deutschen Nachkriegswirtschaft" vom 28. März 1946 vorgesehenen Demontagen, Produktionsbeschränkungen und Produktionsverbote gekennzeichnet. „Die Industrieproduktion sollte auf 50–55% des Standes von 1938 beschränkt werden. Der durchschnittliche Lebensstandard in Deutschland sollte den durchschnittlichen Lebensstandard der europäischen Länder (unter Ausschluß Großbritanniens und der Sowjetunion) nicht übersteigen."[5]

Angesichts der chaotischen Zustände im Land (10 Millionen Flüchtlinge, 40 vH der Bevölkerung ausgebombt, 60 vH unterernährt) hielten die Alliierten vorerst an den zentralverwaltungswirtschaftlichen Maßnahmen der Kriegswirtschaft fest: Nahrungsmittel und andere Verbrauchsgüter blieben rationiert und wurden mit Hilfe von Bezugsscheinen verteilt, Grundstoffe und wichtige Rohstoffe wurden nach Maßgabe von Produktions- und Ablieferungsvorschriften zugeteilt, Preis- und Lohnstoppverordnungen blieben in Kraft, und Ein- und Ausfuhr wurden staatlich kontrolliert. Die behördlichen Wirtschaftspläne wurden jedoch in zunehmendem Maße durch Schwarzhandel und Naturaltausch unterhöhlt. Der aus der Kriegsfinanzierung resultierende Geldüberhang – er wurde auf etwa 300 Mrd. RM geschätzt[6] – führte zur offenen Inflation, das Geld verlor seinen Wert als Zahlungs- und Wertaufbewahrungsmittel, auf den schwarzen Märkten lagen die Preise um ein Vielfaches über den amtlichen Stopppreisen, und es bildeten sich Ersatzwährungen (Kaffee, Zigaretten, Butter).

1947 beschlossen die Westmächte, ihre Politik zu ändern und den Wiederaufbau des Landes zu unterstützen. Neben zunächst vorwiegend charitativen Hilfen[7] wurde auf Veranlassung des damaligen US-Außenministers George C. Marshall ein wirtschaftliches Wiederaufbauprogramm für Europa, „European Recovery Program" (ERP), entwickelt, an dem 14 europäische Länder, darunter auch die deutschen Westgebiete, beteiligt wurden. Die Mittel dieses Marshall-Plans wurden durch die OEEC (Organization for European Economic Cooperation) verteilt, die am 16. April

1948 als Dachorganisation der europäischen Empfängerländer gegründet wurde. Die drei Westzonen und die spätere Bundesrepublik Deutschland erhielten von 1948 bis 1952 insgesamt 1,5 Mrd. Dollar[8], die zunächst vor allem zur Überwindung von Engpässen in der Grundstoffindustrie, im Kohlenbergbau, in der öffentlichen Versorgungswirtschaft, im Verkehrswesen und zum Teil in der verarbeitenden Industrie eingesetzt wurden; ab 1950 flossen die Mittel auch in andere Zweige wie Landwirtschaft, Wohnungsbau, Export und dienten in stärkerem Maße der Rationalisierung, Modernisierung sowie der Eingliederung der Vertriebenen.[9]

Die Bemühungen um eine einheitliche Politik in ganz Deutschland schienen endgültig gescheitert, als sich im Mai 1947 im Westen die englische und amerikanische Zone zu einem „Vereinigten Wirtschaftsgebiet" zusammenschlossen und im Juni 1947 im Osten aus den Zentralverwaltungen die „Deutsche Wirtschaftskommission" (DWK) gebildet wurde (Befehl Nr. 138 der SMAD); Frankreich und die Sowjetunion hatten es abgelehnt, sich dem Zweizonenwirtschaftsgebiet anzuschließen. Die Verwaltung der Bizone wurde einem Wirtschaftsrat (Parlament), einem Länderrat (vergleichbar dem heutigen Bundesrat) und einem Direktorium übertragen, deren Befugnisse zwar zunächst noch auf wirtschaftliche Fragen beschränkt waren, die aber dennoch den Anfang eines neuen eigenstaatlichen Lebens verkörperten. Ein Jahr später, am 7. Juni 1948, einigten sich Belgien, Frankreich, Großbritannien, Luxemburg, die Niederlande und die USA über den Aufbau eines westdeutschen Staates und übergaben den Ministerpräsidenten der Länder die sogenannten „Frankfurter Dokumente", die sowohl allgemeine Richtlinien für den Aufbau der Bundesrepublik enthielten als auch den Auftrag, eine verfassunggebende Versammlung einzuberufen.[10]

Parallel hierzu wurden in der SBZ die Kompetenzen der Deutschen Wirtschaftskommission ausgeweitet. An ihrer Spitze standen die Leiter der fünf ehemaligen Zentralverwaltungen sowie die Vorsitzenden des FDGB und der „Vereinigung für gegenseitige Bauernhilfe". Mit dem SMAD-Befehl Nr. 32 vom 12. Februar 1948 erhielten sie das Recht, wirtschaftliche Verordnungen für das gesamte Zonengebiet zu erlassen. Das Sekretariat der Kommission übte als Exekutivorgan faktisch die Funktionen einer Regierung aus. Es hatte vor allem für die Wiederherstellung der Industrie zu sorgen, die zentralen Anweisungen mit den Anweisungen der Länder zu koordinieren, die termingemäße Durchführung der Reparationen zu gewährleisten und die Versorgung der Besatzungsstreitkräfte sicherzustellen.[11] Gleichzeitig wurde eine „Deutsche Verwaltung für Interzonen- und Außenhandel" gegründet, die an die Weisungen der SMAD gebunden war. Aus der Zentralverwaltung Planung entstand im März 1948 die Hauptverwaltung Wirtschaftsplanung – ein Vorläufer der späteren „Staatlichen Plankommission".

Die Divergenzen zwischen den westlichen und östlichen Alliierten wurden schließlich immer größer: Die Sowjets warfen den Westalliierten vor, mit der Gründung des Vereinigten Wirtschaftsgebietes gegen das Potsdamer Abkommen verstoßen zu haben; die Westalliierten bezeichneten den einseitig am sowjetischen Vorbild orientierten Aufbau der SBZ als Verstoß gegen eine einheitliche Entwicklung. Als der sowjetische Vertreter am 20.3. 1948 aus dem Alliierten Kontrollrat auszog, waren die Pläne für eine gesamtdeutsche Entwicklung endgültig gescheitert. Mit den getrennt durchgeführten Währungsreformen – in den Westzonen am 20.6. 1948, in der SBZ am 23.6. 1948 – wurde schließlich die Spaltung Deutschlands besiegelt.

2. Die Neuordnung der Wirtschaft

Wie die künftige westdeutsche Wirtschaftsordnung gestaltet werden sollte, war lange Zeit umstritten. Die Erfahrungen mit der Weimarer Republik, der Weltwirtschaftskrise und dem nationalsozialistischen System hatten in den verschiedenen politischen Gruppierungen zu durchaus unterschiedlichen Vorstellungen über die Neuordnung von Staat und Wirtschaft geführt. Zunächst dominierte die Auffassung, daß das wirtschaftliche Chaos nur durch eine staatliche Lenkung der Wirtschaft überwunden werden könne. Sie entsprach der Zeitströmung, die auch in anderen westeuropäischen Ländern in den Nachkriegsjahren vorherrschte (in England regierte die Labour-Party) und in interventionistischen staatlichen Lenkungsmaßnahmen zum Ausdruck kam. In den drei Westzonen plädierten nicht nur Vertreter der SPD und der Gewerkschaften für eine sozialistische Wirtschaftsordnung; auch Vertreter der CDU (die sich im Ahlener Programm von 1947 zum „Christlichen Sozialismus" bekannten) und liberale Persönlichkeiten waren für „das Ende der kapitalistischen Rechtsordnung".[12] Die Position des „Freiheitlichen Sozialismus" wurde seinerzeit vor allem von Adolf Arndt vertreten, der eine demokratisch legitimierte Machtausübung in allen Bereichen der Gesellschaft forderte; Wirtschaftsdemokratie bedeute, daß demokratisch legitimierte Staatsorgane über Produktion und Verteilung aller ökonomischen Mittel entscheiden, die Schlüsselbereiche der Wirtschaft sozialisiert und den Arbeitnehmern weitgehende Mitbestimmungsrechte eingeräumt werden sollten.[13]

Eine völlig gegensätzliche Position nahmen die Vertreter des Neoliberalismus ein, insbesondere Eucken und Böhm, die für eine Begrenzung der staatlichen Macht durch Wettbewerb auf den Märkten und Privateigentum plädierten.[14] Daß diese Auffassung sich schließlich durchsetzen konnte, war vor allem darauf zurückzuführen, daß Ludwig Erhard, zunächst Bayerischer Wirtschaftsminister, am 2.3.1948 zum Direktor des Vereinigten Wirtschaftsgebietes gewählt wurde. (Ein weiterer Grund war vermutlich die Entwicklung in der SBZ.) Erhard vertraute auf die Leistungsfähigkeit einer marktwirtschaftlichen Ordnung und hatte klare Vorstellungen darüber, wie die „Bewirtschaftung des Mangels" zu überwinden sei.[15] Als wichtigste Voraussetzung galt die Neuordnung des Geldwesens. So wurde zunächst ein neues Bankensystem nach amerikanischem Vorbild aufgebaut, an seiner Spitze die „Bank Deutscher Länder", die im März 1948 in Frankfurt a. M. ihre Tätigkeit aufnahm. Im Juni 1948 erließen die Militärregierungen der drei Westmächte die einschlägigen Gesetze und Verordnungen, nach denen am 20.6.1948 die Währungsreform durchgeführt wurde. Wenige Tage danach, am 24.6.1948, wurde mit dem „Gesetz über die Leitsätze für die Bewirtschaftung und Preispolitik nach der Geldreform" das Zwangssystem der Bewirtschaftung grundsätzlich aufgehoben und die Transformation in eine marktwirtschaftliche Ordnung eingeleitet.[16] In der Präambel dieses Gesetzes wurde gefordert, „daß die Wirtschaftspolitik wirtschaftliche und soziale Gesichtspunkte in gleicher Weise in Betracht zu ziehen hat", womit den Grundsätzen der von Alfred Müller-Armack konzipierten „Sozialen Marktwirtschaft"[17] entsprochen wurde. Nach anfänglichem Zögern übernahm die CDU diese Grundsätze 1949 in ihr Parteiprogramm und machte sie nach ihrem Wahlsieg zur offiziellen Politik der Bundesregierung.

Im Gegensatz zu den westlichen Besatzungszonen gab es in der SBZ zu keiner Zeit eine Diskussion darüber, wie die künftige Wirtschaftsordnung zu gestalten sei. Der Aufbau der Zentralverwaltungen durch die SMAD und der Ämter für Wirtschaftsplanung bei den Ländern ließ von Anfang an keinen Zweifel an den Absichten der sowjetischen Besatzungsmacht aufkommen. Der Übergang von der deutschen Kriegswirtschaft zur sozialistischen Planwirtschaft vollzog sich – abgesehen von den Verstaatlichungsmaßnahmen – relativ reibungslos, da wesentliche Formelemente, insbesondere der Planungs- und Lenkungsapparat und das staatliche Bewirtschaftungssystem, übernommen werden konnten; es bedurfte lediglich einiger organisatorischer Reformen, um das System in eine Zentralverwaltungswirtschaft sowjetischen Typs umzuformen. Diese Phase war mit der im Juni 1948 durchgeführten Währungsreform abgeschlossen. Gleichzeitig wurde mit der Ausarbeitung des ersten Zweijahresplanes für 1949/50 der Aufbau des neuen Systems eingeleitet.

3. Marktwirtschaft – Zentralverwaltungswirtschaft

Mit dem Grundgesetz für die Bundesrepublik Deutschland vom 23.5.1949 und der am 7.10.1949 in Kraft gesetzten Verfassung der DDR wurden die vorangegangenen ordnungspolitischen Weichenstellungen legalisiert: Die DDR-Verfassung ließ – gemäß Artikel 9, Abs. 3 – keinen Zweifel an der Art des künftigen Wirtschaftssystems: „In der Deutschen Demokratischen Republik gilt der Grundsatz der Planung und Leitung der Volkswirtschaft sowie aller anderen gesellschaftlichen Bereiche. Die Volkswirtschaft der Deutschen Demokratischen Republik ist sozialistische Planwirtschaft." – Eine ähnlich klare Entscheidung für ein bestimmtes Wirtschaftssystem war im Grundgesetz für die Bundesrepublik Deutschland nicht enthalten – weshalb die Frage nach der dem Grundgesetz entsprechenden Wirtschaftsordnung unter Verfassungsrechtlern bis heute umstritten ist.[18] Gleichwohl ist aus ökonomischer und speziell aus ordnungstheoretischer Sicht unbestreitbar, daß die mit zahlreichen Grundrechten zugleich verbürgten wirtschaftlichen Freiheitsrechte – insbesondere in Artikel 2, 9, 11, 12 und 14 – indirekt die verfassungspolitische Entscheidung für eine marktwirtschaftliche *Grundordnung* mit dezentraler oder „staatsbürgerlicher Planung"[19] enthielten, d. h. für „einen Wirtschaftsordnungstyp, in dem die Konsumfreiheit, die Wettbewerbsfreiheit, die Gewerbefreiheit, die Produktions- und Handelsfreiheit, die Freiheit der Berufs- und Arbeitsplatzwahl und die Freiheit der Eigentumsnutzung vorherrschen, aber unter sozialen Aspekten modifiziert werden".[20] Offen blieb hierbei, wie diese marktwirtschaftliche *Grundordnung* hinsichtlich ihrer einzelnen Formelemente konkret auszugestalten sei – woraus sich nach Hensel[21] erst die ökonomische und soziale Qualität einer marktwirtschaftlichen Grundordnung ergibt. Insofern ließ das Grundgesetz einen beträchtlichen Spielraum für die ordnungspolitische Gestaltung, die prozeßpolitische Steuerung und – gemäß der „Sozialklausel" in Artikel 20 und 28 – für sozialpolitische Korrekturen.

Die ersten Schritte zur ordnungspolitischen Ausgestaltung der Marktwirtschaft in der Bundesrepublik und der Zentralverwaltungswirtschaft in der DDR ergeben folgendes Bild:

(1) In der Bundesrepublik Deutschland trat an die Stelle der behördlichen Planung der Produktionsprozesse die am Markt orientierte einzelwirtschaftliche Planung aller Unternehmungen und Haushalte, deren Angebote und Nachfragen durch grundsätzlich freie Preise koordiniert werden sollten. Obwohl die Preisfreigabe gewissen Beschränkungen unterlag – insbesondere zum Schutz der wirtschaftlich Schwächeren, zur Durchführung von Wirt-

schaftsprogrammen im öffentlichen Interesse und zur Unterbindung monopolistischer Einflüsse[22] –, hatte die Marktsteuerung bereits unmittelbar nach der Währungsreform eingesetzt. Die französischen Ökonomen Rueff und Piettre konstatierten mit Erstaunen: „Der schwarze Markt verschwand urplötzlich. Die Auslagen waren zum Bersten voll von Waren, die Fabrikschornsteine rauchten, und auf den Straßen wimmelte es von Lastkraftwagen. Wo es auch sei, überall statt der Totenstille der Ruinen das Gerassel der Baustellen. Aber war schon der Umfang dieses Wiederaufstiegs erstaunlich, so noch mehr seine Plötzlichkeit. Er setzte auf allen Gebieten des Wirtschaftslebens auf den Glockenschlag mit dem Tage der Währungsreform ein."[23] Bis Ende 1948 war die industrielle Produktion um durchschnittlich 50 vH gestiegen und hatte fast wieder 80 vH des Standes von 1936 erreicht.[24] Dennoch reichte zunächst das Angebot nicht aus, den großen Nachholbedarf zu decken, so daß die Preise stark anstiegen. Dies rief zwar die Kritiker der Marktwirtschaft erneut auf den Plan – vor allem die Gewerkschaften, die im November 1948 die Einsetzung eines Preisbeauftragten forderten und zum Generalstreik aufriefen; gleichwohl erhöhten die gestiegenen Preise zusammen mit einer Senkung der Einkommen- und Körperschaftssteuer (durch das „Gesetz zur vorläufigen Neuordnung der Steuern" vom 22.6.1948) die Gewinnmöglichkeiten der Unternehmen, wodurch die Unternehmerinitiative belebt und das Angebot vergrößert wurden. Da noch kein funktionierender Kapitalmarkt vorhanden war, wurde die Selbstfinanzierung der Unternehmen durch Steuersenkungen gefördert, was allerdings einer ungleichen Vermögensbildung Vorschub leistete. Als schließlich im November 1948 die Bank Deutscher Länder erstmals ihr geldpolitisches Instrumentarium einsetzte, um die Geld- und Kreditmengenvermehrung zu stoppen, normalisierte sich die Preisentwicklung allmählich wieder.

Die Kritik an der marktwirtschaftlichen Ordnung setzte erneut ein, als 1949 die Zahl der Arbeitslosen auf 1,5 Millionen anstieg. Die Gewerkschaften schlossen sich im Oktober 1949 zum „Deutschen Gewerkschaftsbund" (DGB) zusammen; sie waren in ihren Lohnforderungen zunächst noch zurückhaltend: Der durchschnittliche Brutto-Stundenverdienst eines Arbeiters, der im Juni 1948 noch bei 0,99 DM gelegen hatte, stieg nach dem im November 1948 aufgehobenen Lohnstopp bis Ende 1950 auf 1,38 DM.[25] Die spürbare Verbesserung der materiellen Versorgung trug jedoch erheblich dazu bei, daß der von Erhard verfolgte wirtschaftspolitische Kurs immer mehr Zustimmung fand und die marktwirtschaftliche Ordnung ihre Bewährungsprobe bestand.

(2) In der DDR übertrug die SED-Führung dem Ministerium für Planung (ab November 1950: Staatliche Plankommission) die Ausarbeitung des ersten Zweijahresplans für 1949/50 und damit die zentrale Planung der gesamten Volkswirtschaft sowie aller anderen gesellschaftlichen Bereiche. Mit Hilfe eines umfassenden Systems von Planbilanzen wurde der Einsatz aller Kapazitäten, Materialien und Arbeitskräfte nach Maßgabe zentral festgelegter Ziele entschieden. Wichtigstes Ziel war in den ersten Jahren der Aufbau einer Grundstoff- und Schwermaschinenindustrie. Hiermit folgte man einmal dem sowjetischen Vorbild der Industrialisierung und zum anderen dem Zwang zur Umgestaltung der Industriestruktur, deren Schwerpunkt bisher auf der verarbeitenden Industrie gelegen hatte; außerdem waren zahlreiche Produktionsstätten der Grundstoff- und Schwerindustrie der Demontage zum Opfer gefallen. Die Versorgung der Bevölkerung nahm demzufolge in der Rangordnung der zentralen Planziele nur eine untergeordnete Position ein. Lebensmittel und Textilien blieben weiterhin rationiert und wurden durch die 1948 gegründeten HO-Läden der „Staatlichen Handelsorganisation" verkauft.

Auch in der Industrie wurde das Zuteilungssystem beibehalten. Die verstaatlichten Betriebe waren materiell und finanziell von zentralen Zuweisungen abhängig, d.h. sie erhielten nicht nur die aus den zentralen Plänen mittels eines Kennziffernsystems aufgeschlüsselten Produktionsauflagen, sondern auch die zur Erfüllung der Produktionsauflagen erforderlichen materiellen und finanziellen Mittel. Bereits 1948 war mit den sogenannten „Vereinigungen Volkseigener Betriebe" (VVB) ein hierarchischer Lenkungsapparat geschaffen worden, in dem die VVB als Mittelinstanzen für die Durchsetzung der zentralen Anweisungen in den „Volkseigenen

Betrieben" (VEB) zu sorgen hatten. Laut Beschluß der I. Parteikonferenz der SED (25.–28.1. 1949) sollte jegliche Tendenz zur Selbstverwaltung und Autonomie der Betriebe gegenüber der Zentrale unterbunden und der noch bestehende private Sektor durch ein Vertragssystem indirekt in die zentrale staatliche Planung einbezogen werden.[26]

Die Wirtschaftlichkeit der Betriebe wurde allein an der Erfüllung der vorgegebenen Auflagen gemessen, erzielte Erlöse waren jeweils an den Staatshaushalt abzuführen, der als das monetäre Spiegelbild des Volkswirtschaftsplanes galt und vorwiegend Kontrollaufgaben hatte. Der gesamte Rechnungs- und Zahlungsverkehr vollzog sich über das staatliche Bankensystem, das einstufig (Zentralbank mit Filialen) organisiert war, Kredite plangemäß verteilte und ebenfalls vorwiegend die Einhaltung der Planaufgaben zu kontrollieren hatte. Die Festpreise hatten keinerlei Lenkungsfunktionen, sondern waren lediglich Verrechnungs- und Kontrollgrößen. Wie sich bei der Realisierung dieser Ordnungsbedingungen herausstellte, fehlte in den Betrieben aufgrund der umfassenden bürokratischen Reglementierung jeglicher Anreiz, mit den zur Verfügung gestellten Mitteln ökonomisch rational umzugehen, und es fehlte die Kontrolle von Lieferungen und Leistungen durch die Abnehmer, die durch vielfältige administrative Kontrollen – u.a. durch die Bildung von „Volkskontrollausschüssen"[27] – ersetzt werden mußte.

4. Wirtschaftspolitische Funktionen des Staates

Der Aufbau und die weitere Ausgestaltung des marktwirtschaftlichen Systems in der Bundesrepublik Deutschland und der Zentralverwaltungswirtschaft in der DDR wurden maßgeblich bestimmt durch die jeweils realisierten politischen Systeme, insbesondere durch die unterschiedliche Bedeutung, die dem Staat und dessen Einfluß auf das wirtschaftliche Geschehen eingeräumt wurde.

In der DDR erhielt der Staat als Hauptinstrument zur Verwirklichung des Sozialismus allumfassende wirtschaftliche Funktionen: „Der Staat ist Eigentümer der Produktionsmittel, er ist Leiter des Produktionsprozesses, und er gilt als Verkörperung der ökonomischen Interessen der Gesellschaft."[28] Der Staatsapparat wurde zugleich wirtschaftlicher Lenkungsapparat; seine Einrichtungen wurden „Glieder eines Organismus, der in bewußter Durchsetzung der ökonomischen Gesetze des Sozialismus nach einem einheitlichen, auf die Entwicklung der Wirtschaft und Gesellschaft gerichteten staatlichen Gesamtplan wirksam wird."[29] In diesem Sinne gilt für die sozialistische Planwirtschaft der DDR das Postulat von der Einheit von Politik und Ökonomie sowie vom Primat der Politik in der Ökonomie. Das heißt: Die Parteiführung entscheidet über Art und Rangfolge der Ziele des Volkswirtschaftsplans, die der Staat mittels der Planung, Leitung und Kontrolle der Wirtschaftsprozesse durchzusetzen hat.

In der Bundesrepublik Deutschland wurde demgegenüber das Verhältnis von Staat und Wirtschaft gemäß der von Ludwig Erhard vertretenen ordoliberalen Konzeption gestaltet: Der Staat sollte lediglich als ordnende und lenkende Potenz (Eucken) wirken, d.h. er sollte durch rechtliche Ordnungsentscheidungen einen den jeweiligen Normen entsprechenden Ordnungsrahmen schaffen (Ordnungspolitik) und durch indirekte Eingriffe in den Ablauf der Wirtschaftsprozesse (z.B. durch steuer- und konjunkturpolitische Maßnahmen) die einzelwirtschaftlichen Entscheidungen im Sinne bestimmter wirtschaftspolitischer Ziele beeinflussen (Prozeßpolitik).[30] Darüber hinaus hatte der Staat die Organisation eines sozialen Sicherungssystems einschließlich aktiver Einkommensumverteilungspolitik wahrzunehmen. – Eine weitere Funktion, die Bereitstellung öffentlicher Güter (Bildung, Sicherheit u.a.), die dem Marktmechanismus entzogen sind, wurde im Verlauf der Jahre immer wichtiger und eröffnete dem Staat die Möglichkeit, einen wachsenden Anteil des Sozialprodukts der Marktallokation zu entziehen und nach politischen Kriterien zu verwenden (vgl. vierter Teil dieses Bandes).

Neben den systembedingten politischen Einflußfaktoren war für die unterschiedliche Entwicklung der Wirtschaftsstruktur in beiden Ländern noch eine Reihe weiterer Faktoren maßgebend.

Wichtig war zweifellos, daß die im Potsdamer Abkommen geforderte Dekonzentration der deutschen Kriegswirtschaft in den westlichen Besatzungszonen auf die Dekartellierung und Entflechtung des IG-Farben-Konzerns, der Konzerne der Montanindustrie und der Großbanken beschränkt blieb.[31] Im Prinzip sollte das Privatvermögen nach den Vorstellungen der Westmächte unangetastet bleiben, während in der SBZ mit der Verstaatlichung zahlreicher Betriebe (45 vH der Industriekapazität[32]) die Privatinitiative weitgehend ausgeschaltet und die ehemaligen Eigentümer zur Flucht veranlaßt wurden. – Ein weiterer entscheidender Faktor waren die vergleichsweise hohen Reparationsleistungen der SBZ, in der rund 45 vH der 1945 vorhandenen Kapazitäten beschlagnahmt oder demontiert wurden im Vergleich zu knapp 8 vH in den Westzonen. Beträchtlich waren auch die Entnahmen der sowjetischen Besatzungsmacht aus der laufenden Produktion, die erst 1953 nachließen und bis dahin auf 40 Mrd. DM geschätzt wurden. Hinzu kamen die außerordentlich hohen Besatzungskosten, die in der SBZ rund 26 vH des Zoneneinkommens beanspruchten gegenüber 11–15 vH in den Westzonen.[33] Schließlich fehlte in der DDR eine dem Marshall-Plan vergleichbare Unterstützung zum Wiederaufbau der Wirtschaft, es fehlten die westlichen Handelspartner, und es fehlten durch die anhaltende Abwanderung in zunehmendem Maße Arbeitskräfte. Sicherlich haben diese spezifischen Faktoren die Entwicklung der DDR-Wirtschaft relativ stark benachteiligt; möglicherweise wären sie jedoch unter anderen Ordnungsbedingungen schneller überwunden worden.

II. Der Aufbau der Wirtschaftssysteme in den fünfziger Jahren

Im folgenden soll gezeigt werden, wie die bis 1949 in ihren Grundzügen errichteten Wirtschaftssysteme in ihren Teilordnungen weiter ausgebaut und den jeweiligen Zielsetzungen entsprechend rechtlich und wirtschaftspolitisch geformt wurden. Es geht hier also weniger darum, die Entwicklung quantitativer Größen zu vergleichen, wie sich Herstellung und Verteilung des Sozialprodukts in beiden Volkswirtschaften insgesamt und in einzelnen Wirtschaftszweigen entwickelt haben oder welches der beiden Länder auf dem einen oder anderen Gebiet größere oder kleinere Wachstumsraten aufzuweisen hatte – ein Vergleich dieser Art ist ausführlich in den „Materialien zum Bericht zur Lage der Nation", die das Bundesministerium für innerdeutsche Beziehungen 1971, 1972 und 1974 veröffentlicht hat, vorgenommen und durch umfangreiches Zahlenmaterial veranschaulicht worden. Im Gegensatz hierzu werden vorwiegend jene Faktoren behandelt, die zwar nicht allein, aber doch maßgeblich Wirtschaftsablauf und Wirtschaftsentwicklung der beiden Länder bestimmt haben: die Gesamtordnungen mit ihren mehr oder weniger aufeinander abgestimmten Teilordnungen. Dabei stehen jene Teilordnungen im Vordergrund, die für die Wirtschaftssysteme konstitutiv sind und deren Qualität entscheidend prägen:

(1) die Planungs- und Koordinationssysteme,
(2) die Eigentums- und Unternehmensordnungen,
(3) die Geld- und Bankensysteme,
(4) die Beziehungen zwischen politischen und wirtschaftlichen Teilordnungen.

Bezogen auf diese Teilordnungen, werden zunächst die Maßnahmen der Aufbauperiode dargestellt, die – ohne eine genaue zeitliche Abgrenzung vornehmen zu wollen – in beiden Ländern bis etwa Anfang der sechziger Jahre reichte.

1. Planungs- und Koordinationssysteme

Die auch im Ausland als „Wirtschaftswunder" apostrophierte Entwicklung der Bundesrepublik Deutschland hatte ihre ordnungspolitische Ursache in der Wiederbelebung des Marktmechanismus durch die Währungsreform, die – mit den Worten der französischen Ökonomen Rueff und Piettre – „für den Kadaver Deutschlands das ‚Stehe auf und wandle'" bedeutet hatte.[34] Die Neuordnung des Geldwesens und die Freisetzung privater Initiativen bewirkten nahezu automatisch, daß sich die Unternehmer an der

Marktnachfrage und damit an den Bedürfnissen der Konsumenten orientierten. Die Unternehmungen konnten also ebenso wie die privaten und öffentlichen Haushalte nach eigenen Wert- und Zielvorstellungen Pläne ausarbeiten, deren Abstimmung miteinander darüber entschied, wie die ökonomischen Ressourcen alloziiert, d. h. in welche Verwendungen sie gelenkt wurden.

Wie im dritten Teil dieses Buches noch näher erläutert wird, hängt die Funktionsweise der marktwirtschaftlichen Allokation und Distribution maßgeblich von der Wettbewerbsintensität ab: Der Marktmechanismus funktioniert um so besser, je mehr Wettbewerb der Marktteilnehmer um die Erwerbschancen besteht und je genauer die Preise die Knappheitsgrade der Güter und Dienstleistungen widerspiegeln. Für die Funktionsfähigkeit einer Marktwirtschaft sind daher alle Maßnahmen systembestimmend, die Wettbewerb auf den Märkten begünstigen oder wettbewerbsschädliche Einflüsse ausschalten. In diesem Sinne gilt in der Bundesrepublik Deutschland das 1957 erlassene „Gesetz gegen Wettbewerbsbeschränkungen" (GWB) – auch Kartellgesetz genannt – als „magna charta der Marktwirtschaft".[35] Nach diesem Gesetz sind bestimmte Kartellabsprachen verboten oder genehmigungspflichtig; marktbeherrschende Unternehmen unterliegen der Mißbrauchsaufsicht durch das Bundeskartellamt und die Landeskartellämter, die außerdem Unternehmenszusammenschlüsse und sonstige wettbewerbsbeschränkende und -diskriminierende Verhaltensweisen zu kontrollieren haben.

Einzelne Gütermärkte (wie Wohnungsbau, Landwirtschaft und Verkehr) wurden aus sozialen Gründen von Anfang an vom Wettbewerbsgeschehen ausgeklammert und sind es zum Teil bis heute noch.[36] Auch auf den Arbeitsmärkten wird Wettbewerb nur oberhalb der von Arbeitgeberverbänden und Gewerkschaften vereinbarten Tariflöhne wirksam. – Im Außenhandel wurde bereits 1951 mit Gründung der Montanunion ein gemeinsamer Markt für Kohle und Stahl errichtet, für den grundsätzlich das Wettbewerbsprinzip galt. Die am 25.3. 1957 gegründete „Europäische Wirtschaftsgemeinschaft" (EWG) sah ebenfalls die Errichtung eines Systems vor, „das den Wettbewerb vor Verfälschungen schützt"

(Art. 3 des Vertrages). Demgemäß wurden in den Artikeln 85–94 gemeinsame Wettbewerbsregeln aufgestellt, die eine Beschränkung oder Verfälschung des Wettbewerbs verhindern sollen.

Was Wettbewerb und Märkte für die Marktwirtschaft der Bundesrepublik Deutschland sind, ist die zentrale Planung für das Wirtschaftssystem der DDR, was im „Gesetz der planmäßigen proportionalen Entwicklung der Volkswirtschaft" zum Ausdruck kommt. Es besagt: *„erstens,* daß die Entwicklung der Volkswirtschaft als Ganzes sowie ihrer Bereiche, Zweige, Kombinate und Betriebe planmäßig zu leiten ist, und *zweitens,* daß die proportionale Entwicklung der Wirtschaft ständig gesichert werden muß".[37] Die geforderte Planmäßigkeit und Proportionalität der Wirtschaftsentwicklung sollen in den staatlichen Volkswirtschaftsplänen, und zwar in Langfristplänen von 15–20 Jahren, Fünfjahresplänen und Jahresplänen, verwirklicht werden. Demgemäß folgte dem Zweijahresplan für 1949/50 der erste Fünfjahresplan für 1951–55, mit dem die DDR-Wirtschaft zugleich in den 1949 gegründeten „Rat für gegenseitige Wirtschaftshilfe" (RGW) der Ostblockstaaten eingegliedert wurde. Dieser Plan, der Grundlage für die Ausarbeitung der verbindlichen Jahrespläne war, diente dem weiteren Auf- bzw. Ausbau einer eigenen Grundstoff- und Produktionsgüterindustrie mit den Schwerpunkten Metallurgie, Schwermaschinenbau und chemische Industrie (Abteilung I), was zwangsläufig auf Kosten der Konsumgütererzeugung (Abteilung II) ging und zu einem immer deutlicheren Zurückbleiben des Lebensstandards der Bevölkerung gegenüber dem der Bundesrepublik führte. Als die zunehmenden Abwanderungsverluste die Erfüllung der zentralen Planziele in immer stärkerem Maße gefährdeten, versuchte man dies durch eine Steigerung der Arbeitsproduktivität in Form einer Heraufsetzung der Arbeitsnormen auszugleichen, was den Aufstand vom 17. Juni 1953 auslöste. Der nach Stalins Tod in der Sowjetunion verkündete „Neue Kurs" hatte auch in der DDR eine kurzfristige „Tauwetterperiode" mit Plankorrekturen zugunsten der Konsumgüterproduktion zur Folge.

In der zweiten Fünfjahresplanperiode 1956–60 fehlte praktisch jegliche langfristige Orientierung der Produktion, da der Plan erst im Januar 1958 verabschiedet und bereits im Oktober 1959 durch den (ebenfalls verspätet verabschiedeten) Siebenjahresplan 1959–65 abgelöst wurde. Die mit diesem Plan proklamierte „ökonomische Hauptaufgabe", durch Erhöhung der Arbeitsproduktivität Westdeutschland im Pro-Kopf-Verbrauch bei den meisten industriellen Konsumgütern und Lebensmitteln nicht nur einzuholen, sondern sogar zu überholen – der private Verbrauch je Einwohner lag 1958 in der Bundesrepublik real um 35–40 vH über dem der DDR –, mußte bereits 1961 als nichtrealisierbar aufgegeben werden, da die gesamtwirtschaftlichen Wachstumsraten von 11 vH (1959) auf 6 vH (1960) und 4 vH (1961) zurückgingen.[38] Man hoffte diese Entwicklung durch den Bau der Berliner Mauer am 13. August 1961 und die damit verbundene „Störfreimachung" der DDR-Wirtschaft zu stoppen. So versicherte Karl Mewes, der damalige Vorsitzende der Staatlichen Plankommission (SPK) in einer wissenschaftlichen Konferenz des ZK der SED und des Ministerrates am 10./11. Oktober 1961: „Geschlossene Grenzen, die Störfreiheit der Wirtschaft, die Wirtschaftsgemeinschaft mit der Sowjetunion und die Mobilisierung aller Fähigkeiten zur ökonomischen Festigung der DDR schaffen die Voraussetzungen für die volle Wirksamkeit des Gesetzes der planmäßigen proportionalen Entwicklung aller Zweige der Volkswirtschaft."[39]

2. Eigentums- und Unternehmensordnungen

Neben den Planungs- und Koordinationssystemen war vor allem die Gestaltung der Eigentums- und Unternehmensordnungen für den Aufbau und die Qualität der beiden Wirtschaftssysteme bestimmend. In der DDR galt die Aufbauphase Anfang der sechziger Jahre vor allem deshalb als abgeschlossen, weil „das gesellschaftliche Eigentum an den Produktionsmitteln mit unwesentlichen Ausnahmen in der gesamten Volkswirtschaft geschaffen ist."[40] Wie die folgende Übersicht zeigt, lag der Anteil der sozialistischen (volkseigenen und genossenschaftlichen) Betriebe am Aufkommen des gesellschaftlichen Gesamtprodukts 1960 bereits bei 84,4 vH.

Anteil der Eigentumsformen am Aufkommen des gesellschaftlichen Gesamtprodukts (in vH):

Jahr	Sozialistische Betriebe	Halbstaatliche Betriebe	Private Betriebe
1950	61,8	–	38,2
1955	73,3	–	26,7
1960	84,4	5,5	10,1
1965	86,8	6,6	6,6

Quelle: Statistisches Jahrbuch der DDR 1966, Berlin (O) 1966, S. 37. – Zur weiteren Entwicklung in den siebziger Jahren siehe Seite 103.

Privatbetriebe gab es hauptsächlich noch im Handwerk, Einzelhandel und in der Landwirtschaft. Die in der Industrie noch vorhandenen Privatbetriebe wurden ab 1957 systematisch durch „staatliche Beteiligungen" (meist über 50 vH) in das System der zentralen Planung einbezogen, während Landwirtschaft und Handwerk vorwiegend in genossenschaftliches Eigentum überführt wurden: Die Landwirtschaft war 1960 nahezu vollkollektiviert, d. h. rund 91 vH der Nutzfläche wurde von Produktionsgenossenschaften (LPG) und Volkseigenen Gütern (VEG) bewirtschaftet (der Rest entfiel auf Haus- und Kleingärten, private Obstanlagen, Baumschulen u. ä.); im Handwerk war die Zahl der Produktionsgenossenschaften (PGH) zwischen 1955 und 1960 sprunghaft angestiegen: von 103 auf 3 878, ebenso deren Anteil an der Bruttoproduktion: von 0,3 auf 29,4 vH (1970: 4 458, 49,9 vH).[41]

Die bereits 1948 geschaffenen Vereinigungen Volkseigener Betriebe (VVB) waren zunächst nicht nur Mittelinstanzen in der Leitungspyramide (zwischen den Hauptverwaltungen der Ministerien und den Betrieben), sondern zugleich Rechtsträger der ihnen untergeordneten juristisch und finanziell unselbständigen Volkseigenen Betriebe (VEB). Erst 1952 wurden die VEB rechtlich und wirtschaftlich verselbständigt und die VVB zu reinen Verwaltungsorganen umgebildet, deren Aufgaben nunmehr vorwiegend in der Anleitung, Aufsicht und Kontrolle der VEB bestanden. Die VEB wurden im Rahmen des „Prinzips der wirtschaftlichen Rechnungsführung" mit eigenen zweckgebundenen Fonds (Grundmittel-, Umlaufmittel-, Lohn- u.a. Fonds) ausgestattet, die entsprechend den vorgegebenen Plänen zu verwenden und abzurechnen waren. Vom Staat eingesetzte Direktoren hatten nach dem Prinzip der Einzelleitung und Alleinverantwortung für die Erfüllung und Übererfüllung der Pläne zu sorgen. Ab 1955 organisierten die Betriebsgewerkschaftsorganisationen (BGO) in den VEB sogenannte Produktionsberatungen, in denen mit den Beschäftigten über Methoden der Planerfüllung, der Kostensenkung, der Verpflichtung zu höheren Leistungen usw. diskutiert wurde. Ab 1959 wurden darüber hinaus in größeren Betrieben „Ständige Produktionsberatungen" auf Abteilungsebene und „Zentrale Ständige Produktionsberatungen" für den Gesamtbetrieb unter Mitarbeit der Betriebsparteiorganisation (BPO) durchgeführt. Sie hatten Vorschläge für Rationalisierungsmaßnahmen, zur Verbesserung der Produktqualitäten, der Produktionsverfahren oder der Arbeitsbedingungen zu erarbeiten, die allerdings für die Betriebsleitungen nur empfehlenden Charakter hatten. Die Betriebsgewerkschaftsleitungen (BGL) konnten lediglich über die mit dem Direktor abgeschlossenen Betriebskollektivverträge auf soziale, kulturelle, arbeitshygienische u.ä. Fragen Einfluß nehmen. Die Tariflöhne waren nicht Gegenstand von Verhandlungen, sondern wurden zentral von der Regierung unter Mitwirkung der Gewerkschaften (des FDGB) in Rahmenkollektivverträgen festgesetzt.

In der Bundesrepublik Deutschland waren die Betriebe dagegen – wie bereits dargelegt wurde – von Anfang an im Privateigentum verblieben und an einzelwirtschaftlichen Erfolgskriterien orientiert. Um sich den jeweiligen Marktverhältnissen anpassen zu können, waren Unternehmungen erforderlich, die hinsichtlich ihrer Entscheidungen autonom und flexibel reagieren konnten. Neue Unternehmungen entstanden aufgrund privater Initiativen in jenen Bereichen, die hohen Absatz und damit hohe Gewinne versprachen; Fehleinschätzungen der Marktentwicklung bedeuteten Verluste zu Lasten der Privateigentümer, bei Schließung der Unternehmen auch zu Lasten der Beschäftigten. Zu Beginn der fünfziger Jahre wurden die unternehmerischen Initiativen zwar in erster Linie durch die günstige Ertragslage, die hohe Konsumneigung und die Zurückhaltung der Gewerkschaften bei den Lohnforderungen gefördert; darüber hinaus bot der Staat jedoch weitere Anreize durch großzügige Finanzierungshilfen: steuerliche Vergünstigungen, Abschreibungserleichterungen und dergleichen. Dadurch stieg der Anteil der Selbstfinanzierung in den Aktiengesellschaften der Industrie in jenen Jahren auf durchschnittlich 64 vH, 1959 sogar auf 75 vH.[42]

Die hierdurch begünstigte ungleiche Vermögensbildung suchten die Gewerkschaften durch Mitbestimmungsrechte der Arbeitnehmer in den Betrieben auszugleichen. Bereits 1951 trat das Mitbestimmungsgesetz für alle Kapitalgesellschaften der Montanindustrie mit mehr als 1 000 Beschäftigten in Kraft, wonach die Arbeitnehmer in den Aufsichtsräten der Unternehmen neben den Anteilseignern gleichberechtigt vertreten waren und ein Arbeitsdirektor im Vorstand die personellen und sozialen Interessen der Arbeitnehmer wahrnahm. 1952 wurde für alle übrigen Betriebe der Privatwirtschaft mit mehr als fünf Arbeitnehmern das Betriebsverfassungsgesetz erlassen, das die Bildung eines Betriebsrates und in Aktiengesellschaften die Beteiligung der Arbeitnehmer mit einem Drittel aller Sitze im Aufsichtsrat vorsah. Damit hatte man – entgegen dem Mitbestimmungsgesetz der Montanindustrie – der Auffassung entsprochen, daß ein Dualismus in der Unternehmensleitung die Reaktionsfähigkeit eines Unternehmens in der Marktwirtschaft schwächen würde – eine Auffassung, die in den siebziger Jahren erneut Gegenstand ordnungspolitischer Diskussionen war (s. S. 96).[43]

3. Geld- und Bankensysteme

Der Auf- und Ausbau des Geld- und Bankensystems vollzog sich in beiden Ländern systemkonform. In der Bundesrepublik Deutschland wurde die 1948 gegründete Bank Deutscher Länder 1957 durch die Deutsche Bundesbank ersetzt, die die Wirtschaftspolitik der Bundesregierung zu unterstützen hatte, aber von deren Weisungen unabhängig war. Sie setzte zunächst mit Hilfe ihrer klassischen Lenkungsinstrumente – der Diskont-, Mindestreserve- und Offenmarktpolitik – die bisherige Politik der Preisniveaustabilisierung fort.[44] Diese anfangs erfolgreiche Politik wurde jedoch Ende der fünfziger Jahre, vor allem nach Gründung der EWG (1957) und Herstellung der Konvertibilität der D-Mark (Ende 1958), immer schwieriger, da neben Preissteigerungen, insbesondere im Bausektor, nun auch der Zufluß von Auslandsgeldern die binnenländische Konjunkturdrosselung der Bundesbank zunehmend gefährdete und zu einer ungleichgewichtigen Zahlungsbilanz führte.

Im Gegensatz zu dem zweistufig aufgebauten Bankensystem der Bundesrepublik Deutschland – neben der Geldpolitik der zentralen Notenbank können die untereinander konkurrierenden Geschäftsbanken (Sparkassen, Genossenschafts- und private Geschäftsbanken) eine selbständige Kreditgeldschöpfung betreiben – wurde das Bankensystem der DDR einstufig organisiert: Die 1948 gegründete Deutsche Notenbank (SMAD-Befehl Nr. 122 vom 20.7. 1948) besaß sowohl die Funktionen einer zentralen Notenbank als auch gegenüber der volkseigenen Wirtschaft die Aufgaben einer Geschäftsbank. Ihr waren die für bestimmte Zwecke eingerichteten Spezialbanken (für Landwirtschaft, Investitionen, Außenhandel u.ä.) sowie die bestimmten Kundenkreisen (zentral gleitete Betriebe, örtliche Wirtschaft etc.) zugeordneten Filialen untergeordnet. Aufbau und Arbeitsweise des gesamten Bankenapparates waren vollständig dem System zentraler Planung der Wirtschaftsprozesse angepaßt. Die Instrumente der Banken (planmäßige Kreditvergabe, Abwicklung des Zahlungs- und Verrechnungsverkehrs u.ä.) dienten ausschließlich dem Zweck, die Einhaltung der güterwirtschaftlichen Pläne zu kontrollieren („Kontrolle durch die Mark"). Da die Betriebe täglich ihre Kassenbestände bis auf 50.– M abliefern mußten, konnte die im wirtschaftlichen Bereich kursierende Geldmenge relativ leicht überwacht werden. Dagegen waren im privaten Bereich in zunehmendem Maße Gelder im Umlauf, die aufgrund des nach wie vor vorhandenen Bezugscheinsystems und der Lebensmittelrationierung für Schwarzmarkt- und Gelegenheitskäufe in den Haushalten gehortet wurden. Um diesen Geldüberhang abzuschöpfen, wurde 1957 eine zweite Währungsreform durchgeführt, bei der alle umlaufenden Banknoten bis auf 300.– M je Kopf für ungültig erklärt wurden. 1958 – fast 8 Jahre später als in der Bundesrepublik – folgte die Abschaffung der Lebensmittelkarten; Kohlen und Kartoffeln blieben jedoch weiter rationiert.

4. Staat und Wirtschaft

Auch das Verhältnis von Staat und Wirtschaft entsprach in der Aufbauphase den jeweiligen Zielsetzungen der konträren Wirtschafts- und Gesellschaftssysteme. In der DDR wurde der Primat der Politik in der Ökonomie auf allen Gebieten durchgesetzt. Der auf der II. Parteikonferenz der SED 1952 von W. Ulbricht verkündete „Aufbau des Sozialismus" wurde in erster Linie durch den Staatsapparat vollzogen, der durch eine Verwaltungsreform[45] in einen zentralisierten Einheitsstaat umgewandelt wurde: An die Stelle der 5 Länder traten 15 Bezirke mit insgesamt 217 Stadt- und Landkreisen und den ihnen untergeordneten Gemeinden. Das Verhältnis der hierarchisch geordneten Ebenen zueinander wurde durch das „Prinzip des demokratischen Zentralismus" geregelt, nach dem die Beschlüsse der zentralen Organe für die jeweils nachgeordneten Organe verbindlich sind, strenge Staatsdisziplin hinsichtlich der Durchführung dieser Beschlüsse herrscht und die Mitwirkung der Bürger an der Ausarbeitung und Durchführung staatlicher Beschlüsse gewährleistet werden soll.[46] In diesem Sinne sollten mit Hilfe der Verwaltungsreform die Staatsorgane „näher an die Produktionsstätten" herangeführt werden, „um die örtlichen Erfahrungen für die gesamtstaatliche Leitung besser auswerten und die zentralen Beschlüsse wirkungsvoller durchführen zu können".[47]

In den hierarchisch aufgebauten Staatsapparat wurden die wirtschaftlichen Lenkungsorgane eingegliedert, so daß die von der Staatlichen Plankommission (SPK), einem Organ des Ministerrates, ausgearbeiteten Jahresvolkswirtschaftspläne über die Ministerien und deren Hauptverwaltungen auf die Plankommissionen der Bezirke und der Kreise (im zentralgeleiteten Bereich auf die VVB) und von diesen auf die Betriebe aufgeschlüsselt wurden. Die zahlreichen Schwierigkeiten bei der Erfüllung dieser Pläne versuchte man in den fünfziger Jahren vorwiegend durch Umorganisation des wirtschaftlichen Lenkungsapparates zu beheben. So übernahm 1957 ein „Wirtschaftsrat beim Ministerrat" die Hauptaufgaben der SPK, die sich nunmehr Fragen der Perspektivplanung widmen sollte. 1958 wurde er jedoch schon wieder aufgelöst und die SPK erneut als zentrales Planungsorgan des Ministerrates eingesetzt. Außerdem wurden sieben Industrieministerien aufgelöst, deren Aufgaben teils der SPK und teils den zahlreichen neugegründeten VVB übertragen wurden, die, nach Industriezweigen gegliedert, vorwiegend als administrative Leitungsorgane der ihnen unterstellten VEB fungierten. In den Bezirken übernahmen neugegründete Wirtschaftsräte, die ebenfalls der SPK unterstanden, die Leitung der ihnen unterstellten Betriebe und Kreise. Eine weitere Reorganisation folgte bereits 1961: Aus der SPK wurde ein „Volkswirtschaftsrat" ausgegliedert, und auf Bezirksebene übernahmen Plankommissionen (neben den Wirtschaftsräten) die sogenannte „komplex-territoriale" Planung.[48]

Im Gegensatz zu dieser engen Verflechtung von Staats- und Wirtschaftsapparat und der Lenkung der Wirtschaftsprozesse gemäß einer von der SED-Führung festgelegten Rangordnung der Bedürfnisse überließ die Bundesregierung die Lenkung der Wirtschaftsprozesse – von den erwähnten Ausnahmebereichen abgesehen – grundsätzlich dem Markt, so daß sich die Produktion vorwiegend entsprechend den individuellen Bedarfsprioritäten entwickeln und der wellenförmig auftretenden Nachfrage anpassen konnte: Der Eß- und Bekleidungswelle der ersten Jahre folgten die Wohnungs-, Einrichtungs- und Motorisierungswelle (später die Reise-, die Antiquitätenwelle usw.). Die staatlichen Aktivitäten waren in jener Zeit einmal darauf gerichtet, die marktwirtschaftliche Ordnung rechtlich abzusichern, wobei jedoch noch viele Lücken offenblieben; daneben aber bestanden sie hauptsächlich in prozeßpolitischen Eingriffen zugunsten einzelner Wirtschaftszweige (Landwirtschaft, Bergbau und Energie, Schiffahrt, Wohnungsbau) oder in gezielten wachstumsfördernden Maßnahmen wie Investitionshilfen, Exportförderungsmaßnahmen, Abschreibungs- und Steuererleichterungen.

Auch die staatlichen Infrastrukturinvestitionen dienten vorwiegend der Förderung des Wirtschaftswachstums, z. B. im Verkehrswesen (durch den Bau von Autobahnen und Flugplätzen) oder in der Energieversorgung. Dagegen waren Investitionen im Schul- und Hochschulwesen, in der Grundlagenforschung, im Gesundheitswesen oder Umweltschutz zu jener Zeit noch weniger Gegenstand des wirtschaftspolitischen Zielprogramms, obwohl der Staat Mitte der fünfziger Jahre über erhebliche Budgetüberschüsse verfügte (die zunächst im sogenannten Juliusturm stillgelegt und später hauptsächlich für den Aufbau der Bundeswehr verwendet wurden).

Die insgesamt erfolgreiche Entwicklung in den fünfziger Jahren brachte der Politik des damaligen Wirtschaftsministers Ludwig Erhard zunehmende Anerkennung – sowohl im Ausland als auch seitens der anfänglichen Gegner im Inland: In der CDU rückten auch die Verfechter des „Ahlener Programms" von 1947 von der geforderten Vergesellschaftung bestimmter Produktionszweige ab, und die SPD bekannte sich im „Godesberger Programm" von 1959 zu der von ihr zunächst abgelehnten marktwirtschaftlichen Ordnung.

III. Wirtschaftspolitische Kurswechsel in den sechziger Jahren

Zu Beginn der sechziger Jahre galt der Aufbau beider Wirtschaftssysteme im wesentlichen als abgeschlossen – was jedoch nicht bedeutete, daß bereits in sich konsistente Gesamtsysteme realisiert waren. In beiden Ländern wurden auch in den folgenden Jahren Reformen durchgeführt, die teils in recht tiefgreifenden Ordnungsänderungen, aber zugleich auch in einer Intensivierung der prozeßpolitischen Steuerung bestanden. Gemeinsam war ihnen vor allem, daß sie nicht auf einer konzeptionellen Theorie für eine systemkonforme Ordnungs- und Prozeßpolitik basierten oder ihre Realisierung auf politische Widerstände stieß. – Aufgrund ihrer unterschiedlichen Qualität werden die Maßnahmen dieses Zeitabschnitts nicht im Quervergleich, sondern für beide Länder nacheinander dargestellt.

1. Stabilisierungspolitik in der Bundesrepublik

In der Bundesrepublik Deutschland waren rückläufige Wachstumsraten – von 9,0 (1960) auf 2,8 vH (1966)[49] – das äußere Anzeichen für die zunehmende Sättigung des Nachholbedarfs an elementaren Verbrauchs- und Gebrauchsgütern und für das Auslaufen des Nachkriegs-Booms. Dieser natürlichen Verlangsamung der Entwicklung mußten sich die Unternehmen anpassen, wenn sie sich im Wettbewerb behaupten wollten. Hinzu kam, daß staatliche Vergünstigungen abgebaut wurden und die Lohnkosten infolge der Arbeitskräfteverknappung stiegen. Dem hierdurch sich verschärfenden Konkurrenzdruck suchten sich immer mehr Unternehmen durch Wettbewerbsbeschränkungen zu entziehen, z.B. durch Absprachen mit anderen Anbietern über Produktmengen oder -preise, durch Festsetzung des Endverkaufspreises für den Einzelhandel (Preisbindung der Zweiten Hand), durch Mißbrauch einer marktbeherrschenden Stellung oder ähnliche Praktiken, die im Gesetz gegen Wettbewerbsbeschränkungen von 1957 nur unzureichend geregelt worden waren. Mit der Verlangsamung des wirtschaftlichen Wachstums wuchs somit die Gefahr, daß sich die einzelwirtschaftlichen Erfolgsinteressen unter den gegebenen Bedingungen zu Lasten der Interessen anderer und letztlich der Gesamtinteressen (an der Knappheitsminderung) zu verwirklichen suchten.[50] Trotz dieser bereits erkennbaren Gefahr vertraute man weiterhin darauf, daß der Leistungswettbewerb das geeignetste Instrument sei, die Verhaltensweisen der Marktteilnehmer (der Marktneben- wie der Marktgegenseite) zu kontrollieren, eine möglichst gute Befürfnisbefriedigung zu erreichen und den technischen Fortschritt zu fördern.

Gleichwohl wurden im Interesse bestimmter wirtschafts- und sozialpolitischer Ziele mehrere Wirtschaftszweige, vor allem Landwirtschaft und Wohnungsbau, weiterhin aus dem Wettbewerb ausgeklammert, ab 1958 auch der Kohlenbergbau, der – nach der internationalen Öffnung der Märkte – gegen die Konkurrenz des Öls und billiger Importe nur noch mit staatlicher Unterstützung weiterbestehen konnte. Auch in anderen Branchen, z.B. der Textilindustrie, kündigten sich in jener Zeit bereits notwendige strukturelle Änderungen an. Die Unternehmer reagierten nur langsam auf die Verschiebung der Nachfrage; sie versuchten zunächst noch, die steigenden Lohnkosten durch verstärkten Einsatz von Kapital zu substituieren, was die Investitionsquote weiter erhöhte. Ein erster „Maßhalte-Appell" Erhards im März 1962 wurde weder von Unternehmern noch von Gewerkschaftsvertretern ernst genommen. Er zeigte zudem, daß der Staat sich nahezu ausschließlich auf die restriktive Politik der Notenbank verließ, deren geld- und kreditpolitische Maßnahmen jedoch durch den – trotz der Aufwertung der D-Mark 1961 – anhaltenden Devisenzufluß allein nicht die gewünschte Wirkung hatten, zumal sie durch die ständig steigenden Kredit- und Ausgabenwünsche des Staates und Steuersenkungen (1965) eher beeinträchtigt wurden. Die Rezession der Jahre 1966/67 – mit einer negativen Wachstumsrate des Bruttosozialprodukts von – 0,3 vH und einem Anstieg der Arbeitslosenquote auf 2,1 vH (1967) – wurde daher vor allem auf die restriktive Geldpolitik der Bundesbank, auf die fehlende Koordinierung von Geld- und Fiskalpolitik sowie auf die ungenügende Abstimmung mit den übrigen Trägern der Wirtschaftspolitik zurückgeführt.[51] Sie machte zudem deutlich, daß staatliche Ordnungspolitik notwendig der Ergänzung durch ein prozeßpolitisches Instrumentarium bedurfte, um bestimmte gesamtwirtschaftliche Ziele zu verwirklichen.

Die bereits im Grundgesetz (Art. 109) geforderte „konjunkturgerechte Haushaltswirtschaft" wurde durch das 1967 verabschiedete „Gesetz zur Förderung der Stabilität und des Wachstums der

Wirtschaft"[52] in ein stabilitätspolitisches Gesamtkonzept eingebettet, das eine „globale Wirtschaftssteuerung" zur Herstellung oder Aufrechterhaltung des gesamtwirtschaftlichen Gleichgewichts vorsah. Alle wirtschafts- und finanzpolitischen Maßnahmen sollten „gleichzeitig zur Stabilität des Preisniveaus, zu einem hohen Beschäftigungsstand und außenwirtschaftlichen Gleichgewicht bei stetigem und angemessenem Wirtschaftswachstum beitragen" (§ 1). Zur Verwirklichung dieses „Magischen Vierecks" wirtschaftspolitischer Ziele sollte die Geldpolitik der Bundesbank durch eine antizyklische Fiskalpolitik des Bundes, der Länder und der Gemeinden ergänzt werden, und zwar sowohl hinsichtlich der öffentlichen Einnahmen und Ausgaben als auch der Schulden und Rücklagen. Die Bundesregierung wurde verpflichtet, Jahreswirtschaftsberichte zu erstatten, Orientierungsdaten für ein aufeinander abgestimmtes Verhalten der Gebietskörperschaften, Gewerkschaften und Unternehmensverbände (Konzertierte Aktion) zu liefern (§ 3), eine mittelfristige Finanzplanung hinsichtlich der beabsichtigten Investitionen und anderer Maßnahmen vorzunehmen (§§ 9–11), eine Konjunkturausgleichsrücklage bei der Deutschen Bundesbank (zur Finanzierung von Haushaltsdefiziten in Abschwungsphasen) zu bilden (§§ 7, 15) und darüber hinaus die gesamtwirtschaftliche Nachfrage durch Veränderung der Steuersätze (§§ 26–28) und der öffentlichen Ausgaben zu beeinflussen: bei Nachfrageüberhang durch Steuererhöhung und Ausgabensenkung, bei Nachfragedefizit durch Steuersenkung und Ausgabenerhöhung, notfalls durch Kreditaufnahme, die allerdings auf bestimmte Höchstbeträge begrenzt wurde (§ 19).

Entscheidend war, daß alle diese Maßnahmen „im Rahmen der marktwirtschaftlichen Ordnung" (§ 1) zu erfolgen hatten, also keinen direkten Eingriff in den marktwirtschaftlichen Lenkungsmechanismus bedeuteten. Damit hatte man nach Karl Schiller, dem damaligen Wirtschaftsminister (1966–72), in der Bundesrepublik begonnen, die „Notwendigkeit einer sinnvollen Synthese zwischen dem Freiburger Imperativ des Wettbewerbs und der keynesianischen Botschaft der Steuerung der effektiven Gesamtnachfrage zu verstehen"; Mikroentscheidungen seien dem Markt und den Einzelwirtschaften zu überlassen, während die wesentlichen Makrogrößen mit Hilfe wirtschafts- und finanzpolitischer Instrumente beeinflußt werden sollten.[53] Die Wirksamkeit dieser Instrumente war jedoch davon abhängig, inwieweit sie als Daten in den Planentscheidungen der am Wirtschaftsprozeß Beteiligten berücksichtigt wurden. Im Gegensatz zur *direkten zentralen Planung* der Gesamtprozesse in der DDR (mit hohem Verbindlichkeitsgrad) bestand die Globalsteuerung der Bundesrepublik nur in einer *indirekten Steuerung* der Marktprozesse durch Beeinflussung der gesamtwirtschaftlichen Nachfragegrößen, ohne damit zugleich bestimmte Reaktionen der Einzelwirtschaften erzwingen zu können. Hierdurch sowie aufgrund der Unsicherheit von Prognosen über die künftige Entwicklung ergaben sich – wie die folgenden Jahre zeigten – vielfach Fehleinschätzungen und dementsprechend falsche, d. h. stabilitätswidrige wirtschaftspolitische Maßnahmen.[54]

Die von K. Schiller praktizierte Wirtschaftspolitik der Globalsteuerung hatte jedoch zunächst insoweit Erfolg, als die Rezession von 1966/67 relativ rasch überwunden wurde. Durch das Zusammenwirken verschiedener konjunkturpolitischer Maßnahmen (maßvolle Lohnabschlüsse, Steuervergünstigungen, Rationalisierungsinvestitionen, öffentliche Aufträge u. a.) kam es bereits 1969 zu einem erneuten Boom. Die gleichzeitig gestiegene Auslandsnachfrage führte jedoch zu enormen Preissteigerungen im Inland, die trotz erneuter DM-Aufwertungen (1969 und 1971) nicht gebremst werden konnten. In dieser Situation erwies sich nun, daß die im Sinne der antizyklischen Konjunktursteuerung notwendige Reduzierung der staatlichen Ausgaben auf Schwierigkeiten stieß: Rd. 90 vH der Ausgaben waren durch längerfristige Verträge gebunden; außerdem hatte der Staat – aufgrund der Versäumnisse der fünfziger Jahre im Infrastrukturbereich, insbesondere im Schul- und Hochschulwesen, in der Grundlagenforschung, im Gesundheitswesen, im Umweltschutz und anderen Bereichen – einen ständig steigenden Bedarf an öffentlichen Gütern zu befriedigen.[55] Neben den hierfür erforderlichen Investitionen, die eine lange Ausreifungszeit benötigten und zudem mit hohen jährlichen Folgekosten verbunden waren (sie betrugen z. B. bei Schulen und Kindergärten 31 vH der Baukosten, bei Krankenhäusern 26 vH, Universitäten 18–23 vH und Hallenbädern 20,5 vH) stiegen vor allem auch die Personalkosten (bis 1974 auf das Sechsfache von 1960), der laufende Sachaufwand sowie die Transferzahlungen an die privaten Haushalte (z. B. Sozialleistungen, Kindergeld, Ausbildungsförderung, Wohngeld, Förderung der Vermögensbildung) und an die Unternehmen (in Form von Steuervergünstigungen und Finanzhilfen).[56]

Abgesehen von der Schwierigkeit, diese Ausgaben aus konjunkturpolitischen Gründen zu reduzieren, lag – und liegt heute noch – das Hauptproblem der Bereitstellung öffentlicher Güter darin, daß Marktkriterien für eine Rangordnung der Bedürfnisse an öffentlichen Gütern fehlten und demgemäß auch für die Frage, welche Güter in welchen Mengen angeboten werden sollten. Da diese Fragen politisch entschieden wurden[57], wuchs mit dem steigenden Bedarf an öffentlichen Gütern auch die Verflechtung zwischen dem politischen und wirtschaftlichen System (vgl. vierter Teil dieses Buches).

2. Ökonomisierungspolitik in der DDR

Wie in der Bundesrepublik Deutschland begannen auch in der DDR zu Beginn der sechziger Jahre die gesamtwirtschaftlichen Wachstumsraten zurückzugehen, was in beiden Ländern jedoch unterschiedliche Ursachen hatte: In der Bundesrepublik lagen sie u. a. in der Änderung der Marktnachfrage (weil bereits ein gewisser Sättigungsgrad im Grundbedarf an Konsumgütern erreicht war), in der DDR dagegen in den Mängeln des hochzentralisierten administrativen Planungssystems und der hierdurch bewirkten Lähmung betrieblicher Initiativen (weshalb nach wie vor beträchtliche Engpässe in der Konsumgüterversorgung bestanden).

Daß der Wachstumsrückgang in der DDR nicht allein auf Abwanderungsverluste und andere äußere Erscheinungen zurückzuführen war, bewiesen die auch nach dem Bau der Berliner Mauer anhaltenden Unwirtschaftlichkeiten, die trotz erneuter Aufrufe

(„In der gleichen Zeit für das gleiche Geld – mehr produzieren!") nicht behoben werden konnten. Der diesen Unwirtschaftlichkeiten zugrunde liegende Widerspruch zwischen den zentralen und betrieblichen Erfolgsinteressen wurde 1963 in einer „Kritischen Einschätzung der bisherigen Praxis der Planung und Leitung der Volkswirtschaft"[58] erstmalig zugegeben und als ein systemimmanentes Ordnungsproblem begriffen: „Gegenwärtig orientieren die Planungsmethoden nahezu ausschließlich auf die Erfüllung und Übererfüllung der Jahrespläne. Daraus erwächst das Bestreben zur Aufstellung ‚weicher' Pläne und führt zu unnötigen Widersprüchen zwischen den Wirtschaftsorganen bei der Planaufstellung. Eine solche Praxis stärkt keineswegs die ideologische Bereitschaft zur Ausarbeitung hoher Planziele, sondern untergräbt sie [...] Alle diese Mängel sind Ausdruck einer durch die politische und ökonomische Entwicklung überholten Art der Planung und Leitung ..." Damit wurde zugleich die Einführung des „Neuen ökonomischen Systems der Planung und Leitung der Volkswirtschaft"[59] (NÖS) proklamiert, das eine Ökonomisierung aller Teilordnungen und eine prozeßpolitische Steuerung mittels „ökonomischer Hebel" vorsah.

Im System zentraler Planung wurden zahlreiche Entscheidungskompetenzen auf die nachgeordneten Instanzen verlagert: Auf zentraler Ebene (Staatliche Plankommission, Ministerien) beschränkte man sich zunehmend auf die Bilanzierung der wichtigsten Güter und Gütergruppen (Rohstoffe, Engpaßprodukte), so daß die Zahl dieser Bilanzen von 1 208 (1963) auf 305 (1967) zurückging. Das bedeutete, daß die zentralen Bilanzen in stärkerem Maße von den VVB und Bezirkswirtschaftsräten aufzuschlüsseln waren; demgemäß erhöhte sich die Zahl der VVB-Bilanzen im gleichen Zeitraum von 540 auf 5 528.[60] Damit erhielten die VVB neben ihren bisherigen administrativen Aufgaben vorwiegend wirtschaftliche Leitungsaufgaben und wurden in „sozialistische Konzerne" umgewandelt. – Der Perspektivplan sollte im Rahmen des neuen Systems zwar zum „Hauptsteuerungsinstrument" werden, praktisch wurde jedoch ausschließlich nach Jahresplänen gearbeitet. Ein für 1964–70 vorgesehener zweiter Siebenjahresplan wurde nach der Einführung des NÖS gar nicht erst in Angriff genommen, und der schließlich für 1966–70 ausgearbeitete dritte Fünfjahresplan trat erst Mitte 1967 in Kraft.

Entscheidend für die Ökonomisierung des Systems war der Übergang zu einer primär monetären Steuerung der betrieblichen Prozesse mit Hilfe eines „Systems ökonomischer Hebel". Den Betrieben wurden nicht mehr alle Einzelheiten der Produktion, der Beschaffung, des Absatzes, der Finanzierung usw. durch eine Vielzahl administrativer Auflagen vorgeschrieben; sie erhielten vielmehr vorwiegend Wertkennziffern, allen voran die Hauptkennziffer Gewinn, die die einseitige Mengenorientierung der Betriebe („Tonnenideologie") durch ein stärkeres Rentabilitätsdenken ersetzen sollte. Durch die Hebel: Kosten, Preis, Umsatz, Kredit, Zins, Lohn und Prämie sollte der Gewinn im Sinne der zentralen Planinteressen beeinflußt werden, um so die betrieblichen und gesellschaftlichen Interessen in Übereinstimmung zu bringen. – Die Aufwertung des Gewinns als „zentrale Größe" des NÖS bedeutete jedoch keineswegs ein „Zurück zum Profit"[61] und damit zum marktwirtschaftlichen Gewinnprinzip; es galt nach wie vor das Prinzip der Planerfüllung: Je nach Erfüllung oder Übererfüllung der Hauptkennziffer Gewinn (und einiger Nebenkennziffern) erhielten die Beschäftigten Prämien. Somit waren die Betriebe auch weiterhin an „weichen", d.h. leicht erfüllbaren Planauflagen interessiert und neigten dazu, diese nur „maßvoll" überzuerfüllen, weil sich hiernach die Auflagenhöhe des folgenden Planjahres richtete.

Gleichwohl gelang es mit Hilfe einer Reihe weiterer Reformen, das System effizienter zu gestalten:[62]

– Eine Neubewertung der Grundmittel (1963) sorgte für kostengerechtere Abschreibungen.

– Durch eine in drei Etappen durchgeführte Reform der Industriepreise (1964–66) versuchte man, die seit vielen Jahren bestehenden Festpreise den gestiegenen Kosten anzupassen und dadurch die staatlichen Subventionen zu verringern.

– Die Einführung der sogenannten Produktionsfondsabgabe (PFA) bedeutete, daß das bisher kostenlos zur Verfügung gestellte

Kapital (Grund- und Umlaufmittel) einen Preis (Zins) erhielt, was eine rationellere Verwendung der Mittel in den Betrieben bewirken sollte.[63]

— Durch eine Änderung des Vertragssystems wurde die Verantwortlichkeit der Betriebe hinsichtlich der Erfüllung vertragsgerechter Leistungen durch Sanktionen bei Schlecht- oder Nichterfüllung erhöht.[64]

— Das „Prinzip der Eigenerwirtschaftung der Mittel für die erweiterte Reproduktion"[65] führte zu einer größeren finanziellen Selbständigkeit der Betriebe: Die Investitionen wurden nicht mehr überwiegend aus dem Staatshaushalt, sondern in stärkerem Maße von den Betrieben selbst finanziert, die ihre erzielten Gewinne nicht mehr an den Staatshaushalt abführen mußten, sondern — nach Abzug der PFA und einer Nettogewinnabführung — zur Finanzierung ihrer Investitionen und für Prämienzahlungen an die Beschäftigten verwenden konnten. Die Finanzierung der Investitionen änderte sich hierdurch wie folgt:[66]

Finanzierung der Investitionen in vH	1961	1964	1968
aus eigenen Mitteln	19,0	22,8	50,0
durch Staatshaushaltszuschüsse	71,6	60,0	24,2
durch Kredite	9,4	17,2	25,8

— Durch eine Neuordnung des Bankensystems wurden die Geschäftsbankfunktionen aus der Deutschen Notenbank (ab 1968 Staatsbank der DDR) ausgegliedert und der neugegründeten Industrie- und Handelsbank der DDR übertragen, deren Filialen nach den Grundsätzen der wirtschaftlichen Rechnungsführung arbeiten und eine „aktive Kreditpolitik" treiben sollten.[67]

— Die „Deutsche Außenhandelsbank AG" übernahm die Geschäftsbankfunktionen für den Bereich der Außenwirtschaft, in dem das „einheitliche Betriebsergebnis" für alle In- und Auslandsgeschäfte eingeführt wurde, d.h. Exporte wurden nicht mehr zu Inlandspreisen verrechnet, Exportgewinne und -verluste sollten sich im Betriebsergebnis voll auswirken.[68]

Nachdem Ulbricht auf dem VII. Parteitag der SED (1967) verkündet hatte, daß nunmehr die Phase der „Vollendung des Sozialismus" und somit die Gestaltung des „Ökonomischen Systems des Sozialismus" (ÖSS) beginne, beschloß der Ministerrat der DDR 1968 „komplexe Maßnahmen" für 1969 und 1970, mit denen der bisherige Trend der Ökonomisierung fortgesetzt wurde.[69] Die zentrale Planung wurde auf Grundfragen der Strukturentwicklung konzentriert, und nur Betriebe mit strukturbestimmenden Aufgaben erhielten noch Planaufgaben. Die Eigenverantwortlichkeit der Betriebe wurde sowohl hinsichtlich der Planung als auch der Verwendung des Nettogewinns erhöht. Gleichzeitig versuchten die Zentralorgane, die Entstehung und Verwendung der betrieblichen Gewinne durch indirekt wirkende wirtschaftspolitische Instrumente den zentralen Zielen entsprechend zu steuern. Außerdem wurde ein relativ bewegliches „Industriepreisregelsystem" eingeführt, das die Betriebe zu einer bedarfsgerechten und kostengünstigen Produktion stimulieren sollte.

Mit den seit 1967 durchgeführten Reformen war man – nach Werner Obst, einem langjährigen Insider des DDR-Systems – „näher als je zuvor an marktwirtschaftliche Spielregeln herangerückt".[70] Demgemäß ergab sich – wie Politbüromitglied Günter Mittag 1970 feststellen mußte[71] – ein „Selbstlauf" der Entwicklung. Der Nettogewinn stimulierte die Betriebe „teilweise auf andere Erzeugnisse als es den volkswirtschaftlichen Erfordernissen entspricht".[72] Dadurch fehlte es vielfach an den notwendigen Zulieferungen für die Herstellung der strukturbestimmenden Erzeugnisse, so daß es zu enormen Planrückständen kam. Das Ergebnis war, daß ein vom Ministerrat bereits bestätigter Entwurf für die Weiterentwicklung dieses ökonomischen Systems in den Jahren 1971–75 vom Politbüro der SED zurückgezogen und die alte „Autorität" des Volkswirtschaftsplanes wiederhergestellt wurde. Der Grund hierfür war nach Ulbricht: „Die Einheit von Strukturpolitik und planmäßiger proportionaler Entwicklung der Volkswirtschaft wurde verletzt."[73]

IV. Neue wirtschaftspolitische Herausforderungen in den siebziger Jahren

Für die wirtschaftliche Entwicklung der siebziger Jahre waren in beiden Ländern vor allem zwei gravierende Einflußfaktoren maßgebend: Erstens eine Neuorientierung innerhalb des jeweiligen wirtschafts- und sozialpolitischen Zielsystems und zweitens die binnenwirtschaftlichen Auswirkungen der drastischen Ölpreiserhöhungen von 1973. In der Bundesrepublik rückten soziale Gerechtigkeits- und Umverteilungsziele immer stärker in den Vordergrund, was mit einer Ausweitung staatlicher Aktivitäten auf Kosten der Marktlenkung und der durch die Ölkrise ausgelösten notwendigen Marktanpassungsprozesse einherging. In der DDR wurde das Ökonomisierungsziel der sechziger Jahre durch das erneut dominierende Ziel der „planmäßigen proportionalen Entwicklung" verdrängt und das System zentral-administrativer Planung und Leitung der Wirtschaftsprozesse wiederhergestellt. Gleichzeitig wurde als oberstes Wachstumsziel die „Intensivierung der Produktion" postuliert, die das extensive Wachstum der früheren Jahre ablösen und nicht zuletzt zur Einführung von energiesparenden Verfahren führen sollte.

1. Wirtschafts- und sozialpolitische Neuorientierung in der Bundesrepublik

Mit dem zu Beginn der siebziger Jahre in der Bundesrepublik erreichten Wohlstand wuchs in weiten Kreisen der Bevölkerung wie auch unter Politikern die Auffassung, daß an die Stelle des bisherigen Strebens nach ständig steigendem Wachstum der Produktion nunmehr qualitative Veränderungen der Produktionsstruktur („Lebensqualität") treten sollten. Zugleich wich die Leistungsbereitschaft zunehmend einem Sicherheits- und Schutzbedürfnis, verbunden mit der Forderung nach höheren sozialen Leistungen des Staates. Begünstigt durch die 1969 gebildete sozialliberale Regierungskoalition, die ein umfangreiches Reformprogramm im Zeichen von „Kontinuität und Erneuerung" und „Fähigkeit zum

Wandel" einleitete, wurden allein in den Jahren 1969–1975 rund 140 Gesetze und Verordnungen zugunsten von öffentlichen Zuwendungen oder Sonderrechten für (tatsächlich oder vermeintlich) sozial benachteiligte Gruppen erlassen:[74] Erkrankte Arbeiter erhielten Lohnfortzahlung bis zu sechs Wochen (1969); Arbeitslose bekamen – neben Arbeitslosengeld bzw. -hilfe – vielfältige Förderungsmittel, z. B. für Fortbildung, Umschulung, Rehabilitation und Umzug (1969); die Ausbildung von Schülern, Studenten und Berufsfachschülern wurde gefördert (BAFöG 1971); der Leistungsumfang der gesetzlichen Krankenversicherung wurde erweitert, z. B. durch Vorsorgeuntersuchungen (ab 1971), zeitlich unbegrenzte Krankenhauspflege, Haushaltshilfe u. a. (ab 1974); für Rentner wurde der Krankenversicherungsbeitrag abgeschafft (ab 1970) und die flexible Altersgrenze eingeführt (1972); für Schwerbeschädigte mußten private und öffentliche Arbeitgeber 6 vH der Arbeitsplätze bereitstellen (1974); Eigentümer von Eigenheimen oder Wohnungen erhielten „für familiengerechten Wohnraum" Lasten- bzw. Mietzuschüsse, deren Bemessungsgrenze den gestiegenen Lasten bzw. Einkommen angepaßt wurde (1970); alle Familien erhielten steuerfreies Kindergeld vom 1. Kind an (1975); der Mutterschutz wurde erhöht (1971/1974) – um nur einige der vielfältigen Sozialmaßnahmen zu nennen, die aus öffentlichen Mitteln zu finanzieren waren. Allein Arbeitslosengeld und -hilfe stiegen von 1970 bis 1978 im Jahresdurchschnitt um 16,6 vH.[75] – Die ökonomischen Konsequenzen dieser Ausweitung des Sozialbudgets werden ausführlich im ersten und sechsten Teil dieses Bandes behandelt.

Eine weitere, sozial- und wirtschaftspolitisch wichtige Neuregelung betraf den unternehmensinternen Bereich. 1972 wurde ein neues Betriebsverfassungsgesetz verabschiedet, das das bis dahin bestehende Gesetz von 1952 ablöste.[76] Es sah zum einen größere Einflußmöglichkeiten für die Vertreter der Gewerkschaften und Arbeitgeberverbände auf unternehmensinterne Angelegenheiten vor; zum anderen wurden die Mitwirkungs- und Mitbestimmungsrechte der Arbeitnehmer bzw. des Betriebsrates in personellen, sozialen und vor allem wirtschaftlichen Fragen wesentlich erweitert. Die langjährige Forderung der Gewerkschaften, die paritätische Mitbestimmung des Montanbereichs (gemäß dem Gesetz von 1951) auf alle Wirtschaftszweige auszuweiten, fand schließlich – modifiziert – ihren Niederschlag in dem 1976 verabschiedeten Mitbestimmungsgesetz.[77] Hiernach sind in Unternehmen mit mehr als 2000 Beschäftigten die Aufsichtsräte mit der gleichen Zahl von Vertretern der Anteilseigner und der Arbeitnehmer (darunter auch der Gewerkschaften) zu besetzen. (In Unternehmen mit weniger als 2000 Beschäftigten ist nach dem Betriebsverfassungsgesetz ein Drittel der Arbeitnehmer im Aufsichtsrat vertreten.) Damit Beschlüsse des Aufsichtsrats bei Stimmengleichheit nicht blockiert werden können, hat der Aufsichtsratsvorsitzende in einem zweiten Wahlgang bei erneuter Stimmengleichheit eine zweite Stimme und kann damit das Ergebnis in seinem Sinne entscheiden. Neu gegenüber dem Montan-Mitbestimmungsgesetz ist, daß leitende Angestellte Vertreter in den Aufsichtsrat entsenden können und der dem Vorstand angehörende Arbeitsdirektor auch gegen die Stimmen der Arbeitnehmervertreter gewählt werden kann. – Das Gesetz ist vor und nach seiner Verabschiedung auf erhebliche ordnungspolitische und verfassungsrechtliche Bedenken gestoßen; eine Verfassungsbeschwerde der Arbeitgeberverbände wegen Verletzung der Eigentumsgarantie gemäß Artikel 14 des Grundgesetzes sowie anderer Grundrechte wurde jedoch 1979 zurückgewiesen.

Neben den sozialpolitisch orientierten Maßnahmen betraf der wirtschaftspolitische Kurswechsel zu Beginn der siebziger Jahre auch den Bereich des Geld- und Bankensystems: Im März 1973 beschloß die Bundesregierung die Freigabe des DM-Wechselkurses gegenüber dem US-Dollar und ging mit den übrigen Ländern des europäischen Währungsblocks (Belgien, Dänemark, Luxemburg, Niederlande, Norwegen und Schweden) zum „Block-floating" über, d.h. ihre Wechselkurse waren nach außen flexibel, wurden aber untereinander innerhalb gewisser Schwankungsbreiten relativ stabil gehalten. Damit sollten einmal unerwünschte Kapitalimporte und die damit infolge der anhaltenden internationalen Geldentwertung importierte Inflation abgewehrt werden, um die massiven Preissteigerungen im Inland (1970 und 1971 waren die Baupreise um 27 vH gestiegen[78]) zu bremsen. Zugleich erhielt die Bundesbank durch die Abschirmung nach außen die Möglichkeit, die Geldmengenexpansion im Inland schärfer zu kontrollieren: Sie konnte nun durch eine straffe Steuerung der Zentralbankgeldbestände die davon abhängige Einlagen- und Kreditausweitung der Geschäftsbanken bremsen, um so die insgesamt vorhandene Geldmenge dem Güterangebot anzupassen und den Preissteigerungen entgegenzuwirken. Mit diesem Instrument der Geldmengensteuerung sollte die Notenbankpolitik eine „neue Qualität" erhalten (vgl. hierzu den fünften Teil dieses Bandes).

Inwieweit diese sozial- und wirtschaftspolitischen Maßnahmen geeignet waren, die Funktionsfähigkeit des marktwirtschaftlichen Systems zu verbessern, ist bis heute umstritten, insbesondere hinsichtlich einzelner Sozialgesetze (vgl. erster und sechster Teil dieses Bandes) wie auch der Wirkungen des Mitbestimmungsgesetzes auf die Leistungs- und Anpassungsfähigkeit der Unternehmen bei veränderten Marktbedingungen.[79] Die Forderung nach einer intensiveren, leitbildorientierten Ordnungspolitik – neben der prozeßpolitischen Globalsteuerung – war erst in der zweiten Hälfte der siebziger Jahre wieder in den Vordergrund gerückt, als die durch die Ölkrise ausgelösten Anpassungsprobleme nur unzureichend bewältigt wurden. Erste Anzeichen hierfür waren, daß die Investitionsneigung der Unternehmen zurückging, die Zahl der Konkurse und Vergleiche anstieg, die Arbeitslosigkeit die Millionengrenze überschritt und die Wachstumsrate 1975 auf 5 vH sank. Zur Überwindung der Krise beschloß die Bundesregierung eine Investitionszulage von 7,5 vH, Finanzierungshilfen für kleinere und mittlere Betriebe, Lohnzuschüsse für Unternehmen, die Arbeitslose einstellten, und eine Mobilitätszulage für Arbeitslose bei Orts- oder Berufswechsel.[80] Da die Bundesbank dieses Programm mit einer Ausweitung der Zentralbankgeldmenge um 8 vH unterstützte und die Tarifabschlüsse nur geringfügig über der Inflationsrate lagen, setzte 1976 ein kurzfristiger Erholungsprozeß ein, der allerdings mit einer Wachstumsrate des realen Sozialprodukts von 5,5 vH hinter dem Wiederaufschwung nach 1967 zurückblieb (1968: 7 vH, 1969: 8 vH). Vor allem brachte er keine Besserung der Arbeitsmarktsituation: Die Zahl der Erwerbstätigen, die sowohl 1967 als auch 1975 um über 3 vH zurückgegangen war, ging 1976 weiter zurück (1 vH), während sie 1968 um 0,1 vH und 1969 um 1,5 vH wieder angestiegen war; die Zahl der Arbeitslosen war 1968 um 30 vH und 1969 um 45 vH zurückgegangen, 1976 dagegen nur um gut 1 vH.[81]

Wie die Entwicklung der folgenden Jahre zeigte, reichte das angewandte stabilitätspolitische Instrumentarium nicht aus, die anhaltenden Wachstums- und Beschäftigungsprobleme zu überwinden. Die notwendigen Strukturanpassungen an die veränderten binnen- und weltwirtschaftlichen Bedingungen (insbesondere nach der erneuten Ölpreiserhöhung von 1979) vollzogen sich nur langsam und keineswegs beschäftigungsneutral. Die Unternehmen reagierten auf den sich verschärfenden Wettbewerb teilweise defensiv, d.h. mit vermehrten Zusammenschlüssen (ihre Zahl stieg von 1973 bis 1980 von 234 auf 635[82]) oder mit der Forderung nach staatlichen Subventionen, die auch in zunehmendem Maße – sei es aus beschäftigungspolitischen oder anderen Gründen – gewährt wurden (ihr Umfang erreichte 1979 mit 73,7 Mrd. DM das Fünffache von 1963[83]) und den Strukturwandel vielfach behinderten.

Zur Beseitigung der wettbewerbsbeschränkenden Praktiken der Unternehmen, durch die die Funktionen der Märkte – als „Suchmechanismus" für wohlfahrtssteigernde wirtschaftliche Ergebnisse wie auch als Anpassungsmechanismus an veränderte gesamtwirtschaftliche Daten – mehr und mehr beeinträchtigt wurden, war das Gesetz gegen Wettbewerbsbeschränkungen bereits 1973 novelliert worden:[84] Man hatte u.a. die Bestimmungen über die marktbeherrschenden Unternehmen verschärft, Unternehmenszusammenschlüsse anzeigepflichtig gemacht (Fusionskontrolle), die Preisbindung der Zweiten Hand aufgehoben und die Bildung einer Monopolkommission vorgeschrieben, die die Entwicklung der Unternehmenskonzentration sowie die Mißbrauchsaufsicht und Fusionskontrolle der Kartellbehörden begutachten sollte. Außerdem wurden für kleinere und mittlere Unternehmen Kooperationserleichterungen geschaffen; Mittelstandskartelle fielen nicht unter das Kartellverbot.[85]

Wie sich in den folgenden Jahren zeigte, genügten diese Regelungen nicht, um die „fortschreitende Konzentration bei Großunternehmen"[86] zu bremsen. Mit einer weiteren Novelle des GWB, die 1980 in Kraft trat[87], wurde daher die Kontrolle von vertikalen und konglomeraten Unternehmenszusammenschlüssen verschärft: Diese können nun bereits untersagt werden, wenn sie „vermutlich" zu einer überragenden Marktstellung führen (§ 23 a). Ferner soll Unternehmen mit „überlegener Marktmacht" ein gegenüber kleineren und mittleren Unternehmen wettbewerbsbeeinträchtigendes Verhalten untersagt werden (§ 37 a). Für einige Ausnahmebereiche (Energie-, Versicherungswirtschaft) wurde eine Auflockerung durch mehr Wettbwerb vorgesehen. – Neben dem GWB wurden auch andere, den Leistungswettbewerb schützende Gesetze mehrfach aktualisiert, so das Gesetz gegen unlauteren Wettbewerb, das Rabattgesetz, die Zugabeverordnung, das Warenzeichengesetz und das Patentgesetz.[88]

Auch diese Maßnahmen konnten nicht verhindern, daß die wirtschaftliche Entwicklung – nach kurzfristigen Erholungsphasen (1978–1980) – in eine erneute Stagnation geriet: 1981 kam es zu einem Produktionsrückgang von −0,5 vH gegenüber 1980; gleichzeitig stieg die Arbeitslosenquote auf 6,3 vH, die Verbraucherpreise erhöhten sich um 6,0 vH, und das Defizit im Leistungsverkehr mit dem Ausland betrug 26,8 Mrd. DM.[89]

Diese Fehlentwicklung – insbesondere der weitere Anstieg der Arbeitslosenquote auf über 7,3 vH zu Beginn des Jahres 1982 – macht deutlich, daß es nach wie vor an einem wirksamen Gesamtkonzept zur Steuerung der Wirtschaftsprozesse fehlt. Nach dem Urteil des Sachverständigenrates ist „das übertriebene Vertrauen in die Steuerbarkeit des wirtschaftlichen Geschehens in ein übertriebenes Mißtrauen umgeschlagen".[90] Er hatte bereits 1977 eine Kursänderung der Wirtschaftspolitik von der seit Ende der sechziger Jahre praktizierten nachfrageorientierten Globalsteuerung zu einer stärker das Angebot beeinflussenden Wachstumspolitik gefordert: „Was fehlt, ist nicht ein Mehr an Nachfrage, sondern ein

Mehr an Produktion."[91] Der Staat sollte die nachlassende private Nachfrage nicht durch eine höhere öffentliche Nachfrage kompensieren, sondern durch eine „offensive Marktpolitik"[92] Rahmenbedingungen für eine größere Investitionsfreudigkeit, insbesondere auf expandierenden Märkten, schaffen; von daher ergebe sich dann ein Mehr an Beschäftigung und somit an privater Nachfrage. Die Bundesregierung schloß sich in ihrem Jahresbericht 1978 dieser Auffassung an und betonte – nach Jahren der Abstinenz – erneut ihre ordnungspolitische Gestaltungsaufgabe zur „Stärkung der endogenen Wachstumskräfte der Wirtschaft".[93] Gleichzeitig wurde der Strukturpolitik eine größere Bedeutung beigemessen, allerdings ohne die heftig kritisierten Vorschläge für eine „aktive Struktur- und Investitionslenkung"[94] aufzugreifen. Statt dessen beauftragte die Bundesregierung fünf wirtschaftswissenschaftliche Forschungsinstitute mit einer periodischen „Strukturberichterstattung"[95], um genauere Informationen über die gesamtwirtschaftlichen Strukturverschiebungen zu erhalten und davon ausgehend strukturpolitische Maßnahmen ergreifen zu können, die die Anpassungsprozesse erleichtern und die „Effizienz des Marktmechanismus" fördern sollen.

Daß die Wachstums- und Beschäftigungsprobleme inzwischen ein bedrohliches Ausmaß angenommen haben, ist nicht zuletzt darauf zurückzuführen, daß der wirtschaftspolitische Handlungsspielraum des Staates durch seine wachsende Verschuldung stark eingeschränkt ist (die Neuverschuldung belief sich 1981 auf 72,5 Mrd.DM, 18 Mrd.DM mehr als 1980[96]). Die zur Konsolidierung der öffentlichen Haushalte notwendige Reduzierung der Ausgaben stößt jedoch vor allem auf zwei Probleme, deren Ursachen in der Entwicklung zum „Wohlfahrtsstaat" liegen: in der Ausweitung der staatlichen Bürokratie und in der Realisierung ständig steigender Sozialleistungen (sie stiegen bis 1980 auf 30 vH des Sozialprodukts).[97] Abgesehen davon, daß sich diese vertraglich oder gesetzlich fixierten Staatsausgaben allenfalls langfristig reduzieren lassen, stoßen Maßnahmen dieser Art auf weitgehendes Unverständnis gegenüber dem generell gültigen Sachverhalt, auf den auch Honecker in den letzten Jahren wiederholt hingewiesen hat: „daß Sozialkonsum erwirtschaftet werden muß, ehe er überhaupt verbraucht werden kann".[98] Mit der Ausweitung staatlicher Aufgaben wurde zudem in der Bundesrepublik ein ständig wachsender Teil ökonomischer Aktivitäten von Märkten in Bürokratien verlagert, die eine vergleichsweise geringere Anpassungsbereitschaft an veränderte Bedingungen aufweisen.[99]

Angesichts der im Januar 1982 auf nahezu 2 Mill. gestiegenen Arbeitslosen wird die bisherige Wirtschaftspolitik der Bundesregierung heftig kritisiert und ein grundsätzlicher Kurswechsel gefordert. Zur Behebung der gegenwärtigen Schwierigkeiten seien vor allem folgende Maßnahmen unerläßlich: „Abbau unnötiger Bürokratie, Umschichtung der Staatsausgaben vom konsumtiven in den investiven Bereich, Förderung junger statt Subventionierung unrentabler alter Unternehmen, Abbau von Investitionshemmnissen" und ferner „eine zeitgemäße Verteilungspolitik, um die Arbeitnehmer am Gewinn und Kapital der Wirtschaft zu beteiligen".[100] Auch nach Meinung des Sachverständigenrates liegen die Ursachen der gegenwärtigen Probleme neben „übergroßen Herausforderungen von außen" in „hausgemachter Verkrustung und zu großer Störung marktwirtschaftlicher Antriebsmechanismen".[101] Folglich bedarf es dringender denn je einer ordnungspolitischen Neubesinnung und einer wirtschaftspolitischen Strategie, die dem Ordnungskonzept der Sozialen Marktwirtschaft gerecht wird.

2. Intensivierung und Rezentralisierung in der DDR

Während die zulässigen Grenzen der Belastbarkeit des marktwirtschaftlichen Systems in der Bundesrepublik erst zu Beginn der achtziger Jahre sichtbar wurden, sah sich die politische Führung in der DDR bereits 1970 mit dem Problem konfrontiert, zur Erhaltung ihres zentralverwaltungswirtschaftlichen Systems das Experiment der Ökonomisierung abzubrechen und zu ordnungskonformen Maßnahmen zurückzukehren. Für die Durchführung des ÖSS galt daher ab 1971, „die staatliche Planung und Bilanzierung (wieder) so auszubauen, daß die planmäßige proportionale Entwicklung der Volkswirtschaft gesichert wird".[102] Mit anderen Worten: Die traditionelle zentrale Planung der Gesamtprozesse mit Hilfe eines Systems von Güterbilanzen (Material-, Ausrüstungs- und Konsumgüterbilanzen) und deren Aufschlüsselung auf die Betriebe mittels verbindlicher Mengen- und Wertkennziffern war wiederhergestellt. Mit dem „Beschluß über die Aufhebung und Anpassung von Rechtsvorschriften" vom 31.3. 1971[103] wurden die wichtigsten Reformen der Vorjahre rückgängig gemacht und die Rezentralisierung der Teilordnungen eingeleitet.

Nach der Bilanzierungsverordnung vom 20.5. 1971[104] waren erneut Aufkommen und Bedarf aller zu produzierenden Erzeugnisse sowie der Ex- und Importprodukte in einem pyramidenförmigen Bilanzsystem zu erfassen und gemäß zentralen Zielpräferenzen aufeinander abzustimmen, wobei die Zahl der von den Zentralorganen (SPK, Ministerien) auszuarbeitenden Bilanzen gegenüber den Vorjahren wieder erhöht wurde. Gleichzeitig verlor der Perspektivplan die ihm 1969/70 übertragene Funktion als Hauptsteuerungsinstrument und erhielt wieder einen vorwiegend programmatischen Charakter. So wurde für den Fünfjahresplan 1971–1975 – entsprechend den Beschlüssen des VIII. Parteitags der SED (1971) – gefordert, das für diesen Zeitraum geplante Wachstum vor allem durch Intensivierung der Produktion und Erhöhung der Effektivität (statt durch extensive Erweiterung der Kapazitäten) zu erreichen.[105] Um den Mangel an Rohstoffen und Arbeitskräften auszugleichen, standen vorwiegend Maßnahmen zur Weiterentwicklung bestehender Technologien, zur Modernisierung der Produktionsanlagen und zur Verbesserung der Arbeitsproduktivität auf dem Programm. In erster Linie ging es bei diesem Fünfjahresplan jedoch darum, die in den Vorjahren entstandenen Disproportionen zu beseitigen und nach der Wachstumskrise von 1970 wieder zu einem stetigen, den zentralen Planzielen entsprechenden Wirtschaftswachstum zurückzufinden.

Der Rezentralisierung des Planungs- und Leitungssystems[106] entsprach die im Frühjahr 1972 gestartete Aktion, die noch vorhandenen privaten, halbstaatlichen und genossenschaftlichen Betriebe zu verstaatlichen. Ergebnis: 5 600 Betriebe mit staatlicher

Beteiligung, 3100 private Betriebe, 17000 nichtstaatliche Baubetriebe und über 1500 Handwerksgenossenschaften (PGH) wurden in volkseigene Betriebe umgewandelt.[107] Nach dieser Aktion veränderte sich der Anteil der Eigentumsformen am Nettoprodukt wie folgt (in vH):

Jahr	Sozialistische Betriebe	Halbstaatliche Betriebe	Private Betriebe
1971	85,7	8,9	5,4
1972	94,7	1,0	4,3
1973	95,2	0,9	3,9
⋮	⋮	⋮	⋮
1980	96,4	0,6	3,0

Quelle: Statistisches Jahrbuch der DDR, Berlin (O) 1973, S.39; 1975, S.35; 1981, S.79 (vorläufige Zahlen). – Im Gegensatz zu den sechziger Jahren (vgl. oben S.78) ist die Bezugsgröße seit 1969 nicht mehr das gesellschaftliche Gesamtprodukt (Bruttoprodukt), sondern das Nettoprodukt, das sich aus dem Bruttoprodukt minus Produktionsverbrauch ergibt; der Produktionsverbrauch setzt sich zusammen aus: Abschreibungen auf Grundmittel sowie Mieten, Pachten und Nutzungsentgelte + Verbrauch von Material und produktiven Leistungen. Vgl. Statistisches Jahrbuch der DDR, 1969, S.41.

Für alle VEB, Kombinate und VVB trat am 1.5. 1973 eine neue Grundordnung in Kraft, die alle früheren Gesetze und Beschlüsse ähnlicher Art aufhob und die Kompetenzen und Funktionen der einzelnen Leitungsebenen neu abgrenzte.[108] Alle Wirtschaftseinheiten wurden wieder in das hierarchische Über- und Unterordnungsverhältnis des gesamten staatlichen und wirtschaftlichen Lenkungsapparates eingegliedert. Die VVB hatten als staatliche Leitungs- und Führungsorgane die Anweisungen der übergeordneten Zentralorgane (Ministerien) gegenüber den ihnen unterstellten VEB durchzusetzen und die Erfüllung der den Betrieben übergebenen staatlichen Planauflagen zu kontrollieren.

Durch immer neue Leistungsanreize versuchte man die Betriebe zur Ausarbeitung „realer Pläne" und zur Aufdeckung vorhandener Reserven zu motivieren. So wurden 1972 betriebliche Leistungsfonds eingeführt, denen gewisse Anteile des Nettogewinns zugeführt werden konnten, wenn bestimmte Plankennziffern (Steigerung der Arbeitsproduktivität u.a.) bereits in der Phase der Planausarbeitung überboten wurden; die Mittel des Leistungsfonds sollten vor allem zur Verbesserung der Arbeitsbedingungen, der Feriengestaltung, der Kinderbetreuung und des betrieblichen Wohnungswesens verwendet werden.[109] – Einen weiteren Leistungsanreiz erhoffte man von den 1973 eingeführten „Gegenplänen", die 1974 für alle Betriebe verbindlich vorgeschrieben wurden.[110] Damit sollten die Betriebskollektive durch zusätzliche Zuführungen zum Prämienfonds motiviert werden, in den ersten Monaten der Planverwirklichung weitere Selbstverpflichtungen (im Rahmen des „sozialistischen Wettbewerbs") zu übernehmen, um die bereits festgelegten Plankennziffern nochmals zu überbieten. Gleichzeitig war mit den Gegenplänen intendiert, die während des Planjahrs auftretenden Disproportionen und Versorgungslücken innerhalb des Plansystems besser auffangen zu können. Um „ehrliche" Betriebe, die bereits bei der Planausarbeitung die Planvorgaben überboten hatten, nicht zu benachteiligen, wurde ab 1975 vorgeschrieben, die Mehrleistungsverpflichtungen des Gegenplanes bereits bei der Plandiskussion (also vor Verabschiedung des Jahresplanes) einzubringen, wodurch die abgestimmten Gegenplanverpflichtungen zum „Bestandteil der staatlichen Planauflagen" wurden.[111]

Um die Planausarbeitung und -durchführung besser kontrollieren zu können, wurde das Industriepreisregelsystem 1971 wieder durch ein Festpreissystem ersetzt, dessen Preise teilweise noch das Ergebnis der Preisreform der sechziger Jahre waren. Für neue und weiterentwickelte Produkte wurde ein kompliziertes Preisantrags- und -bestätigungsverfahren eingeführt.[112] Es galten erneut einheitliche Kalkulationsvorschriften auf der Basis vorgegebener Kostennormative.[113] Der Planung und Abrechnung der industriellen Produktion lagen nach wie vor die konstanten Preise von 1967 als Kennziffern zugrunde; sie wurden erst 1976 durch neue „konstante Planpreise" gemäß den am 1.1. 1975 bestehenden Betriebspreisen ersetzt.[114]

Die Mitwirkung der Beschäftigten an betrieblichen Fragen wurde ab 1971 auch in Großbetrieben wieder von der Betriebsgewerkschaftsorganisation in „Ständigen Produktionsberatungen" (anstelle der in den sechziger Jahren eingesetzten Produktionskomitees) organisiert. Alle Fragen, die das Arbeitsverhältnis der Beschäftigten mittelbar oder unmittelbar betrafen, waren im „Gesetzbuch der Arbeit" (von 1961) geregelt, das in den siebziger Jahren gründlich überarbeitet und durch ein neues „Arbeitsgesetzbuch" ersetzt wurde.[115] Es umfaßt – in insgesamt 17 Kapiteln – neben arbeits- und sozialrechtlichen Regelungen nun auch eine Reihe wirtschaftsrechtlicher Bestimmungen, z.B. Leitungsfragen des Betriebes (vor allem das Weisungsrecht der Betriebsleiter) und die Arbeitspflichten der Beschäftigten (gemäß der „sozialistischen Arbeitsmoral und -disziplin").

Auch das Geld- und Kreditwesen wurde ab 1971 wieder rezentralisiert. Die „aktive Kreditpolitik" der Geschäftsbanken wich der systemkonformen Verteilung der Kredite gemäß dem vom Ministerrat beschlossenen Kreditplan. Der 1972 vom ZK der SED beschlossene „Rat für Geld- und Kreditwirtschaft" war der erste Schritt zum Abbau des Geschäftsbankensystems, dem 1974 die Wiedereingliederung der Industrie- und Handelsbank in die Staatsbank folgte.[116] Damit erhielt die Staatsbank wieder das Weisungs- und Kontrollrecht gegenüber allen anderen Banken und übernahm erneut Geschäftsbankfunktionen gegenüber der Wirtschaft.

Mit der im November 1975 offiziell verkündeten Aufhebung der Richtlinie von 1963 für die Einführung des NÖS gehörte die Phase der Ökonomisierung endgültig der Vergangenheit an. Das System zentral-administrativer Planung und Leitung war zwar wiederhergestellt, aber damit traten auch die diesem System immanenten Mängel der unzureichenden Effizienz und Durchsetzung des technischen Fortschritts erneut zutage.

Hinzu kam eine erhöhte außenwirtschaftliche Belastung infolge der weltwirtschaftlichen Entwicklung, insbesondere der Ölkrise von 1973, die sich auch auf den RGW-Märkten und damit auf die von Rohstoffen importabhängige DDR-Wirtschaft negativ auswirkte. Neben der bis 1975 gegenüber dem Westen entstandenen Verschuldung in Höhe von 7,4 Mrd. Dollar erhöhte sich nun auch die Verschuldung der DDR gegenüber der Sowjetunion, ihrem Hauptlieferanten für Erdöl.[117] Damit wuchs die Notwendigkeit, in der Fünfjahresplanperiode 1976–1980 zu einer „offensiven Exportpolitik" überzugehen, die jedoch nicht verhindern konnte, daß der kumulierte Passivsaldo der DDR während dieser Zeit auf 28,8 Mrd. Valuta-Mark anstieg.[118]

Durch diese außenwirtschaftlichen Schwierigkeiten und die unzureichende Verwirklichung der seit 1971 geforderten „Intensivierung der Produktion" sah sich die politische Führung der DDR zu erneuten Reformmaßnahmen gezwungen. Zwar war es für den Fünfjahresplan 1976–1980 erstmalig gelungen, anstelle der früheren jährlichen planmethodischen Einzelregelungen eine umfangreiche „Planungsordnung"[119] zu entwickeln, die alle Teilbereiche der Volkswirtschaft – einschließlich Bildung, Gesundheitswesen, Sport und Kultur – umfaßte und bis 1980 unverändert gelten sollte. Da jedoch eine entsprechende Gesamtkonzeption für das prozeßpolitische Lenkungsinstrumentarium zur „ökonomischen Stimulierung" der Betriebe bei der Plandurchführung fehlte, waren in diesem Bereich weitere Korrekturen notwendig. Sie betrafen vor allem das Preissystem, das aufgrund des 1971 verhängten Preisstopps erhebliche Preisverzerrungen aufwies und eine den gestiegenen Kosten entsprechende Leistungsbewertung der Betriebe nahezu unmöglich machte. Anstelle einer generellen Preisreform beschränkte man sich jedoch auf partielle Preiserhöhungen, insbesondere für Rohstoffe und rohstoffintensive Produkte, und führte 1976 für neue und weiterentwickelte Produkte die Preisbildung nach dem „Preis-Leistungs-Verhältnis" ein, d.h. die Preise dieser Produkte können in Relation zur Verbesserung der Gebrauchseigenschaften gegenüber vergleichbaren Erzeugnissen festgesetzt werden.[120]

Neben den mehrfachen Preiskorrekturen – insbesondere nach der erneuten Ölpreiserhöhung von 1979 – wurde 1977 eine Änderung des Lohnsystems eingeleitet: Der Anteil des Tariflohns, der bis dahin gegenüber dem von der jeweils erbrachten Leistung abhängigen „Mehrleistungslohn" 50 vH betragen hatte, wurde auf 80 vH angehoben und von der Erfüllung vorgegebener Arbeitsnormen abhängig gemacht.[121] Aber weder durch diese noch durch eine Fülle weiterer Maßnahmen zur Leistungsmobilisierung, die insgesamt eine gewisse Hektik und „Reformkonfusion" verrieten[122], gelang es, die nach wie vor bestehenden Intensivierungshemmnisse zu beseitigen.

Um diesem Ziel näherzukommen, griff man schließlich die von der Sowjetunion ausgelöste Ordnungsdiskussion über Fragen des „Wirtschaftsmechanismus" auf, bei der es um die „Vervollkommnung des Systems der Leitung, Planung und ökonomischen Stimulierung" ging.[123] Ein erster Schritt hierzu wurde in dem Zusammenschluß nahezu aller Betriebe der Industrie und des Bauwesens zu Kombinaten gesehen. Mit der gleichzeitigen Auflösung der VVB sollte der Übergang vom dreistufigen zum „zweistufigen Leitungssystem" (Ministerien – Kombinatsleitungen) vollzogen werden. Nach dieser in den Jahren 1978/79 durchgeführten Reorganisation galten die um- und neugebildeten 129 Kombinate – im April 1981 waren es bereits 157[124] – als „Grundeinheiten der materiellen Produktion". Ihre Aufgaben und Arbeitsweise wurden in einer umfangreichen neuen Grundordnung geregelt[125], die die VEB-Verordnung von 1973 ablöste. Je nach Wirtschaftszweig umfassen die Kombinate 20–40, in einigen Fällen aber auch über 150 Betriebe und Betriebsteile (Zweigwerke), die in der Regel an der Herstellung bestimmter Enderzeugnisse, einschließlich der Zulieferer- und Absatzbetriebe, beteiligt sind (vertikale Gliederung) oder auch gleiche oder ähnliche Erzeugnisse herstellen (horizontale Gliederung). Die Generaldirektoren der Kombinate erhielten weitreichende Kompetenzen, um die betrieblichen Teilprozesse zu einem „weitgehend geschlossenen Reproduktionsprozeß" integrieren zu können (§ 1 der Kombinats-Verordnung). Insbesondere erwartete man durch die Einbeziehung von Forschungs- und Entwicklungszentren eine bessere Durchsetzung von wissenschaftlich-technischen Neuerungen und eine reibungslosere zwischenbetriebliche Koordination.

Den organisatorischen Änderungen mit dem Ziel, das Leitungssystem zu verbessern, folgten indessen keine entsprechenden Reformen im System der Planung und ökonomischen Stimulierung. Die 1974 eingeführten „Gegenpläne", die die Betriebe mittels Prämienanreizen zur Überbietung der staatlichen Planauflagen stimulieren sollten (sie galten zugleich als Musterbeispiel für die „demokratische" Mitwirkung der Beschäftigten bei der Planung gemäß dem Prinzip des „demokratischen Zentralismus"), hatten offensichtlich ihre Wirkung verfehlt: Sie wurden 1979 wieder aufgehoben und durch eine neue Stimulierungs-Anordnung ersetzt.[126] Hiernach sind „die von den Werktätigen übernommenen Verpflichtungen" zur Überbietung der Kennziffern „Warenproduktion" und „Nettogewinn" bereits in die Planvorschläge der Betriebe aufzunehmen und zu bilanzieren. Die hierfür gewährten zusätzlichen Zuführungen zum Prämienfonds sind – auch nach der jüngsten Verordnung über die Planung, Bildung und Verwendung des Prämienfonds (s. S. 173) – auf jährlich 200 Mark je geplanter Arbeitskraft begrenzt, was auf eine relativ geringe Stimulierungswirkung schließen läßt, zumal bei Nichterfüllung der Prämienfonds zu mindern ist.

Auch die 1980 veröffentlichte Planungsordnung für 1981–1985[127] enthielt gegenüber der vorangegangenen lediglich einige formale, aber keine grundsätzlichen Änderungen des Planungs-, Anreiz- und Kontrollsystems. Insbesondere hatte man noch keine Lösung für das entscheidende Intensivierungshindernis, die Hauptkennziffer Warenproduktion, gefunden, die die Betriebe auf ein vorwiegend quantitatives Wachstum orientiert. Im Verlauf der Kombinatsbildung hatte hierüber zwar eine intensive Diskussion eingesetzt – mit dem Ergebnis, daß für die Kombinate zunächst – ergänzend zur Warenproduktion – die Kennziffer „Endprodukt des Kombinats" (= abgesetzte Warenproduktion abzüglich der kombinatsinternen Umsätze) galt. Sie wurde jedoch bereits für die Ausarbeitung des Jahresplans 1981 und im April 1981 in einer umfangreichen „Ergänzung der Planungsordnung 1981–1985"[128] durch zwei neue Hauptkennziffern verdrängt: „In der Leitung, Planung, Stimulierung und Abrechnung der Betriebe, Kombinate und der Volkswirtschaft" sind seither die folgenden drei Kennziffern Grundlage der Leistungsbewertung: 1. die industrielle Warenproduktion, 2. die Nettoproduktion und 3. die Grundmaterialkosten je 100 Mark Warenproduktion bzw. Produktion des Bauwesens.

Vor allem von der dritten Hauptkennziffer erwartet man die dringend notwendige Einsparung des Energie-, Roh- und Werkstoffverbrauchs, die gemäß dem – nach langen Beratungen mit einjähriger Verspätung im Dezember 1981 verabschiedeten – „Gesetz über den Fünfjahrplan für die Entwicklung der Volkswirtschaft der DDR 1981–1985"[129] im Jahresdurchschnitt 6,1 vH betragen soll. Um die industrielle Warenproduktion von 1980 (= 100) bis 1985 auf 128 und die Arbeitsproduktivität im Bereich der Industrieministerien auf 129 steigern zu können, sollen insgesamt 45 000 Industrieroboter produziert und eingesetzt werden; jeder einzelne Roboter soll durchschnittlich 2,5 Arbeitskräfte für andere Aufgaben freisetzen.[130] Rationalisierung und Intensivierung sind nach wie vor die Hauptprobleme bei der Verwirklichung der geplanten Wachstumsziele. Ob sie durch die neuen, vorwiegend produktions- und nicht absatzorientierten Hauptkennziffern lösbar sind, wird selbst von DDR-Ökonomen skeptisch beurteilt. Man ist sich offensichtlich darüber im klaren, daß es „keine direkten ökonomischen Stimuli für die Betriebe (gibt), sein Arbeitsvermögen effektiver zu nutzen".[131] Otto Reinhold, der Rektor der Akademie für Gesellschaftswissenschaften beim ZK der SED, stellte auf einer gemeinsamen Tagung mit Ökonomen der UdSSR im Dezember 1980 fest, daß der Übergang von der extensiven zur intensiven Produktion „eine außerordentlich komplizierte und auch langwierige Aufgabe" sei: „Eine Wirtschaft, die über Jahrzehnte hinweg in jeder Hinsicht – wissenschaftlich-technisch, ökonomisch, aber auch ideologisch – auf extensives Wachstum eingestellt war, läßt sich nicht ohne Komplikationen und Widersprüche umstellen."[132]

V. Ordnungsgestaltung und wirtschaftspolitisches Zielsystem

Vor dem Hintergrund der dargestellten Entwicklung beider Wirtschaftssysteme in den vergangenen 30 Jahren bleibt abschließend festzustellen, daß es weder in der Bundesrepublik Deutschland noch in der DDR gelungen ist, die selbstgesteckten wirtschaftspolitischen Ziele zu verwirklichen. Dies läßt sich nicht allein mit exogenen (weltwirtschaftlichen) Einflußfaktoren erklären; sie haben lediglich die in beiden Ländern evidenten Fehlentwicklungen verschärft. Die eigentlichen Ursachen sind offensichtlich in einer Diskrepanz zwischen Ordnungsgestaltung und wirtschaftspolitischer Zielsetzung zu suchen. Diese Diskrepanz kann einmal darin bestehen, daß die mit den Teilordnungen begründeten Anreiz- und Kontrollsysteme und die hieraus resultierenden Interessenlagen der wirtschaftenden Menschen[133] zu Ergebnissen führen, die den Zielsetzungen widersprechen; zum anderen können die Ziele und die zu ihrer Verwirklichung eingesetzten wirtschaftspolitischen Instrumente dazu führen, daß die Teilordnungen deformiert werden und dadurch die Effizienz der Gesamtsysteme beeinträchtigt wird. Beides ist sowohl in der Bundesrepublik als auch in der DDR der Fall, wie sich an einigen Beispielen zeigen läßt:

1. In der Bundesrepublik Deutschland wurde im Verlauf der siebziger Jahre immer deutlicher, daß infolge der unzureichenden Marktordnungspolitik zunehmend Wettbewerbsverzerrungen entstanden, die verteilungs- und sozialpolitisch unerwünschte Folgen hatten. Seit Ende der sechziger Jahre hatten – der Keynes'schen Lehre folgend – die prozeßpolitischen Instrumente der Fiskalpolitik im Vordergrund gestanden, um die wirtschaftliche Entwicklung im Sinne der Stabilitätsziele zu steuern. Nach der Rezession von 1975 zeigte sich, daß dies nicht ausreiche, weil die erwartete „eigendynamische Entfaltung der Auftriebskräfte" aufgrund von Orientierungs- und Erwartungsunsicherheiten ausblieb.[134] – Hinzu kamen die Auswirkungen der vom Staat verfolgten Wohlfahrtsziele: Mit der Erhöhung der sozialen Leistungen und des öffentlichen Aufwandes wurde ein immer größerer An-

teil des Sozialprodukts dem Marktmechanismus entzogen, wobei dem erhöhten Staats- und Sozialkonsum keine entsprechenden Leistungen im Produktionsbereich gegenüberstanden. Die rückläufigen Wachstumsraten ließen erkennen, daß die Wohlfahrtspolitik des Staates die marktwirtschaftlichen Antriebskräfte eher beeinträchtigt als gefördert hatte und somit zu den Wachstums- und Beschäftigungszielen des Stabilitätsgesetzes im Widerspruch stand.

2. Auch in der DDR ist die Diskrepanz zwischen Ordnungsgestaltung und Zielrealisierung offensichtlich. Wie das Experiment des „Neuen ökonomischen Systems" gezeigt hat, wurde mit den Maßnahmen der Dezentralisierung und Ökonomisierung zwar den aus dem Wachstumsziel sich ergebenden ökonomischen Sachzwängen zu rentablerer Produktion entsprochen, aber zugleich die Funktionsfähigkeit des Systems zentraler Planung in Frage gestellt. Die Ergebnisse der Jahre 1969/70 haben deutlich gemacht, daß Gewinnstreben der Betriebsleiter, bewegliche Preise und aktive Kreditpolitik der Geschäftsbanken zu einer Allokation der Ressourcen führten, die nicht den Planzielen der Zentralinstanzen entsprach. Die Kombination von Marktsteuerung (in weniger wichtigen Bereichen) und zentraler Planung und Bilanzierung der „strukturbestimmenden" Erzeugnisse und Zweige erwies sich als unvereinbar; ihr war die Tendenz zur Transformation des Systems inhärent. Im Interesse einer funktionsfähigen gesamtwirtschaftlichen Koordination war die Entscheidung für einen der beiden Lenkungsmechanismen notwendig. Sie wurde zu Beginn der siebziger Jahre zugunsten der Rezentralisierung getroffen. Allerdings erwies sich die Rückkehr zur „planmäßigen proportionalen Entwicklung" der Volkswirtschaft zugleich als denkbar ungeeignet, den seither geforderten Übergang von der extensiven zur intensiven Wachstumssteigerung zu vollziehen. Daß dieses Ziel bis heute nicht erreicht wurde, ist eine Folge der realisierten Ordnungsbedingungen des „Systems der zentralen Leitung, Planung und ökonomischen Stimulierung" und der hieraus resultierenden betrieblichen Interessenlagen. Da die Stimulierung zu betrieblichen Leistungen auch in den kommenden Jahren vorwiegend an der Hauptkennziffer Warenproduktion ansetzt, werden die Er-

folgsinteressen der Betriebe weiterhin auf eine primär quantitative Steigerung der Produktion orientiert. Auch die den Kombinatsdirektoren eingeräumten Kompetenzen, für eine höhere Effizienz ihrer Betriebe durch Senkung des Aufwands und bedarfsgerechtere Zulieferungen zu sorgen, scheitern bislang an dem Problem ungenügender Effektivitätskennziffern. Die von der SED-Führung für 1981–1985 proklamierten „Zehn Schwerpunkte der Wirtschaftsstrategie"[135] sind sämtlich auf die Lösung des Effizienzproblems gerichtet, für die jedoch weder entsprechende Ordnungsbedingungen gegeben noch geeignete prozeßpolitische Instrumente verfügbar sind.

Sowohl in der Bundesrepublik als auch in der DDR haben die wirtschaftlichen Fehlentwicklungen eine Ordnungsdebatte ausgelöst. In der Bundesrepublik wurde – wie bereits erwähnt – der ordnungspolitischen Gestaltungsaufgabe erst wieder ab 1977/78 größere Aufmerksamkeit gewidmet, als das Vertrauen in die marktwirtschaftliche Ordnung immer geringer und die Gefahren für die Funktionsfähigkeit des Marktmechanismus immer deutlicher wurden. – In der DDR werden Ordnungsfragen des „Wirtschaftsmechanismus" erst neuerdings diskutiert, ausgelöst durch die 1979 von der Sowjetunion veröffentlichten Beschlüsse „zur Vervollkommnung des Wirtschaftsmechanismus".[136] In dieser Diskussion geht es vor allem um die Frage, welche Formen und Methoden der „Leitung, Planung und ökonomischen Stimulierung" geeignet sind, die Effizienz der sozialistischen Produktionsweise zu erhöhen und damit das „Grundgesetz des Sozialismus", die bessere Befriedigung der gesellschaftlichen Bedürfnisse, verwirklichen zu können. Eine Lösung dieses Problems, wie sie etwa in Ungarn durch die Einbeziehung marktwirtschaftlicher Elemente relativ erfolgreich praktiziert wird[137], scheint für die DDR – nach den Erfahrungen mit dem NÖS-Experiment der sechziger Jahre und mit Blick auf die gegenwärtige Situation in Polen – indiskutabel. Ob das Ziel der Effizienzsteigerung jedoch mit Hilfe systemkonformer Veränderungen des Wirtschaftsmechanismus je erreicht werden kann, ist nach dem gegenwärtigen ordnungstheoretischen Erkenntnisstand zu bezweifeln.

Bei einem vordergründigen Vergleich der beiden Wirtschaftssysteme könnte man zu dem Ergebnis kommen, daß die im Stabilitätsgesetz formulierten wirtschaftspolitischen Ziele der Bundesrepublik: stabiles Preisniveau, hoher Beschäftigungsstand, außenwirtschaftliches Gleichgewicht, stetiges und angemessenes Wachstum, unter den Ordnungsbedingungen der sozialistischen Planwirtschaft leichter zu erreichen seien, wenn auch auf Kosten eines höheren Versorgungsniveaus der Bevölkerung; umgekehrt könnte man feststellen, daß das oberste wirtschaftspolitische Ziel der DDR, die bessere Versorgung der Bevölkerung, in der Sozialen Marktwirtschaft der Bundesrepublik – trotz niedriger Wachstumsraten, steigender Preise und Arbeitslosenzahlen – weitaus besser verwirklicht werde. Inwieweit dies zutrifft, werden die weiteren Beiträge in diesem Band deutlich machen.

Indikatoren der Wirtschaftsentwicklung in der DDR
Durchschnittliche jährliche Veränderungen in vH

	1971–1975 Ist	1976–1980 Plan	1976–1980 Ist	1981–1985 Plan	1981[1] Plan	1981[1] Ist
Produz. Nationaleinkommen	5,5	5,0	4,1	5,1	5,0	5,0
Industr. Warenproduktion	6,5	6,0	5,0	5,1	5,0	5,1
Arbeitsproduktivität	5,2[2]	5,4[3]	4,6[2]	5,2[3]	5,0[3]	>5,0
Bauproduktion (insgesamt)	5,7[4]	5,0	2,3[4]	3,4	2,8	4,1
Investitionen[5]	4,1[6]	5,2	5,2[7]	−0,3[8]	·	<2,0
Einzelhandelsumsatz[9]:	5,0	4,0	4,1	3,7	4,0	2,5
Nahrungs- und Genußmittel	3,5	2,5–3,0[10]	3,4	3,7	3,3	3,0
Industriewaren	6,9	4,5–5,0[10]	4,8	3,7	4,6	2,0
Außenhandelsumsatz[10]:	13,4	·	10,3[7]	·	16,0	10,0
Einfuhr	14,1	·	10,3[7]	·	·	·
Ausfuhr	12,8	8,4[12]	10,2[7]	8,4[12]	·	·
Nettogeldeinnahmen der Bevölkerung	4,8	4,0	3,7	3,7	4,0	3,3

[1] Zuwachs gegenüber dem Vorjahr in vH. – [2] Bruttoproduktion je Arbeiter und Angestellten. – [3] Im Bereich der Industrieministerien; Basis Warenproduktion. – [4] Nur im Bereich Bauwirtschaft. – [5] Einschließlich Auslandsbeteiligungen; Preise des Jahres 1975. – [6] Ohne Generalreparaturen und Auslandsbeteiligung. – [7] Unter Einbeziehung aller Jahreswerte. – [8] Unter Berücksichtigung des Gesamtvolumens von 256 Mrd. Mark. – [9] Zu jeweiligen Preisen. – [10] Warenbereitstellung. – [11] Zu jeweiligen Preisen; einschließlich innerdeutscher Handel. – [12] Export in sozialistische Länder; konstante Planpreise.

Quellen: D. Cornelsen: Kräftiges Wirtschaftswachstum. Zur Lage der DDR-Wirtschaft an der Jahreswende 1981/82, in: DIW-Wochenbericht, 5/1982, S. 73–80, hier S. 74; DDR und Osteuropa. Wirtschaftssystem – Wirtschaftspolitik – Lebensstandard. Ein Handbuch, Opladen 1981, S. 26.

Der politische und wirtschaftliche Lenkungsapparat der DDR

	SED Parteiapparat:	Volksvertretungsorgane:	Staatsapparat:	Wirtschaftlicher Lenkungsapparat:			Bankenapparat:	Massenorganisationen: FDGB / FDJ u.a.
Zentrale Ebene:	Politbüro ZK	Volkskammer	Staatsrat Ministerrat Ministerien u.a.	Staatl. Plankommission Ministerien u.a.			Staatsbank Bank für Landwirtsch. Außenhandel	Bundesvorstand Zentralrat
Mittlere Ebene:	Bezirksleitung (BPO)	Bezirkstag	Rat des Bezirkes	Plankommission, Wirtsch.-rat d. Bez.	Kombinate (bezirksgeleitet)	Kombinate (zentralgeleitet)	Bezirksdirektion, Industriebankfilialen	Bezirksleitung
	Kreisleitung (BPO)	Kreistag	Rat des Kreises	Plankommission d. Kreises			Kreisfilialen Genossenschaftsbanken	Kreisleitung
Untere Ebene: Gemeinde Betrieb	Ortsleitung Grundorganis. BPO	Gemeindevertretung Stadtverordnetenversamml.	Rat der Gemeinde	Plankommission d. Gem. Genossenschaften, Privatbetriebe	Betriebe Zweigwerke	Betriebe Zweigwerke	Örtl. Filialen Kreis- und Stadtsparkassen	Grundeinheit BGO (BGL, AGL)

Dritter Teil

Die Funktionsmechanismen der Wirtschaftssysteme

Rudolf Knauff

I. Planung und Koordination der Wirtschaftsprozesse

1. Was hat der Koordinationsmechanismus zu leisten?

(1) Zwei alltägliche Beobachtungen in der Bundesrepublik Deutschland und in der DDR haben trotz ihrer Gegensätzlichkeit eine gemeinsame Ursache. In der Bundesrepublik häufen sich Überschüsse auf einzelnen Märkten, in der DDR gehören Warteschlangen und Wartelisten bei den verschiedensten Produkten zum Wirtschaftsalltag. So falsch es nun wäre, die Überschüsse als Überwindung der Knappheit anzusehen, so verfehlt ist es, das Schlangestehen als Zeichen einer grundsätzlichen Unterversorgung zu interpretieren. Vielmehr hat in beiden Systemen der Koordinationsmechanismus versagt. Angebot und Nachfrage wurden in diesen Fällen nicht richtig aufeinander abgestimmt.

Überschüsse und Schlangen weisen auf das Koordinationsproblem hin, das jede Volkswirtschaft zu bewältigen hat. Es ergibt sich aus der hochgradigen Arbeitsteilung, die zu einer unübersehbaren Zahl von Beziehungen zwischen den privaten Haushalten und Unternehmen, zwischen den Haushalten und den Unternehmen je untereinander, zwischen Inland und Ausland sowie zwischen privaten Wirtschaftseinheiten und dem Staat führt und die zugleich eine wachsende Abhängigkeit aller Beteiligten untereinander bedingt. Will der einzelne seine Ziele verwirklichen, ist er auf die Leistungen anderer angewiesen; er muß sich mit ihnen abstimmen, seine eigenen ökonomischen Aktivitäten müssen mit denen der anderen koordiniert werden. Auf den wirtschaftlichen Alltag übertragen und in eine Kurzformel gepreßt, heißt das: Angebot und Nachfrage müssen ausgeglichen werden. – Um die unterschiedlichen Lösungen dieses Problems in der Bundesrepublik Deutschland und in der DDR genauer erkennen zu können, soll zunächst der theoretische Hintergrund der beiden Koordinationsmechanismen aufgezeigt werden.

Beide Koordinationsmechanismen haben die gleiche Aufgabe zu lösen: Die knappen Ressourcen einer Volkswirtschaft können bei der Produktion, technisch gesehen, in fast unbegrenzt vielen Kombinationen eingesetzt werden. Zum Beispiel kann ein Gut durch ein anderes ersetzt werden (Substituierbarkeit), es kann nur in Verbindung mit anderen eingesetzt werden (Komplementarität), oder aus der Kombination von Produktionsfaktoren ergeben sich mehrere Güter zugleich (verbundene Produktion), um nur einige aus der Vielfalt der möglichen Beziehungen zu nennen.

Unter dem Vorzeichen einer möglichst wirksamen Knappheitsminderung sind aus den vielen technisch möglichen Kombinationen die *ökonomisch* zweckmäßigen auszuwählen, d.h. unter den konkurrierenden Verwendungsmöglichkeiten der knappen Mittel müssen diejenigen gefunden werden, die – bezogen auf die vorhandenen Bedürfnisse – eine Fehllenkung und Verschwendung verhindern. Es geht also um eine optimale Allokation der Ressourcen; das gilt für beide Wirtschaftssysteme.[1]

Um diese Bedingung zu erfüllen, sind die Entscheidungen über die Verwendung und Kombination der Millionen von Güterarten in einer Volkswirtschaft an der Knappheit der einzelnen Güter zu orientieren. Das setzt sowohl ein Informationssystem voraus, das die Knappheit sichtbar macht, als auch ein Sanktionssystem, das sicherstellt, daß sich alle am Wirtschaftsprozeß Beteiligten bei ihren Entscheidungen auch an den Knappheitsgraden ausrichten. Zu diesem Zweck ist zwischen allen wirtschaftlich relevanten Größen ein gesamtwirtschaftlicher Rechnungszusammenhang herzustellen, der die gesamtwirtschaftlichen Knappheitsgrade, d.h. die Differenzen zwischen den verfügbaren Mengen der Güter und ihren Bedarfsmengen, erkennen läßt.

(2) Die Kompliziertheit, der Grad der Verflechtung und der Umfang dieses Rechenwerkes sind zu erkennen, wenn man einmal die Produktion eines Konsumgutes zurückverfolgt.[2] Aus den außerwirtschaftlichen Zielen der Daseinsgestaltung geht der konkrete Bedarf an Konsumgütern hervor. Diese Güter erster Ordnung sind in Güter zweiter Ordnung umzurechnen, also in Arbeitskräftebedarf, Bedarf an Kapitalgütern und Bedarf an Vorprodukten. Da es sich hierbei ebenfalls um Güter handelt, die produziert werden müssen, sind auch diese wiederum in Güter nächst höherer Ordnung umzurechnen. Dieser Rechenvorgang setzt sich auf allen Stufen bis zu den Gütern letzter Ordnung fort. Zu diesen vertikalen Verflechtungen kommen die horizontalen, z.B. zwischen komplementären Gütern und Leistungen, hinzu. Auch ist zu berücksichtigen, daß dasselbe Gut mit mehreren Produktionsverfahren an mehreren Standorten in verschiedenen Betrieben produziert werden kann. Schließlich hängt sowohl die verfügbare Menge wie die Bedarfsmenge eines Gutes direkt oder indirekt von den verfügbaren und gewünschten Mengen aller anderen Güter ab.

(3) Zwei Wege gibt es, um bei der angedeuteten universellen Interdependenz und Unübersehbarkeit die für ökonomisch rationale Entscheidungen notwendigen gesamtwirtschaftlichen Knappheitsgrade anzuzeigen: ersten über die Preise der Güter, die sich auf Märkten bilden, und zweitens über Salden in güterwirtschaftlichen Bilanzen.[3] Im ersten Fall wird der Wirtschaftsprozeß dezentral in den einzelnen Unternehmen, den privaten und öffentlichen Haushalten geplant und mit Hilfe der Preise als Knappheitsanzeiger auf Märkten koordiniert, das System „Marktwirtschaft". Im zweiten Fall wird der Wirtschaftsprozeß zentral für die gesamte Volkswirtschaft geplant und gelenkt und die Koordination an den Salden zentraler Planbilanzen ausgerichtet, das System „Zentralverwaltungswirtschaft". Das sind die beiden möglichen Formen, die Millionen von Einzelplänen zu einem gesamtwirtschaftlichen System von Plänen zu koordinieren. Je nachdem, wie die Preise oder die Salden der Planbilanzen gebildet werden, so genau oder ungenau ist die Anzeige der gesamtwirtschaftlichen Knappheitsgrade und damit die Qualität des Plansystems.

(4) Damit ist der grundlegende Unterschied zwischen den Koordinationsmechanismen der beiden Systeme aufgezeigt. Er liegt in der unterschiedlichen Art, die Knappheitsgrade sichtbar zu machen, und in den dazugehörigen Formen der Planung der Wirtschaftsprozesse: dezentrale Planung und Koordination mit Hilfe von Marktpreisen in der Bundesrepublik und zentrale Planung und Koordination mittels Plansalden in der DDR. Ein gesamtwirtschaftliches Plansystem ist hier wie dort erforderlich; aber die Wege seines Zustandekommens unterscheiden sich.

Aus dem Umstand, daß in Marktwirtschaften dieses gesamtwirtschaftliche Plansystem für den Betrachter in der Tat nicht so unmittelbar zu erkennen ist wie die zentrale Bilanzierung einer staatlichen Plankommission, wird teilweise gefolgert, daß in einer Marktwirtschaft eine gesamtwirtschaftliche Koordination fehle.[4] Zugleich wird dann der Unterschied zwischen beiden Systemen in dem Vorhandensein von Planung auf der einen Seite und von Marktbeziehungen, gleichgesetzt mit fehlender Planung und Chaos, auf der anderen Seite gesehen. Diese Unterscheidung verkennt die Funktion von Marktpreisen als Knappheitsgradanzeiger und damit die Möglichkeit, sich an ihnen zu orientieren, um auch bei dezentraler Planung die Millionen Einzelpläne aufeinander abzustimmen und ökonomisch rational zu koordinieren.

(5) Wie die Planungssysteme und die Koordination im einzelnen aussehen und inwieweit sie den gestellten Anforderungen in der Praxis gerecht werden, ist nun für beide Systeme zu untersuchen. Leitlinie sollen dabei die drei Grundfragen sein, die jedes Lenkungssystem, ganz gleich wie die installierten Informations- und Sanktionssysteme beschaffen sind, beantworten muß:[5]

1. Wer bestimmt, welche Güter in welcher Qualität und in welcher Menge produziert werden? – Planungs- und Koordinationsproblem.

2. Wie werden die Produktionsfaktoren kombiniert, welche Produktionsmethoden werden angewandt? – Anreiz- und Kontrollproblem.

3. Wem fließt die Produktion schließlich zu, wie werden die produzierten Güter verteilt? – Verteilungsproblem.

2. Koordination durch Märkte und Preise in der Bundesrepublik Deutschland

(1) Im marktwirtschaftlichen System der Bundesrepublik Deutschland wird der Wirtschaftsprozeß überwiegend in den privaten Haushalten und Unternehmen geplant. Zur Beschreibung des Koordinationsmechanismus ist deshalb von der Planung in diesen Einheiten auszugehen. (Da die öffentlichen Haushalte auf Bundes-, Länder- und Gemeindeebene nur zum Teil in den marktwirtschaftlichen Koordinationsmechanismus integriert sind, bleiben sie zunächst unberücksichtigt.)

Wenn die privaten Haushalte auch nur selten ihre Einkommen und Ausgaben schriftlich planen, müssen sie im Prinzip doch auch disponieren, wie sie das von ihnen angestrebte Einkommen erzielen und verwenden wollen. Aus diesen Dispositionen ergibt sich die Nachfrage nach Konsumgütern. Sie wird von der Bedürfnisstruktur der Haushalte, von ihren verfügbaren und erwarteten Einkommen, vom Preis des jeweiligen nachzufragenden Gutes und von den Preisen aller anderen Güter bestimmt. Für den Abstimmungsprozeß ist der Zusammenhang zwischen nachgefragter Menge und Preis des Gutes entscheidend. Im Falle eines rationalen Käuferverhaltens läßt sich beobachten, daß mit steigendem Preis weniger und mit fallendem Preis mehr nachgefragt wird. Von diesem „normalen" Nachfrageverhalten soll als Regelfall im folgenden ausgegangen werden.

Selbstverständlich ist damit nicht die ganze Vielfalt der tatsächlichen Verhaltensweisen und ihrer Determinanten erfaßt.[6] So kann auch bei steigenden Preisen die Nachfrage zu- statt abnehmen, wenn z. B. ein noch stärkerer Preisanstieg vom Haushalt erwartet wird oder wenn sich das verfügbare Einkommen vergrößert hat. Außerdem werden die Bedürfnisstrukturen der Haushalte durch ihre soziale Umwelt beeinflußt (Werbung) und unterliegen wohl auch nicht immer dem Prinzip der Nutzenmaximierung, wie es das „normale" Nachfrageverhalten voraussetzt.

Für den Systemvergleich kommt es vor allem auf die Konsequenzen an, die sich aus dem Nachfrageverhalten der Haushalte ergeben, nämlich: schlagen die Konsumentenentscheidungen auf die Produktion durch oder nicht? Zu diesem Zweck ist die Angebotsplanung der Unternehmen zu betrachten. Denn die aggregierte Nachfrage der einzelnen Haushalte steht als Gesamtnachfrage auf dem jeweiligen Markt dem Gesamtangebot, das sich aus der Planung der Unternehmen ergibt, gegenüber.

(2) Die Angebotsplanung in den Unternehmen geht von deren jeweiliger Zielsetzung aus.[7] Als typisches Unternehmensziel gilt bei privatem Eigentum an den Produktionsmitteln, wie es überwiegend in den Unternehmen der Bundesrepublik Deutschland realisiert ist, die Erhaltung und Vermehrung des Eigentums und daraus abgeleitet die Gewinnerzielung, im Grenzfall die Gewinnmaximierung. Darüber hinaus gibt es eine breite Palette weiterer Unternehmensziele, wie z.B. Umsatzsteigerung, Vergrößerung oder Erhaltung des Marktanteils, Verbesserung der Liquidität, höhere Rentabilität des eingesetzten Kapitals, traditionsbedingte Ziele wie Wahrung des Familienerbes, genossenschaftliche Ziele, besondere Imageziele oder auch gemeinnützige sowie soziale Ziele. Die Verwirklichung aller dieser Ziele läuft jedoch am Ende meistens auf die Gewinnerzielung im Sinne eines „befriedigenden Gewinns" hinaus oder setzt ihn sogar voraus. Selbst die zunehmende Trennung von Eigentum und Geschäftsführung in Kapitalgesellschaften läßt keinen Verzicht auf das Gewinnziel zu. Denn auch ein relativ eigenständiges, angestelltes Management kann seine besonderen Ziele, wie z.B. „Unternehmensgröße" oder Prestige, langfristig nur bei Gewinnen, aus denen die Dividendenwünsche der Kapitalgeber zu befriedigen sind, durchsetzen. Zumindest langfristig betrachtet ist es deshalb realistisch, vom Gewinnstreben als dominierender Verhaltensweise der Unternehmen in der Bundesrepublik auszugehen.

Zwei Größen bestimmen den Gewinn des Unternehmens: Erlöse und Kosten. Das geht aus der betrieblichen Ergebnisrechnung hervor, die – schematisch dargestellt – folgendermaßen aussieht:

Erlöse
./. Materialkosten
./. Abschreibungen
./. Personalkosten
./. Kapitalkosten
./. sonstige Kosten (Steuern, Werbung etc.)

= Gewinn (Verlust)

Ausschlaggebend für das Angebotsverhalten des Unternehmens ist also immer der Vergleich von Erlösen und Kosten. (Marginalanalytisch ausgedrückt bedeutet das für das Angebotsverhalten: das Angebot so lange auszudehnen, wie die daraus sich ergebenden zusätzlichen Erlöse [Grenzerlöse] größer sind als die zusätzlichen Kosten [Grenzkosten], und umgekehrt, das Angebot so lange einzuschränken, wie die wegfallenden Kosten größer sind als die wegfallenden Erlöse. Das Gewinnmaximum wäre also erreicht, wenn Grenzerlöse und Grenzkosten ausgeglichen sind.)

Unter diesen Bedingungen läßt sich zeigen, daß im „Regel"- oder „Normalfall" (d.h. bei Wettbewerb auf den Märkten und rationalem Anbieter- und Nachfragerverhalten) bei steigenden Preisen für die eigenen Produkte mehr, bei fallenden Preisen weniger angeboten wird, wobei das Ausmaß der Angebotsausdehnung oder -einschränkung von der jeweiligen Kostenentwicklung abhängt. Auf das Gesamtangebot eines Gutes bezogen, verhält es sich so, daß bei höherem Preis auch die Unternehmen mit den relativ hohen Kosten anbieten können, weil jetzt auch für sie ein Gewinn möglich ist, während bei fallenden Preisen alle diejenigen Unternehmen als Anbieter ausscheiden, die jetzt keine Gewinne mehr realisieren können.

Wenn auch die hier zugrunde gelegten Angebotsreaktionen der Unternehmen im Zusammenhang mit dem Wettbewerb noch einmal auf ihre Wirklichkeitsnähe hin überprüft werden müssen, so lassen sich doch schon drei Eigenarten erkennen: 1. Das Unternehmen geht in seiner Planung von Absatzmöglichkeiten, d.h. möglicher Nachfrage aus; hier zeichnet sich die Verbindung und

Abstimmung von Nachfrage und Angebot ab. 2. Aufgrund des Gewinnstrebens ist das Unternehmen bemüht, seine Kosten zu senken, also eine Verschwendung und Fehllenkung knapper Produktionsfaktoren zu verhindern. 3. Die Planung geht schließlich von erwarteten Größen aus: erwartete Preise auf der Absatzseite sowie Preiserwartungen bei den Produktionsfaktoren.[8] Ob die Erwartungen zutreffen, ist unsicher, die Planung ist also mit einem Risiko verbunden. Das erfordert eine laufende Anpassung der Pläne an veränderte Gegebenheiten (Daten), was über den Koordinationsmechanismus zu gewährleisten ist.

(3) Zur Abstimmung ihrer Pläne treffen sich Anbieter und Nachfrager mit ihren jeweils eigenen Vorstellungen auf dem Markt. Wie die Planungsüberlegungen bei beiden gezeigt haben, hängt die Menge, die sie nachfragen oder anbieten wollen, im „Normalfall" primär vom Preis ab. Die Anbieter vergrößern mit steigenden Preisen ihr Angebot und schränken es bei fallendem Preis ein. Umgekehrt verhält es sich bei den Nachfragern. Sie werden mit steigenden Preisen weniger, bei fallenden Preisen mehr nachfragen. Wie arbeitet nun der Marktpreismechanismus, die „unsichtbare Hand" des Marktes? Welche Anpassungsreaktionen ergeben sich bei zunächst ungleichen Angebots- und Nachfragewünschen? Ist die Nachfrage größer als das Angebot, werden die Nachfrager, die bereit sind, einen höheren Preis zu bezahlen, den bestehenden Preis überbieten. Die Anbieter werden wegen der zusätzlichen Gewinnmöglichkeit ihr Angebot ausdehnen. Mit steigendem Preis werden so auf der einen Seite die Nachfrager verdrängt, die nicht bereit sind, einen höheren Preis zu bezahlen, auf der anderen Seite wird sich das Angebot vergrößern. Diese Preissteigerung hört erst beim Gleichgewichtspreis auf, bei dem Angebot und Nachfrage übereinstimmen. Alle Marktteilnehmer, die zu diesem Preis kaufen oder verkaufen wollen, kommen zum Zuge. Der Markt befindet sich im Gleichgewicht. Bei einem Angebotsüberhang läuft der Abstimmungsprozeß mit umgekehrten Vorzeichen ab; die Anbieter unterbieten sich im Preis mit dem Ziel größeren Absatzes und verdrängen die Konkurrenten vom Markt, die wegen ihrer höheren Kosten keinen Gewinn mehr machen.[9]

Durch dieses Herantasten an den Gleichgewichtspreis und die Gleichgewichtsmenge über schrittweise Preisänderungen werden schließlich die zunächst unabhängig voneinander aufgestellten Pläne der Anbieter und Nachfrager koordiniert. Dabei passen Anbieter und Nachfrager laufend ihre Pläne an die veränderten Preise an, und die korrigierten Pläne beeinflussen erneut die Preise. Die universelle Interdependenz aller ökonomischen Größen sorgt obendrein dafür, daß Anpassungen auf einem Markt Anpassungen auf anderen Märkten auslösen. Es findet also ein permanenter Korrekturprozeß auf allen Märkten statt, der nicht in einem einmal erreichten Gleichgewichtszustand endet, sondern durch die laufenden Veränderungen in den Planungen von Haushalten und Unternehmen immer wieder neu ausgerichtet wird und neue Gleichgewichte ansteuert. Das ergibt sich aus der Dynamik des Wettbewerbs auf den Märkten. Genau genommen, kann man also nur von einer fortwährenden Tendenz zum Gleichgewicht hin sprechen.

(4) Dieser Marktpreismechanismus arbeitet zugleich als Informations- und Sanktionssystem.[10] Die sich am Markt bildenden Preise informieren Anbieter und Nachfrager über die Knappheit der von ihnen angebotenen und begehrten Güter, und Preisänderungen signalisieren veränderte Knappheitsgrade. Indem Anbieter und Nachfrager ihre Entscheidungen an den Preisen ausrichten und sich an Preisänderungen anpassen, orientieren sie sich an gesamtwirtschaftlichen Knappheitsgraden und erfüllen damit die Voraussetzung für das Zustandekommen eines volkswirtschaftlichen Rechnungszusammenhangs, wie er bei den allgemeinen Überlegungen zum Koordinationsproblem abgeleitet wurde. Typisch für dieses Informationssystem ist es, Veränderungen im Angebot oder in der Nachfrage schnell und universell zu erfassen und unmittelbar für die Betroffenen zu signalisieren, so daß die erforderlichen Anpassungen eingeleitet werden können.

Die Informationsfunktion der Preise ermöglicht es, die autonomen, dezentralen Planentscheidungen zu einem volkswirtschaftlich abgestimmten Plansystem zu verknüpfen, denn wenn Marktteilnehmer sich veränderten Preisen anpassen, passen sie sich zugleich neuen Plandispositionen der übrigen Marktteilnehmer an. Von Chaos und Irrationalität auf gesamtwirtschaftlicher Ebene kann also keine Rede sein. Es handelt sich bei diesem marktwirtschaftlich abgestimmten Plansystem zwar nicht um einen ex ante für eine bestimmte Zeitspanne ausgearbeiteten volkswirtschaftlichen Gesamtplan, wohl aber um ein aus Einzelentscheidungen sich ergebendes und mit jeder neuen Entscheidung sich änderndes Plansystem, das allerdings für den einzelnen als Ganzes nicht unmittelbar zu erkennen ist. Dennoch wird von DDR-Ökonomen heftig bestritten, daß es über Märkte und Preise zu einem volkswirtschaftlich abgestimmten Plansystem kommen kann; gegenteilige Behauptungen werden als „abgeschmackteste Torheiten der heutigen bürgerlichen Vulgärökonomie" bezeichnet.[11]

Alle Information durch die Preise wäre allerdings umsonst, wenn der Marktpreismechanismus nicht zugleich Sanktionscharakter hätte. Er zeigt sich in der Ausschluß- und Anreizfunktion der Marktpreise. So werden Nachfrager, die nicht bereit oder fähig sind, sich an höhere Preise anzupassen, ausgeschlossen oder Anbieter machen bei notwendigen Preisanpassungen nach unten aufgrund ihrer zu hohen Kosten Verluste und werden vom Markt verdrängt. Umgekehrt werden Anbieter, die bei Preissteigerungen ihre Produktion an die veränderte Nachfrage anpassen und ausdehnen, mit zusätzlichen Gewinnen „belohnt". Aufgrund solcher Gewinnchancen wird investiert und neue Anbieter dringen in den Markt ein. Es sind diese positiven oder negativen Sanktionen für die Anbieter, die schließlich dafür sorgen, daß die Produktion an der Nachfrage, d.h. aber letztlich an den Konsumentenwünschen ausgerichtet wird.

(5) Um die aufgezeigten Ergebnisse des Marktpreismechanismus richtig einschätzen zu können, muß noch einmal darauf hingewiesen werden, daß bisher mit vereinfachenden Modellannahmen über das Verhalten von Anbietern und Nachfragern gearbeitet wurde. Solche Annahmen lassen sich nicht umgehen, wenn man die Zusammenhänge eines marktwirtschaftlichen Koordinationsmechanismus erkennen will; nur so läßt sich die Vielzahl und Unübersehbarkeit von realen Verhaltensweisen durchdringen.

Mit dem schrittweisen Abbau dieser Annahmen muß dann die Analyse Stück für Stück der Wirklichkeit angenähert werden.

So wurde bei der Ableitung der Marktgleichgewichte vollkommener Wettbewerb auf allen Märkten angenommen; d. h. (1) jedes Gut wird von einer größeren Zahl voneinander unabhängiger Unternehmen hergestellt und angeboten und von einer größeren Käuferzahl nachgefragt; weder Anbieter noch Nachfrager verfügen über wirtschaftliche Macht, die ihnen einen eigenen Einfluß auf dem Markt, z. B. in Form eigener Preissetzungsspielräume, sichert. (2) Allen Anbietern und Nachfragern ist die Marktsituation vollkommen bekannt; es besteht Markttransparenz. (3) Die Güter auf dem Markt sind gleichartig (homogen), d. h. es bestehen keine Präferenzen, z. B. persönlicher oder örtlicher Art, bei der Wahl des Tauschpartners.

Die spätere Analyse des Wettbewerbs in der Bundesrepublik Deutschland wird zeigen, daß diese Bedingungen nur unvollkommen erfüllt sind, sei es wegen Tendenzen zur Wettbewerbsbeschränkung, sei es, daß der tatsächliche Wettbewerb zum Teil gerade darin besteht, Präferenzen zu schaffen oder die Markttransparenz herabzusetzen, also die Bedingungen des vollkommenen Wettbewerbs aufzuheben. Diese Einschränkungen führen teilweise zu unerwünschten Abweichungen von den bisherigen Ergebnissen. Sie setzen jedoch den Marktpreismechanismus als grundlegenden Lenkungs- und Koordinationsmechanismus in der Bundesrepublik Deutschland nicht außer Kraft. Allerdings zeigen sie die Notwendigkeit für wirtschaftspolitische Eingriffe des Staates auf, z. B. für eine aktive Wettbewerbspolitik zur Sicherung der gewünschten Funktionsweise der Märkte.

(6) Was für den Wettbewerb gilt, gilt gleichermaßen für andere Bereiche der Marktwirtschaft. Die Erfahrung zeigt, daß der Marktmechanismus in der Wirklichkeit zu einer Reihe unerwünschter Ergebnisse führt, die wirtschaftspolitische Eingriffe des Staates erfordern.[12] So kommt es bei der Abstimmung von Angebot und Nachfrage nicht immer zu den abgeleiteten Gleichgewichten. Gerade die zu beobachtenden Ungleichgewichte zwischen Angebot und Nachfrage mit ihren Folgen wie Inflation, Arbeitslosigkeit

oder nicht ausgelasteten Kapazitäten haben dazu beigetragen, daß Zweifel an der Leistungsfähigkeit der „reinen" marktwirtschaftlichen Koordination entstanden sind. Sie begründen die Notwendigkeit, stabilitätspolitische Maßnahmen zu ergreifen, um die unerwünschten negativen Folgen zu begrenzen und möglichst schnell zu überwinden. (Vgl. hierzu fünfter Teil.)

Eingriffe in den Markt sind auch dort zu finden, wo aus wirtschafts- und sozialpolitischen Erwägungen heraus verhindert werden soll, daß Unternehmen aufgrund des Ausleseprozesses im Wettbewerb vom Markt verdrängt werden oder wo der Markt nicht genügend Anreize für unternehmerische Aktivität bereithält. In solchen „Ausnahmebereichen" versucht der Staat, mit Hilfe von Subventionen an die Unternehmen Angebot und Nachfrage zu steuern. 1982 sollen z.B. in Form von Finanzhilfen vom Bund und in Form von Steuervergünstigungen für Subventionszwecke gut 19 Mrd. DM[13] aufgebracht werden. Solche Subventionen sollen die Ergebnisse, die der marktwirtschaftliche Sanktionsmechanismus hervorbringt, korrigieren. Sie sind vor allem dann ein Steuerungsmittel in der Hand der Wirtschaftspolitiker, wenn es darum geht, die soziale Seite der Marktwirtschaft zu verwirklichen.

Um diese soziale Komponente geht es vor allem auch bei den einkommenspolitischen Eingriffen des Staates. Der Marktpreismechanismus als alleiniger Regulator der Einkommensverteilung führt zu Ergebnissen, die verteilungspolitisch nicht erwünscht sind, weil sie nicht den mehrheitlichen Vorstellungen von sozialer Gerechtigkeit entsprechen. Die Verteilung über den Markt wird deshalb auch durch eine Umverteilung über die Sozialpolitik im weitesten Sinne ergänzt. Besonders in diesem „Netz der sozialen Sicherung" wird der Übergang von der „freien" zur „sozialen" Marktwirtschaft gesehen. (Vgl. hierzu erster und sechster Teil.)

Schließlich gilt es, den Marktmechanismus zu ergänzen, wenn es um die Versorgung mit öffentlichen Gütern geht. Denn während er zu einer bestmöglichen Befriedigung privater Nachfrage führen kann, gelingt ihm das nicht im Falle öffentlicher Güter. Auch hier wird der Marktmechanismus deshalb durch wirtschaftspolitische Maßnahmen ergänzt. (Vgl. hierzu vierter Teil.) Wie sich zeigen wird, sind die hier für die marktwirtschaftliche Koordination in der Bundesrepublik Deutschland aufgedeckten Probleme auch bei der zentralen Planung des Wirtschaftsprozesses in der DDR aktuell. Diese zentrale Planung gilt es jetzt zu beschreiben.

3. Koordination durch zentrale Planung und Bilanzierung in der DDR

a) Die „planmäßige proportionale Entwicklung" der Volkswirtschaft

In der DDR wird der Wirtschaftsprozeß zentral geplant, bilanziert und koordiniert. Theoretischer Hintergrund für die zentrale Planung ist die Auffassung, eine Abstimmung von Angebot und Nachfrage über Märkte und Preise, verbunden mit Privateigentum an den Produktionsmitteln wie in der Bundesrepublik Deutschland, führe nicht zu einer gesamtwirtschaftlich sinnvollen Koordination, sondern zu Anarchie der gesellschaftlichen Produktion. Mit der Vergesellschaftung der Produktionsmittel im Sozialismus habe deshalb „an die Stelle der gesellschaftlichen Produktionsanarchie eine gesellschaftlich-planmäßige Produktion nach den Bedürfnissen der Gesamtheit wie jedes einzelnen ..." zu treten.[14] Die „planmäßige bewußte Organisation", von der Engels spricht, wird zu einer ökonomischen Gesetzmäßigkeit des Sozialismus erhoben und schlägt sich im „Gesetz der planmäßigen proportionalen Entwicklung der Volkswirtschaft" nieder, das mit Hilfe der zentralen Planung zu verwirklichen ist.

Mit planmäßiger proportionaler Entwicklung ist die Abstimmung der verschiedenen Zweige und Bereiche der Volkswirtschaft hinsichtlich ihrer Größenverhältnisse und ihres Entwicklungstempos entsprechend den zentral festgelegten Zielen gemeint.[15] Das sind z. B. die Proportionen zwischen Konsumgüter- und Investitionsgüterproduktion, Proportionen zwischen den verschiedenen Zweigen der Volkswirtschaft wie z.B. Industrie und Landwirtschaft, Proportionen zwischen Exporten und Importen und Proportionen zwischen Kauffonds und Warenfonds.[16]

Eine solche Abstimmung erfordert zweierlei: erstens – als formelle Voraussetzung – eine methodisch organisatorische Regelung der Planung, die genau festlegt, wer in welchem Umfang wann an der Planung beteiligt ist; zweitens – als materielle Voraussetzung – eine ökonomische Bewertung der möglichen Produktionsvarianten, die wiederum nur auf der Basis von Informationen über die gesamtwirtschaftlichen Knappheitsgrade der Güter möglich ist. Die formellen Voraussetzungen ergeben sich aus der realisierten Leitungsstruktur und aus der jeweils gültigen Planungsordnung. Um die materiellen Voraussetzungen zu schaffen, bedarf es einer volkswirtschaftlichen Bilanzierung, da die notwendigen Informationen über die Knappheitsgrade nicht über ein Marktpreissystem vermittelt werden können.

b) Ablauf und Inhalt der Planung

(1) *Planperioden:* Was die Länge der Planperiode betrifft, so ist ein weit vorausgreifender Planungshorizont für eine kontinuierliche proportionale Entwicklung zwar erwünscht; je weiter er jedoch vorausgreift, um so größer sind die Risiken der Planung. Man kommt daher nicht ohne eine relativ kurzfristige Planung aus, wenn die Plandaten und damit auch die Planungsergebnisse nicht allzu stark von den aktuellen Gegebenheiten abweichen sollen. Von den verschiedenen Planungsgegenständen her gesehen, sind ganz unterschiedliche Planperioden möglich. Da gilt es z.B. die Zeitspannen zu berücksichtigen, in denen neue Produktionstechniken entwickelt, neue Energiequellen erschlossen oder alte Rohstoffquellen ausgebeutet sein werden; ebenso müssen die verschiedene Nutzungsdauer von Investitionsgütern, die Produktionsdauer oder auch die Verbrauchszeiten einzelner Güter bedacht werden.[17] Für welchen Planungszeitraum sich die Planungsbehörde schließlich entscheidet, ist grundsätzlich offen. Um Bedarf und Aufkommen aller Güter, Arbeitskräfte usw. sinnvoll aufeinander

beziehen und bilanzieren zu können, muß sie sich jedoch auf jeweils *einheitliche* Planperioden festlegen. Für alle Pläne gilt also jeweils eine Einheitsperiode.

Vor diesem Hintergrund sind die verschiedenen Planungszeiträume in der DDR zu sehen. Die Volkswirtschaftsplanung umfaßt:[18]

1. die langfristige Planung; sie soll einen Zeitraum von mindestens 15 Jahren umfassen,
2. die mittelfristige Planung, das sind die Fünfjahrespläne, und
3. die Jahresplanung als kurzfristige Planung.

Mit dem wechselseitigen Ineinandergreifen dieser Planperioden sollen die nötige Kontinuität und eine hohe Leistungsfähigkeit erreicht werden.

Die langfristige Planung wird vor allem als konzeptionelle Vorbereitung der mittel- und kurzfristigen Planung verstanden. An ihr sind neben der Staatlichen Plankommission, den Ministerien und anderen zentralen Staatsorganen auch die Kombinate beteiligt, die für ihren Verantwortungsbereich – entsprechend den von der Partei- und Staatsführung getroffenen Grundsatzentscheidungen über die volkswirtschaftliche Entwicklung – ebenfalls langfristige Entwicklungskonzeption und Planprojekte eigenverantwortlich erarbeiten müssen. Auf diese Weise soll das Wissen der Generaldirektoren der Kombinate über das Leistungsvermögen ihrer Betriebe für die Planung der langfristigen Entwicklung des jeweiligen Industriebereiches genutzt werden.[19]

Auf der Grundlage der langfristigen Planung sowie der Direktive der SED, der Beschlüsse des Ministerrats und des Programms zur ökonomischen Integration der Mitgliedstaaten des RGW sind die Fünfjahrespläne auszuarbeiten. Die als Gesetz verabschiedeten Pläne umfassen verbindliche Planauflagen u. a. für folgende Bereiche:

1. die grundlegenden Leistungs- und Effektivitätsaufgaben;
2. die Entwicklung des materiellen und kulturellen Lebensniveaus der Bevölkerung;

3. die außenwirtschaftliche Integration innerhalb des RGW;
4. die sozialpolitischen und kulturellen Aufgaben;
5. die Aufgaben des Staatsplans „Sozialistische Rationalisierung";
6. das materielle Volumen der Zweige und Bereiche;
7. die Grundlinie für die Entwicklung der Industriepreise.

Die Fünfjahrespläne sind – nach Jahren untergliedert – auf allen Ebenen auszuarbeiten: von den zentralen Staatsorganen, den örtlichen Organen (Bezirke und Kreise) sowie von den Kombinaten und Betrieben.

Ausgehend von den Zielen im Fünfjahresplan und den Ergebnissen der Planerfüllung des vorhergehenden Jahres werden im Jahresvolkswirtschaftsplan Produktion und Verteilung für Zweige, Betriebe und private Haushalte verbindlich festgelegt. Die Jahrespläne können als die ausschlaggebenden direkten Lenkungsinstrumente angesehen werden. An ihrer Ausarbeitung sind sowohl die zentralen Leitungsorgane als auch die Kombinate, Betriebe und örtlichen Organe beteiligt. Dabei kommt es zu vertikalen und horizontalen Planungsbeziehungen. Die vertikalen Verbindungen laufen von der Staatlichen Plankommission über die Ministerien und Kombinate bzw. Bezirkswirtschaftsräte bis zu den Betrieben und zurück; horizontale Verknüpfungen gibt es sowohl zwischen den leitenden Organen wie auch zwischen den Betrieben untereinander. Insgesamt entsteht bei der Planung ein äußerst dichtes Netz von Planungsbeziehungen, wie auch der Ablauf der Jahresplanung im einzelnen erkennen läßt.

(2) *Ablauf der Planung:* Die Planung beginnt mit der *Zielformulierung*. Gemäß dem allgemeinen Prinzip der Einheit von Politik und Ökonomie und dem Primat der Politik liegt die letzte Entscheidung über die Rangfolge aller in einer Planperiode zu verwirklichenden ökonomischen und gesellschaftspolitischen Ziele bei der SED-Führung. Denn „die Arbeiterklasse besitzt in der marxistisch-leninistischen Partei das entscheidende politische, ideologische, wissenschaftliche und organisatorische Führungszentrum, das die für die Entwicklung der Gesellschaft erforderli-

chen Zielstellungen ausarbeitet und durch den sozialistischen Staat über den verbindlichen Plan allen Klassen und Schichten bewußt macht". Lenin sprach in diesem Zusammenhang vom „zweiten Programm der Partei".[20] Diesen absoluten Vorrang der Partei bei der Zielformulierung gilt es zu berücksichtigen, wenn gemäß dem ökonomischen Grundgesetz des Sozialismus eine immer bessere Befriedigung der wachsenden materiellen und kulturellen Bedürfnisse der Menschen als Zielsetzung in der Planung herausgestellt wird und insbesondere seit dem VIII. Parteitag der SED von einer neuen Orientierung der Planung auf die Bedürfnisbefriedigung der Bevölkerung gesprochen wird.[21]

Die führende Rolle des Politbüros sowie der Partei- und Wirtschaftsbürokratie bei der Zielformulierung ist im Planungsprozeß an mehreren Stellen zu erkennen. So müssen die mit Hilfe von Prognosen ermittelten Bedürfnisse hinsichtlich ihrer Wichtigkeit bewertet und im Planungs- und Bilanzierungsprozeß entsprechende Präferenzen für ihre Befriedigung festgelegt werden. In diese Bewertung gehen zunächst nur die Nutzen- und damit auch die Zielvorstellungen der Leitungsorgane und nicht die der Konsumenten ein. Darüber hinaus haben Bedürfnisprognosen neben der nüchternen Vorausschau auch eine wichtige ideologische Funktion zu erfüllen. Sie sollen besonders solche Bedürfnisse wecken, die der spezifischen „sozialistischen Lebensweise" – was immer auch darunter zu verstehen ist – entsprechen. Denn „falls es Abweichungen zwischen den augenblicklich bestehenden Bedürfnissen und den Anforderungen der sozialistischen Lebensweise gibt, müssen die Menschen, ihr Bewußtsein, ihre Einstellung zum Leben auf vielfältige Weise beeinflußt werden, um Veränderungen in ihren Wünschen, ihren Bedürfnissen zu erreichen".[22] Das heißt aber nichts anderes, als daß von den politischen Instanzen vorgegeben wird, welche Bedürfnisse befriedigt werden.

Allerdings gibt es für eine solche Bevormundung der Konsumenten Grenzen, denn ganz ohne Rücksicht auf die Wünsche der Bevölkerung kann die politische Führung nicht planen, wenn sie Demonstrationen der Unzufriedenheit vermeiden will. So ist sie z. B. immer wieder zu Plankorrekturen in dem Sinne gezwungen, daß sie die – nach dem „Gesetz des vorrangigen Wachstums der Produktionsmittel" – grundsätzliche Priorität der Investitionen zugunsten eines beschleunigten Wachstums der Konsumgüterproduktion zeitweilig zurückstellen muß, wenn Versorgungsengpässe auftreten, weil die Investitionen nicht die gewünschten Produktivitätsfortschritte gebracht haben (vgl. hierzu fünfter Teil dieses Bandes).[23]

Einen unmittelbaren lenkenden Einfluß der Konsumentenpräferenzen auf die Produktion gibt es nicht. Das liegt an dem eingebauten Anreiz- und Kontrollsystem, das die Interessen der Kombinate und ihrer Betriebe nicht in erster Linie auf die Befriedigung der Nachfragerwünsche ausrichtet, sondern auf die Erfüllung der zentral vorgegebenen Planauflagen, wie die spätere Analyse noch zeigen wird. Diese Einschätzung spiegelt sich auch in der allgemeinen Forderung nach einer stärkeren Stellung der Verbraucher gegenüber den Produzenten wider, ohne daß daraus jedoch die notwendigen wirtschaftspolitischen Konsequenzen gezogen werden. Deshalb ist auch die Auffassung von der sozialistischen Warenproduktion, nach der sich Angebot und Nachfrage auf dem sozialistischen Markt gegenüberstehen und abgestimmt werden sollen, nicht mit marktwirtschaftlicher Koordination zu vergleichen; alle Vorstellungen, die von gleichgelagerten Koordinationsproblemen in beiden Systemen ausgehen, werden in der DDR deshalb auch abgelehnt.[24]

In die zentrale Zielformulierung für den Jahresplan fließen schließlich die Ergebnisse der früheren und der laufenden Planperioden als Orientierungswerte ebenso ein wie die im langfristigen Plan enthaltenen Entwicklungsziele, die aus Verträgen mit östlichen und westlichen Handelspartnern sich ergebenden Export- und Importziele sowie die sich auf den Weltmärkten abzeichnenden Trends.

Die Zielformulierung ist dann Grundlage für die weiteren drei Phasen bei der Planausarbeitung. Verantwortlich für diesen Planungsablauf ist der Ministerrat. Er leitet die Vorbereitung und Ausarbeitung des Volkswirtschaftsplans gemäß der Direktiven der Partei und kontrolliert auch schließlich seine Durchführung, nachdem er von der Volkskammer beschlossen worden ist. Als sein ausführendes Organ plant, bilanziert und koordiniert die Staatliche Plankommission zentral die lang-, mittel- und kurzfristigen Pläne.

Mit dem Ende der siebziger Jahre im Rahmen der Kombinatsbildung vollzogenen Übergang zu einem zweistufigen Leitungssystem ist den Kombinatsleitern bei der Planung und Planrealisierung eine zentrale Stellung eingeräumt worden:[25] An der Nahtstelle zwischen den zentralen Leitungsorganen und den Kombinaten als eigenständigen Unternehmenseinheiten sollen sie einerseits als staatliche Leiter im Auftrage ihrer jeweils übergeordneten Minister nach wie vor die Beschlüsse von Partei und Regierung durchsetzen; andererseits sollen sie aber auch als sozialistische Manager die Kombinate in höherem Maße eigenverantwortlich führen. Die Planungsordnung für 1981–85 hat sie deshalb mit einer Reihe von Kompetenzen ausgestattet, die zuvor entweder bei den Ministerien oder den Betrieben lagen. Die Betriebsleiter sind damit de facto vieler ihrer Entscheidungskompetenzen im Rahmen der Planung beraubt worden.

Folgende drei Phasen der konkreten Formulierung des Jahresvolkswirtschaftsplans lassen sich schließlich unterscheiden:[26]

1. Die Ministerien übergeben den ihnen unterstellten Kombinaten sogenannte *staatliche Planaufgaben*. Diese Planaufgaben sind aus zentralen Planprojekten abgeleitet, die als erste grobe Vorbilanzierung durch die Staatliche Plankommission aufeinander abgestimmt und durch den Ministerrat beschlossen wurden.

Von den Kombinatsleitungen werden die Planaufgaben für die Kombinatsbetriebe weiter aufgeschlüsselt. Sie sind als verbindliche staatliche Mindestanforderungen zu verstehen, die von den Kombinatsleitungen heraufgesetzt und auch durch eigenverantwortlich festgelegte zusätzliche Aufgaben ergänzt werden können.

2. Auf der Basis der ihnen übergebenen Planaufgaben sowie der schon feststehenden Auflagen des laufenden Fünfjahrplans arbeiten die Betriebe ihre Planentwürfe unter Anleitung der Kombinatsleitung aus. Die Betriebsleiter haben zusammen mit den Betriebsgewerkschaftsleitungen eine umfassende Plandiskussion mit

allen Beschäftigten zu organisieren und die Aufgaben zu erläutern.[27] In der Plandiskussion soll die Initiative der Beschäftigten so gelenkt werden, daß alle Reserven zur Erreichung und auch zur Überbietung der staatlichen Aufgaben mobilisiert werden. Die hier gemachten Vorschläge und die zusätzlichen Verpflichtungen der Beschäftigten zur Überbietung sind dann zu bilanzieren und in den Planentwurf des Betriebes einzubeziehen.

Für die Überbietung werden höhere Prämien garantiert und damit zusätzliche Leistungsanreize geschaffen (vgl. S. 173). Ein eigenständiges Abweichen von den staatlichen Aufgaben ist also nur als Überbietung möglich. Die Eigenständigkeit der Betriebe ist deshalb als Korrekturfaktor in der Planung zu sehen, mit dessen Hilfe die übergeordneten Planungsorgane die Leistungsmöglichkeiten der Betriebe besser erkennen und für die Produktion nutzbar machen wollen. Allerdings sind auch diese Informationen der Betriebe interessengefärbt und müssen noch nicht die wahren Reserven aufdecken.

Die Ergebnisse der Plandiskussion sind zugleich Grundlage für den Betriebskollektivvertrag. Er wird zwischen dem Direktor und der Betriebsgewerkschaftsleitung abgeschlossen und enthält u.a. Maßnahmen, wie im Rahmen des sozialistischen Wettbewerbs der Plan verwirklicht werden soll.[28]

Parallel zur Ausarbeitung des Planentwurfs müssen die Betriebe mit ihren Lieferanten und Abnehmern Verträge über Lieferungen und Leistungen abschließen.[29] Auf diesem Wege ergibt sich ein Vertragssystem, mit dem die Teilpläne auf der Betriebsebene koordiniert und eventuelle Engpässe rechtzeitig erkannt werden sollen. Darin einen „Marktersatz" zu sehen, wäre allerdings verfehlt, denn in den Verträgen spiegeln sich nicht die Wünsche der Vertragspartner, sondern die zwischen den Betrieben abgestimmten staatlichen Planaufgaben.[30]

Ist der Planentwurf fertig, beginnt die *Planverteidigung* vor dem Generaldirektor des Kombinats. Dieser entscheidet, inwieweit der Planentwurf und die in ihm enthaltenen betrieblichen Vorschläge mit den übergebenen staatlichen Aufgaben übereinstimmen, und ob er als Grundlage für die weitere Arbeit anerkannt werden kann.

Mit den Planentwürfen sind außerdem noch sogenannte komplexe ökonomische Planinformationen zu übergeben. Die Kombinatsleitungen koordinieren die Planentwürfe der ihnen unterstellten Betriebe, formulieren darauf aufbauend jeweils ihren Kombinats-Planentwurf und verteidigen diesen wiederum vor dem übergeordneten Minister. Über die Ministerien gelangen die zum Planentwurf des Ministeriums aggregierten Pläne wieder zur Staatlichen Plankommission, die die Einzelpläne der Ministerien zum Volkswirtschaftsplan zusammenfaßt und endgültig aufeinander abstimmt. Ihren Entwurf hat sie dann dem Ministerrat vorzulegen. Nachdem der Entwurf auch mit dem FDGB abgestimmt und von der Partei bestätigt worden ist, wird er der Volkskammer zur formellen Beschlußfassung vorgelegt.

3. Die Verabschiedung durch die Volkskammer macht den Volkswirtschaftsplan zum Gesetz. In ihm sind sowohl Steigerungsraten wie z.B. für das Nationaleinkommen, die Warenproduktion, die Arbeitsproduktivität und Geldeinnahmen der Bevölkerung enthalten als auch Mengeneinheiten (ME) wie z.B. Tonnenangaben für Kohle, m^2 für Fußbodenbelag oder Stückzahlen für Eier und Gasherde.

Vier Abschnitte aus dem Volkswirtschaftsplan 1982 sollen zeigen, um welche Art von Zielen es sich z.B. handelt:[31]

„Zur Entwicklung der Volkswirtschaft im Jahre 1982 sind folgende Wachstumsraten zu verwirklichen:

	$\dfrac{1982}{1981}$ %
Produziertes Nationaleinkommen	104,8
Industrielle Warenproduktion der Industrieministerien	105,1
Industrielle Warenproduktion der Volkswirtschaft	104,6
Arbeitsproduktivität im Bereich der Industrieministerien	104,5
Grundmaterialkosten je 100 M Warenproduktion im Bereich der Industrieministerien	96,9
Bauproduktion der Volkswirtschaft	102,5
Errichtung von Wohnungen durch Neubau und Modernisierung	102,9

Produktion und Leistungen der Land-, Forst- und Nahrungsgüterwirtschaft	100,2
Leistung des Transport- und Nachrichtenwesens	101,8
Einzelhandelsumsatz	104,0
Nettogeldeinnahmen der Bevölkerung	104,0
Außenhandelsumsatz	115,0

Für die Produktion volkswirtschaftlich wichtiger Erzeugnisse werden folgende Ziele festgelegt:

	ME	1982
Elektroenergie	GWh	103 400
Rohbraunkohle	1000 t	271 900
Braunkohlenbriketts	1000 t	50 020
Erzeugnisse der metallurgischen Weiterverarbeitung	1000 t	3 114
Stahlrohre	1000 t	585
Kalidüngemittel	1000 t K_2O	3 450
Synthetische Seiden	t	66 892
Synthetische Fasern	t	81 907
Spanabhebende Werkzeugmaschinen	Mio M	2 593
Kaltumformende Werkzeugmaschinen	Mio M	788
Plast- und Elastverarbeitungsmaschinen	Mio M	497
Maschinen und Ausrüstungen für die Textil-, Bekleidungs- und Lederindustrie	Mio M	792
Armaturen	Mio M	1 522
Wälzlager	Mio M	647
Niederspannungsschaltgeräte	Mio M	1 012
Geräte und Einrichtungen für die Überwachung, Regelung und Steuerung	Mio M	1 633
Textiler Fußbodenbelag	1000 m²	34 294
Obertrikotagen	1000 Stück	48 994
Strumpfwaren	Mio Paar	358
Möbel und Polsterwaren	Mio M	5 955
Waschmaschinen für den Haushalt	1000 Stück	493
Haushaltkälteschränke	1000 Stück	690
darunter Haushaltgefrierschränke	1000 Stück	234
Gasherde	1000 Stück	207

Im Bauwesen ist folgende Leistungssteigerung zu erreichen:

	$\dfrac{1982}{1981}$ %
Bauproduktion des Ministeriums für Bauwesen	102,2
Industrielle Warenproduktion des Ministeriums für Bauwesen	100,2

Für die Land-, Forst- und Nahrungsgüterwirtschaft wird folgendes staatliches Aufkommen bei wichtigen landwirtschaftlichen Produkten festgelegt:

	ME	1982
Schlachtvieh	1000 t	2430
Milch (4% Fettgehalt)	1000 t	6850
Hühnereier	Mio Stück	4700
Gemüse insgesamt	1000 t	1350
Obst	1000 t	535

Durch die Forstwirtschaft sind im Jahre 1982 9,6 Mio Festmeter Rohholz bereitzustellen."

Mit dem Gesetz über den Jahresvolkswirtschaftsplan wird die dritte Phase der Planausarbeitung eingeleitet. Jetzt werden die endgültigen *staatlichen Planauflagen* festgelegt. Die Ministerien schlüsseln ihre Planauflagen auf die unterstellten Kombinate auf, deren Generaldirektoren übergeben die aufgeschlüsselten Planauflagen und weitere selbst festgelegte Auflagen an ihre Betriebe. Die Planauflagen legen rechtsverbindlich fest, was die Betriebe im kommenden Jahr zu leisten haben.

Auf der Grundlage der Planauflagen formulieren dann die Betriebe und Kombinate ihre endgültigen Jahrespläne, nach denen sie im folgenden Jahr arbeiten. Da das Gesetz über den Jahresvolkswirtschaftsplan erst im Dezember verabschiedet wird, ist auch die Planausarbeitung erst am Jahresende abgeschlossen. Sie zieht sich somit fast über das ganze Jahr hin (vgl. die folgende schematische Darstellung). Deshalb können die Daten, von denen man bei der Planung ausgeht, zu Beginn der Planrealisierung schon veraltet sein. Da Plankorrekturen jedoch aufgrund des komplexen Planungszusammenhangs viel Zeit erfordern, kommen notwendig werdende Anpassungen häufig zu spät oder bleiben wegen des damit verbundenen hohen Planungsaufwands ganz aus.

(3) *Kennziffernsystem:* Die Planauflagen werden den Betrieben in Form von Plankennziffern vorgegeben, ausgedrückt in Mengen-, Wert- und Zeiteinheiten oder in relativen Größen wie Steigerungsraten. Zu diesen Kennziffern gehören u.a.:[32]

– Produktions- und Leistungskennziffern im Natural- oder Preisausdruck wie z.B. Kt Walzstahlerzeugnisse, Stück Fernsehempfänger oder Mill. M spanabhebende Werkzeuge, Nettoproduktion, industrielle Warenproduktion, Grundmaterialkosten je 100 M Warenproduktion;

– Kennziffern der Finanzen und der materiellen Stimulierung wie z.B. Nettogewinn, Nettogewinnabführung, Selbstkostensenkung und Prämienfonds;

– Kennziffern für Arbeitskräfte und Lohn wie z.B. Anzahl der Arbeiter und Angestellten, freizusetzender Arbeitskräfte und Lohnfonds;

– Kennziffern zur Entwicklung des Lebensniveaus wie z.B. Realeinkommen, pro-Kopf-Verbrauch von ausgewählten Konsumgütern;

– Kennziffern der Materialökonomie wie z.B. technisch-ökonomische Normative des Rohstoffverbrauchs;

– Kennziffern für Grundfonds und Investitionen wie z.B. materielles Volumen für Investitionen für Bau und Ausrüstungen;

– Kennziffern für den Außenhandel wie z.B. Export in M oder Exportrentabilität;

– Kennziffern für die sozialistische Rationalisierung wie z.B. Schichtauslastungskoeffizienten für Grundfonds.

Die gegenwärtige Planungsordnung für 1981–1985 sieht für die zentralgeleitete Industrie insgesamt über 60 Staatliche Plankennziffern vor, die zum Teil noch weiter untergliedert sind und in speziellen Bereichen, z.B. für die Effektivitätsberechnung, noch

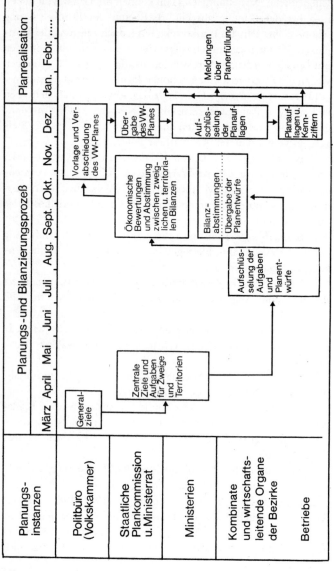

Schematische Darstellung des Planungsablaufs[33]

durch weitere Kennziffern ergänzt werden. Betriebe, die in reduziertem Umfang planen, bekommen weniger Plankennziffern vorgegeben. Die Analyse der Planerfüllung wird zeigen, daß selbst mit diesem umfangreichen Kennziffernsystem die betrieblichen Interessen noch nicht hinreichend auf ein gesamtwirtschaftlich erwünschtes Verhalten gelenkt werden.

Hinter dem umfangreichen, rein organisatorischen formalen Planungsaufwand steckt die ökonomische Seite der Planung im engeren Sinne: die Bilanzierung. Sie ist der Kern der materiellen Planung und bestimmt die ökonomische Qualität eines Planungssystems.

c) Die Bilanzierung als Koordinationsmechanismus

Was bei dezentraler Planung der Wirtschaftsprozesse der Marktmechanismus zu leisten hat – die Abstimmung der Einzelpläne zu einem gesamtwirtschaftlichen Plansystem – muß bei zentraler Planung mit Hilfe des Bilanzmechanismus erreicht werden. Bei der Ausarbeitung und Koordination der Bilanzen wird über Allokation und Distribution der volkswirtschaftlichen Ressourcen entschieden. Wegen dieser zentralen Bedeutung für die funktionalen Zusammenhänge des Wirtschaftssystems – die im Westen oft bei der Forderung nach gesamtwirtschaftlicher Planung nicht erkannt werden – wird der Bilanzmechanismus im folgenden relativ ausführlich dargestellt. Dabei geht es weniger um die Vermittlung quantitativer Vorstellungen als vielmehr um die Entfaltung eines gesamtwirtschaftlichen Bilanzsystems.[34]

Die Bilanzierung ist Grundlage der Planentscheidungen; denn mit ihrer Hilfe wird der notwendige gesamtwirtschaftliche Rechnungszusammenhang hergestellt. Anhand der Bilanzsalden wird für die Planer erkennbar, wo z. B. bei den gesteckten Produktionszielen Engpässe auftreten werden, wie sich diese auf die Produktion anderer Güter auswirken oder wo Disproportionen entstehen können. Sie ermöglicht Variantenvergleiche, die für eine optimale Abstimmung des Produktionsprozesses unerläßlich sind. Folgerichtig spricht man auch in der DDR von der Bilanzierung als Hauptmethode der Planung.

(1) Die *Bilanzmethode:* Bei der Bilanzierung handelt es sich um einen äußerst vielfältig verflochtenen Zusammenhang. Bilanzieren heißt, Aufkommen und Bedarf der einzelnen Güterarten in Bilanzen gegenüberzustellen. Erzeugnisbilanzen, wie sie in der DDR für Materialien, Ausrüstungen und Konsumgüter (sog. MAK-Bilanzen) ausgearbeitet werden, haben folgenden Aufbau:[35]

Aufkommen	*Verwendung*

Vorräte am 1.1. eines Jahres
+ Gesamterzeugung
+ Import
+ Wirtschaftsreserven
   am 1.1. eines Jahres
	Lieferungen an den Inlandsverbrauch
	darunter:
	   Produktionsverbrauch
	   Investitionsverbrauch
	   Bevölkerungsverbrauch
	   Produktionsmittelhandel
	+ Export
	+ Bilanzreserven
	+ Wirtschaftsreserven am
	   31.12. eines Jahres
	+ Vorräte am 31.12. eines Jahres

Aufkommen gesamt	*Verwendung gesamt*

Sind die Ziele für das nächste Jahr (Jahresplanung) vorläufig abgesteckt, dann haben die zentralen Planträger den sich daraus ergebenden Bedarf an Finalgütern (d.h. an Endverbrauchsgütern oder Gütern erster Ordnung) zu bestimmen. In den Bedarfsbilanzen für diese Finalgüter werden die für den privaten und staatlichen Inlandskonsum und für den Export benötigten Mengen den Anfangsbeständen und den geplanten Importen gegenübergestellt. In fast allen Fällen wird der Bedarf größer sein als das Aufkommen. Die Fehlmenge zeigt den vorläufigen Knappheitsgrad des betreffenden Gutes an und ist identisch mit dem Produktionssoll.

Bedarfsbilanz Gut x

Aufkommen	Verwendung
Anfangsbestand Produktionssoll Import	Bedarf für staatlichen Konsum privaten Konsum Export

Ist das Produktionssoll unrealistisch, muß schon an dieser Stelle der Bedarf eingeschränkt werden.

Im nächsten Schritt müssen die Güter erster Ordnung in den daraus sich ergebenden Bedarf an Gütern zweiter Ordnung umgerechnet werden. Die für die Produktion des Finalgutes zuständige Abteilung muß eine Produktionsbilanz aufstellen, in die das Produktionssoll für Gut x auf der Ertragsseite eingesetzt wird und auf der Aufwandseite – als Güter zweiter Ordnung – die dafür nötigen Produktionsfaktoren. Für die Umrechnung in Produktionsfaktoren werden technische Koeffizienten benötigt. Sie geben an, wieviel Arbeitskräfte, Material, Energie und Kapitaleinsatz für die Produktion des Gutes x erforderlich sind. Die technischen Koeffizienten beruhen auf branchenspezifischen Erfahrungswerten, wobei eventuelle technische Fortschritte zu berücksichtigen sind. Zu diesen Koeffizienten gehören vor allem Materialverbrauchs- und Arbeitsaufwandsnormen sowie Investitionskoeffizienten, die den nachgeordneten Planträgern von der Zentrale als Kennziffern für die Bilanzierung vorgegeben werden. Notgedrungen müssen dabei Durchschnittswerte verwandt werden, so daß die tatsächliche

Produktionsbilanz Gut x

Aufwand	Ertrag
Produktionsfaktor A B C	Produktionssoll

Leistungsfähigkeit der Betriebe gar nicht berücksichtigt werden kann. Für die relativ produktiv arbeitenden Betriebe entsteht deshalb auch kein zusätzlicher Leistungsdruck.

Für jeden Produktionsfaktor ist nun wiederum eine Bedarfsbilanz aufzustellen, wie z.B. Materialbilanzen, Energiebilanzen, Arbeitskräfte- und Kapazitätsbilanzen. Von den zuständigen Planungsabteilungen werden die Anforderungen an Material, Arbeitskräften usw. gesammelt, aufaddiert und den jeweiligen Anfangsbeständen gegenübergestellt. Nachdem so das Produktionssoll für jedes Gut zweiter Ordnung ermittelt worden ist, muß in den entsprechenden Produktionsbilanzen mit Hilfe technischer Koeffizienten wieder die notwendige Menge an Produktionsfaktoren berechnet werden. Das sind dann Güter dritter Ordnung, für die anschließend auch Bedarfs- und Produktionsbilanzen aufzustellen sind.

Diese Bilanzierung setzt sich bis zu den Gütern letzter Ordnung fort. Hierunter fallen die Güter, die in der betreffenden Planperiode aus technischen und ökonomischen Gründen nicht oder nicht ausreichend, d.h. weder durch zusätzliche Produktion noch durch Importe, vermehrt werden können; dies sind in der Regel Rohstoffe oder sog. Engpaßgüter. Die in den Bilanzen dieser Güter errechneten Fehlmengen können nicht mehr auf Güter höherer Ordnung überwälzt werden; sie sind als gesamtwirtschaftliche Knappheitsgrade anzusehen. Auf ihrer Grundlage sind im weiteren Abstimmungsprozeß die Güter aller anderen vorgelagerten Stufen zu bewerten.

Der Bedarf an Engpaßgütern muß nun deren Aufkommen angepaßt werden, und entsprechend ist die Produktion von Gütern, zu deren Herstellung Engpaßprodukte erforderlich sind, einzuschränken. Die Einschränkungen sind Stufe für Stufe von den Gütern letzter Ordnung bis zu den Gütern erster Ordnung zurückzuwälzen. Eine Veränderung der Größen in einer Bilanz löst notwendigerweise Veränderungen in anderen Bilanzen aus. Auf diesem Wege werden die Knappheitsgrade schließlich in den Bilanzen der Güter erster Ordnung sichtbar. An Hand der Nutzenwirkungen der Finalgüter in den verschiedenen Verwendungen müssen die zentralen Planträger letztlich entscheiden, welche Güter in welcher Menge mit den knappen Ressourcen produziert werden sollen. Bewertet wird also zentral und nicht nach Konsumentenwünschen.

An dieser Stelle wird deutlich, daß es sich bei einer ersten Bilanzierung nur um eine Annäherung an die gewünschte Lösung handeln kann, die dann Schritt für Schritt durch immer neue Bilanzierungen und Bewertungen an die bestmögliche Lösung für den Planungszeitraum heranzuführen ist. Der in mehrere Phasen unterteilte Planungsablauf trägt diesem schrittweisen Vorgehen Rechnung. Es handelt sich also um einen Abstimmungsprozeß, ähnlich wie in einer Marktwirtschaft, allerdings mit dem Unterschied, daß er dort im laufenden Prozeß tagtäglich, hier im Planungsstadium vor Beginn der Planperiode erfolgt.

Theoretisch wäre das Bilanzsystem dann im Gleichgewicht, wenn keine Einheit eines Gutes auf Kosten einer wichtigeren Verwendung eingesetzt würde. Die Grenznutzen jedes einzelnen Gutes müßten also in allen Verwendungen gleich sein, und die zentralen Planträger keine Möglichkeit mehr sehen, durch eine Änderung der Verwendungsentscheidungen eine Nutzensteigerung zu erreichen.[36]

Streng genommen müßten nun soviel güterwirtschaftliche Bilanzen ausgearbeitet werden, wie es Güterarten gibt, um einen geschlossenen Rechnungszusammenhang herbeiführen zu können. Planungsfachleute in der DDR schätzen die Zahl der zu planenden ökonomischen Beziehungen auf 2 bis 20 Milliarden.[37] Selbst wenn man berücksichtigt, wie vage solch eine Angabe ist, zeigt sie jedoch deutlich, daß eine vollständige Durchplanung in naturalen Größen in der Praxis nicht in Frage kommt. Man ist daher gezwungen, sich auf zentraler Ebene auf die Detailplanung von einigen hundert „Staatsplanpositionen" zu beschränken und darüber hinaus stark aggregierte globale Größen zu bilanzieren, die auf den nachgeordneten Ebenen aufzuschlüsseln sind. Diese „Unvollkommenheiten" führen zu einer unzulänglichen Knappheitsanzeige in den Plansalden und damit zu einer Verfälschung der Basis für eine optimale Allokation der Ressourcen; eine Einschränkung, die in ähnlicher Weise für die Knappheitsanzeige vieler Preise in der Bundesrepublik Deutschland gilt.

(2) *Das Bilanzsystem:* Die praktische Bilanzierung der DDR umfaßt knapp 5000 Bilanzen, in denen die vielfältigen Verflechtungen des Wirtschaftens abgebildet werden.

Wie das Beispiel für die Bilanzierung der Materialien, Ausrüstungen und Konsumgüter (sogen. MAK-Bilanzen) zeigt, ist das Bilanzsystem pyramidenförmig aufgebaut:

– An der Spitze stehen 376 „Staatsplanbilanzen" (1982), ausgearbeitet von der Staatlichen Plankommission. Sie enthalten die entscheidenden volkswirtschaftlichen Größen in Form stark aggregierter und ausgewählter Erzeugnispositionen. Sie betreffen die Entwicklung der einzelnen Bereiche und Zweige, die außenwirtschaftlichen Verpflichtungen, die Versorgung der Bevölkerung und die Verteidigung.

– Weitere 674 zentrale Bilanzen für volkswirtschaftlich wichtige Rohstoffe, Ausrüstungen, Materialien, Konsum- und Exportgüter sowie Sortiments- und Einzelbilanzen zur Präzisierung der Staatsplanbilanzen werden in den Ministerien ausgearbeitet und durch die Staatliche Plankommission bestätigt.

– Auf Kombinatsebene werden schließlich eigenverantwortlich – auf der Grundlage von zentralen Vorgaben – 2400 Sortiments- und Einzelbilanzen ausgearbeitet, die durch die Generaldirektoren der Kombinate selbst bestätigt werden. Weitere 1086 Kombinatsbilanzen, von denen die Rohstoffversorgung, die Versorgung der Bevölkerung und der Im- und Export abhängen oder die auf die Effektivität wichtiger Zweige ausstrahlen, sind jedoch von den übergeordneten Ministerien zu bestätigen.

Bei der Planung für 1982 umfaßte die Bilanzpyramide also 4536 MAK-Bilanzen, an deren Ausarbeitung rd. 5000 Kader beteiligt waren. Gegenüber früheren Jahren wurde der zentrale staatliche Einfluß auf die materielle Bilanzierung entscheidend verstärkt. Mit den 2136 Bilanzen, die durch den Ministerrat, die Staatliche Plankommission und die Fachminister zu bestätigen sind, „wird über 76 Prozent der Produktion zentral entschieden".[38]

Selbst wenn diese Bilanzen nur Teile der Gesamtproduktion

umfassen, ist es aber immer noch nicht möglich, die Einzelerzeugnisse gesondert zu bilanzieren. Deshalb muß mit einem hohen Aggregationsgrad gearbeitet werden. Mit steigendem Aggregationsgrad in den zentralen Globalbilanzen steigt aber die Notwendigkeit, diese globalen Größen durch nachgeordnete Planungsinstanzen aufschlüsseln zu lassen, und gleichzeitig verringern sich die Chancen, den Betrieben detaillierte und stimmige Planauflagen vorzugeben. Da den untergeordneten Planern aber nicht das gesamte Wertsystem der politischen Führung bekannt sein kann und sie außerdem nur Ausschnitte aus dem volkswirtschaftlichen Gefüge kennen, können die einzelnen Bilanzen auch nicht im gesamtwirtschaftlichen Sinne optimal aufeinander abgestimmt werden. Hier setzen sich die Eigeninteressen, die „Ressortinteressen", vielfach gegenüber den Gesamtinteressen durch.[39]

Bei der Planverwirklichung kommt es deshalb zu Disproportionen, die durch vorher eingeplante Toleranzen oder durch Planrevisionen ausgeglichen werden sollen. Korrekturen an Teilplänen wirken sich jedoch auf die Planerfüllung anderer Teilpläne aus, so daß bei Planrevisionen das gesamte Plansystem korrigiert werden müßte, ein äußerst zeitaufwendiges Verfahren, wie die Beschreibung des Planungsablaufs gezeigt hat. Hierin kann ein Grund für die geringere Anpassungsfähigkeit eines Systems zentraler Koordination gegenüber der Marktkoordination gesehen werden, wo solche Anpassungen an veränderte Daten z. B. über Preisveränderungen ausgelöst werden.

Die verhältnismäßig schlechten Anpassungsmöglichkeiten fördern ein außerplanmäßiges, informelles Versorgungssystem, das plötzlich auftretende Engpässe bei der Planrealisierung überwinden helfen kann. Die Betriebe beschaffen sich die notwendigen Materialien oder Maschinen aufgrund informeller Beziehungen; vielfach ist es der Naturaltausch, der das offizielle, planmäßige Versorgungssystem ersetzt und zu einem weitverzweigten Netz von illegalen schwarzen Märkten führt, die als spontane Regulatoren in dem System zentraler Planung angesehen werden können. Über den Umfang dieses Versorgungssystems liegen allerdings keine gesicherten statistischen Daten vor.[40]

(3) *Monetäre Planung und Bilanzierung:* Als „wertmäßiges Spiegelbild" der güterwirtschaftlichen Planung wird ein geldwirtschaftliches Plansystem ausgearbeitet. Es baut auf der Planung in naturalen Größen auf und hat ergänzende Funktionen zu erfüllen. Geld ist einmal als allgemeine Recheneinheit in zunehmendem Maße nötig, um in güterwirtschaftlichen Bilanzen mehrere Güterarten auf einen Nenner bringen und sie zu Globalgrößen zusammenfassen zu können. Monetäre Größen spielen außerdem eine wichtige Rolle bei der Aufschlüsselung der Globalbilanzen durch die untergeordneten Planungsträger und bei der Konkretisierung der Planauflagen in den Betrieben; hierbei entstehen Entscheidungsspielräume, für die Entscheidungsmaßstäbe vorgesehen sein müssen, wenn die zentralen Ziele erreicht werden sollen. Diese Maßstäbe sind die monetären Kennziffern wie Gewinn, Kosten, Abführungen an den Staatshaushalt, Kredite usw. Ihnen werden Stimulierungs- und Kontrollaufgaben übertragen. Die spätere Analyse der Planverwirklichung wird zeigen, inwieweit diese Funktionen der Geldgrößen geeignet sind, die betrieblichen Interessen auf die gesamtwirtschaftlichen Ziele hinzulenken.

Es gibt also auch in einer zentralgeplanten arbeitsteiligen Wirtschaft hinreichend Gründe für eine monetäre Planung neben der güterwirtschaftlichen, und beide werden in der DDR als Einheit gesehen.[41] Um diese Einheit zu gewährleisten, kommt es darauf an, für Proportionalität zwischen Geldgrößen und naturalen Größen zu sorgen. Das soll über die Abstimmung von Kauf- und Warenfonds geschehen. Die Kauffonds enthalten die finanziellen Mittel zum Beispiel für den Kauf von Material, Energie, Investitions- und Konsumgütern; die Warenfonds die entsprechenden Güter und Dienstleistungen. Besondere Bedeutung kommt dabei der Abstimmung des Kauffonds der Bevölkerung für Konsumgüter mit den entsprechenden Warenfonds zu. Entstehen Disproportionen zwischen beiden, sind Kaufkraft- oder Warenüberhänge die Folge. Das eine führt zu Schlangen vor den Geschäften, das andere zu Ladenhütern in den Geschäften. (Vgl. hierzu fünfter Teil.)

Die Geldbilanzen werden als Einnahme- und Ausgabebilanzen

aufgestellt. Die wichtigsten Geldbilanzen der Staatlichen Plankommission, des Ministeriums der Finanzen und der Staatsbank sind:[42]

– die Geldbilanzen der Bereiche und Zweige der Wirtschaft;
– die Geldbilanzen der Zweige des kulturell-sozialen Bereichs;
– die Bilanz des Staatshaushalts;
– die Kreditbilanz;
– die Versicherungsbilanz;
– die Bilanz der Geldeinnahmen und Geldausgaben der Bevölkerung als wichtigstes Instrument der Einkommenspolitik;
– die Finanzbilanz des Staates als umfassende Gegenüberstellung der Einnahmen und Ausgaben des Staates, seiner Organe und der Betriebe.

Welcher Erfolg der geldwirtschaftlichen Planung beschieden ist, hängt von der Aussagefähigkeit der zugrunde liegenden Preise ab. Da das Preissystem nur eine wenig zuverlässige ökonomische Aussagefähigkeit hat (s. S. 180), kann es auch nicht die notwendige Einheit von finanzieller und naturaler Planung geben, und die von den monetären Kennziffern erwarteten Stimulierungs- und Kontrollfunktionen können nicht oder nur mangelhaft erfüllt werden.

(4) *Verflechtungsbilanzen:* Für ergänzende und kontrollierende Modellrechnungen werden neben der beschriebenen „traditionellen" Bilanzierungsmethode sogenannte Verflechtungsbilanzen ausgearbeitet.[43] Sie sind als input-output-Rechnung zu verstehen, mit deren Hilfe die Verflechtungen und Abhängigkeiten zwischen den einzelnen Erzeugnisgruppen bzw. Zweigen der Volkswirtschaft aufgedeckt und ihre proportionale Entwicklung gesichert werden sollen. Verflechtungsmodelle ermöglichen die Berechnung von Varianten, und durch einen Variantenvergleich kann die effektivste Lösung ausgesucht werden. Auf ihrer Basis können Optimierungsrechnungen vorgenommen werden.

Verflechtungsbilanzen haben die Form einer Matrix. In ihr werden die einzelnen Erzeugnisgruppen in einer bestimmten Reihenfolge senkrecht und gleichzeitig waagerecht angeordnet. Es entsteht eine quadratische Tabelle, die einfachste Form einer Ver-

Grundschema einer Verflechtungsbilanz

Aufkommen \ Verwendung	Erzeugnisgruppen bzw. Zweige j				
	1	2	3 ...	n	Σ
Erzeugnisgruppen i 1					
2					
3 ⋮					
n					
Σ					

flechtungsbilanz, die je nach Bedarf ergänzt werden kann. Zeilenweise wird dann in die einzelnen Felder eingetragen, wieviel die einzelnen Erzeugnisgruppen an Vorprodukten an die anderen Gruppen liefern und wieviel an Endprodukten jeweils hergestellt wird.

Seit 1964 verwendet die Staatliche Plankommission solche (allerdings erweiterten) Verflechtungsbilanzen für experimentelle Modellrechnungen. Das Hauptanwendungsfeld liegt in der Ausarbeitungsphase des Planansatzes für die Fünfjahres- und Jahrespläne. So wird im Rahmen der volkswirtschaftlichen Gesamtrechnung bei der Ausarbeitung des Ansatzes zum Fünfjahresplan mit einer aggregierten Bilanz von 13 Erzeugnisgruppen und einer detaillierten Bilanz von 164 Erzeugnisgruppen gearbeitet. Neben der statischen aggregierten Bilanz wird noch eine dynamische Verflechtungsbilanz verwandt. Darüber hinaus wird mit Teilverflechtungsbilanzen gearbeitet. Der Entwicklungsstand und die Anwendung solcher Bilanzen ist in den einzelnen Bereichen noch sehr unterschiedlich; Planungsfachleute weisen darauf hin, wie schwierig es ist, die für eine Verflechtungsbilanz notwendigen Informationen zu beschaffen.[44] So erfordert z.B. eine dynamische Verflechtungsbilanz, in der die Entwicklung für fünf Perioden abgebildet werden soll 117 300 Eingangsinformationen, wobei schon die Vielfalt der Produktion zu nur 50 Erzeugnisgruppen aggregiert werden muß.[45] Erschwert wird das Informationsproblem aber nicht nur durch die große Zahl notwendiger Informationen. Entscheidend für die Qualität der Planung ist die Qualität der Informationen. Diese sind aber meistens, bedingt durch die Interessen der Kombinate und insbesondere der Betriebe, verfälscht.

Es bleibt nun zu untersuchen, wie die hier beschriebene Planung und Bilanzierung in die Wirklichkeit umgesetzt werden: das Problem der Planrealisierung. Seine Lösung hängt von den im System eingebauten Leistungsanreizen und -kontrollen ab.

II. Leistungsanreize und Kontrollen

Kein Koordinationssystem kommt ohne Leistungsanreize und Kontrollen aus. Für beide Wirtschaftsordnungen kommt es deshalb darauf an, das erfolgsorientierte Handeln der Menschen auszunutzen und es durch den Einbau des Leistungsprinzips mit seinen Leistungsanreizen zu aktivieren. Da das am Eigeninteresse ausgerichtete Wirtschaften jedoch auch dazu tendiert, sich zu Lasten Dritter durchzusetzen, ist es genauso erforderlich, diesen Gefahren ordnungspolitisch durch Kontrollen der Leistungen und der Erfolgsinteressen entgegenzuwirken.[46] Im marktwirtschaftlichen System der Bundesrepublik Deutschland soll vor allem der Wettbewerb die Anreiz- und Kontrollaufgaben übernehmen; im System zentraler Planung der DDR sollen die Leistungen über ein Prämiensystem und andere ökonomische Hebel stimuliert und vornehmlich durch Soll-Ist-Vergleiche kontrolliert werden. Die unterschiedlichen Koordinationssysteme erfordern verschiedene Kontrollsysteme: das eine vorwiegend ein System von Kontrollen der Interessen durch die Interessen selbst, das andere ein System staatlicher Kontrollen.

1. Anreize und Kontrollen durch Wettbewerb in der Bundesrepublik Deutschland

a) Grundmuster des Wettbewerbs

Wettbewerb bedeutet Rivalität und heißt generell Wetteifern beim Verwirklichen von Interessen, Ideen und Methoden. Auf das Wirtschaftsleben bezogen, setzt er immer mehrere Marktteilnehmer voraus; aber nicht immer, wenn mehrere oder viele Anbieter und Nachfrager sich am Marktgeschehen beteiligen, kann man auch schon von Wettbewerb sprechen. Für den Wettbewerb ist deshalb nicht allein die Zahl der Marktteilnehmer maßgebend, sondern mehr das Verhalten von Anbietern und Nachfragern am relevanten Markt, wobei Marktzugang, Marktübersicht, Homogenität oder Heterogenität der Produkte oder auch die „Marktphase"[47] eine entscheidende Rolle spielen.

Typisch für den Wettbewerb ist seine Dynamik, die sich in der Praxis als ein Prozeß ständiger Differenzierung und Nivellierung zeigt. Als Grundmuster dieser Wettbewerbsprozesse läßt sich beobachten: Ein Unternehmen verbessert die Qualität seiner Produkte, bietet neue technisch weiterentwickelte Produkte an, sucht nach Marktlücken und dringt in neue Märkte ein, erschließt neue günstige Einkaufsmärkte, steigert seine Serviceleistungen oder läßt seine Kunden an Kostensenkungen in Form von Preissenkungen teilnehmen. Ziel solcher aktiven, mit verbesserten oder neuen Leistungen vorstoßender Unternehmen ist es, gegenüber der Konkurrenz einen Vorsprung zu erringen. Aus dieser Position heraus können zusätzliche Abnehmer oder ganz neue Käuferschichten gewonnen, Marktanteile vergrößert, die Gewinne erhöht und schließlich die Rentabilität des Unternehmens verbessert werden.

Antriebsfaktor dieses Vorgehens ist nach Schumpeter die dynamische Unternehmerpersönlichkeit, die Gewinninteressen oder auch immaterielle Ziele verfolgt. Diese Pionierunternehmer verschaffen sich durch ihre Innovationen Vorsprungsgewinne, die dann die anderen, zunächst passiven Unternehmer zur Nachahmung veranlassen. Sie imitieren spontan, um ebenfalls die vorhandenen Gewinnchancen wahrzunehmen, oder sie sehen sich zur Anpassung gezwungen, sofern sie keine Marktanteile verlieren wollen. Immobile Unternehmer, die nicht reagieren, werden vom Markt verdrängt.

Wenn aber die imitierenden Unternehmer auch verbesserte Leistungen anbieten oder ihrerseits sogar mit noch besseren Angeboten vorstoßen, um die Konkurrenz einzuholen oder zu übertreffen, wird die monopolähnliche Situation, die sich das Pionierunternehmen durch seinen Vorsprung erobert hatte, Schritt für Schritt wieder abgebaut. Genauso verhält es sich mit den zusätzlichen Gewinnen, die der Pionierunternehmer aufgrund seiner besseren Leistungen erwirtschaften konnte. Sie schrumpfen, und sollen weiterhin Gewinne entstehen, sind neue Anstrengungen, neue Vorstöße erforderlich. Der Wettbewerb beseitigt die monopolartigen Gewinne und „sozialisiert" gewissermaßen den wirtschaftlichen Fortschritt.

Die im Wettbewerbsprozeß entstehende Macht pendelt zwischen bahnbrechenden und nachahmenden Unternehmen, zwischen Anbietern und Nachfragern hin und her. Deshalb ist sie begrenzt und zugleich ungefährlich.[48]

Ein so funktionierender Wettbewerb ist als evolutorisches Gleichgewicht zwischen individualisierenden und generalisierenden Wettbewerbsströmen zu verstehen.[49] Er ist als „Prozeß schöpferischer Zerstörung" zu begreifen, in dem überkommene Produkte, Produktionsverfahren und Absatzwege durch neue verdrängt werden, und ist auch als „Suchprozeß und Entdeckungsverfahren" anzusehen, in dem es gilt, neue, unbekannte Märkte zu erobern und neue Produkte anzubieten.[50]

Wettbewerb läßt sich in drei – für jede Wirtschaftsordnung wichtige – Bestandteile aufspalten:

(1) Er enthält *Anreize* zur Leistungsverbesserung.

(2) Er bedeutet *Zwang* zur Anpassung an veränderte Wünsche der Abnehmer und an neue bessere Angebote und Produktionsverfahren der Konkurrenten.

(3) Er enthält *Kontrollen,* und zwar in doppelter Hinsicht: Die Konkurrenten kontrollieren sich untereinander, und Abnehmer

und Anbieter kontrollieren sich gegenseitig. Diese Kontrollen ergeben sich aus den Eigeninteressen der Marktteilnehmer und müssen nicht durch besondere gesetzliche Maßnahmen erzwungen werden. Dennoch sind diese im Rahmen der Wettbewerbspolitik notwendig, um das Wettbewerbsprinzip als grundlegendes Kontrollinstrument der Marktwirtschaft in der Bundesrepublik aufrechtzuerhalten.

Ein solcher Wettbewerb, von dem Anreize, Zwang und Kontrollen ausgehen, kann zugleich zwei wichtige wirtschaftspolitische Forderungen erfüllen:[51] Sicherung wirtschaftlicher Freiheitsspielräume und Gewährleistung positiver Marktergebnisse. Die Freiheitsspielräume sind in erster Linie als Wahlfreiheit zu verstehen, z.B. Wahl zwischen mehreren Lieferanten oder Abnehmern, Wahlmöglichkeiten bei der Einkommensverwendung oder freie Arbeitsplatzwahl. – Als positive Marktergebnisse sind zu nennen:

– Wettbewerb fördert die Durchsetzung des technischen Fortschritts und damit das Wachstum der Volkswirtschaft;

– er gewährleistet durch permanenten Kostendruck eine optimale Kombination der Produktionsfaktoren;

– er sorgt für eine rasche Anpassung an geänderte Daten, z.B. Nachfragerwünsche;

– er sorgt für eine Einkommensverteilung nach Marktleistung und verhindert somit Ausbeutung durch Marktmacht.

Diese Ergebnisse gehen letztlich auf das Gewinnstreben der Unternehmen zurück. Es ist ausschlaggebender Antrieb unternehmerischen Handelns im Wettbewerb, sei es initiatives oder imitierendes Handeln. Der funktionsfähige Wettbewerb sorgt dafür, daß mit den einzelwirtschaftlichen Gewinninteressen zugleich gesamtwirtschaftliche Interessen verwirklicht werden.[52] Die Analyse der Leistungsanreize und Kontrollen in der DDR wird übrigens zeigen, daß der Gewinn dort als ökonomischer Hebel, obwohl in Bezug auf sein Zustandekommen und seine Verteilung ganz anders ausgestattet, analoge Funktionen zu übernehmen hat.

b) Typische Varianten des Wettbewerbs

Ganz bewußt wurde bisher nur vom Grundmuster des Wettbewerbs und den daraus abzuleitenden Ergebnissen gesprochen. Eine Analyse der einzelnen Märkte würde jedoch zeigen, wie vielgestaltig sowohl der Ablauf als auch die Ergebnisse des Wettbewerbs in Wirklichkeit sind. Sie variieren mit den Bedingungen des Marktzutritts, der Markttransparenz, der Homogenität bzw. Heterogenität der Produkte und der Entwicklungsphase, in der sich der Markt gerade befindet.

Dafür einige Beispiele:[53]

(1) Ein Markt mit vielen Anbietern (Marktform des Polypols), unvollkommener Marktübersicht – eine Situation, wie sie für Konsumenten typisch ist – und heterogenen Produkten, d. h. in den Augen der Nachfrager gibt es zwischen den einzelnen Angeboten Unterschiede; es sind also Präferenzen der Nachfrager für einen Anbieter gegeben: Auf einem solchen Markt haben die Anbieter einen begrenzten preispolitischen Spielraum, weil sie bei einer geringfügigen eigenen Preiserhöhung nicht mit einem sofortigen starken Nachfrageausfall rechnen müssen. Es gibt deshalb auch keinen einheitlichen Marktpreis. Der Preisspielraum wird durch die Enge der Substitutionsbeziehungen zu anderen Produkten anderer Unternehmen begrenzt; je enger die Substitutionsbeziehung, desto kleiner der Preisspielraum bei gleicher Markttransparenz. Die zuvor abgeleiteten Kontrollen durch die Wettbewerber untereinander sind in einem solchen Falle abgeschwächt. Der Wettbewerb ist nicht mehr in erster Linie Preiswettbewerb, sondern verlagert sich auf andere Wettbewerbsparameter, wie z. B. Produktqualität oder Service.

(2) Ein polypolistischer Markt mit verhältnismäßig homogenem Gut – die Nachfrager sehen also die am Markt angebotenen Produkte als gleichartig an: Er läßt einen sehr geringen oder gar keinen preispolitischen Spielraum zu. Im Wettbewerb können die Unternehmen nun versuchen, durch Produktdifferenzierung, Produktgestaltung oder Werbung sich Präferenzen bei den Kunden zu verschaffen und damit das homogene zum heterogenen Ange-

bot umzuformen, was wiederum Preisspielräume zuläßt. Dem Vorstoß solch initiativer Unternehmen folgt die Nachahmung der imitierenden Unternehmen, wenn sie nicht vom Markt verdrängt werden wollen.

(3) Ein Oligopolmarkt, der sich in der Expansionsphase befindet: Das neue Produkt ist im Markt eingeführt und hat bei den Nachfragern Anklang gefunden. Da die Anbieter in dieser Marktphase mit einer verhältnismäßig starken Nachfrageausweitung bei Preissenkungen rechnen können (das Produkt wird für mehr Nachfrager erschwinglich, hohe Preiselastizität der Nachfrage), sehen sie in Preissenkungen eine geeignete Absatzstrategie, um ihre Gewinne zu vergrößern. Die Absatzsteigerung läßt zugleich den Übergang zu kostensenkenden Losgrößen in der Produktion zu, so daß auch von der Kostenseite her gute Gewinnchancen vorhanden sind. Auf dem expandierenden Markt kommt es zu einem lebhaften Preiswettbewerb, und – sofern der Marktzutritt nicht durch Patente oder Verweigerung von Lizenzen erschwert ist – werden neue Anbieter auf den Markt drängen, und das Oligopol wird zum Polypol.

(4) Ein Oligopolmarkt mit wenigen großen Anbietern, die verhältnismäßig homogene Produkte anbieten, in der Stagnationsphase bei hoher Markttransparenz: Die wichtigsten Bereiche der Nachfrage sind erschlossen, und es ist kaum möglich, selbst mit Preissenkungen neue Absatzmöglichkeiten zu erschließen. Im Vordergrund des Geschäftes steht der Ersatzbedarf. Anders als im expandierenden Markt müssen aber jetzt die Oligopolisten bei einer Preissenkung durch einen Konkurrenten damit rechnen, daß sie Marktanteile verlieren. Das zwingt sie, sofort mit eigenen Preissenkungen zu reagieren. Bei einer sofortigen Reaktion der Konkurrenten sind aber die Chancen für das preispolitisch aktive Unternehmen, neue Nachfrager zu gewinnen, gering.

Deshalb werden die Unternehmen wahrscheinlich auf eine alleinige Preissenkung verzichten, um die zu erwartende Erlösminderung zu vermeiden. Bei einer solchen „oligopolistischen Interdependenz" sind die Preise vielfach nach unten starr und werden über längere Zeiträume nicht verändert.

Es gibt keinen wesentlichen Preiswettbewerb; die Unternehmen setzen andere absatzpolitische Instrumente ein. Sie versuchen z. B., mit Hilfe der Werbung oder künstlicher Produktdifferenzierung Präferenzen bei den Nachfragern zu erreichen, um aus den homogenen Gütern heterogene zu machen und auf diese Weise die enge preispolitische Reaktionsverbundenheit untereinander zu lockern. Bei geringem Preiswettbewerb kann es deshalb zu hohen Werbeaufwendungen kommen. Preiswettbewerb gibt es dagegen vielfach auf „freien" Nebenmärkten, auf denen die Oligopolisten den Teil ihrer Produktion absetzen wollen, den sie nicht unter ihrem Markennamen verkaufen können. Hohe „oligopolistische Interdependenz" führt nicht selten dazu, daß sich die Oligopolisten untereinander absprechen, um das Risiko des Verlustes von Marktanteilen bei einem Vorstoß der Konkurrenz auszuschalten.

Die Beispiele 1 bis 4 zeigen, wo in der Praxis Abstriche an den zuvor abgeleiteten Ergebnissen des Wettbewerbs gemacht werden müssen. Neben dem Streben, durch neue und verbesserte Angebote einen Vorsprung zu gewinnen, läßt sich auch beobachten, daß die Unternehmen versuchen, wie es gerade das letzte Beispiel gezeigt hat, sich den eingebauten Zwängen und Kontrollen zu entziehen.

c) Tendenzen zur Beschränkung und Aufhebung des Wettbewerbs

Im Kampf um die Erwerbschancen versuchen die Unternehmen auch, sich Vorteile zu verschaffen, die nicht auf einem Leistungsvorsprung beruhen. Das ist dann der Fall, wenn sie den Wettbewerb untereinander beschränken oder ganz ausschalten.

Diese Tendenz kann ihre Ursache sogar im Wettbewerb selbst haben: Denn je härter der im Wettbewerb angelegte Zwang ist und je mehr die Unternehmen die im Wettbewerbsprinzip angelegten Kontrollen zu spüren bekommen, desto größer wird ihr Bestreben sein, dem Wettbewerb auszuweichen. Das kann durch Absprachen oder auch Unternehmenszusammenschlüsse geschehen.

Absprachen zwischen den Wettbewerbern betreffen ihr Verhalten am Markt. Es geht nicht darum, den Wettbewerb in allen Bereichen zu umgehen, sondern nur in Teilbereichen sollen Zwang und Kontrollen aufgehoben werden. So gibt es z.B. vertragliche Vereinbarungen zwischen rechtlich selbständig bleibenden Unternehmen über Preise, Qualität, Absatzgebiete oder Absatzquoten, sogenannte Preis-, Qualitäts-, Gebiets- oder Quotenkartelle.

Zu den Unternehmenszusammenschlüssen gehören Kapitalverflechtungen und auch personelle Verflechtungen. Kapitalverflechtungen entstehen z.B., wenn ein Unternehmen ein anderes aufkauft oder Anteile an einem oder mehreren anderen durch Aufkauf von Aktien erwirbt. Ganz gleich, ob es sich um eine Mehrheits- oder Minderheitsbeteiligung handelt, die Interessen der Beteiligten werden aufeinander abgestimmt. Die wirtschaftliche Selbständigkeit wird weitgehend eingeschränkt, und der Wettbewerb kann ebenfalls durch solch externes Unternehmenswachstum beschränkt oder sogar ganz ausgeschaltet werden. Als Folge der Kapitalverflechtungen entstehen in vielen Fällen auch personelle Verflechtungen, weil dieselben Personen in verschiedenen Unternehmen leitende oder kontrollierende Funktionen wahrnehmen.

Die Wirkung der Wettbewerbsbeschränkungen und die damit entstehende Marktmacht hängen von der Art des Zusammenschlusses ab: horizontale, vertikale oder konglomerate Konzentration.[54] Gemeinsam ist allen drei Arten, daß sie den Wettbewerb durch potentielle neue Anbieter erschweren, weil sie die Marktzutrittsschranken heraufsetzen und damit die Marktmacht der etablierten Anbieter festigen.

Wie es um die Konzentration in der Bundesrepublik steht, kann von verschiedenen Seiten beleuchtet werden:

(1) *Entwicklung der Unternehmenszusammenschlüsse:* Geht man von den Zusammenschlüssen aus, die dem Bundeskartellamt nach dem Gesetz gegen Wettbewerbsbeschränkungen (GWB) angezeigt wurden, dann hat sich der Konzentrationsprozeß mit Beginn der siebziger Jahre beschleunigt. Seit der 1973 im GWB verankerten Fusionskontrolle sind bis 1980 insgesamt 3 575 Zusammenschlüsse nach § 23 GWB angemeldet worden.[55]

Eine genauere Auswertung der Zusammenschlüsse zeigt, daß es sich dabei vor allem um Anteilserwerb handelt und daß die horizontale Konzentration überwog, d.h. das erworbene Unternehmen bot meistens auf denselben Märkten an wie die Erwerber.

In etwa der Hälfte aller Fusionsfälle lagen die Umsätze der jeweils beteiligten Unternehmen über 5 Mrd. DM, und es waren vor allem Unternehmen mit einem Umsatz von 5 Mrd DM und mehr, die sich an Unternehmen mit Umsätzen bis zu 50 Mio. DM beteiligten.[56]

Besondere Bedeutung hat das externe Wachstum der (am Umsatz gemessen) „100 Größten" (Unternehmen) in der Bundesrepublik. Sie waren zwischen 1973 und 1979 an 43,8 vH aller Zusammenschlußfälle als Erwerber beteiligt. Besonders häufig wurden Mehrheitsbeteiligungen von ihnen erworben, wobei die Beteiligung an kleineren und mittleren Unternehmen überwog. Auffällig ist, daß die Unternehmen aus der Spitze der Rangskala der „100 Größten" die stärkste Fusionsaktivität entwickelten; allen voran weitgehend von der öffentlichen Hand kontrollierte Unternehmen und in den letzten Jahren Unternehmen aus dem Mineralölbereich.[57]

(2) *Umsatzkonzentration:* Mißt man die horizontale Unternehmenskonzentration mit Hilfe von Konzentrationskoeffizienten – sie geben z.B. die Umsatzanteile der jeweils drei, sechs oder zehn umsatzstärksten Unternehmen am Umsatz einzelner Wirtschaftszweige an – so hat der Konzentrationsgrad in der Industrie nach Meinung der Monopolkommission ein hohes Niveau erreicht. Die Umsatzanteile der jeweils drei, sechs und zehn größten Unternehmen am jeweiligen Umsatz in den 33 Industriezweigen betrugen 1977 im Durchschnitt 25,6 vH, 35,7 vH und 42,2 vH. Als Trend zeichnet sich eine zunehmende Unternehmenskonzentration in der Industrie ab, die sich zwischen 1976 und 1977 beschleunigt hat.[58]

Neben dieser generellen Entwicklung ist zu erkennen, daß die Konzentrationsgrade der einzelnen Wirtschaftszweige erheblich voneinander abweichen, in einzelnen Zweigen die Konzentration sogar sinkt. Sie schwanken zwischen etwa 81, 3 vH im Luftfahrzeugbau und etwa 3 v H in der holzverarbeitenden Industrie für die jeweils drei größten Unternehmen. Außerdem gibt es starke Unterschiede zwischen den einzelnen Märkten innerhalb eines Wirtschaftszweiges.

Klassifiziert man die Wirtschaftszweige nach der Höhe ihres Konzentrationsgrades, ergibt sich für 1977 folgender Stand der Unternehmenskonzentration in der Industrie:[59]

Wirtschaftszweige	Zahl der Wirtschaftszweige	Anteil am Umsatz der gesamten Industrie (v H)
mit sehr hoher Unternehmenskonzentration	6	20,3
mit hoher Unternehmenskonzentration	8	31,8
mit mäßiger Unternehmenskonzentration	7	6,3
mit geringer Unternehmenskonzentration	12	41,6
insgesamt	33	100

Bei dieser Einteilung wurden als Klassifikationsmerkmale die Umsatzanteile der jeweils drei größten Unternehmen herangezogen:
50 und mehr Prozent: sehr hoch konzentriert
25 bis unter 50 Prozent: hoch konzentriert
10 bis unter 25 Prozent: mäßig konzentriert
unter 10 Prozent: gering konzentriert

Die angeführten Konzentrationskoeffizienten beziehen sich nur auf die Industrie, in der 1977 zwar etwa die Hälfte des Bruttoinlandsprodukts erzeugt wurde, deren Konzentrationsentwicklung jedoch keine unmittelbaren Rückschlüsse auf die Konzentration in der Volkswirtschaft insgesamt zuläßt.

Die Umsatzentwicklung der „100 Größten" zwischen 1972 und 1978 zeigt, daß diese Unternehmen ihren Anteil am Umsatz der Gesamtwirtschaft gegen Ende der siebziger Jahre nicht mehr steigern konnten; sie wuchsen damit nicht mehr schneller als die Gesamtwirtschaft. 1978 hatten sie einen Anteil von 24,2 v H. Allerdings setzen sich die in der Rangliste führenden Unternehmen durch ihre höhere Wachstumsintensität immer weiter von den folgenden ab.[60]

(3) *Verflechtungen der „100 Größten":* Untersucht man die Anteilseigner der „100 Größten", so stehen 1978 – nach der Häufigkeit der Beteiligungsfälle geordnet – die Beteiligungen von Unternehmen aus dem Kreis der „100 Größten" selbst an der Spitze.[61] Es folgen Streubesitz, ausländische Großunternehmen, Einzelpersonen und Familien, Banken, die öffentliche Hand, sonstige ausländische Beteiligungen und schließlich die Versicherungen.

Eine nach der Anteilshöhe differenzierte Betrachtung zeigt, daß die Unternehmen aus dem Kreis der „100 Größten", die Banken und die Versicherungen überwiegend Beteiligungen zwischen 25 vH und 50 vH halten. Der Anteil des Streubesitzes liegt vor allem bei über 50 vH. Ebenso ist es bei den Beteiligungen von Einzelpersonen und Familien sowie ausländischen Großunternehmen, die häufig 100 vH ausmachen.

Bei den Beteiligungsfällen zwischen 25 vH und 50 vH aus dem Kreis der „100 Größten" handelt es sich vorwiegend um Beteiligungen an anderen Unternehmen derselben Branche oder aus vor- oder nachgelagerten bzw. verwandten Bereichen. Deshalb ist anzunehmen, daß es sich nicht um reine Finanzbeteiligungen handelt. Aufgrund dieser Kapitalverflechtungen hatten 1978 16 Konzernspitzen aus dem Kreis der „100 Größten" immerhin einen Einfluß auf 44 vH des Gesamtumsatzes der „100 Größten".

Neben der kapitalmäßigen Verbindung sind die personellen Verflechtungen hervorzuheben, d.h. Mitglieder geschäftsführender oder kontrollierender Organe eines Unternehmens nehmen gleichzeitig in den entsprechenden Organen der anderen Unternehmen Aufgaben wahr.

Allerdings kann aus den geschilderten Konzentrationsvorgängen nicht unmittelbar auf eine generelle Abnahme der Wettbewerbsintensität und damit auch der erwarteten positiven Wirkungen des Wettbewerbs geschlossen werden. Ebenso sind eine Erhöhung des gesamtwirtschaftlichen Monopolgrades und aus solcher Marktmacht abgeleitete Preissetzungsspielräume mit entsprechenden Gewinnsteigerungen aus der Konzentrationsentwicklung nicht unmittelbar nachzuweisen. Eine solche einseitige Interpretation[62] ist aus mehreren Gründen nicht möglich.

(a) Die Angaben über die Konzentration selbst sind wegen der statistischen Abgrenzungsschwierigkeiten für die Umsätze der Unternehmen verzerrt. Die Monopolkommission weist darauf hin, daß es sowohl zu tendenziellen Überschätzungen als auch, wie bei der Konzentration unter den „100 Größten", zu einer tendenziellen Unterschätzung der tatsächlichen Konzentration kommt. Außerdem: Da die Konzentration in einzelnen Industriezweigen rasch wächst, in anderen sich aber abschwächt, kann nicht von einer generellen Konzentration und deshalb auch nicht von einer generellen Beschränkung des Wettbewerbs gesprochen werden. Das Gleiche gilt für die unterschiedliche Entwicklung der Märkte innerhalb der einzelnen Industriezweige.

(b) Die Konzentrationskoeffizienten beziehen sich auf den Gesamtumsatz der jeweiligen Unternehmen und den Umsatz von ganzen Industriezweigen. Das schließt aber ein, daß der Umsatz auf verschiedenen Teilmärkten realisiert wird, die sogar außerhalb der Industriezweige liegen können, weil die Unternehmen gemäß der Klassifikation der amtlichen Statistik nach Umsatzschwerpunkten und nicht den wettbewerbsrelevanten Märkten zugeordnet werden. Die Wettbewerbssituation kann deshalb für die betroffenen Unternehmen auf den relevanten Märkten ganz unterschiedlich sein. Dies gilt besonders für solche Aussagen wie: „die ‚100 Größten' erzielten 24,2 vH vom Umsatz der Gesamtwirtschaft."

(c) Der Wettbewerbsdruck, dem ein Unternehmen ausgesetzt ist, kann nur beurteilt werden, wenn die Märkte in ihrem internationalen Verbund gesehen werden. Konzentration auf dem Binnenmarkt kann in ihrer wettbewerbsbeschränkenden Wirkung durch zusätzlichen Wettbewerb aus dem Ausland kompensiert werden, wenn im Rahmen verbesserter internationaler Handelsbeziehungen, z.B. durch Zollabbau, die nationalen Märkte geöffnet werden.

(d) Ein steigender Konzentrationsgrad kann den Wettbewerb

sogar fördern, ja er kann unerläßlich sein, um den Wettbewerb mit den erwarteten positiven Marktergebnissen überhaupt erst in Gang zu bringen. Ist der Markt nämlich mit vielen kleinen Anbietern, die jeweils nur geringe Marktanteile haben, besetzt, wird es zu wenig oder gar keinen Wettbewerbsvorstößen kommen, weil diese Anbieter dazu nicht in der Lage sind. Es herrscht „Schlafmützenkonkurrenz". Sind dagegen wenige große Unternehmen mit einem entsprechend großen Marktanteil am Markt, kann es zu sehr heftigem Wettbewerb mit den erwünschten Anreizen und Kontrollen kommen.[63] Wird allerdings der Wettbewerbsdruck für die Unternehmen in einem solch „engen" Oligopol zu stark, besteht wiederum die Gefahr, daß er durch Absprachen beschränkt wird oder daß die Unternehmen zu einem friedlichen Oligopolverhalten übergehen. Für die Wettbewerbspolitik kommt es deshalb im Rahmen der Fusionskontrolle darauf an, wettbewerbsfördernde Konzentration zuzulassen, wettbewerbsbeschränkende zu verhindern. Wo hier die Trennungslinie verläuft, ist im Einzelfall äußerst schwer zu beurteilen. Die Vermutung, Zusammenschlüsse fördern die Tendenz zu optimalen Betriebs- und Unternehmensgrößen und damit die Wettbewerbsfähigkeit der Unternehmen – häufig als Begründung für die Notwendigkeit von Konzentration vorgetragen – läßt sich jedenfalls in vielen Fällen empirisch nicht bestätigen.[64]

Wenn auch kein allgemein gültiger Zusammenhang zwischen Konzentration und Wettbewerbsintensität aus den genannten Gründen abgeleitet werden kann und deshalb die Prüfung des Einzelfalls Vorrang haben muß, so bleibt doch festzuhalten, daß aufgrund der Kapitalverflechtungen die Zahl der ökonomisch selbständigen Entscheidungseinheiten abnimmt. Damit wird die Chance, daß sich individuelle Planungsirrtümer kompensieren, kleiner, und die Fähigkeit, Neuerungen hervorzubringen sowie auf Datenänderungen flexibel zu reagieren, nimmt vielfach ebenfalls ab. Das kann sich negativ auf den Investitionswettbewerb auswirken. Außerdem kann der Wettbewerb die ihm im Rahmen der Marktwirtschaft übertragenen Kontrollfunktionen nicht mehr in dem gewünschten Maße wahrnehmen.

Hinzu kommt schließlich, daß mit zunehmender Verflechtung der Unternehmen eine tendenziell stärkere Konzentration der Beschäftigten verbunden ist. So arbeiteten z. B. 1980 in 5 v H aller Industriebetriebe – hier handelt es sich um Betriebe mit 500 und mehr Beschäftigten – etwa 52 v H aller Beschäftigten der Industrie. Allein die „100 Größten" beschäftigten 1978 fast 18 vH aller sozialversicherungspflichtigen Arbeitnehmer.[65] Unternehmen mit einer hohen Beschäftigtenzahl werden aber im Falle wirtschaftlicher Schwierigkeiten wegen der dahinterstehenden Wählerstimmen sogleich zu einem politischen Problem. Geht es z. B. um eine Groß-Fusion mit dem Ziel, einen Konkurs zu vermeiden, so müssen oft wettbewerbspolitische Überlegungen zugunsten des Arguments sicherer Arbeitsplätze zurückstehen. Führt eine solche Fusion zu Wettbewerbsbeschränkungen, so werden einzelwirtschaftliche Verluste sozialisiert. Das Arbeitsplatz-Argument können allerdings nur große Unternehmen beanspruchen, so daß es zu einer Ungleichbehandlung von großen und kleinen Unternehmen kommt; ein Umstand, der das Interesse an Zusammenschlüssen aus Risikoüberlegungen fördert. Diese Zusammenhänge erschweren auf jeden Fall die Wettbewerbspolitik, die unerläßlich ist, um das Wettbewerbsprinzip aufrechtzuerhalten.[66]

d) Wettbewerbspolitik

Mit den Überlegungen zum Wettbewerbsprinzip, zu seinen Aufgaben und zu den Tendenzen der Wettbewerbsbeschränkung durch Absprachen und Konzentration sind die Leitlinien und wichtigsten Probleme der Wettbewerbspolitik abgesteckt. Sie muß darauf angelegt sein, sowohl genügend individuelle Freiheitsspielräume zu gewähren als auch befriedigende ökonomische Ergebnisse zu gewährleisten. Das heißt, die Wettbewerbspolitik muß grundsätzlich die Ausschaltung des Wettbewerbs und Wettbewerbsverzerrungen verhindern. Sie muß aber auch genügend große und gewinnstarke Unternehmen zulassen, damit es zur gewünschten hohen Wettbewerbsintensität kommen kann.

Wichtigstes Instrument, um diese Ziele zu erreichen, ist das Gesetz gegen Wettbewerbsbeschränkungen aus dem Jahre 1957, das sogenannte Kartellgesetz. Schwerpunkte dieses Gesetzes sind:[67]

(1) *Ein grundsätzliches Kartellverbot:* Danach sind Verträge, die Unternehmen zu einem gemeinsamen Zweck schließen, unwirksam, wenn sie geeignet sind, den Wettbewerb zu beschränken. Das Verbot wird durch eine Reihe von Ausnahmen durchbrochen. Die Ausnahmen sind entweder anmelde- oder erlaubnispflichtig und unterstehen der Aufsicht durch die Kartellbehörden. So waren zum Jahresende 1980 insgesamt 282 Kartelle in Kraft.[68] Um zu verhindern, daß das Kartellverbot durch abgestimmte Verhaltensweisen (hier liegt kein Vertrag vor, sondern nur eine gegenseitige Information mit dem Ziel gemeinsamen Verhaltens) umgangen wird, sind auch diese seit 1973 verboten.

(2) *Mißbrauchsaufsicht über marktbeherrschende Unternehmen:* Damit sollen die negativen Wirkungen bestehender Marktmacht ausgeschaltet werden. Aufgrund dieser Vorschriften kann das Bundeskartellamt marktbeherrschenden Unternehmen den Mißbrauch ihrer Marktstellung untersagen, aber es kann die Marktbeherrschung nicht durch eine Entflechtung aufheben. Allerdings ist diese Mißbrauchsaufsicht wesentlich schwerer zu handhaben als das Kartellverbot. Denn es ist äußerst schwierig, festzustellen, wann ein Unternehmen marktbeherrschend ist und wann es obendrein diese Marktstellung mißbräuchlich ausnutzt. Das zeigen die Erfahrungen mit der Mißbrauchsaufsicht in den letzten Jahren.[69]

(3) *Fusionskontrolle:* Da es so schwer ist, den Mißbrauch schon bestehender Marktmacht zu unterbinden, hat der Gesetzgeber 1973 nach etwa fünfjähriger Diskussion eine Fusionskontrolle in das Kartellgesetz eingebaut. Sie soll Marktmacht schon im Ansatz verhindern.

Unternehmenszusammenschlüsse ab einer bestimmten Größenordnung (mindestens 20 vH Marktanteil oder mindestens 10 000 Beschäftigte oder mindestens 500 Mio. DM Umsatz der beteiligten Unternehmen) müssen nicht nur dem Kartellamt angezeigt werden, sondern auch vom Kartellamt verboten werden, wenn zu erwarten ist, daß durch sie eine marktbeherrschende Stellung entsteht oder verstärkt wird. Weisen die beteiligten Unternehmen allerdings nach, daß die Nachteile der Marktbeherrschung durch Verbesserungen der Wettbewerbsbedingungen aufgehoben werden, ist der Zusammenschluß erlaubt.

Auch hier gibt es zahlreiche Ausnahmen von der Grundsatzregelung. So kann auf Antrag der Bundesminister für Wirtschaft vom Bundeskartellamt abgelehnte Fusionen genehmigen, wenn sie im Interesse der Allgemeinheit liegen. Hierbei spielt das Argument von der Sicherung von Arbeitsplätzen die wichtigste Rolle. Darüber hinaus kann das Bundeskartellamt z. B. eine Fusion nicht verhindern, wenn die beteiligten Unternehmen vor der Fusion zusammen weniger als 500 Mio. DM Umsatz hatten.

Die Beobachtung der Unternehmenszusammenschlüsse in den letzten Jahren zeigte, daß besonders umsatzstarke Unternehmen sich an kleineren oder mittleren Unternehmen beteiligten oder sie aufkauften. Das hatte wettbewerbspolitische Konsequenzen. Um ein weiteres Eindringen von umsatzstarken Unternehmen in die Märkte kleinerer und mittlerer Unternehmen zu vermeiden, wurde das GWB 1980 novelliert.[70] Es wurden neue, zusätzliche Kriterien formuliert, nach denen der Gesetzgeber eine marktbeherrschende Stellung – die ja für ein Fusionsverbot vorliegen muß – *vermutet*. Als Vermutungskriterien wurden bestimmte Umsatzgrößen und Marktanteile beim Erwerber und beim Erworbenen festgelegt.

In den Regeln zur Fusionskontrolle spiegelt sich das Leitbild der Wettbewerbspolitik wider. Nicht alle Fusionen werden verboten, sondern nur die „großen". Konzentrationsvorgänge bis zu einer bestimmten Größenordnung sind erlaubt, weil von ihnen Verbesserungen der Wettbewerbssituation erwartet werden. Inwieweit diese Erwartung zutrifft, wurde schon diskutiert.

2. Anreize und Kontrollen durch ökonomische Hebel in der DDR

a) Unwirtschaftlichkeiten als Folge von Interessengegensätzen

Was Wettbewerb und Gewinnstreben der Unternehmen im Rahmen der marktwirtschaftlichen Koordination zu leisten haben, muß auch bei zentraler Planung der Wirtschaftsprozesse gesichert sein: ein System von Anreizen und Kontrollen, die das einzelwirtschaftliche, betriebsindividuelle Erfolgsstreben in den Dienst der gesamtwirtschaftlichen Interessen, ausgedrückt in zentralen Planzielen, zwingen. Denn entgegen den Vorstellungen und Erwartungen mancher Theoretiker des Sozialismus ist mit der Vergesellschaftung der Produktionsmittel und zentraler Planung und Verteilung der Ressourcen aus individueller Arbeit noch keine unmittelbar gesellschaftliche Arbeit geworden, und nach wie vor gibt es deshalb in der sozialistischen Wirklichkeit Gegensätze zwischen betrieblichen und gesamtwirtschaftlichen Interessen.[71] Solche Interessengegensätze werden bei der Planverwirklichung aktuell.[72]

Schon die Darstellung der zentralen Planung zeigte, daß den Kombinaten und Betrieben die Produktion nicht in allen Einzelheiten vorgeschrieben werden kann, daß nur in Globalgrößen zentral geplant wird, die dann von untergeordneten Planungsträgern aufgeschlüsselt und konkretisiert werden. Um zu sichern, daß die Kombinate und Betriebe bei der Planverwirklichung die zentralen Ziele erreichen, werden deshalb monetäre Größen, sogenannte ökonomische Hebel, eingesetzt. Sie sollen helfen, die Interessengegensätze zu überwinden. Von ihnen sollen direkt oder indirekt Anreize und Kontrollen ausgehen, die bei den Beschäftigten das gewünschte Planerfüllungsverhalten anregen.

„Das System ökonomischer Hebel interessiert und motiviert die Menschen vom Wesen der Sache her, von der Einsicht in die Notwendigkeit, ihre persönlichen mit den gesellschaftlichen Interessen in Übereinstimmung zu bringen." So wurde es in der Richtlinie zur Einführung des „Neuen ökonomischen Systems der Planung und Leitung der Volkswirtschaft" 1963 formuliert, die den Auftakt zu einer Reihe von Reformmaßnahmen bildete, in deren Mittelpunkt die ökonomischen Hebel standen.[73] Erklärte Intention der politischen Führung war es, die Betriebe weniger mit administrativen Anweisungen und mehr mit monetären Anreizen zu steuern. Man sprach von einem in sich abgestimmten „System ökonomischer Hebel", als dessen wichtigster Hebel der Gewinn herausgestellt wurde.[74] Die damit verbundene größere Dispositionsmöglichkeit und höhere Anpassungsfähigkeit der Betriebe wurde allerdings ab 1971 Schritt für Schritt wieder eingeschränkt, weil die administrativen Detailanweisungen wieder zunahmen und die Hebel somit automatisch an Bedeutung verloren. Nicht beseitigt ist allerdings das Problem, das mit Hilfe der Hebel gelöst werden sollte. Die Interessenkonflikte bestehen fort. Worin liegen sie?

Die politische Führung hat geradezu ein natürliches Interesse an einer hohen wirtschaftlichen Effizienz bei der Planrealisierung. Je besser es ihr gelingt, für eine optimale Ausnutzung der vorhandenen knappen Produktionsfaktoren zu sorgen, um so mehr Ziele kann sie realisieren, und um so besser kann sie ihre eigene Stellung festigen. In den Kombinaten und Betrieben, in denen die Pläne realisiert werden, ja selbst in den Ministerien, ist dagegen ein solches Interesse an hoher wirtschaftlicher Effizienz nicht automatisch vorhanden. Ebenso fehlt es an einem selbstverständlichen Interesse der Betriebe an der Planerfüllung.[75] Offensichtlich ist das sozialistische Bewußtsein der Werktätigen nicht so weit entwickelt, daß sie Pläne allein deshalb erfüllen, weil sie auferlegt sind. Die politische Führung verläßt sich jedenfalls nicht auf das gesellschaftliche Bewußtsein der Beschäftigten, sondern gewährt zum Beispiel Prämien als materielle Leistungsanreize. Es gilt das „Prinzip der materiellen Interessiertheit". Werden die Planauflagen von den Betrieben erfüllt oder übererfüllt, dann können die im Plan festgelegten Beträge aus dem Betriebsgewinn dem betrieblichen Prämienfonds zugeführt werden, der an die Beschäftigten ausgeschüttet wird.

Damit stimmen die Erfolgsinteressen der politischen Führung und der Betriebe zwar formell überein – beide sind auf Planerfüllung ausgerichtet – in der Sache kommt es jedoch zu gravierenden Interessengegensätzen zwischen den Betrieben auf der einen und der politischen Führung auf der anderen Seite. Das Prämiensystem, das die betrieblichen Interessen auf Planerfüllung lenkt, honoriert nicht die tatsächliche Leistung des Betriebes, sondern die Differenz zwischen Soll des Plans und Ist der Planverwirklichung. Der wirtschaftliche Erfolg des Betriebes wird also anhand eines Soll-Ist-Vergleiches gemessen. Wollen die Betriebe ihre Prämien erhöhen, müssen sie die Soll-Ist-Differenzen vergrößern. Um dieses Ziel zu erreichen, stehen ihnen grundsätzlich zwei Wege offen: 1. ein möglichst hohes „Ist" oder 2. ein möglichst niedriges „Soll". Die Entwicklung in der DDR, wie auch in anderen sozialistischen Ländern, die mit einem so angelegten Prämiensystem arbeiten, zeigt, daß die Betriebe den zweiten Weg bevorzugen (vgl. Ziffer 1, S.170). Ihre Erfolgsstrategie ist in der Regel darauf gerichtet, möglichst niedrige oder für sie leicht erfüllbare Planauflagen (Solls) zu erhalten. Bei der Planaufstellung verschleiern sie deshalb ihre wahren Produktionsmöglichkeiten. Die Informationen, die sie in ihren Planentwürfen nach „oben" weitergeben, entsprechen nicht ihren tatsächlichen Leistungsreserven. Es kommt zu „weichen" Plänen.

Hier wird der fundamentale Widerspruch zwischen den betrieblichen Erfolgsinteressen und den Erfolgsinteressen der politischen Führung sichtbar. Die politische Führung muß aus gesamtwirtschaftlichen Erwägungen an möglichst „harten" Plänen, das heißt an einer bestmöglichen Ausnutzung der Produktionskapazitäten in den Betrieben interessiert sein. Die Beschäftigten in den Betrieben wiederum verfolgen aufgrund ihrer Prämien-, d.h. Einkommensinteressen eine Strategie der weichen Pläne, was nichts anderes als eine schlechte Ausnutzung ihrer wahren Leistungsfähigkeit bedeutet. Der Interessengegensatz ergibt sich aus der Kopplung von Planerfüllungsprinzip und Prämiensystem. Er ist also in der Wirtschaftsordnung angelegt. Es handelt sich um einen systemimmanenten Widerspruch, der nicht mit einem bloßen Defizit an sozialistischem Bewußtsein, das nur noch mit politischer Erziehungsarbeit nachzuholen sei[76], erklärt werden kann.

Die Tendenzen zu weichen Plänen können auch nicht durch die den Betrieben übergeordneten Planungs- und Kontrollinstanzen abgeschwächt werden. Die Generaldirektoren der Kombinate, die Minister und auch die Verantwortlichen in der Staatlichen Plankommission sind zwar dazu verpflichtet, mit aller Sorgfalt und Energie die zentralen Planauflagen nach unten durchzusetzen und auf eine optimale Nutzung der Produktionsfaktoren zu drängen. Sie müssen jedoch bedenken, daß ihre persönliche Stellung und ihre Aufstiegschancen auch davon abhängen, inwieweit die Pläne in den Bereichen, für die sie verantwortlich sind, erfüllt oder übererfüllt werden. Im Zweifel tendieren sie deshalb genauso zu weichen Plänen wie die Betriebe, die sie kontrollieren sollen. Sie tragen also kaum dazu bei, den Interessenkonflikt abzuschwächen, sie können ihn sogar noch verstärken.

Die Tendenz zu weichen Plänen führte und führt noch zu einer Reihe von Unwirtschaftlichkeiten:[77]

(1) Niedrigere Planauflagen im Verhältnis zu den tatsächlichen Leistungsmöglichkeiten bedeuten für die Betriebe weniger ökonomischen Zwang, die zur Verfügung stehenden Kapazitäten und Arbeitskräfte so effektiv wie möglich einzusetzen oder mit Material so sparsam wie möglich umzugehen. Weniger Leistungszwang heißt aber zugleich auch weniger Zwang zur Einführung des technischen Fortschritts. Die Verschleierung der wahren Leistungsfähigkeit ist möglich, weil die Kombinate und Betriebe gegenüber den übergeordneten Planungsinstanzen gewissermaßen ein Informationsmonopol besitzen; denn die Zentrale kann unmöglich die Ertrags- und Kostensituation der einzelnen Betriebe kennen.

(2) Selbst die Übererfüllung der Planauflagen aus dem Prämieninteresse heraus deckt die wirklichen Reserven der Betriebe nicht auf. Die Tatsache, daß das „Ist" der Planerfüllung mindestens zum „Soll" für den nächsten Jahresplan wird, führt zu einer nur mäßigen Planübererfüllung. Anderenfalls würden die Betriebe ihre Ausgangsbasis für die Prämien des kommenden Jahres verschlechtern.

(3) Da zentral vielfach nur in Güterbündeln geplant werden kann, verbleibt den Betrieben ein Entscheidungsspielraum bei der

Konkretisierung der vorgegebenen Kennziffern. Daraus ergaben sich besonders schwerwiegende Mängel bis 1963, als die Prämien noch von der Erfüllung oder Übererfüllung der Hauptkennziffer „Bruttoproduktion" abhingen. Die „Bruttoproduktion" gab an, was der Betrieb im Planjahr zu produzieren hatte, gemessen in naturalen Größen (Stück, Tonnen usw.) oder in Geldgrößen. War die Kennziffer z.B. in Form von Gewichtseinheiten vorgegeben, so produzierten die Betriebe besonders schwere, entsprechend materialaufwendige Stücke, eine Verhaltensweise, die allgemein als „Tonnenideologie" gebrandmarkt wurde. Ob die Produktion auch abgesetzt wurde, spielte in diesem Fall ebenso wenig eine Rolle wie die Höhe der Kosten. Ausschlaggebend für die Prämienzuführung war allein die Produktionsmenge. Für die Betriebe gab es also weder einen Anlaß, sich an den Wünschen ihrer Abnehmer zu orientieren, noch einen ökonomischen Zwang zur Kostensenkung.

Diese und ähnliche Unwirtschaftlichkeiten[78] sind den politisch Verantwortlichen seit langem bekannt. In der Begründung für die Wirtschaftsreform von 1963 wurden sie offiziell zugegeben und die Tendenzen zu weichen Plänen auch als systemimmanente Interessengegensätze erkannt. Mit dem Übergang zur Hauptkennziffer „Gewinn" als wesentlichem Bestandteil dieser Reform konnten die Unwirtschaftlichkeiten zum Teil abgebaut werden. Denn immerhin orientiert die Kennziffer Gewinn die Betriebe nicht allein auf die Produktion, sondern auch auf den Absatz und reizt zur Kostensenkung an. Der Hebel „Gewinn" sollte, wie es der sowjetische Ökonom Liberman ausgedrückt hat, das Prinzip verwirklichen: „Was für die Gesellschaft nutzbringend ist, muß auch jedem Betrieb nützlich sein, und umgekehrt, was nicht vorteilhaft für die Gesellschaft ist, muß äußerst unvorteilhaft für die Belegschaft eines Betriebes sein."[79]

Wenn auch die Interessen der Betriebe bei der Hauptkennziffer Gewinn nicht mehr in dem Maße pervertiert waren wie zuvor, so war das Problem der weichen Pläne dennoch weiter aktuell, weil der Betriebserfolg nach wie vor durch einen Soll-Ist-Vergleich gemessen wurde. An diesem Problem hat sich bis heute nichts geändert. Die Tendenz zu weichen Plänen wird in der DDR sehr ernst genommen. Das kann man aus den vielen Reformmaßnahmen in dieser Richtung während der letzten zwanzig Jahre ablesen.[80]

Offensichtlich haben aber die Reformen das Problem bis jetzt noch nicht zufriedenstellend lösen können. So konnte zwar die Arbeitsproduktivität gesteigert werden,[81] aber nach wie vor gibt es eine Fülle von spezifischen Mängeln:[82] zu hoher Material- und Energieverbrauch, zu arbeitsintensive Produktion, zu geringe Effizienz beim Kapitaleinsatz und veraltete Produktionsanlagen. Solche Mängel veranlaßten die Parteiführung dann auch, in der „Direktive des X. Parteitages der SED zum Fünfjahrplan für die Entwicklung der Volkswirtschaft der DDR in den Jahren 1981 bis 1985"[83] erneut eine „Intensivierung" und vermehrte Rationalisierungsanstrengungen zu fordern. Das soll heißen: die vorhandenen Grundfonds und Arbeitskräfte besser nutzen, Senkung des Material- und Energieverbrauchs sowie mehr Ergiebigkeit aus dem wissenschaftlich-technischen Fortschritt. Die Dringlichkeit der Effizienzsteigerung wurde durch eine Reihe wirtschaftspolitischer Maßnahmen unterstrichen.

Viele Bestandteile dieser Maßnahmen sind allerdings mehr als moralische Appelle an das sozialistische Bewußtsein zu werten, denn als geeignete Instrumente zur Überwindung der bestehenden Schwierigkeiten. Zum einen heben sie die Interessengegensätze als Ursachen der mangelnden Effizienz nicht auf, zum anderen ist die Aussagefähigkeit der zu berechnenden Effektivitätskennziffern äußerst begrenzt. Das liegt an den Unzulänglichkeiten im Preissystem, aber auch an Widersprüchen im Kennziffernsystem. So führt die Basisgröße „Warenproduktion" bei der Berechnung der Arbeitsproduktivität deshalb zu falschen Anreizen, weil in der „Warenproduktion" auch die Vorleistungen wie z.B. Material- und Energiekosten enthalten sind und folglich die Arbeitsproduktivität allein durch höhere Materialaufwendungen gesteigert werden kann oder umgekehrt eine Kostensenkung durch Materialeinsparung zu einer ungünstigeren Arbeitsproduktivität führt.[84] Aus beiden Gründen wird auch von DDR-Ökonomen an der Wirksamkeit der eingeleiteten Maßnahmen gezweifelt.[85] Die

Forderung des X. Parteitages der SED, die volkswirtschaftlichen Endergebnisse müßten schneller wachsen als der Produktionsverbrauch und die Investitionen, wird deshalb nur schwer zu realisieren sein.[86] Die Darstellung der zur Zeit gültigen Regelungen für die Bildung des betrieblichen Prämien- und Leistungsfonds sowie die Analyse der Gewinnverwendung und des Preissystems werden das bestätigen.

b) Anreize und Kontrollen durch Fondsbildung und Abgaben an den Staatshaushalt

(1) *Anreize durch Bildung des Betriebsprämienfonds:*[87] Der Prämienfonds der Betriebe und Kombinate wird vom jeweils übergeordneten Organ in Übereinstimmung mit der zuständigen Gewerkschaftsleitung als staatliche Plankennziffer in absoluter Höhe vorgegeben. Er muß mindestens den im Vorjahr geplanten Grundbetrag je Beschäftigten erreichen. Wenn die als staatliche Planauflagen festgelegten Kennziffern bei der Plandurchführung erfüllt werden, kann der Prämienfonds in der vorgesehenen Höhe ausgeschüttet werden. Die Zuführungen zum Prämienfonds erhöhen sich, wenn die Kennziffern Warenproduktion und Nettogewinn, die als Planaufgaben vorgegeben werden, bereits bei der Planausarbeitung überboten werden.[88] Damit sollen die Betriebe angereizt werden, schon in der Planungsphase ihre tatsächliche Leistungsfähigkeit in höherem Maße aufzudecken – also ein Versuch, die Pläne „härter" zu machen. Allerdings dürfen die Zuführungen zum Prämienfonds aus der Überbietung der staatlichen Aufgaben 200 M je Beschäftigten nicht überschreiten, was die Anreizwirkung mindern wird. Die Zuführungen zum Prämienfonds erhöhen sich aber nicht nur aufgrund der Überbietung. Werden bei der Planrealisierung die staatlichen Planauflagen übererfüllt, können dem Prämienfonds weitere Mittel zugeführt werden. Bei der Unterbietung oder Untererfüllung der staatlichen Aufgaben oder Auflagen wird der geplante Prämienfonds entsprechend reduziert, und zwar bis auf die Höhe des Grundbetrages.

Die Zuführungen von Prämienmitteln betragen ab 1983 je

1 vH der Überbietung bzw. Übererfüllung der Kennziffer Warenproduktion 15 Mark, des Nettogewinns 5 Mark je Beschäftigten. Als zusätzliche Bedingung für diese Zuführungen gilt die Erfüllung von zwei weiteren Kennziffern, die die Kombinatsdirektoren jährlich festlegen, darunter: Nettoproduktion, Grundmaterialkosten je 100 Mark Warenproduktion, Steigerung der Arbeitsproduktivität, Senkung der Selbstkosten u.a.[89]

Über ihre Erfüllung oder Übererfüllung und die davon abhängigen Prämienfondszuführungen sollen die Kombinate und Betriebe (volkseigene und gleichgestellte) stimuliert werden, nicht nur für ein hohes Wachstum der Warenproduktion zu sorgen, sondern gleichzeitig auch auf eine Senkung des Produktionsverbrauchs hingelenkt werden; eine Maßnahme, von der sich die politische Führung die angesprochene Intensivierung und Rationalisierung verspricht.

Auffallend ist, daß die Kennziffer Nettogewinn hinsichtlich ihrer Bedeutung geringer eingeschätzt wird. Offensichtlich reichten die Anreize und Kontrollen über den Gewinn nicht aus, die zentral vorgegebenen Ziele zu erreichen. Das kann nicht verwundern, ist doch die Aussagefähigkeit des Gewinns und damit auch seine Qualität als Steuerungsinstrument bei verzerrten Preis- und Kostenrelationen äußerst gering.

Mit den Kennziffern Nettoproduktion und Grundmaterialkosten je 100 M Warenproduktion soll der Hebel verstärkt bei den Kosten angesetzt werden. Für die Erfolgsaussichten gelten zunächst die gleichen Bedenken wie bei allen anderen Kennziffern, für die Preisrelationen eine ausschlaggebende Rolle spielen. Außerdem ist z.B. bei der Nettoproduktion zu beachten: Diese Kennziffer kann zwar durch einen geringeren Materialverbrauch überboten bzw. erfüllt werden, was der beabsichtigten Wirkung entsprechen würde; sie kann aber auch durch eine Lohnfondssteigerung überboten bzw. erfüllt werden, was den Absichten der politischen Führung widerspräche. Dieser Zusammenhang ergibt sich aus der Definition der Nettoproduktion:[90]

    Warenproduktion
+ Bestandsveränderung
./. unfertige Erzeugnisse

= Bruttoproduktion
./. Grund- und Hilfsmaterial
./. Abschreibungen
./. Verbrauch produktiver Leistungen

= Nettoproduktion

In dem Nettoproduktionswert sind also die Löhne und auch die Gewinne enthalten.

Ein weiterer genereller Mangel der hier genannten Kennziffern ist in ihrer fehlenden Absatzbezogenheit zu sehen. Die Erfolgsinteressen der Betriebe und Kombinate sind daher in relativ geringem Maße auf die Wünsche ihrer Abnehmer gerichtet. Anpassungen an eine veränderte Nachfrage werden also nur wenig stimuliert, was schließlich zur geringen Anpassungsfähigkeit des Gesamtsystems führt.

Die Einbeziehung von zwei Nebenkennziffern weist darauf hin, daß die politische Führung die Spielräume für kombinats- und betriebsindividuelle prämiengünstige Planerfüllungsstrategien, die bei einer synthetischen Kennziffer wie dem Nettogewinn bestehen, einengen will. Kombinate und Betriebe haben geringere Wahlmöglichkeiten für den Faktoreinsatz und für ihr Produktionssortiment. Andererseits vergrößert die Zahl der entscheidenden Kennziffern wiederum die Möglichkeiten der Kombinats- und Betriebsleiter, manipulierte Informationen an ihre jeweils übergeordneten Organe weiterzugeben.[91] Somit ist kaum zu erwarten, daß es mittels der festgelegten Kennziffern gelingen wird, das Grundproblem zu lösen, nämlich die – im Sinne der politischen Führung – falsch gelagerten Interessen der Betriebe und Kombinate zu korrigieren. Da deren Interessen nach wie vor auf den Soll-Ist-Vergleich ausgerichtet sind, besteht weiterhin die Tendenz zu weichen Plänen.[92]

Der Prämienfonds wird aus dem Nettogewinn des Betriebes finanziert, soweit dieser auf „eigenen ökonomischen Leistungen" beruht. Die Beträge können jedoch nur dann in voller Höhe in den Prämienfonds fließen, wenn alle Abführungsverpflichtungen vom Nettogewinn an den Staat erfüllt sind. Die Verpflichtungen zur Nettogewinnabführung haben also Vorrang. Reicht der Nettogewinn nicht aus, um den geplanten Prämienfonds zu finanzieren, so wird der Prämienfonds aus dem zentralisierten Gewinnfonds oder aus dem Reservefonds des Kombinats gebildet.

Im Betriebskollektivvertrag werden die Formen der Prämiierung festgelegt. Neben Initiativ-, Ziel- und auftragsgebundenen Prämien dominieren die Jahresendprämien. Sie werden nach der Leistung der Arbeitskollektive und des einzelnen im Kollektiv differenziert. Liegt die durchschnittliche Jahresendprämie unter 800 Mark je Beschäftigten, kann sie bei überdurchschnittlichen Leistungen des Betriebskollektivs bis zu diesem Betrag erhöht werden, sofern der tatsächlich erwirtschaftete Prämienfonds dies zuläßt.

Über die Prämiierung des Generaldirektors und Hauptbuchhalters des Kombinats entscheidet der zuständige Fachminister (§ 7 der Ersten Durchführungsbestimmung).

(2) *Anreize durch Bildung des Leistungsfonds:* Da die Anreize zur Steigerung der Arbeitsproduktivität und zur Kostensenkung durch das Prämiensystem nicht ausreichen, wird seit 1972 in Industrie- und Baubetrieben ein Leistungsfonds „zur Mobilisierung von Leistungs- und Effektivitätsreserven" gebildet.[93] Es gibt verschiedene Anlässe für Zuführungen zu diesem Fonds:

– Steigerung der Arbeitsproduktivität. Eine Zuführung ist nur erlaubt, wenn die Staatliche Plankennziffer „Selbstkostensenkung" erfüllt ist; eine Folge der geringen Aussagefähigkeit der „Arbeitsproduktivität".

– Kostensenkungen. Damit nicht Kostensenkungen auf der einen Seite durch Kostensteigerungen auf der anderen Seite erreicht werden, gilt nur die konsolidierte Kostensenkung.

– Zusatzgewinne durch neue und weiterentwickelte Produkte und durch weniger Ausschuß.

Der Leistungsfonds wird aus dem Nettogewinn des Betriebes gespeist. Er wird mit Zustimmung der BGL hauptsächlich verwandt für: Maßnahmen zur Verbesserung der Arbeits- und Lebensbedingungen, Rationalisierungsmaßnahmen und Maßnahmen des FDGB zum Bau von Erholungsstätten. Auf keinen Fall dürfen aus dem Leistungsfonds persönliche Zuwendungen oder Prämien gezahlt werden. Verbesserungen der Arbeitsproduktivität und Kostensenkungen schlagen deshalb nicht auf das Einkommen des einzelnen durch. Persönliche Anreize zur Leistungssteigerung werden sich aufgrund des Leistungsfonds kaum ergeben.

(3) *Anreize zu rationellem Kapitaleinsatz durch die Produktionsfondsabgabe* (PFA): Um einen rationellen Kapitaleinsatz zu stimulieren, um also Überinvestitionen oder sogenannte Investruinen zu vermeiden, wurde 1967 die Produktionsfondsabgabe eingeführt.[94] Die Betriebe müssen einen Satz in Höhe von 6 vH, bezogen auf ihre produktiven Fonds abführen. Produktive Fonds sind die Bruttowerte der eingesetzten Grund- und Umlaufmittel. Die Produktionsfondsabgabe muß aus dem Bruttogewinn der Betriebe bezahlt werden. Sie kann neuerdings reduziert werden, wenn die Betriebe Investitionen früher als geplant fertigstellen; bei verspäteter Inbetriebnahme wird die PFA dagegen um zusätzlich 6 vH erhöht.[95] – Nach Abzug der PFA verbleibt der Nettogewinn, also die Zielgröße für die Prämienzuführung. Die Anreize der PFA bestehen nun darin, daß die Betriebe ihren Nettogewinn steigern können, wenn sie bei gegebenem Bruttogewinn weniger produktive Fonds einsetzen, d.h. sparsamer mit Kapital umgehen, oder mit gegebener Fondsausstattung, der wahrscheinlichere Fall, mehr Bruttogewinn durch eine bessere Auslastung der Kapazitäten erwirtschaften. In beiden Fällen können sie ihren Nettogewinn vergrößern. Der Faktor Kapital hat mit der PFA einen Preis bekommen und wird als knappes Gut gekennzeichnet, mit dem sparsam umzugehen ist. Die PFA stellt also eine Verzinsung des eingesetzten Kapitals dar. Sie kann deshalb letztlich als Kostenfaktor angesehen werden, obwohl sie aus dem Gewinn zu bezahlen ist.

(4) *Kontrolle der betrieblichen Finanzmittel durch die Nettogewinnabführung:*[96] Neben der PFA müssen die Betriebe noch einen Be-

trag vom Nettogewinn über die Kombinate an den Staatshaushalt abführen. Diese Nettogewinnabführung (NGA) wird als Plankennziffer in Mark-Beträgen vorgegeben. Nettogewinne, die aufgrund einer Übererfüllung der Planauflagen erwirtschaftet werden (Überplangewinne), müssen als Zuführung zu folgenden Fonds verwandt werden:

– Prämienfonds,
– Leistungsfonds,
– Konto junger Sozialisten,
– Reservefonds.

Soweit der Überplangewinn aus einer zusätzlichen Selbstkostensenkung resultiert, kann er zur Finanzierung von Rationalisierungsinvestitionen eingesetzt werden. Mindestens 50 vH des Überplangewinns sind jedoch an den Staat abzuführen. Hinzu kommt, daß die Generaldirektoren der Kombinate eigenverantwortlich Nettogewinn innerhalb des Kombinats zentralisieren können, um daraus Umverteilungsmaßnahmen zu finanzieren. Diese Regelung ist kennzeichnend für die allgemein zu erkennende Tendenz: eine straffe, zentrale Reglementierung der betrieblichen Finanzmittel mit dem Ziel eines möglichst geringen eigenen Dispositionsspielraumes für die Betriebe. Auf diesem Wege soll die finanzielle Planung enger mit der güterwirtschaftlichen Planung verzahnt werden. Denn mit der Entscheidung über die im Betrieb verbleibenden Finanzmittel wird zugleich über die Investionsmöglichkeiten des Betriebes entschieden. Da aber Investitionsvorhaben zentral festgelegt werden sollen, muß auch ihre Finanzierung zentral gesteuert werden. Deshalb werden neben der NGA auch die Zuführungen zum betrieblichen Investitionsfonds aus dem Nettogewinn und die Verwendung der Amortisationen genau vorgeschrieben.

Von der relativ großen Eigenständigkeit bei der Verfügung über die betrieblichen Finanzmittel, wie sie im Rahmen der „Eigenerwirtschaftung der Mittel" für Investitionen Ende der sechziger Jahre verwirklicht war,[97] ist im Zuge der allgemeinen Rezentralisierung seit Beginn der siebziger Jahre und aufgrund der neuen Richtlinien für die achtziger Jahre nicht mehr viel übrig geblieben.

Zur besseren Übersicht soll die Verwendung des betrieblichen Gewinns noch einmal schematisch dargestellt werden:

Die Verteilung des Gewinns in der DDR
(in vereinfachter Form am Beispiel eines VEB)

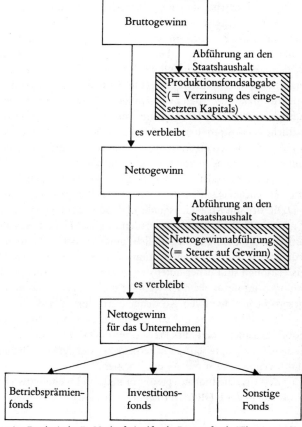

Sonstige Fonds sind z. B.: Umlaufmittelfonds, Reservefonds, Tilgung von Krediten, Beiträge für freiwillige Versicherungen.

c) Mangelnde Aussagefähigkeit des Preissystems

Ob die Leistungsanreize und Kontrollen die Interessen der Betriebe und Beschäftigten auf die zentralen Ziele hinlenken können, hängt von der ökonomischen Aussagefähigkeit der monetären Größen ab. Diese wiederum wird maßgeblich von den zugrunde liegenden Preisen bestimmt, die daher auch im System zentraler Planung der Wirtschaftsprozesse eine Schlüsselfunktion besitzen. Spiegeln die Preisrelationen nicht die Knappheitsrelationen der Güter, dann sind Kennziffern wie z.B. Warenproduktion, Nettoproduktion, Gewinn oder Arbeitsproduktivität nicht als verläßliche Maßstäbe für die Beurteilung der betrieblichen Leistung zu gebrauchen. Sie verhindern eher eine optimale Kombination der Produktionsfaktoren, lösen nicht genügend Anreize für volkswirtschaftlich notwendige Innovationen aus, verschleiern volkswirtschaftliche Verlustproduktionen und täuschen Produktivität vor. Die geforderte Übereinstimmung von materieller und finanzieller Planung fehlt. Streng genommen kann sie auch gar nicht erreicht werden, denn Preisrelationen zu schaffen, die den Knappheitsverhältnissen entsprechen, hieße bei zentraler Preisplanung, wie in der DDR, daß die Knappheitsgrade aller Güter über eine vollständig naturale Planung bestimmt werden müßten. Das ist nach aller praktischen Erfahrung nicht möglich; ginge es, dann könnte man wiederum auf die Preise als ökonomische Hebel verzichten. Die Preisrelationen sind daher unter den in der DDR realisierten Bedingungen immer mehr oder weniger stark verzerrt, was zu den angesprochenen negativen Konsequenzen führt; bei der praktischen Preisbildung kann immer nur versucht werden, durch neue Preisbildungsmethoden die Preisverzerrungen zu mildern und sich den „Optimalpreisen" zu nähern. Dabei soll der „gesellschaftlich notwendige Aufwand" Grundlage sein.[98]

Zur Zeit sind die Industriepreise für neue und weiterentwickelte Produkte in der DDR nach folgendem Schema zu kalkulieren:[99]

     Selbstkosten
     + normativer Gewinnzuschlag
     + Zusatzgewinn (für neue und
     weiterentwickelte Erzeugnisse)
     ─────────────────────────────
     = Betriebspreis
     + Produktgebundene Abgabe[100]
     ─────────────────────────────
     = Industrieabgabepreis
     + Großhandelsspanne
     ─────────────────────────────
     = Großhandelsabgabepreis
     + Einzelhandelsspanne
     ─────────────────────────────
     = Einzelhandelsverkaufspreis[101]

Als Selbstkosten sind u. a. kalkulierbar: Abschreibungen, Materialkosten, Lohnkosten, Zinsen, Sozialversicherung und Zuführungen zum Kultur- und Sozialfonds. Die kalkulierbaren Kosten werden grundsätzlich in Form überbetrieblicher Normative verbindlich vorgegeben. Wo das nicht möglich ist, wird die Kostenkalkulation an genau festgelegte Prinzipien gebunden. Die weitgehende Verwendung von Kostennormativen ist als ein Teil „des Kampfes um die Senkung der Kosten und höchste volkswirtschaftliche Effektivität" zu sehen.[102] Allerdings kann von den Normativen nur ein partieller Leistungsdruck ausgehen, weil sie auf Verbrauchsdurchschnitten aufbauen und deshalb nur diejenigen Betriebe ein erhöhtes Interesse an einer Selbstkostensenkung haben, deren betriebsindividuelle Ist-Kosten über den Normativen liegen.

Bei den normativen Gewinnzuschlägen handelt es sich um Prozentsätze, die entweder auf die im Betrieb eingesetzten produktiven Fonds – fondsbezogener Preis – oder auf die Verarbeitungskosten des Betriebes bezogen sind.[103] Die Gewinnormative werden den einzelnen Industriezweigen in speziellen Kalkulationsrichtlinien vorgegeben; sie können also von Zweig zu Zweig verschieden sein. Einerseits soll mit dem fondsbezogenen Preis eine rationelle Ausnutzung und Verwendung des eingesetzten Kapitals gewährleistet werden. Andererseits bedeutet ein auf die Verarbeitungskosten bezogener Gewinnzuschlag – er dürfte wegen der besseren Zurechnungsmöglichkeiten die Regel sein –, daß der Betrieb mit höheren Verarbeitungskosten einen höheren Gewinnzuschlag erreichen kann. Sein Gewinninteresse kann deshalb seine Bemühungen um Kostensenkungen bremsen.

Um die Entwicklung neuer, qualitativ hochstehender Produkte anzureizen, dürfen die Betriebe seit 1976 für weiterentwickelte Produkte einen Zusatzgewinn kalkulieren. Er soll nach dem sog. „Preis-Leistungs-Verhältnis" bemessen werden. Danach ist zu ermitteln, um wieviel höher der Gebrauchswert des neuen Erzeugnisses gegenüber dem vergleichbarer alter Erzeugnisse ist. Der zusätzliche Nutzen, den das neue Produkt dem Anwender bringt, soll dann zu 70 vH als Zusatzgewinn für den Hersteller in den Preis des neuen Produktes einkalkuliert werden. Dieser Zusatzgewinn wird über zwei Jahre voll gewährt und ist dann in den drei folgenden Jahren abzubauen, damit neue Entwicklungsanreize entstehen.[104]

Die Schwierigkeit dieses Verfahrens liegt in der Messung des ökonomischen Nutzens. Hier wird versucht, die subjektive Größe „Nutzen" zu objektivieren. Voraussetzung dafür sind jedoch objektive Maßstäbe zur Messung des Gebrauchswertes und ein hoher Grad an Vergleichbarkeit zwischen alten und neuen Erzeugnissen; beide dürften aber häufig gerade fehlen. Da der Zusatzgewinn nicht in den Prämienfonds, sondern in den Leistungsfonds fließt, sind die persönlichen materiellen Anreize zur Entwicklung neuer Produkte nicht hoch zu veranschlagen.

Neben der Kalkulation der einzelnen Preisbestandteile ist für die ökonomische Aussagefähigkeit des Preissystems vor allem die Preisflexibilität verantwortlich. Nur wenn sich die Preise den sich laufend verändernden Bedingungen bei Produktion und Absatz anpassen, können von ihnen wiederum ökonomisch sinnvolle Anpassungsreaktionen der Betriebe ausgelöst werden. Eine solche Preisbeweglichkeit gibt es jedoch im Preissystem der DDR nicht.

Von Ausnahmen abgesehen, gelten überwiegend Festpreise, die nur periodisch über Preisreformen den neuen Produktions- und Absatzverhältnissen angepaßt werden. Das ist eine Konsequenz des Systems zentraler Planung, das auf konstante Preise angewiesen ist. So galt z. B. zwischen 1971 und 1975 ein genereller Preisstopp, der die zuvor eingeleiteten Maßnahmen für eine kontinuierliche Preisänderung und eine fondsbezogene Gewinnkalkulation abrupt abbrach. Er führte dazu, daß auch heute noch drei Gruppen mit unterschiedlicher Preiskalkulation nebeneinander bestehen:

– Preise der Industriepreisreform von 1963 bis 1967 auf der Basis damaliger Kosten;
– Fondsbezogene Preise von 1969/70 mit Berücksichtigung der Kapitalintensität im Gewinnzuschlag;
– Preise weiterentwickelter Erzeugnisse auf der Basis heutiger Kosten.[105]

Das bedeutet, die Gewinne der Betriebe können nur mit Einschränkungen verglichen werden und sind als Gradmesser der betrieblichen Leistung für einen zwischenbetrieblichen Vergleich ungeeignet.

Anfang 1976 war man wegen der erheblich gestiegenen Weltmarktpreise für importierte Rohstoffe und Energie gezwungen, ebenfalls die Preise für Rohstoffe und rohstoffintensive Güter zu erhöhen.[106] Daraus ergaben sich in den folgenden Jahren weitere Preiserhöhungen für eine große Anzahl von Halbfabrikaten und Fertigerzeugnissen, um die höheren Rohstoffkosten aufzufangen. Für den Zeitraum von 1981 bis 1985 sind weitere jährliche planmäßige Preisänderungen, vor allem für Energie, vorgesehen.[107]

Alle diese planmäßigen Preisveränderungen durften sich auf keinen Fall auf die Konsumgüterpreise auswirken, weil das die Realeinkommen der Bevölkerung geschmälert hätte. Hier hatte die Preisstabilität absoluten Vorrang, Kostensteigerungen in der Produktion wurden und werden durch Subventionen ausgeglichen. Da die Subventionen zur Stabilisierung des Verbraucherpreisniveaus seit 1976 stark gestiegen waren und den Staatshaushalt zu stark belasteten – 1981 wurden die Verbraucherpreise mit fast 20 Mrd. Mark gestützt – entschloß sich die Wirtschaftsführung der DDR 1979 zu einem neuen preispolitischen Grundsatz: Die Preise für die Güter des Grundbedarfs bleiben nach wie vor stabil, für neue, hochwertigere Waren sollen die Preise jedoch in der Regel die Kosten decken. Damit war der Weg frei für offene Preiserhöhungen in Teilbereichen, die nunmehr neben den schon bisher üblichen versteckten Preissteigerungen durch Produktveränderungen die Kaufkraft der Mark schwächen. Seit 1981 gibt es sogar Preissteigerungen bei Gütern des Grundbedarfs wie z.B. Brot.[108]

Allerdings wird von den Preisveränderungen nicht die erwartete Stimulierung der Betriebe ausgehen, da Preisvor- oder -nachteile durch Preisausgleichsfonds neutralisiert werden.[109] Die veränderten Preise sind also in ihrer Wirksamkeit konstanten Preisen gleichzusetzen. Sie lösen ebenfalls keine gesamtwirtschaftlichen Anpassungsprozesse aus und können somit ihrer – wenn auch nur partiellen – Steuerungsaufgabe nicht entsprechen.

Die Unzulänglichkeiten des Preissystems bleiben also trotz der planmäßigen Industriepreisänderung bestehen; sie werden von Änderung zu Änderung mitgeschleppt. Für das System der Leistungsanreize und Kontrollen bedeuten die Mängel im Preissystem, daß vielfach unzureichende oder auch gesamtwirtschaftlich falsche Reaktionen der Betriebe ausgelöst werden, was nicht zuletzt ein wesentlicher Grund für die häufigen Experimente auf diesem Gebiet ist.

d) Verschärfung administrativer Kontrollen

Der zuvor beschriebenen Lenkung der Wirtschaftsprozesse mittels ökonomischer Hebel scheint die politische Führung zunehmend zu mißtrauen – zu Recht, wie die Analyse der Hebelwirkungen deutlich macht. Dies dürfte der Grund dafür sein, daß sie Ende der siebziger und Anfang der achtziger Jahre eine Reihe wirtschaftspolitischer Maßnahmen ergriffen hat, die den Willen nach einer stärkeren direkten Kontrolle durch administrative Regelungen erkennen lassen. Hierzu gehören z.B.:

– die Einsetzung einer staatlichen „Bilanzinspektion" als Organ der Staatlichen Plankommission zur Kontrolle der den Kombinatsdirektoren übertragenen Bilanzierungsfunktionen;[110]
– die Anbindung der Leiter der Abteilung Preise in den Kombinaten an die jeweiligen Industrieminister und den Leiter des Amtes für Preise, um zu verhindern, daß die Kombinatsdirektoren ihre Monopolstellung bei der Preisfestsetzung ausnutzen;[111]
– die bereits beschriebenen detaillierten Vorschriften über die Verwendung der Finanzmittel in den Kombinaten und Betrieben;
– die stark reglementierenden Vorschriften im Investitionsbereich, von direkten Investitionsverboten bis hin zu einer Vielzahl bürokratischer Kontrollen in der Investitionsphase selbst und nach Abschluß der Investitionen;[112]
– „Kostenrapporte" der Betriebsleiter vor den Generaldirektoren der Kombinate und dieser wiederum vor den zuständigen Ministern bei Kostenüberschreitungen, die dazu führen können, daß die eigenverantwortliche Verwendung von Mitteln „zur Aufrechterhaltung der Kostendisziplin" durch das jeweils übergeordnete Organ gesperrt wird;[113]
– weitreichende Vollmachten und Kontrollrechte der Banken gegenüber den Kombinaten und Betrieben, die Sanktionszinsen ebenso einschließen wie die Möglichkeit zur Aufkündigung von Krediten und zur Sperrung von Importen.[114]

Solche Maßnahmen können als Indiz dafür angesehen werden, daß das „System der zentralen Leitung, Planung und ökonomischen Stimulierung" bei der Lösung des Leistungsproblems nicht ohne administrative Kontrollen auskommt. Es kann davon ausgegangen werden, daß viele dieser Kontrollmechanismen eine Reaktion auf die mit der Kombinatsbildung erweiterten Kompetenzen der Kombinatsleitungen sind. Die veränderte Leitungsstruktur liefert Anreize zur kombinatsautarken Leitung[115] und damit zum Verzicht auf die Vorteile arbeitsteiliger Spezialisierung. Außerdem wird die Abstimmung zwischen den Wirtschaftszweigen erschwert. Um den hierin liegenden Gefahren zu begegnen, muß die politische Führung das System bürokratischer Kontrollen immer erneut ausbauen und verschärfen.

III. Prinzipien der Einkommensverteilung

Die Art und Weise, wie Angebot und Nachfrage koordiniert werden, sowie die im System angelegten Leistungsanreize und Kontrollen bestimmen nicht nur in hohem Maße die Effizienz eines Wirtschaftssystems und damit auch die Höhe des Einkommens, sie determinieren zugleich die Einkommensverteilung.

Sowohl in der Bundesrepublik Deutschland wie in der DDR gilt grundsätzlich die „Leistung" als Verteilungsmaßstab. In beiden Systemen spricht man deshalb auch vom Leistungsprinzip. Allerdings ist Leistung ein äußerst vielseitig zu deutender Begriff, und soll der in beiden Volkswirtschaften gültige Anspruch einer leistungsgerechten Verteilung erfüllt werden, so setzt das voraus, daß die Leistung gemessen und eindeutig zugerechnet werden kann. Gerade das ist aber in beiden Systemen äußerst schwierig, im absoluten Sinne sogar unmöglich, da es keinen absolut gültigen Maßstab für die Messung und Zurechnung von Leistung gibt. Leistungsgerechtigkeit ist deshalb immer nur nach den systemspezifischen Vorstellungen von Gerechtigkeit zu beurteilen, die wiederum von den systemtypischen Verteilungstheorien und von den damit zusammenhängenden Bewertungsmethoden geprägt sind.[116]

1. Einkommensverteilung in der Bundesrepublik Deutschland

Bei marktwirtschaftlicher Koordination der Wirtschaftsprozesse, wie in der Bundesrepublik, werden die Leistungen durch die Preisbildung auf den Faktormärkten gemessen und zugerechnet. Die Haushalte als Besitzer der Faktorleistungen Arbeit, Kapital und Boden bieten diese auf den Faktormärkten an, und die Betriebe fragen sie nach. Je nach dem Verhältnis von Angebot und Nachfrage bilden sich die Faktorpreise, wie Löhne und Gehälter für Arbeitsleistungen, Zinsen für den Kapitaleinsatz und Pacht für die Bodennutzung. Für die Betriebe stellen die Faktorpreise, multipliziert mit den Faktormengen, Kosten dar, für die Haushalte Einkommen. Übersteigen in den Betrieben die Erlöse die Kosten, so ergibt sich ein Gewinn, der als Residualeinkommen – nach der nichtmarxistischen Verteilungstheorie jedenfalls – der unternehmerischen Leistung, vor allem im Sinne von Risikoübernahme und Pionierleistungen, zugerechnet wird.

Unter diesen Bedingungen bedeutet leistungsgerechte Einkommensverteilung also eine Verteilung nach Maßgabe von Marktbewertungen, wobei diese wiederum von der Knappheit der einzelnen Leistungen abhängen. Zumindest zwei Bedingungen sind bei dieser Form von Leistungsgerechtigkeit eingeschlossen: die Marktteilnehmer haben gleich starke Marktstellungen, und es ist Chancengleichheit gegeben. Damit ist die Leitidee der Verteilung in der Bundesrepublik aufgedeckt.

So wie es auf den Gütermärkten Marktmacht geben kann, so ist sie auch auf den Faktormärkten möglich, was die Verteilungsergebnisse entsprechend verfälschen kann. Um ungleiche Marktpositionen bei der Preisbildung für den Faktor Arbeit zu vermeiden, sieht das Tarifvertragsgesetz der Bundesrepublik vor, daß Löhne und Gehälter von autonomen Tarifvertragsparteien, den Gewerkschaften und den Vereinigungen der Arbeitgeber, ausgehandelt werden. Das Verhandlungsergebnis hängt dann eher von den jeweiligen Verhandlungs-, sprich Machtpositionen der Partner ab und wird weniger von den Knappheitsrelationen des Faktors Arbeit bestimmt.

Mit der Festlegung des Preises für die Arbeitskraft wird zugleich auch über das Einkommen des Faktors Kapital in den Unternehmen, über den Gewinn, mitentschieden. Dieses Kapitaleinkommen hängt darüber hinaus noch von den Güterpreisen ab, in denen ein von den Unternehmen kalkulierter Gewinnzuschlag enthalten ist. Über den Gewinnzuschlag versuchen die Unternehmer, ihren angestrebten Anteil am Volkseinkommen zu halten oder zu vergrößern. Inwieweit ihnen das gelingt, hängt davon ab, ob sie die so kalkulierten Preise am Markt realisieren können, was wiederum eine Frage der Wettbewerbsintensität ist. Das zeigt, daß es sich bei den Löhnen und Gehältern um ein festes, kontraktbestimmtes Einkommen, beim Gewinn dagegen um ein ergebnisabhängiges, also um ein Residualeinkommen handelt, das als Verzinsung des in den Unternehmen eingesetzten Eigenkapitals anzusehen ist.

Bei der Aufteilung des Einkommens auf die Produktionsfaktoren spricht man von funktioneller Verteilung. Sie gibt an, wie das Volkseinkommen auf die Faktoren Arbeit, Kapital und Boden verteilt ist. Statistisch wird die funktionelle Verteilung ausgewiesen, indem zwischen Einkommen aus unselbständiger Arbeit und Einkommen aus Unternehmertätigkeit und Vermögen unterschieden wird. Einkommen aus unselbständiger Arbeit sind Bruttolöhne und -gehälter, die Arbeitgeberbeiträge zur Sozialversicherung sowie die zusätzlichen Sozialaufwendungen der Arbeitgeber. Setzt man ihre Summe ins Verhältnis zum Volkseinkommen, so ergibt sich die Lohnquote. Sie betrug 1981: 73,7 vH.[117] Die Einkommen aus Unternehmertätigkeit und Vermögen werden statistisch als Restgröße ermittelt und umfassen alle Einkommen, die nicht aus unselbständiger Arbeit entstehen. Sie enthalten eine ganze Reihe unterschiedlicher Einkommensgrößen: das Einkommen der privaten Haushalte und des Staates aus Zinsen, Nettopachten, Einkommen aus immateriellen Werten, Dividenden und sonstige Ausschüttungen der Unternehmen mit eigener Rechtspersönlichkeit (Kapitalgesellschaften, Genossenschaften usw.), deren unverteilte Gewinne sowie die Einkommen der Unternehmen ohne eigene Rechtspersönlichkeit. Diese Einkommen werden vielfach als Gewinneinkommen im weitesten Sinne angesehen. Sieht man sie als Faktoreinkommen, lassen sie sich aufspalten in:

(1) Vermögenseinkommen: Zinsen, Mieten, Pachten, Dividenden;

(2) Fiktiver Unternehmerlohn: Entgelt für die dispositive Tätigkeit der Unternehmer, die selbst im Unternehmen arbeiten, und für mithelfende Familienangehörige, also Arbeitseinkommen;

(3) Gewinn im engeren Sinne: Entgelt für Risikoübernahme.

Eine solche Aufteilung ist statistisch nicht ohne erhebliche Ermessensentscheidungen möglich, was zugleich den Anspruch der leistungsgerechten Verteilung relativiert.[118] Teilt man die Einkommen aus Unternehmertätigkeit und Vermögen dennoch in etwa der genannten Weise auf, so ergeben sich in der Bundesrepublik für die letzten Jahre folgende Anteile der einzelnen Einkommenskategorien am Volkseinkommen:

Funktionelle Verteilung des Volkseinkommens in der Bundesrepublik Deutschland
Anteile am Volkseinkommen in vH

Jahr	Bruttoeinkommen aus unselbständiger Arbeit		Bruttoeinkommen aus Unternehmertätigkeit und Vermögen			
	tatsächliche Lohnquote	bereinigte Lohnquote[3]	insgesamt	Vermögenseinkünfte[4]	Fiktiver Arbeitslohn der Selbständigen und Mithelfenden[5]	Einkommen aus Unternehmertätigkeit[6]
1950[2]	58,4	71,2	41,6	1,0	33,9	6,7
1955[2]	59,3	66,8	40,7	1,4	26,8	12,5
1960	60,4	64,8	39,6	2,2	22,8	14,6
1965	65,6	67,3	34,4	2,6	19,9	12,0
1970	67,8	67,8	32,2	4,3	17,6	10,3
1971	69,1	68,7	30,9	4,2	17,4	9,4
1972	69,5	68,9	30,5	4,2	17,1	9,1
1973	70,7	69,8	29,3	4,3	17,1	7,9
1974	72,6	71,6	27,4	4,2	17,5	5,7
1975	72,3	71,4	27,7	4,7	17,6	5,4
1976	71,3	70,1	28,7	4,9	16,9	6,9
1977	71,5	70,0	28,5	5,1	16,5	6,9
1978	71,0	69,2	29,0	4,6	15,9	8,5
1979[1]	70,9	68,6	29,1	4,3	15,4	9,3
1980[1]	72,4	69,8	27,6	4,7	15,4	7,4
1981[1]	73,6	70,7	26,4	5,0	15,4	6,0

[1] Vorläufiges Ergebnis.
[2] Werte für die fünfziger Jahre ohne Saarland und Berlin (West); nur bedingt vergleichbar mit nachfolgenden Angaben.
[3] Das ist die Lohnquote, die sich ergeben würde, wenn das zahlenmäßige Verhältnis zwischen selbständig und unselbständig Erwerbstätigen so geblieben wäre wie 1970. Tatsächlich hat die Zahl der Selbständigen abgenommen.
[4] Darin sind auch die Zins- und Mieteinkünfte von Arbeitnehmerhaushalten enthalten.
[5] Für die Selbständigen: das 1,5fache Durchschnittseinkommen eines Arbeitnehmers; für die mithelfenden Familienangehörigen: das 1fache Arbeitnehmereinkommen.
[6] Die „Gewinne im engeren Sinne" als Restgröße ermittelt.
Quelle: Zahlen zur wirtschaftlichen Entwicklung der Bundesrepublik Deutschland, Ausgabe 1982, hrsg. v. Institut der Deutschen Wirtschaft, Köln 1982, S. 18.

Gemessen an der Entwicklung der bereinigten Lohnquote[119] hat sich in den letzten zwanzig Jahren eine Einkommensumverteilung zugunsten des Faktors Arbeit ergeben. Die Quote der Einkommen aus Unternehmertätigkeit hat sich in derselben Zeit bei nur wenig verändertem Anteil der Bruttoeinkommen aus Unternehmertätigkeit und Vermögen fast halbiert, was darauf schließen läßt, daß sich der Einkommensteil, der als Entgelt für den wachsenden Kapitaleinsatz in den Unternehmen zur Verfügung steht, rückläufig entwickelt. Diese Einschätzung läßt sich bekräftigen, wenn man die Entwicklung der Anteile der Einkommen aus unselbständiger Arbeit an der Wertschöpfung einzelner Wirtschaftsbereiche heranzieht. So hat sich z.B. diese Quote im verarbeitenden Gewerbe von 1960 bis 1980 von 65,5 vH auf 82 vH erhöht.[120]

Allerdings sagt die funktionelle Einkommensverteilung noch nichts über die personelle Verteilung aus. Hier geht es darum, wieviel Einkommen den einzelnen privaten Haushalten zufließt, die üblicherweise als Verteilungseinheiten herangezogen werden. Funktionelle und personelle Verteilung fallen auseinander: denn erstens gibt es eine zunehmende Querverteilung, d.h. Einkommen aus Unternehmertätigkeit und Vermögen fließen auch den Arbeitnehmerhaushalten zu, und in Selbständigenhaushalten beziehen Familienmitglieder auch Lohn oder Gehalt; zweitens ist eine starke Differenzierung innerhalb der funktionell abgegrenzten Gruppen festzustellen.[121]

Die personelle Verteilung hängt in erster Linie von der Vermögensverteilung, also von den Besitzverhältnissen ab. Je nachdem, welche und wieviele Arbeitsleistungen („human capital") und/oder wieviel Geld- oder Sachvermögen der einzelne Haushalt anbieten kann, so stark ist sein Zugriff auf die Einkommen aus unselbständiger Arbeit und auf die Einkommen aus Unternehmertätigkeit und Vermögen. Ungleiche Vermögensverteilung verstärkt deshalb tendenziell Ungleichheit in der Einkommensverteilung.

Für die Einkommensverteilung durch den Marktmechanismus sind folglich zwei Aspekte maßgebend: erstens Art und Umfang der Leistung, die angeboten werden kann, also die Ausstattung der Haushalte mit Produktionsfaktoren; zweitens die Knappheit der Leistungen, die auch von der Nachfrage abhängt und schließlich für die Bewertung verantwortlich ist.

Die Verteilung gemäß der Leistung kann zwar als ökonomisch

zufriedenstellend angesehen werden, sie muß es jedoch von der gesellschaftspolitischen Zielsetzung her nicht sein. Bei strikter Anwendung des marktwirtschaftlichen Verteilungsmechanismus würden alle diejenigen, die keine Leistungen anbieten können, wie z. B. Kranke, Rentner oder Jugendliche, die noch ausgebildet werden, kein Einkommen beziehen. Ihnen würde letztlich die Kaufkraft fehlen, mit der sie Güter zu ihrer Bedürfnisbefriedigung nachfragen können. Da eine solche Verteilung offensichtlich nicht den Vorstellungen der Allgemeinheit von einer gerechten Verteilung entspricht, kann es nicht dem Markt und der Preisbildung allein überlassen bleiben zu entscheiden, wie die Einkommen verteilt werden sollen. Es sind also verteilungspolitische Eingriffe des Staates erforderlich, um eine mehrheitlich befürwortete Verteilungsgerechtigkeit durchzusetzen. Sie wird über eine Einkommensumverteilung angestrebt, die über die Besteuerung und das gesamte System der sozialen Sicherung vorgenommen wird (s. sechster Teil). Aus der sog. primären Verteilung der Einkommen, wie sie den Produktionsfaktoren aus dem Produktionsprozeß heraus zufließen, ergibt sich durch die Umverteilungsmaßnahmen die sog. Sekundärverteilung, d. h. das in den privaten Haushalten schließlich verfügbare Einkommen, das aus Leistungs- und/oder Nichtleistungseinkommen bestehen kann. Den derzeitigen Stand des in den Haushalten verfügbaren Einkommens zeigt die folgende Übersicht.

Mittelwerte zur Schichtung des Bruttoerwerbs- und -vermögenseinkommens und des verfügbaren Einkommens sozialer Gruppen[1] 1980 in DM je Haushalt und Monat

	Haushalte von													
	Selbständigen in der Land- und Forstwirtschaft		in den sonstigen Wirtschaftsbereichen		Angestellten		Beamten[2]		Arbeitern		Rentnern[3]		Versorgungsempfängern des öffentl. Dienstes		Insgesamt	
	brutto	verfügb.	brutto	verfügb.	brutto	verfügb.	brutto	verfügb.	brutto	verfügb.	brutto	verfügb.	brutto	verfügb.	brutto	verfügb.
Modalwert[4]	3542	2972	8238	5427	3583	1991	3167	2500	2897	1926	.	987	.	1781	2876	1108
Median[5]	3892	3611	8627	6650	4845	3074	4351	3595	3879	2700	.	1432	.	2308	2914	2545
Arithmet. Mittel	4474	3969	12249	9000	5503	3482	4862	3912	4455	2947	.	1829	.	2564	3756	3158

1) Ohne Einkommen der Personen in Anstalten. – 2) Einschließlich Richter, ohne Versorgungsempfänger. – 3) Einschließlich sonstiger Personen, die überwiegend von laufenden Übertragungen oder Vermögenseinkommen leben. – 4) Größte Besetzungsdichte der Einkommensskala. – 5) Obere Einkommensgrenze für die Hälfte aller Haushalte.
Quelle: K.-D. Bedau, G. Göseke: Einkommensschichtung der privaten Haushalte in der Bundesrepublik Deutschland 1980, in: DIW-Wochenbericht, 4/1982, S. 57–71, hier S. 64.

2. Einkommensverteilung in der DDR

Was Märkte und Preisbildung hinsichtlich der Einkommensverteilung in der Bundesrepublik Deutschland leisten, wird in der DDR im Rahmen der zentralen Planung entschieden. Denn mit der Planaufstellung und der gesamtwirtschaftlichen Bilanzierung werden zugleich die Weichen für die Einkommensverteilung gestellt.

Ausgangspunkt der Verteilung ist die Aufspaltung des Nationaleinkommens[122] auf die konsumtive und investive Verwendung, in der DDR Konsumfonds und Akkumulationsfonds genannt.[123] Darauf aufbauend werden dann die Geldeinnahmen und Geldausgaben der Bevölkerung bilanziert. In diesen Geldeinnahmen- und Geldausgabenbilanzen ist das wichtigste einkommenspolitische Instrument in der DDR zu sehen.

Zu den Geldeinnahmen zählen zunächst die Bruttogeldeinnahmen aus Berufstätigkeit. Werden davon die Lohn- und Einkommensteuern sowie die Sozialversicherungsbeiträge abgezogen, so verbleiben die Nettogeldeinnahmen aus Beschäftigung. Zu diesen müssen die Zinsgutschriften für die Ersparnisse der Bevölkerung und die Summe der Sozialleistungen hinzugerechnet werden, um zu den gesamten Nettogeldeinnahmen der Bevölkerung zu kommen. Diese Nettogeldeinnahmen schlagen sich einmal in den geplanten Kauffonds für Konsumgüter, denen die Warenfonds entsprechen müssen, und in dem „Zuwachs der Geldakkumulation" (Erhöhung der Spareinlagen) nieder.[124]

Die Ermittlung der Nettogeldeinnahmen zeigt, daß in der DDR genauso wie in der Bundesrepublik zwischen Primär- und Sekundärverteilung zu unterscheiden ist. Die Primärverteilung umfaßt die Bruttoeinnahmen aus Berufstätigkeit und die Zinsgutschriften. Durch das Steuersystem und das System der Sozialleistungen werden Einkommen umverteilt.[125] Bezieht man diese Umverteilung in die Überlegung mit ein, so zeigt sich, daß der eingangs erwähnte Konsumfonds nach zwei Prinzipien verteilt wird: nach Leistung als dominierendem Prinzip und nach Bedürftigkeit. Wie in der Bundesrepublik wird also auch hier das Leistungsprinzip als ergänzungsbedürftig angesehen, um soziale Ungleichheiten zu vermeiden.

Die Verteilung nach der Leistung soll allerdings in der DDR ausschließlich eine Verteilung nach der Arbeitsleistung und nicht auch nach Leistungsbeiträgen des Faktors Kapital sein. Diese Zielsetzung geht auf die Marxsche Arbeitswertlehre zurück, nach der einzig und allein der Faktor Arbeit Wert schaffen kann und dem deshalb auch allein aller Wert zuzurechnen ist. Faktisch wird jedoch von dieser Zielsetzung abgewichen, indem einmal grundsätzlich Zinsen für Bankeinlagen und Bankkredite gezahlt werden und zum anderen eine Produktionsfondsabgabe erhoben wird, die als Zins auf das in den Betrieben eingesetzte Kapital angesehen werden kann.

Die zentral festgelegten Nettogeldeinnahmen der Bevölkerung stecken den Rahmen für die personelle Verteilung der Einkommen ab. Dabei wird die Verteilung nach Arbeitsleistung über die zentral festgelegten Lohn- und Prämienfonds gesteuert. Es gilt das Prinzip der materiellen Interessiertheit, d.h. von der Verteilung sollen zugleich Leistungsanreize ausgehen. Das Leistungseinkommen eines Beschäftigten setzt sich aus folgenden Größen zusammen:

– Tariflöhne (Grundlöhne),
– Mehrleistungslöhne und
– Jahresendprämien aus dem Betriebsprämienfonds.

Grundsätzliche Fragen bei der Festlegung der Tariflöhne werden vom Ministerrat und dem FDGB geregelt. Auf der Basis zentral festgelegter Wirtschaftszweig-Lohngruppenkataloge für die Arbeiter und Gehaltsgruppenkataloge für die Angestellten wird die Gestaltung der Tariflöhne in Rahmenkollektivverträgen zwischen den wirtschaftsleitenden Organen und den zuständigen Gewerkschaften des FDGB für die einzelnen Wirtschaftszweige festgelegt. Ein einheitliches Tarifsystem für alle Werktätigen ist bisher noch nicht verwirklicht. Es gibt noch Lohndifferenzen, die nicht auf unterschiedlichen Arbeitsanforderungen beruhen, weil die Arbeitslöhne nach der volkswirtschaftlichen Bedeutung der Wirtschaftszweige und nach Betriebsklassen differenziert sind.[126]

Das Verhältnis von Tarif- und Mehrleistungslöhnen hat in der Vergangenheit zu unerwünschten Effekten geführt. Der Anteil der Tariflöhne betrug Mitte der siebziger Jahre nur noch 50 v H des Effektivverdienstes der meisten Arbeitnehmer,[127] so daß das Tarifsystem kaum noch wie vorgesehen als Steuerungsinstrument eingesetzt werden konnte. Der Mehrleistungslohn, der vor allem bei den Produktionsarbeitern für Lohnerhöhungen sorgte, konnte seiner Stimulierungsfunktion nicht mehr gerecht werden, weil er als quasi fester Lohnbestandteil bezahlt wurde und kaum noch von der Erfüllung aktualisierter Normen abhängig war. Diese Entwicklung führte dazu, daß vielfach gerade höher qualifizierte Arbeitnehmer, deren Einkommen stärker durch Tariflöhne geprägt ist, benachteiligt wurden, mit der Konsequenz geringerer Bereitschaft zu höherer Qualifikation. Sie kann auch als Ursache für die Fluktuation der Arbeitnehmer aus Bereichen mit geringem Mehrleistungslohnanteil (z.B. Handel) in Bereiche mit einem entsprechend höheren Anteil gesehen werden.

Die in der zweiten Hälfte der siebziger Jahre ergriffenen lohnpolitischen Maßnahmen waren deshalb darauf gerichtet, den Tariflohnanteil am Bruttolohn auf 70–80 v H auf Kosten des Mehrleistungslohnanteils zu erhöhen. Der in etwa dieser Höhe festgelegte Grundlohn (früher Tariflohn) wird bei einer hundertprozentigen Normerfüllung voll bezahlt. Werden die Arbeitsnormen nicht voll erfüllt, gibt es Abzüge vom Grundlohn. Der Anspruch auf Mehrleistungslohn ist erst bei einer Übererfüllung der Arbeitsnormen gegeben. Mit der Abhängigkeit des Grundlohns von der Normerfüllung ist – je nach leistungsrelevanter Aussagefähigkeit der Normen – ein zusätzlicher Leistungsdruck verbunden.[128]

Der dritte Bestandteil des Leistungseinkommens, die Prämie, ist in seiner Höhe nach oben begrenzt. Er darf für den Beschäftigten das Zweifache seines monatlichen Durchschnittsverdienstes nicht übersteigen und wird aus dem Betriebsprämienfonds als Jahresendprämie ausgeschüttet. 1980 lag der Anteil der Prämie am Nettohaushaltseinkommen bei 7,5 v H,[129] was auf eine relativ geringe Stimulierungswirkung der Prämie schließen läßt.

Wie sich die Haushaltseinkommen in der DDR entwickelt haben, zeigt die folgende Übersicht:

Haushaltseinkommen der Arbeiter- und Angestelltenhaushalte je Monat in Mark

	1960	1970	1975	1979	1980
Verfügbares Realeinkommen	890	1326	1738	2079	2131
darunter Nettogeldeinnahmen	734	1050	1325	1562	1604

Quelle: Statistisches Jahrbuch der DDR 1981, S. 270.

Die Differenz zwischen verfügbarem Realeinkommen und Nettogeldeinnahmen wird in der DDR als „unentgeltliches Einkommen" ausgewiesen. In den verfügbaren Realeinkommen sind auch unentgeltliche Einkommen aus „gesellschaftlichen Fonds" enthalten, die zur Subventionierung von Grundnahrungsmittelpreisen, für Wohnungsbau, Volksbildung und Kultur u. a. eingesetzt werden. Die verfügbaren Realeinkommen in der DDR sind somit nur begrenzt vergleichbar mit den verfügbaren Haushaltseinkommen in der Bundesrepublik.
Ein sinnvoller Vergleich ist allerdings nur möglich durch einen Kaufkraftvergleich. Aber selbst ein Kaufkraftvergleich ist nur begrenzt aussagefähig. So gehen aus den Angaben z. B. nicht die Unterschiede in den Gütersortimenten der beiden Länder hervor; ebenso sagen diese Zahlen nichts über die tatsächlichen Zugriffsmöglichkeiten der privaten Haushalte auf die vorhandenen Güter aus, und sie spiegeln auch nicht die unterschiedlichen Zugriffsmöglichkeiten auf die öffentlich angebotenen Güter wie Bildung, Krankenversorgung usw. wider. Solche Aussagen wären aber notwendig, um die reale Einkommenssituation der privaten Haushalte und damit auch die Leistungsfähigkeit der beiden Wirtschaftssysteme im umfassenden Sinne vergleichen zu können.
Entgegen dem längerfristigen Trend hat sich die Kaufkraft der

Einkommensschichtung 1978 im Vergleich

Wieviel % aller Arbeiter- und Angestelltenhaushalte hatten 1978 ein Haushaltsnettoeinkommen der jeweils angegebenen Stufe?

Haushalte mit einem Einkommen von ...

DM	Bundesrepublik Deutschland	DDR	M
unter 600	0,0	3,9	
600 bis 800	0,3	7,5	
800 bis 1 000	1,8	8,7	
1 000 bis 1 200	3,4	10,5	
1 200 bis 1 400	4,7	16,0	
1 400 bis 1 600	5,7	18,1	
1 600 bis 1 800	6,6	14,2	
1 800 bis 2 000	7,6	8,9	
2 000 bis 2 500	19,8		
2 500 bis 3 000	14,1	12,2[1]	
3 000 bis 3 500	11,4		
3 500 bis 4 000	8,0		
mehr als 4 000	16,5		

[1] Aufschlüsselung nach Einkommensgruppen für die DDR nur bis 2 000 M möglich.

Quelle: Zahlenspiegel, Bundesrepublik Deutschland/Deutsche Demokratische Republik – Ein Vergleich, hrsg. v. Bundesministerium für innerdeutsche Beziehungen, Bonn 1981, S. 56.

Kaufkraftparitäten zwischen D-Mark und Mark der DDR Mitte 1981

Ausgaben nach Bedarfsgruppen insgesamt	Relative Kaufkraft der Mark der DDR[1]	
	Vier-Personen-Arbeitnehmerhaushalt	Zwei-Personen-Rentnerhaushalt
	in vH	
Verbrauchsstruktur in der Bundesrepublik	83	98
Verbrauchsstruktur in der DDR	120	130
Kreuzung der Warenkörbe	102	114

[1] Die Kaufkraft der Mark in der DDR im Verhältnis zur Kaufkraft der D-Mark in der Bundesrepublik.

Quelle: Ch. Otto-Arnold, H. Vortmann: Das Kaufkraftverhältnis zwischen der D-Mark und der Mark der DDR Mitte 1981, in: DIW-Wochenbericht, 3/1982, S. 49–55, hier S. 54.

Mark gegenüber der DM nicht weiter verbessert. Für beide Haushaltstypen läßt sich bei den gekreuzten Warenkörben eine relative Verschlechterung von 3 bis 4 vH seit 1977 feststellen. Wenn man die durchschnittlichen Nettoeinkommen von 4-Personen-Arbeitnehmer- und 2-Personen-Rentnerhaushalten sowie die gekreuzten Warenkörbe zugrunde legt, ergibt sich für 1980 immer noch ein realer Einkommensrückstand der DDR gegenüber der Bundesrepublik von gut 50 vH.

Vierter Teil

Planversagen versus Marktversagen

Helmut Leipold

I. Alternative Allokationssysteme in Wirtschaft und Politik

Im vorangegangenen Beitrag wurde die Funktionsweise der Wirtschaftsordnungen der Bundesrepublik Deutschland und der DDR dargestellt und analysiert. Mit dem dezentralen Plansystem in Verbindung mit dem Markt-Preis-Mechanismus und dem zentralen Plansystem in Verbindung mit der Bilanzierungsmethode sind die beiden ökonomischen Allokationssysteme charakterisiert worden, die gemäß einer gebräuchlichen Kurzform auch als „Markt" und „Plan" bezeichnet werden. Der Terminus Allokationssystem verweist auf die Art und Weise, wie und für welche Zwecke die Produktionsfaktoren eingesetzt und wie die Entscheidungen hierüber koordiniert werden. „Markt" und „Plan" bezeichnen folglich den Systemzusammenhang der Entscheidungen zwischen den Wirtschaftseinheiten, also zwischen Haushalten, Betrieben und allen sonstigen am Wirtschaftsprozeß beteiligten Einheiten.

Neben dieser systembestimmenden (*inter*organisatorischen) Koordination von Entscheidungen gibt es eine zweite Ebene der Abstimmung von Entscheidungen innerhalb der Wirtschafts-, speziell der Produktionseinheiten (*intra*organisatorische Koordination). Der Modus der Abstimmung kann auf beiden Ebenen gleich (DDR) oder unterschiedlich sein (Bundesrepublik Deutschland). Innerhalb der Betriebe sowohl in der Bundesrepublik als auch in der DDR bildet die Hierarchie den grundlegenden Abstimmungsmodus der Entscheidungen. Hierarchie wird hierbei als das Grundmuster einer organisationsinternen Abstimmung verstanden, das sich in einem vertikal angeordneten Gefüge von Positionen und Kompetenzen, also in einem System von Über- und Unterordnungen von Personen, institutionalisiert.

Neben den beiden genannten Ebenen der gesamtwirtschaftlichen und einzelwirtschaftlichen Koordination sind auf einer dritten Ebene die Beziehungen zwischen wirtschaftlichen und politischen Entscheidungen zu koordinieren. Industriell hochentwickelte Wirtschaftssysteme zeichnen sich durch eine enge Verflechtung zwischen dem wirtschaftlichen und dem politischen System aus. Dieser Sachverhalt gilt sowohl für die Bundesrepublik Deutschland als auch für die DDR, wobei das Ausmaß der Verflechtung jedoch sehr unterschiedlich ist.

1. Politökonomische Allokationssysteme der Bundesrepublik Deutschland

Die bundesrepublikanische Ordnungskonzeption stellt sich als Wohlfahrtsstaat dar, womit jene Fusion gemeint ist, „welche die Marktwirtschaft mit der Politik eingegangen ist, also die Verbindung von wirtschaftlichen und politischen Charakteristika".[1] Welche politökonomischen Allokationssysteme können unterschieden werden und aufgrund welcher Koordinationsmechanismen werden die Beziehungen und Entscheidungen zwischen Wirtschaft und Politik abgestimmt? Die Antwort ist in der Literatur nicht eindeutig. Im Anschluß an Dahl und Lindblom werden am häufigsten Verhandlungen, Wahlen (Polyarchien) und Bürokratien (Hierarchien) genannt, die neben dem Markt die wichtigsten Allokationssysteme repräsentierten und speziell auf der Beziehungsebene Wirtschaft-Politik anzusiedeln wären.[2] Durchweg unklar bleiben bei dieser Klassifikation sowohl die Entscheidungsträger als auch die Entscheidungsinhalte, die abzustimmen sind. Man beläßt es dabei, die Allokationssysteme dar- und unvermittelt nebeneinanderzustellen.

Verhandlungen beispielsweise sind kein spezifisch politökonomisches Allokationssystem. Gerade die Marktkoordination verkörpert einen ständigen Abstimmungsmodus zwischen Käufern und Verkäufern per Verhandlungen, was durch das Konzept der vollkommenen Konkurrenz in Verbindung mit der Preisnehmerschaft zuweilen verdeckt wird. Daneben spielen Verhandlungen sowohl bei betrieblichen als auch bei politischen und bürokratischen Allokationsprozessen eine Rolle. Deshalb dürfte es strittig sein, Verhandlungen als eigenständiges Allokationssystem abzugrenzen.

Unstrittig ist dagegen, daß die freie Gruppen- oder Verbandsbildung das besondere Kennzeichen pluralistischer Gesellschaftsordnungen sind. Gruppeninteressen werden organisiert, weil dadurch eine bessere Repräsentation und Durchsetzung im gesellschaftlichen, speziell im politischen Kräftefeld erhofft wird. Die Wahrnehmung der Interessen kann über viele Wege und Kanäle stattfinden. Die wichtigsten politischen Entscheidungszentren, an die Forderungen gerichtet werden, sind die Parteien, das Parlament, die Regierung und die Bürokratie. Parteien und Politiker können beeinflußt werden, weil Verbände Wählerstimmen, Geld und andere Unterstützungen mobilisieren und weil sie Detailinformationen und Sachwissen in den politischen Willensbildungsprozeß einbringen können.[3]

Neben der Möglichkeit der indirekten Beeinflussung von politischen Entscheidungsprozessen können Teilinteressen in verschiedenen wirtschafts- und gesamtpolitisch bedeutsamen Bereichen durch direkte Verhandlungen zwischen den Verbänden wahrgenommen werden. Beispiele hierfür sind die Tarifverhandlungen zwischen Arbeitgeberverbänden und Gewerkschaften oder die Festlegung von Arzthonoraren zwischen Krankenkassen und kassenärztlichen Vereinigungen. Da die von den Verbandsfunktionären getroffenen Vereinbarungen für alle Verbandsmitglieder verbindlich und darüber hinaus auch als Daten für politische Entscheidungsträger zu beachten sind, haben sie den Charakter quasipolitischer Entscheidungen. Verbände sind somit institutionelle Bindeglieder zwischen Wirtschaft und Politik. Prägende Koordinationsformen des politischen Systems sind der Wahlmechanismus und die Bürokratie.

Folgt man dem Demokratieverständnis der „Ökonomischen

Theorie der Politik", so ist Demokratie als eine Ordnung zu begreifen, in der die Regierungsgewalt durch Konkurrenz der Parteien und Politiker um Wählerstimmen erworben wird.[4] Im Zuge der Parteienkonkurrenz werden Parteiprogramme entwickelt, in denen – analog zu den betrieblichen Angebotsprogrammen auf Märkten – öffentliche Leistungen angeboten werden. Als Marktsubstitute fungieren gleichsam die periodisch stattfindenden Wahlen, in denen diejenigen Parteien bzw. Politiker mit der Regierungsbildung beauftragt werden, welche die Mehrheit der Wählerstimmen bekommen. Das Erfolgsziel der Parteien besteht also – wiederum in Analogie zum Gewinn- oder Umsatzstreben privater Anbieter auf Märkten – darin, möglichst viele Wählerstimmen zu bekommen. Als Gegenleistung werden öffentliche Güter oder Leistungen angeboten und bereitgestellt.

Die Abstimmung zwischen Nachfrage nach und Angebot von öffentlichen Gütern erfolgt also nicht über Märkte und Preise, sondern über politische Instanzen. Als analoger Koordinationsmechanismus bei der Allokation der öffentlichen Güter fungiert der Wahlmechanismus in Verbindung mit der Bürokratie.

Die politischen Instanzen bedienen sich bei der Zuteilung von öffentlichen Gütern bürokratischer Verwaltungseinrichtungen. In der Bürokratietheorie gelten die Förderung der eigenen Machtbefugnisse, des Prestiges und des Einkommens als dominierende Motivationen der Bürokraten.[5] Das Angebotsvolumen der Bürokratien ist abhängig von der Höhe ihres Budgets, das durch die Parlamente bemessen wird. Das Bestreben leitender Bürokraten tendiert mangels anderer Erfolgskriterien dahin, das von ihnen verwaltete Budget zu erweitern, da Macht, Ansehen und die Zahl der Untergebenen hiervon abhängig sind. Da Bürokratien in der Regel keinem Konkurrenzdruck unterliegen und ihr primäres Erfolgskriterium, die Budgetgröße, nicht output-, sondern inputorientiert ist, besteht für sie nur ein geringer Anreiz zu bedarfsgerechter und rationaller Wirtschaftsweise. Sie erfordern daher eigene Kontrollapparate.

2. Das einheitliche Allokationssystem der DDR

Die bisher genannten Allokationssysteme, auf die an späterer Stelle zurückzukommen sein wird, sind auf die Verhältnisse marktwirtschaftlicher und parlamentarisch-demokratischer Ordnungen zugeschnitten. Sie können daher nicht undifferenziert auf die Verhältnisse der Gesellschaftsordnung der DDR übertragen werden. Im Vergleich zur Bundesrepublik sind in der DDR unter den Ordnungsbedingungen der zentralen Planung und des Staatseigentums an Produktionsmitteln das politische und das wirtschaftliche System sehr viel enger verzahnt. Politik und Wirtschaft bilden eine „dialektische Einheit", die jedoch vom Primat der Politik bestimmt wird. Demgemäß umgreift und vereinnahmt das politische System das wirtschaftliche. Parteiführung und Staatsorgane repräsentieren die eigentlichen ökonomischen Entscheidungssubjekte. In ihren Händen sind alle wesentlichen Entscheidungskompetenzen über Allokation und Verteilung der volkswirtschaftlichen Prozesse konzentriert.

Die sozialistischen Produktionsverhältnisse können folglich nur dann definiert und analysiert werden, wenn das politische System in die Definition und Analyse einbezogen wird.[6] Die in der sozialistischen Theorie unterstellte Basis-Überbau-Abhängigkeit kehrt sich um: In der DDR determiniert der Überbau, das politische System also, das Wesen der wirtschaftlichen Beziehungen oder der Basis.

Aufgrund der Zentralisierung der ökonomischen und politischen Macht in den Händen der Partei und des Staates ist es daher auch nicht sinnvoll, verschiedene Allokationssysteme und Koordinationsprinzipien im wirtschaftlichen und politischen System zu differenzieren und gesondert abzugrenzen. Die Koordination der ökonomischen Entscheidungen erfolgt durch politische Instanzen vermittels der Bilanzierungsmethode und bürokratisch-hierarchischer Verwaltungsapparate. Damit wird auch die für die marktwirtschaftlichen Verhältnisse charakteristische Funktionenteilung zwischen dem wirtschaftlichen und dem politischen System aufgehoben. In der Bundesrepublik Deutschland sind die dezentral

Zusammenhang zwischen dem wirtschaftlichen und politischen System

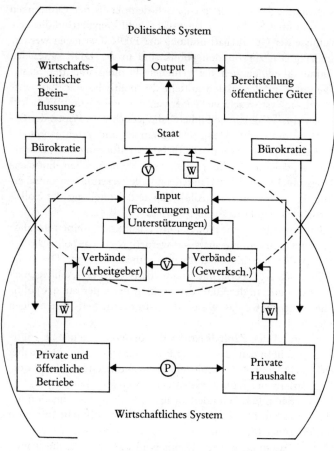

Zusammenhang zwischen dem wirtschaftlichen und politischen System

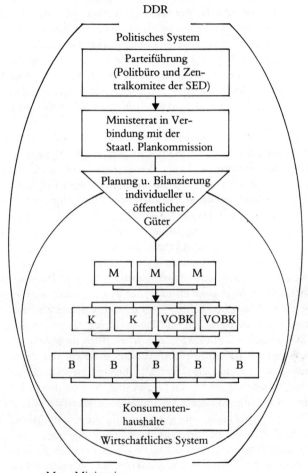

M = Ministerien
K = Kombinate
VOBK = Verwaltungsorgane der Bezirke u. Kreise
B = Volkseigene u. a. Betriebe

agierenden privaten Wirtschaftseinheiten zuständig für die Herstellung und Verteilung des volkswirtschaftlichen Güterbündels; der Staat ergänzt dieses Güterbündel, indem er öffentliche Güter bereitstellt, die er entweder selbst produziert oder, wie z.B. im Falle öffentlicher Verkehrswege, von privaten Einheiten produzieren läßt und der Bevölkerung ohne direkte Gegenleistung zur unentgeltlichen Nutzung zur Verfügung stellt, wobei die Finanzierung durch Steuerzahlungen erfolgt. Darüber hinaus greift der Staat in Form der Wirtschafts- und Sozialpolitik regulierend in die dezentral geplanten und marktkoordinierten Wirtschaftsprozesse ein.

In der DDR dagegen schließt die zentrale staatliche Planung, Leitung und Kontrolle der Wirtschaftsprozesse die Allokation und Verteilung sowohl der individuellen als auch der öffentlichen Güter ein. Ferner wird unter den Bedingungen zentraler Planung die Unterscheidung zwischen Planung oder Allokation der Wirtschaftsprozesse und Planung der Wirtschaftspolitik überflüssig, weil die zentrale Planung beide Bereiche uno actu umschließt. Wie Hensel herausgearbeitet hat, ist die zentrale Planung der Wirtschaftsprozesse Grundlage und zugleich Instrument der staatlichen Wirtschafts- oder Prozeßpolitik. „Zentrale Planung der Wirtschaftsprozesse und Planung der Prozeßpolitik sind somit zwei Seiten derselben Sache."[7] – Die beschriebenen Zusammenhänge zwischen Wirtschaft und Politik sind in den Schaubildern (S. 204 und 205) für beide Systeme schematisch dargestellt.

Obwohl in das einheitliche Allokationssystem der zentralen Planung und Leitung alle wirtschaftlichen und nahezu alle außerwirtschaftlichen Bereiche einbezogen sind, bleiben dennoch Probleme offen, die von zentralen Instanzen nicht erfaßt oder nicht gelöst werden können. Dies gilt analog für die marktwirtschaftliche Allokation der Bundesrepublik, wo unter den gegenwärtigen Ordnungsbedingungen zahlreiche Probleme bestehen. Einige dieser Funktionsprobleme in beiden Wirtschaftssystemen sollen im folgenden erörtert werden.

II. Private und öffentliche Güterversorgung

1. Marktversagen – Planversagen

Ausgangspunkt sind jene thesenhaft diagnostizierten Mängel, die unter dem Stichwort „Marktversagen" dem Allokationssystem des Marktes angelastet werden. In Analogie zum Begriff „Marktversagen" wählen wir den Begriff „Planversagen", d.h. das System der zentralen Wirtschaftsplanung der DDR soll in vergleichender Betrachtung auf analoge Mängel hin untersucht werden.

Die verschiedenen Thesen über das Versagen der Allokationssysteme, speziell des Marktes, entspringen Vorstellungen über ideale Leitbilder und eine als vollkommen gedachte Funktionsweise der Allokationssysteme. Insofern ist die Mängeldiagnose abhängig vom Vollkommenheitsgrad oder Idealzustand der Leitbilder. Je vollkommener das Leitbild im Sinne eines idealen Zustandes gedacht und vorausgesetzt wird, desto unvollkommener wird die daran gemessene Realität ausfallen. Gerade Nationalökonomen neigen dazu, vollkommene, ideale Leitbilder zu formulieren und sie als Maßstab an reale Allokationssysteme anzulegen. Diese verbreitete Neigung dürfte die Folge des entscheidungslogischen Ansatzes in der Ökonomie sein, dessen Erkenntnisintention weniger auf die Erklärung der Realität als vielmehr auf die Ableitung von Entscheidungsregeln ausgerichtet ist, die einen optimalen Zielerreichungsgrad garantieren sollen.

Es ist zwar durchaus legitim und notwendig, reale Verhältnisse anhand von idealen Leitbildern beurteilen und verbessern zu wollen; das läßt jedoch nicht den Schluß zu, daß aus einem konstruierten Ideal- oder Optimalmodell Gestaltungsmaßnahmen für die Realität gewonnen werden können.[8] Die vergleichende Betrachtung geht deshalb nicht von der Frage aus, inwieweit die realen Ordnungen den vollkommenen Modellen der Theorie entsprechen, sondern von einem für beide Ordnungen gleichen Maßstab, der eine Antwort auf die Frage nach mehr oder weniger, kleineren oder größeren Mängeln erlaubt. In diesem Sinne werden im folgenden Marktversagen und Planversagen verglichen.

Die Mängelliste, die unter dem Stichwort Marktversagen vorgetragen wird, ist nicht einheitlich und variiert von Autor zu Autor. Der Begriff dürfte auf Bators Aufsatz „The Anatomy of Market Failure" zurückgehen.[9] Bator wollte zeigen, daß selbst bei vollkommener Konkurrenz verschiedene Mängel des Marktes vorhanden sind, indem der Markt bei der Lösung verschiedener Aufgaben „versagt". Die dem Marktsystem zugeschriebenen Mängel beziehen sich schwerpunktmäßig einmal auf das Versagen des Marktes bei der Erfassung individueller und kollektiver Bedarfe und zum anderen auf das Versagen des Marktes bei der Allokation der Ressourcen.[10]

2. Private Güterversorgung und Marktversagen

Im Bereich der mangelhaften Bedarfserfassung werden verschiedene Thesen vertreten. Der Markt sei ungeeignet, die „wahren" oder „wirklichen" Bedürfnisse der Menschen zu erfassen und zu befriedigen.[11] Die Vorstellung eines autonom und rational handelnden Konsumenten sei eine romantische Vorstellung, denn Konsumentensouveränität sei durch Produzentensouveränität verdrängt worden. Um sich der Laune des Marktes und den Bedarfsschwankungen zu entziehen, werde die Nachfrage durch marktmächtige Produzenten systematisch geschaffen und stimuliert. Das Mittel hierzu seien subtile Werbungsmethoden und die Kreation ständig neuer Produkte, die zudem auf kurzfristige Lebensdauer programmiert würden. Die Konsumenten könnten daher nicht die Produkte kaufen, die ihren wirklichen Bedürfnissen gerecht würden, sondern nur diejenigen, die sie am Markt vorfänden; und diese Angebote seien von Anbietern diktiert, die selbst unentrinnbar dem Zwang einer rentablen Kapitalverwertung unterlägen. Als Belege werden die Werbung für den Mehrfachbesitz einer Produktart, das verstärkte Angebot von Wegwerfprodukten und der geplante schnelle technische oder modische Verschleiß von Produkten genannt.[12]

Die ständige Stimulierung der Bedürfnisse nach individuellen Gütern und die einseitige Ausrichtung der Produktionskapazitäten auf gewinnträchtige Produkte gehe Hand in Hand mit der Vernachlässigung jener Produkte und Bedürfnisse, die keine Kaufkraft repräsentierten, und führe zur Unterversorgung an öffentlichen Gütern. Dieser diagnostizierte Mangelzustand findet seinen Ausdruck in der allseitig geläufigen These von der öffentlichen Armut bei privatem Reichtum. Die auf den amerikanischen Ökonomen Galbraith zurückgehende Unterversorgungsthese wird einmal mit dem geringen Gewinnanreiz bei öffentlichen Gütern für private Produzenten, zum anderen mit der Dominanz privater Güterangebote und den hierdurch induzierten zahlreichen öffentlichen Investitionen begründet.[13] So würden beispielsweise durch die Produktion privater Kraftfahrzeuge erhebliche öffentliche Folgeinvestitionen im Straßenbau ausgelöst, so daß nur geringe Mittel für die als sinnvoller angesehene Bereitstellung öffentlicher Verkehrsmittel oder anderer öffentlicher Güter übrigblieben.

So weit einige Thesen zum Marktversagen bei der Bedarfserfassung, die sich besonders bei Nichtökonomen einer gewissen Beliebtheit erfreuen. Da die diesbezügliche Auseinandersetzung in der Bundesrepublik hinlänglich bekannt ist,[14] werden wir uns im folgenden vorrangig der Frage zuwenden, wie das Problem der Bedarfserfassung gelöst wird, wenn der Markt durch zentrale Planung substituiert wird. Vorab sei jedoch darauf hingewiesen, daß die Unterscheidung zwischen wirklichen und künstlichen Bedürfnissen reine Willkür ist. Jeder, der dieser Unterscheidung folgt, muß den Vorwurf gegen sich gelten lassen, daß die von ihm als wirklich eingeschätzten Bedürfnisse von anderen als künstliche oder unwirkliche Bedürfnisse bewertet werden. Wenn z.B. Mandel beklagt, daß im Fall von Marktbeziehungen bestimmte individuelle Güter wie Alkoholika, Comic Strips und Kriminalromane mit Sicherheit eine höhere effektive Nachfrage als soziologische und philosophische Bücher erwarten lassen, so liegen dieser Anklage implizit seine eigenen subjektiven Präferenzen zugrunde, die keineswegs von der Mehrzahl der Konsumenten geteilt werden dürften.[15] Worauf kann ein Urteil gegründet werden, die Lektüre eines soziologischen Lehrbuchs als höherwertig oder wichtiger als die Lektüre eines Kriminalromans einzuschätzen?

Unabhängig von der willkürlichen Klassifikation der Bedürfnisse in wahre und künstliche ist der Einfluß der Werbung auf die Bedürfnisformierung der Konsumenten nicht zu bestreiten. Dafür spricht die einfache Tatsache, daß von den Anbietern erhebliche Mittel für Werbungszwecke aufgewendet werden. Die Konsumenten treten nicht immer mit einer vorgegebenen und autonom festgelegten Bedürfnisstruktur am Markt auf, die sich im Zuge sozialer Prozesse ergibt, durch den Kontakt mit anderen Menschen und in Orientierung an Wertsystemen und Statussymbolen von sozialen Gruppen oder Schichten. Es bleibt daher bei der Bedürfnisformierung auch Raum für die Werbung, was noch nicht besagt, daß die Konsumenten hilflos der Werbung ausgeliefert sind. Das beweist die große Zahl der neuen Produkte, die trotz eines beträchtlichen Werbungsaufwands keine Nachfrage finden und wieder vom Markt verschwinden.

3. Private Güterversorgung und Planversagen

Die Fragwürdigkeit der These vom Marktversagen bei der Erfassung individueller Bedarfe zeigt sich am deutlichsten am Beispiel des zentralen Planungssystems der DDR. Wird die dezentrale, marktkoordinierte Planung, wozu Werbung und Konkurrenz um die Produkte einzelner Anbieter untrennbar gehören, durch eine zentrale Planung der Güterprogramme ersetzt, erhält die These vom Versagen bei der Bedarfserfassung und -befriedigung erst eine reale Basis, allerdings hier in Form des Planversagens. Sichtbarer Ausdruck dieses Versagens sind ständige Lücken, Engpässe und mangelhafte Produktqualitäten in der Konsumgüterversorgung. Diese durch die Praxis der Güterversorgung in der DDR hinreichend belegte und immer erneut belegbare Mangelerscheinung ist im Anreiz- und Kontrollsystem begründet, dem die ökonomischen Entscheidungsträger bei zentraler Planung unterliegen.

Die zentralen Planträger können die komplexen ökonomischen Prozesse nur in Form hochaggregierter Bilanzen planen und koordinieren. Die differenzierten Bedarfe an einzelnen Konsumgütern, z.B. an Schuhen oder Hemden, werden von den zentralen

Instanzen global erfaßt und in einer globalen Schuh- oder Hemden-Bilanz dem zentral ebenfalls undifferenziert ausgewiesenen Aufkommen an diesen Güterarten gegenübergestellt. Die der Zentrale untergeordneten Wirtschaftseinheiten, insbesondere die Betriebe, sind genötigt, die globalen Vorgaben aufzuschlüsseln und zu detaillieren. Hierbei wäre es theoretisch vorstellbar, daß ein Produktionsprogramm zusammengestellt würde, das eine bedarfsgerechte Versorgung garantiert, zumal wenn das Vorhaben durch umfangreiche Bedarfsforschungen unterstützt würde. Dieser theoretisch vorstellbaren Möglichkeit entspricht jedoch kein reales Interesse der überbetrieblichen und betrieblichen Entscheidungsträger. Deren Interessenlagen werden durch das der zentralen Planung eigene Anreiz- und Kontrollsystem präformiert, das (wie im dritten Teil dargelegt wurde) in der Planerfüllung im Verein mit dem Prämienprinzip besteht. Die Betriebsleiter sind unter diesen Ordnungsbedingungen nicht primär an einem bedarfsgerechten Angebot, sondern an einer erfolgreichen Planerfüllung interessiert. Ein Betriebsleiter, der auf die spezifischen Wünsche der Konsumenten eingehen will, indem er ein breites und qualitativ hochwertiges Angebot bereitstellt, dürfte meistens in Konflikt mit der Forderung zur Planerfüllung geraten. Auf plötzliche Bedarfsänderungen kann er nicht reagieren, da dies eine Umstellung der laufenden zentralen Planvorgaben für ihn sowie für alle vor- und nebengelagerten Zulieferbetriebe erfordern würde. Flexible und rational abgestimmte Planrevisionen sind bei zentraler Planung jedoch in der Phase der Planrealisierung schon aus Zeitgründen schlechterdings nicht durchführbar.[16] Die für den Betriebsleiter bequemste Strategie besteht darin, jene Produkte in sein Produktionsprogramm aufzunehmen, mit denen er am leichtesten die vorgegebenen Kennziffern erfüllen kann. Sind Gewinn oder Warenproduktion die Hauptkennziffern, dann wird er die Produkte mit dem höchsten Preis und den geringsten Kosten aussuchen. Da die Preise zentral und für eine längere Periode festgesetzt werden, können mögliche Veränderungen im Verhältnis zwischen Bedarf und Aufkommen einzelner Güterarten nicht rechtzeitig berücksichtigt werden; abgesehen davon wird die Konzeption der

Knappheitspreise in der offiziellen Preispolitik der DDR abgelehnt. Die betrieblichen Entscheidungen, die an Preisen, Gewinnen oder Warenumsätzen orientiert sind, können deshalb nur ausnahmsweise knappheitsbezogene Entscheidungen sein. Die Folgen der Planerfüllungsstrategie zeigen sich in der Praxis darin, daß Konsumgüter nur in einer bestimmten Größe und Art, z. B. nur Halbschuhe, produziert werden, dagegen Stiefel überhaupt nicht, weil hier der Materialverbrauch (und damit die Kosten) für den Betrieb zu hoch oder der Verkaufspreis zu niedrig ist. In eben dieser Strategie liegt auch das betriebliche Verhalten begründet, auf die Heraufsetzung der Kostennormative mit einer Qualitätsverschlechterung der Produkte zu reagieren. Die Betriebsleiter können auf diese Weise eine erfolgreiche Aufgabenerfüllung melden, ohne Rücksicht auf Konsumenteninteressen nehmen zu müssen. Die Kontrolle durch souveräne Konsumenten bleibt wirkungslos, weil das betriebliche Anreiz- und Kontrollsystem einseitig vertikal im Sinne einer Erfüllung der von oben vorgegebenen Auflagen aufgebaut ist, während horizontale Kontrollen durch die Marktneben- und Marktgegenseite fehlen.[17]

4. Öffentliche Güterversorgung in Marktwirtschaften

Wenden wir uns nun der These einer Unterversorgung mit öffentlichen Gütern zu, und zwar zunächst bezogen auf die Gesellschaftsordnung der Bundesrepublik Deutschland. Sie erscheint uns, um das Urteil vorwegzunehmen, ebenso willkürlich und spekulativ wie jene vom Marktversagen bei der Bedarfserfassung individueller Güter. Frey kommt hinsichtlich dieser These zu folgendem Schluß: „Ob eine Unterversorgung mit öffentlichen Gütern in hochentwickelten Volkswirtschaften herrscht oder nicht, ist ein Werturteil. Auch statistische Untersuchungen helfen nicht weiter."[18]

Der statistische Nachweis dieser These ist deshalb schwierig, weil der Anteil der Staatsausgaben am Sozialprodukt ein zu grober Maßstab ist, um hieraus Schlußfolgerungen über das Versorgungsniveau öffentlicher Güter ziehen zu können. Hinzu kommt, daß die Bedürfnisse an öffentlichen Gütern nicht exakt erfaßt werden können. Im Unterschied zu den Bedürfnissen an individuellen Gütern offenbaren sie sich nicht in kaufkräftiger Nachfrage. Weil bei öffentlichen Gütern definitionsgemäß das Ausschlußprinzip nicht wirksam ist, besteht bei den Konsumenten entweder die Neigung, latente Bedürfnisse zu verbergen, um kostenlos am Konsum dieser Güter auf Kosten anderer partizipieren zu können, oder die offenbarte Nachfrage nach öffentlichen Gütern fällt unangemessen hoch aus, weil und sofern die öffentlichen Güter zum Nulltarif angeboten werden. – Da bisher auch über die Verteilungswirkungen öffentlicher Güter nur vereinzelt Ergebnisse vorliegen, muß man sich mangels statistischer Belege mit theoretisch, d.h. hypothetisch angelegten Erklärungsversuchen begnügen.

Gemeinsamer Ansatzpunkt dieser Versuche ist die Analyse der Willensbildung im politischen System. So glaubt Downs nachweisen zu können, daß bei der Konkurrenz der Parteien um Wählerstimmen die Versorgung mit öffentlichen Gütern unter dem optimalen Versorgungsniveau liege, eine Unterversorgung daher wahrscheinlich sei.[19] Weil ein einzelner Wähler in seiner Rolle als Konsument öffentlicher Güter nicht an allen von politischen Instanzen bereitgestellten Leistungen partizipieren könne, unterstütze er mit seiner Stimme nicht jene Parteien und Budgets, die ein breites und vielfältiges Angebot an öffentlichen Gütern bereitstellten, zumal er die Finanzierung dieser Budgets durch Steuern als direkte Belastung empfinde. „Deshalb ist jeder Bürger der Meinung, daß der tatsächliche Staatshaushalt in Relation zum Nutzen, den er daraus zieht, zu groß ist."[20] Der Wähler neige dazu, jene Partei zu wählen, die für eine Begrenzung der öffentlichen Leistungen und damit für geringe Steuerlasten eintrete.

Einen anderen Ansatz zum Nachweis einer Unterversorgung an öffentlichen Gütern wählt Offe.[21] Er geht davon aus, daß im politischen System öffentliche Güter in um so größerem Ausmaß bereitgestellt werden, je mehr sie auf der Inputseite von organisierten Interessengruppen vertreten und gefordert werden. Die Organisation der Bedürfnisse und Interessen gelinge homogenen Statusgruppen am besten, die an der politischen Wahrnehmung eines speziellen, abgrenzbaren Bedürfnisses interessiert seien. Dagegen bestehe die Eigenart der Bedürfnisse nach kollektiven Gütern, z.B. im Bereich der Sozialleistungen, der Infrastruktur oder des Umweltschutzes, gerade darin, daß sie nicht an eine eindeutig abgrenzbare Gruppe gebunden und deshalb auch nur sehr schwer zu organisieren seien, weshalb sie im politischen System weniger gut artikuliert und repräsentiert würden und im Vergleich zu speziellen Gruppenbedürfnissen unterversorgt seien.

Diese pessimistischen Thesen sind nicht unwidersprochen geblieben. Andere Autoren kommen aufgrund der Analyse der Motivationen politischer und bürokratischer Entscheidungsinstanzen zu anderen Schlußfolgerungen.[22] Die Konkurrenz der Politiker um Wählerstimmen auf Bundes-, Länder- und Gemeindeebene und die Motivation bürokratischer Stelleninhaber induzierten ein Überangebot an öffentlichen Gütern. Die politischen Ressortleiter auf Bundes-, Länder- und Gemeindeebene und die Bürokratien seien primär inputorientiert, d.h. ihr Ansehen und ihre Bewertung würden mangels geeigneter Kontrollmöglichkeiten durch die Konsumenten (Wähler) nicht durch die Qualität des Güterangebots, sondern durch den Umfang der von ihnen ausgehandelten Budgetanteile bestimmt. Nach Engels läßt die Organisation des politischen Systems in parlamentarischen Demokratien daher vermuten, „daß eher zuviele öffentliche Güter produziert werden: Sowohl der Ehrgeiz der meisten Politiker (mit Ausnahme der Finanzminister) ist auf Überproduktion öffentlicher Güter gerichtet als auch der der Verwaltung – je mehr Aufgaben, umso mehr Stellen, umso höher werden die Gehälter der Vorgesetzten."[23] Wenn dennoch ständig über Unterversorgung geklagt würde, dann habe man die Ursache in der entgeltlosen Bereitstellung der öffentlichen Güter und in der Ineffizienz bürokratischer Verwaltungen zu suchen. Da öffentliche Güter normalerweise zum Nulltarif angeboten würden, sei die Nachfrage danach sehr hoch. Müßten die Konsumenten kostendeckende oder marktmäßige Preise wie bei den individuellen Gütern zahlen, dann würden sie ihre wirklichen Präferenzen offenbaren und die Nachfrage entsprechend einschränken. Hinzu komme die eigentümliche Ökonomie der Bürokratie, bei der kein Interesse an einer bedarfsgerechten und rationellen Wirtschaftsweise bestehe. Engels schlägt daher vor, die These von der öffentlichen Armut zur These von der öffentlichen Verschwendung zu modifizieren.[24]

Die ordnungspolitischen Besonderheiten und die Expansion der staatlichen Leistungen und Interventionen sind bereits im Ersten Teil dieses Bandes aufgezeigt worden (S. 38 ff.). Aufgrund der in den siebziger Jahren erfolgten Ausdehnung des öffentlichen Sektors wurde die These von der öffentlichen Armut durch die reale Entwicklung widerlegt. Die Expansion der Staatsaktivitäten führte vielmehr zu einer Überversorgung mit öffentlichen Gütern, wodurch sich dann eine „Verarmung der öffentlichen Haushalte" ergab. Da der weiteren Zunahme der privaten Belastungen und der öffentlichen Verschuldung unübersehbare Grenzen gesetzt sind, stellt sich in den achtziger Jahren die Notwendigkeit, das sozialstaatliche Leistungs- und Sicherungssystem zu reorganisieren, wobei nicht dessen Abbau, sondern vielmehr dessen kosten- und verantwortungsbewußtere Neuordnung anstehen.

5. Öffentliche Güterversorgung in Planwirtschaften

In der DDR stößt der Versuch, die Thesen einer Unter- oder Überversorgung mit öffentlichen Gütern nachzuweisen und zu überprüfen, auf vergleichbare statistische Schwierigkeiten wie in der Bundesrepublik. Die Bereitstellung öffentlicher Güter wird hier im Zusammenhang mit der Bereitstellung der Mittel der gesellschaftlichen Konsumtionsfonds diskutiert. Diesen Fonds werden jene Teile des Nationalprodukts zugerechnet, die im wesentlichen nicht gemäß dem Leistungsprinzip, sondern unentgeltlich verteilt werden.[25] Die Finanzierung der Fonds erfolgt größtenteils durch den Staatshaushalt, daneben auch über betriebliche Fonds. Die den gesellschaftlichen Konsumtionsfonds zugerechneten Güter und Leistungen sind deshalb nicht identisch mit der Definition der öffentlichen Güter gemäß dem Ausschlußprinzip. Als wichtigste Verwendungspositonen werden genannt: Bildungswesen, Gesundheitswesen, Kultur- und Sportförderung, Umweltschutz, soziale Sicherung, Kindergeld, Subventionen und Landesverteidigung.[26]

Die Besonderheiten bei der Allokation der Mittel der gesellschaftlichen Fonds liegen in der Organisation des politischen Systems der DDR begründet. Die Wahlen haben hier andere Funktionen als in der parlamentarisch-demokratischen Ordnung der Bundesrepublik. Sie dienen nicht der Auswahl der konkurrierenden Parteien, Programme oder Politiker, sondern sie haben die Funktion, die gemäß der Einheitsliste von oben ernannten Politiker zu bestätigen, um somit die Einheit und Geschlossenheit des Volkswillens zu demonstrieren. Die politischen Kandidaten unterliegen also nicht der Konkurrenz um Wählerstimmen, weshalb die Allokation der gesellschaftlichen Fonds auch nicht am Ziel der Stimmenmaximierung orientiert ist.[27]

Wenn aber der Indikator der Wählerstimmen fehlt, nach welchen Kriterien werden dann in der DDR die kollektiven Güter in welchem Umfang auf welche Bevölkerungsgruppe verteilt? Soll eine ausreichende oder optimale Befriedigung der Bedürfnisse an kollektiven Gütern erzielt werden, müssen erstens die Anteile für die individuelle und die gesellschaftliche Konsumtion und zweitens das Sortiment kollektiver Güter art- und mengenmäßig festgelegt werden. Gemäß dem „ökonomischen Grundgesetz des Sozialismus" haben die politischen Entscheidungsinstanzen die Mittel der gesellschaftlichen Konsumfonds so zu allozieren, daß die Bedürfnisse der Bevölkerung optimal befriedigt werden. Dies ist zunächst ein formales Postulat, dessen praktische Einlösung auf Schwierigkeiten stößt. Das Wahlsystem bietet keine Möglichkeit, Bedürfnisse an kollektiven Gütern zu offenbaren und die bereitgestellten Leistungsprogramme der politischen Instanzen positiv oder negativ zu sanktionieren, wie dies bei den periodischen Wahlen in parlamentarischen Demokratien geschieht. Weil personelle und ämtermäßige Konsequenzen aufgrund der Wahlergebnisse nicht zu befürchten sind, unterliegen die politischen Verteilungsinstanzen keiner Kontrolle durch die Wähler. Das Anreiz- und Kontrollsystem bietet deshalb nur wenig Motivationen für eine bedarfsgerechte Allokation der öffentlichen Güter.

Darüber hinaus ist zu beachten, daß die Allokation der öffentlichen Güter auch unter sozialistischen Ordnungsbedingungen nicht im interessenfreien Raum erfolgt. Ebenso wie in der Bundesrepublik muß auch in der DDR die Existenz von Teilinteressen vorausgesetzt werden, die unterschiedliche Artikulations- und Durchsetzungschancen haben. Abweichend von der Praxis der westlichen parlamentarischen Demokratien bilden Sonder- oder Gruppeninteressen keine formalen Organisationen, sondern lockere Gruppierungen, die über verschiedene Wege in den Partei- und Staatsapparat eindringen und hier durch repräsentative Fürsprecher vertreten werden. Den größten Einfluß haben jene Gruppen, die in der Partei- und Staatshierarchie offiziell etabliert sind. Dies sind die leitenden Partei-, Staats- und Gewerkschaftsfunktionäre, die Militärs, die leitenden Wirtschaftsfunktionäre bis hin zu den Managern großer Betriebe, führende Persönlichkeiten der Technik, Wissenschaft und Kultur. Deren Interessen dürften im politischen Allokationssystem vorrangig berücksichtigt werden, was sich auf die Zusammensetzung der gesellschaftlichen Konsumfonds auswirkt. Aufgrund dieser spezifischen Interessenvertretung können annäherungsweise z.B. die hohen Ausgaben für das Rüstungswesen oder für die Sicherung der inneren Ordnung in Form eines aufgeblähten Polizei- und Überwachungsapparates ebenso erklärt werden, wie die niedrigen Aufwendungen für bestimmte Bereiche der Infrastruktur, z.B. für Verkehr, Umweltschutz, Wohnungsbau, Kommunikationswesen und die vergleichsweise niedrigen Renteneinkommen, weil die diesbezüglichen Bedürfnisse nicht adäquat in politischen System repräsentiert und durchgesetzt werden können. Allerdings ist die Interessenrepräsentanz im politischen System der DDR keine hinreichende Erklärung für Art und Umfang der kollektiven Güter. Daneben sind andere Faktoren, z.B. machtpolitischer und ideologischer Art, zu berücksichtigen.

Die Sozialleistungen expandierten in den siebziger Jahren in der DDR mit beträchtlichen Zuwachsraten. Die Leistungen aus gesellschaftlichen Fonds für das Wohnungs-, Bildungs-, Familien-, Sozialversicherungs-, Kultur- und Sportwesen sowie für

Preis- und Kreditsubventionen erhöhten sich von 26,3 Mrd. Mark im Jahre 1971 auf 52,7 Mrd. Mark in 1980.[28] Damit wuchsen die Einkommen aus gesellschaftlichen Fonds schneller als die Arbeitseinkommen, wenngleich die seit 1977 eingetretene Kompression der Zuwachsraten auch in der DDR auf „Grenzen des Sozialstaates" deutet. In der erzielten Verbesserung der sozialen Lebensbedingungen treten nach Meinung von Gurtz und Kaltofen „die prinzipielle Gegensätzlichkeit der sozialistischen und kapitalistischen Gesellschaft deutlich zutage".[29] Diese Behauptung kann jedoch einem Vergleich der Sozialleistungen in der DDR und der Bundesrepublik Deutschland nicht standhalten. Legt man die in der DDR verwendeten statistischen Verfahren zur Erfassung öffentlicher Sozialleistungen dem Vergleich zugrunde, so ergibt sich nach den Berechnungen von Buck, daß ein Vier-Personen-Haushalt in der Bundesrepublik im Jahre 1977 monatlich ein „zweites zusätzliches Einkommen" von 1 100 bis 1 150 DM erhielt, dem in der DDR monatliche Zuwendungen aus gesellschaftlichen Konsumfonds in Höhe von 900 Mark entgegenstanden.[30] Dieses Ergebnis kann vor dem Hintergrund der überlegenen wirtschaftlichen Leistungskraft der marktwirtschaftlichen Ordnung nicht verwundern.

III. Umweltprobleme und technischer Fortschritt

1. Externe Effekte als systemindifferentes Problem

Das durch technische Fortschritte vorangetriebene Wachstum der industriellen Güterproduktion gilt nach verbreiteter Ansicht als die wesentliche Ursache des Umweltproblems. Die Vorstellung, daß wirtschaftlich-technische Fortschritte selber einen wichtigen Ansatzpunkt zur Lösung der Umweltprobleme bilden können, findet dagegen noch kaum Anerkennung. Bevor wir uns diesem letztgenannten und keineswegs abwegigen Bedingungszusammenhang zuwenden, sollen zunächst die Ursachen und Bereiche des Umweltproblems untersucht werden.

Die verschiedenen Umweltprobleme sind Erscheinungsformen negativer externer Effekte. Es empfiehlt sich daher zunächst eine allgemeine Betrachtung des Externalitätenproblems. Der Bezug zwischen Marktversagen und Externalitäten kommt bereits bei deren Definitionen zum Ausdruck. Als Externalitäten werden üblicherweise die Wirkungen oder Effekte einzelner wirtschaftlicher Handlungen auf andere Aktivitäten bezeichnet, die außerhalb des Marktmechanismus ablaufen[31]. Da Externalitäten demnach definitionsgemäß Ausdruck des Marktversagens sind, verwundert es nicht, wenn Littmann feststellt: „Durch den Prozeß der Zunahme von Externalitäten werden die wesentlichen Vorzüge einer marktwirtschaftlichen Ordnung in Frage gestellt."[32] Das Auftreten externer Effekte ist jedoch keine spezifisch marktwirtschaftliche Erscheinung. Will man das Externalitätenkonzept auch auf Wirtschaftssysteme zentraler Planung übertragen, empfiehlt sich eine systemindifferente Betrachtungsweise.

In jedem Wirtschaftssystem stellt sich das Problem, die Beziehungen zwischen den Wirtschaftssubjekten so zu organisieren, daß die Kosten und Nutzen wirtschaftlicher Aktivitäten denjenigen Personen zugerechnet werden, die sie verursachen bzw. begehren. Die Kosten- und Nutzenströme sind, mit anderen Worten, möglichst trennscharf auf die Initiatoren oder Empfänger zu lenken.[33] Gelingt dieses Vorhaben nicht, werden also Kosten- oder Nutzenteile unbeteiligten dritten Personen zugerechnet, handelt es sich um externe Effekte. Werden beispielsweise die bei der Produktion eines Gutes entstehenden Kosten nicht von den verursachenden oder direkt beteiligten Personen getragen, sondern unbeteiligten Personen angelastet, liegen negative externe Effekte vor. Erhalten dagegen Dritte ohne eigenes Zutun aus Aktivitäten anderer einen Vorteil oder Nutzen, so kommen sie in den Genuß positiver externer Effekte. Beide Situationen sind Ausdruck allokativer Fehlentwicklungen, die in jedem Wirtschaftssystem ohne geeignete Ordnungsvorkehrungen auftreten. Die Existenz externer Effekte ist komplexen sozialen Interdependenzen inhärent, da Handlungsfolgen immer innerhalb des sozialen Handlungszusammenhangs bleiben.[34] Die angeführte ideale Or-

ganisation sozialer und wirtschaftlicher Beziehungen, in der Kosten und Nutzen wirtschaftlicher Aktivitäten nicht unbeteiligten Dritten, sondern denjenigen Personen zugerechnet werden, die sie in bewußter Absicht verursachen bzw. begehren, läßt sich ganz allgemein offensichtlich dann um so besser verwirklichen, wenn
– erstens die Wirtschaftssubjekte ihre Präferenzen möglichst exakt aufdecken, welche Güter oder Leistungen sie begehren oder nicht begehren und welche Kosten sie zu zahlen bereit sind,
– zweitens die Präferenzen auch realisiert werden können, d. h. wenn für Produzenten wirksame Anreize und Sanktionen vorhanden sind, bedarfsgerechte Güter und Leistungen anzubieten,
– drittens der Austausch der begehrten und produzierten Güter rechtlich möglich und gesichert ist,
– viertens die Rechte an Gütern *allgemein,* also für alle Personen gleich sind, wenn sie ferner *exklusiv* sind, d. h. Kosten und Nutzen der Güter eindeutig Personen zugerechnet werden können, wenn zudem die Rechte an ihnen *transferierbar* und teilbar sind (also Güter auf diejenigen Personen übertragen werden können, die sie begehren) und wenn schließlich diese Rechte zu vertretbaren Kosten durchgesetzt werden können.

Mit der zuletzt genannten Kostenkategorie sind die Transaktionskosten angesprochen. Sie umfassen alle Kosten, die bei der Herstellung, Durchsetzung und Kontrolle wirtschaftlicher Transaktionen, damit auch bei der Zurechnung wirtschaftlicher Effekte und Aktivitäten entstehen. Demgemäß können sie in Informationssuch-, Einigungs- und Kontrollkosten unterteilt werden.[35] Die Zurechnung (Internalisierung) von Externalitäten wird maßgeblich von der Höhe der Transaktionskosten beeinflußt, und diese wiederum werden wesentlich von der jeweiligen Rechts- und Wirtschaftsordnung bestimmt. Die Gestaltung dieser Teilordnungen und hierbei speziell der Eigentumsordnung ist daher der entscheidende Faktor für die Zurechnung wirtschaftlicher Effekte, somit für die Qualität wirtschaftlicher und sozialer Beziehungen. Im folgenden sollen die Rechts- und Wirtschaftsordnungen der Bundesrepublik Deutschland und der DDR in vergleichender Betrachtung daraufhin untersucht werden, in welchem Maße sie den abgeleiteten Zurechnungs- oder Internalisierungsbedingungen wirtschaftlicher Effekte genügen können.

2. Zurechnung externer Effekte in Marktwirtschaften

Die systemprägenden Institutionen der bundesrepublikanischen Wirtschaftsordnung sind Märkte und Privateigentum. Märkte sind dabei Ausdruck bilateraler Tauschprozesse, in denen Güter und Leistungen gegen Geldbeträge ausgetauscht werden. Unter Wettbewerbsbedingungen werden einzelne Güter von verschiedenen Anbietern angeboten, und die Nachfrager können das für sie günstigste Angebot auswählen. Mit ihrer Kaufentscheidung initiieren und sanktionieren die Nachfrager die Leistungen der Anbieter und sind somit indirekt am Zustandekommen von Produktionsentscheidungen beteiligt.

Für die privaten Anbieter bildet das Gewinnstreben den maßgeblichen Handlungsantrieb. Da Gewinne jedoch nur erzielt werden können, wenn die Nachfrager das Angebot konkurrierender Güter auch honorieren, besteht die gesamtwirtschaftliche Funktion des Gewinnstrebens darin, solche Güter zu produzieren, die den Präferenzen der Nachfrager entsprechen. Insofern bieten Marktprozesse günstige Voraussetzungen für die bedarfsgerechte Bündelung der Kosten- und Nutzenströme. Zugleich wohnt dem marktgesteuerten Gewinnstreben jedoch auch die Tendenz inne, negative Effekte zu verursachen. Der Gewinn ist bei gegebenen Markterlösen um so höher, je geringer die Kosten sind. Weil die Anbieter die Kosten möglichst gering halten wollen, werden sie versuchen, Kosten soweit wie möglich auf andere Personen zu überwälzen, wodurch soziale Kosten entstehen können. Sofern Nachfrager von solchen Effekten unmittelbar betroffen werden, kann davon ausgegangen werden, daß sie das für sie preisgünstigste Angebot auswählen. Dies gelingt, wenn die Anbieter untereinander um die Gunst der Nachfrager konkurrieren. Erst der Wettbewerb sorgt dafür, daß Gewinninteressen in den Dienst der Konsumenteninteressen geleitet und somit kontrolliert werden. Er gewährleistet die Initiierung positiver Effekte in Form von bedarfsgerechter Produktion und die möglichst vollständige Zurechnung negativer Effekte zu den Verursachern. Die Weitergabe oder Diffusion positiver Effekte, z. B. erfolgreicher Produkt- oder Verfahrenserneuerungen, wird in Marktprozessen durch den Nachfolgewettbewerb bewirkt. Durch die Imitation von Neuerungen, die durch das Gewinninteresse vorangetrieben werden, kommt es zur „gesellschaftlichen Aneignung privater Produktionserfolge", und hierin kann mit Willgerodt geradezu der Sinn der Marktwirtschaft gesehen werden.[36] Neben der Stimulierung bedarfsgerechter Leistungen besteht die gesamtwirtschaftlich positive Funktion wettbewerblicher Marktprozesse in der billigen und schnellen Weiterleitung des Wissens, das sich einzelne Marktteilnehmer bei ihrem Streben nach einer vorteilhaften Güterverwendung erworben haben. Marktpreise fungieren als Informationsmedium, Gewinne und Verluste als Erfolgsindikatoren. Preisveränderungen signalisieren veränderte relative Knappheiten der Güter als Folge veränderter Nachfrage- und Angebotsverhältnisse, Gewinne oder Verluste informieren über erfolgreiche oder erfolglose Anpassungen an diese Veränderungen.

Mit der Bereitschaft der Wirtschaftssubjekte, sich an Veränderungen anzupassen, kann jedoch nur gerechnet werden, wenn die Anstrengungen der Informationsgewinnung und der Anpassung materiell belohnt, Erfolge oder Mißerfolge also zugerechnet werden. Die Anpassungsbereitschaft setzt also abgrenzbare und selbstinteressierte Entscheidungskompetenzen voraus. Daneben ist es erforderlich, daß die Wirtschaftssubjekte mit ihrer Gütertransaktion variabel auf geänderte Daten reagieren können. Sowohl die Abgrenzung selbstinteressierter Kompetenzen als auch die Möglichkeit flexibler Transaktionen der Güter sind an eigentumsrechtliche Vorkehrungen gebunden.

Damit ist der Zusammenhang zwischen Marktwirtschaft und Privateigentum angesprochen. Private Eigentumsrechte können grundsätzlich in Form allgemeiner, exklusiver, teilbarer und transferierbarer Rechte normiert werden.[37] Exklusivität sichert abgrenzbare, selbstinteressierte Entscheidungskompetenzen und die eindeutige Zuordnung von Nutzen und Kosten. Die Merkmale der Allgemeinheit und Teilbarkeit gewährleisten, daß Rechte auf alle Personen gleich anwendbar und Teilungen der Verfügungs- und Nutzungsrechte freiwillig und autonom vorgenommen werden können. Transferierbarkeit der Eigentumsrechte schließlich ermöglicht die flexible Übertragung von Gütern. Die Institution des Privateigentums bietet somit eine günstige, wenn nicht notwendige Ordnungsbedingung für die Entfaltung und das Funktionieren wettbewerblicher Marktprozesse.

Es bleibt festzuhalten, daß sich die gesamtwirtschaftlich positive Funktion des Marktes, die Produktion von Gütern zu stimulieren und dabei Nutzen und Kosten bedarfs- bzw. verursachergerecht zuzurechnen, nach Maßgabe der eigentumsrechtlichen Bedingungen entwickelt. Da sich bei privaten Eigentumsrechten die oben angeführten Zurechnungsbedingungen erfüllen lassen, ist der Aussage von Borchardt zuzustimmen, daß positive oder negative externe Effekte weitgehend verschwinden würden, wenn nur an allen Gütern Privateigentum bestehen würde.[38]

Wie erklären sich dann die in privatwirtschaftlich verfaßten Marktwirtschaften vielfältig nachweisbaren Fälle negativer Externalitäten, wie sie besonders in Form der Umweltbelastungen unbestreitbar evident (und später noch genauer aufzuzeigen) sind? Die wesentliche Ursache für die allokativen Fehlentwicklungen wären nach den bisherigen Ausführungen offensichtlich in eigentumsrechtlichen Merkmalen der Umweltgüter zu suchen. Betrachten wir daher zunächst die Besonderheiten des wirtschaftlichen Gutes „Umwelt".

In ökonomischer Betrachtung stellt sich die Umwelt als ein Gut dar, das für verschiedene Verwendungen genutzt werden kann: Umwelt kann erstens als öffentliches Konsumgut genutzt werden, indem sie beispielsweise so elementare Lebensbedingungen wie Luft und Wasser bereitstellt. Zweitens ist die Umwelt zugleich Medium für die Aufnahme von Abfallprodukten und Schadstoffen aus Produktions- und Konsumaktivitäten. Drittens schließlich ist sie Lieferant von Rohstoffen und Grundlage für die Produktion landwirtschaftlicher Erzeugnisse.[39] Besonders in der ersten und zweiten Verwendung wurde und wird die Umwelt als öffentliches Gut behandelt. Das charakteristische Merkmal eines öffentlichen Gutes besteht in der gemeinsamen Nutzung durch mehrere Personen, d. h. niemand wird von der Güternutzung ausgeschlossen. Wegen des fehlenden Ausschlußprinzips erfolgt die Nutzung der Umwelt bisher sowohl als öffentliches Konsumgut wie auch als Aufnahmemedium für Schadstoffe und Abfälle gleichsam zum Nulltarif. Zwar wäre der Ausschluß konkurrierender Benutzer technisch vielfach möglich, wird jedoch aus politischen Gründen als unerwünscht betrachtet.

In der Tatsache, daß die Umwelt bisher und noch heute weitgehend als öffentliches Gut behandelt wird, ist der Hauptgrund für allokative Fehlentwicklungen zu sehen. Die kostenlose Nutzung der Umwelt verführt dazu, sie als Medium zur Aufnahme von Abfallprodukten (Emissionen) zu gebrauchen und die dabei emittierten Schadstoffe (Immissionen) bedenkenlos auf unbeteiligte dritte Personen abzuwälzen. Die sich in der Wasserverunreinigung, der Luftverschmutzung oder der Landschaftsschädigung niederschlagenden Immissionen beeinträchtigen wiederum die Qualität der Umwelt in ihrer Verwendung als öffentliches Konsumgut. Die Konsumenten des Wassers, der Luft oder der Landschaft erleiden negative externe Effekte, die sie weder verursacht haben, noch erwünschen. Die Schädiger in ihrer Rolle als Produzenten oder auch als Konsumenten bekommen wegen der kostenlosen Nutzung diese negativen Effekte nicht zugerechnet. In deren Wirtschaftsrechnungen gehen nur die einzelwirtschaftlichen, nicht dagegen die sozialen Kosten ein, die andere Personen, letztlich die Gesellschaft, zu tragen haben. Die Nutzung der Umwelt zum Nulltarif führt deshalb systemindifferent zur Diskrepanz zwischen privaten und sozialen Kosten oder – anders formuliert – zur Existenz positiver externer Effekte seitens der Schädiger und negativer Effekte seitens der Geschädigten. Solange die Umwelt als öffentliches und nicht als knappes Gut behandelt wird, sind die Übernutzung in ihrer Verwendung als Konsumgut und der Mißbrauch sowie die Überproduktion umweltschädigender Produkte in ihrer Verwendung als Aufnahmemedium zwangsläufige Fehlentwicklungen. Diese Mängel sind weniger der marktwirtschaftlichen Allokation als vielmehr der mangelhaften Gestaltung der rechtlichen, insbesondere der eigentumsrechtlichen Rahmenbedingungen anzulasten. Der Markt kann zur Lösung des Umwelt- und Externalitätenproblems nur in dem Maße einen Beitrag leisten, in dem die angeführten Zurechnungsbedingungen erfüllt sind. Das marktwirtschaftliche System ist daher durch einen sinnvoll konstruierten „ökologischen Rahmen" zu ergänzen.[40]

Zur Vermeidung von externen Effekten und speziell von Umweltbelastungen bieten sich in marktwirtschaftlichen Ordnungen zwei Strategien an: Erstens der Ausbau privatrechtlicher Kompensationsstrategien und zweitens die staatliche Interventionsstrategie.[41] Der Grundgedanke der ersten Lösungsstrategie liegt in der Vorstellung eines „Marktes für Externalitäten", auf dem Schädiger und Geschädigte über Kompensationszahlungen eine für beide Seiten zufriedenstellende Übereinkunft aushandeln. Es existiert mittlerweile eine Reihe von Vorschlägen wie z.B. die „Laissez-faire-Regelung" über direkte Verhandlungen zwischen Schädigern und Geschädigten oder der „Emissionsrechteansatz", nach dem Nutzungsrechte an der Umwelt in Form von fungiblen Zertifikaten an private Produzenten entgeltlich versteigert werden, die zu maximalen, staatlich festgesetzten Schadstoffabgaben berechtigen. Beispielsweise könnten in einer bestimmten Region für maximal 5000 Einheiten Schwefeldioxid „Emissionszertifikate" ausgegeben werden. Die Emissionen würden dadurch verknappt, und die Produzenten müßten im Falle der Schadstoffemission die Emissionsrechte kaufen, d.h. sie müßten für das knappe Gut „Luftreinhaltung" einen Preis zahlen, der sich am Markt bildet. Dadurch würde die Entwicklung umweltschonender Technologien, z.B. wirksamer Filter- oder Entstaubungsanlagen, stimuliert, weil mit sinkenden Emissionswerten Zertifikate erlösbringend verkauft werden könnten. Auch Nichtproduzenten, z.B. Bürgerinitiativen für den Umweltschutz, könnten sich am Markt beteiligen, indem sie Zertifikate kaufen und stillegen, um die Emissionswerte zu senken.[42]

Die Vorstellung, den Umweltbereich nach markt- und privatwirtschaftlichen Prinzipien zu ordnen, mag als abwegig erscheinen. Unter der Voraussetzung, daß sich Umweltgüter eigentumsrechtlich klar definieren und zuordnen lassen, hätte diese Regelung jedoch unbestreitbare allokative Vorzüge: Es ließen sich präferenzgerechte Knappheitspreise ermitteln, die wiederum eine möglichst vollständige Zurechnung der Kosten und Nutzen zu den Verursachern und Nutznießern ermöglichten. Die negativen Folgen bei der Produktion und der Nutzung öffentlicher Umweltgüter, z.B. in den bekannten Formen der verschwenderischen Nutzung von knappen Ressourcen oder der Überproduktion umweltschädigender Produkte, könnten auf diese Weise vermieden werden. Schließlich ließen sich die bürokratischen Kosten und Interventionen erheblich reduzieren.

Die marktwirtschaftliche bzw. privatrechtliche Strategie verweist zwar auf ein bisher noch ungenutztes ökologisches Problemlösungspotential; sie bietet jedoch kein Allheilmittel. Als Hindernis erweist sich das für Umweltphänomene typische Problem der großen Zahl. Viele Umweltbelastungen, etwa bei der Luftverschmutzung, Gewässerverunreinigung oder Lärmbelästigung, resultieren aus den Aktivitäten vieler Schädiger und belasten eine Vielzahl von Geschädigten. Die privatrechtliche Regelung im Wege direkter gerichtlicher Unterlassungs- oder Schadensersatzklagen stößt wegen des Problems der großen Zahl auf rechtstechnische Grenzen und verursacht zudem enorm hohe Transaktionskosten. Die praktische Relevanz der an Marktsignalen orientierten privatrechtlichen Kompensationsstrategien wird deshalb vorwiegend im Bereich von „Nachbarschaftsexternalitäten" gesehen, bei denen die Zahl der Schädiger und der Geschädigten noch überschaubar bleibt.[43] Im Umweltbereich bedarf daher das Privatrecht ebenfalls der Ergänzung durch das Verwaltungsrecht, d.h. die staatliche Interventionsstrategie bildet eine notwendige Ergänzung und Korrektur der marktwirtschaftlichen Allokation.

Staatliche Interventionen im Umweltbereich können generell am Verursacher- oder am Gemeinlastprinzip ausgerichtet sein. Gemäß dem Verursacherprinzip sollen die Kosten der Umweltbelastung den verantwortlichen Schädigern angelastet werden. Als Instrumente dienen Auflagen und Gebote über höchstzulässige Schadstoffabgaben, bei deren Verletzung Abgaben zu zahlen sind, ferner Vorschriften über technische Normen bis hin zum Verbot bestimmter umweltschädigender Aktivitäten.[44] Gemäß dem Gemeinlastprinzip werden die Kosten des Umweltschutzes ganz oder teilweise aus Mitteln des Staatshaushalts finanziert. Dabei sollen öffentliche Gelder zur Beseitigung von Schäden nur dann aufgewendet werden, wenn der oder die Verursacher nicht auszumachen sind, akute Notstände zu beseitigen sind oder konkrete Maßnahmen des Umweltschutzes und der Vorsorge erhebliche Forschungs- oder Investitionsaufwendungen erfordern. Staatliche Interventionen sind im Umweltbereich unverzichtbar. Die nachteiligen Wirkungen sollten jedoch nicht unterschlagen werden. Sie induzieren eine Flut von Verordnungen, die nur noch von „Spezialisten" übersehbar und handhabbar sind. Administrative Vorschriften vermögen zudem die Produktion umweltschonender Verfahren und Produkte nur in mäßigem Ausmaß zu stimulieren. Die Möglichkeiten und Grenzen der staatlichen Interventionsstrategie bei der Lösung des Externalitäten- und des Umweltproblems lassen sich im folgenden anhand der zentralen Planwirtschaft verdeutlichen.

3. Zurechnung externer Effekte in Planwirtschaften

Die systemprägenden Institutionen des in der DDR realisierten Wirtschaftssystems sind die zentrale Wirtschaftsplanung und das Staatseigentum an Produktionsmitteln. Es ist zu fragen, auf welchen Wegen und mit welchen Erfolgen unter diesen Ordnungsbedingungen externe Effekte zugerechnet werden. Das Umweltproblem soll also auch hier zunächst im größeren Kontext des Externalitätenproblems betrachtet werden.

Auch in einer Planwirtschaft stellt sich das generelle Allokationsproblem, die knappen Ressourcen effizient einzusetzen und nach der Rangordnung der Präferenzen zu lenken. Dabei besteht das Problem, eine Äquivalenz von Leistung und Gegenleistung herzustellen, d.h. den Produzenten die vollen Kosten anzulasten und den Empfängern den Nutzen möglichst ungeteilt zuzurechnen. Das Postulat der Internalisierung externer Effekte ist lediglich eine andere Formulierung für die Forderung, bedarfsgerechte Güter zu produzieren und diese gemäß dem Wert, d. h. dem aufgewendeten Arbeitsquantum auszutauschen und zu bewerten. Nach marxistischem Verständnis regiert dieses Zurechnungs- und Austauschprinzip den Güteraustausch auch in kapitalistischen Marktwirtschaften, mit der Ausnahme allerdings der Vergütung der Ware Arbeitskraft, die einen höheren Gebrauchswert produziert, als sie in Form des Tauschwertes vergütet erhält. Da sozialistische Ordnungen für sich beanspruchen, die Ausbeutung der Arbeitskraft beseitigt zu haben, müßte demgemäß ein äquivalenter Güter- oder Warenaustausch generell gesichert sein.

Losgelöst von dieser speziellen Programmatik ist auch im Westen die Auffassung verbreitet, daß in sozialistischen Wirtschaftssystemen das Problem externer Effekte und speziell das Umweltproblem zwar existieren könne, jedoch nicht existieren müsse. Dieser Optimismus stützt sich auf die vermuteten, im Vergleich zu Marktwirtschaften günstigeren Strukturbedingungen in Planwirtschaften: Aufgrund der Beseitigung privatwirtschaftlicher Wachstumszwänge und marktwirtschaftlicher Selbstläufe könne die Güterproduktion planmäßig im Dienste privater und kollektiver Bedürfnisse gelenkt werden. Das eigeninteressierte Wirtschaften werde durch gemeinorientiertes Handeln ersetzt, bei dem das Prinzip der ökologischen Vorsorge allseits walte.[45]

Diese planwirtschaftliche Idylle steht im offensichtlichen Widerspruch zur Realität. Unterstellt wird dabei das Modell einer überschaubaren Wirtschaft, in der wohlwollende Planinstanzen selbstlos und frei von irgendwelchen institutionellen Zwängen agieren. Will man von diesem Wunschdenken freikommen, so ist eine realistische Analyse der Ziele, Interessen und systembedingten Restriktionen der zentralen und betrieblichen Entscheidungsträger erforderlich.

Die maßgeblichen Verhaltensdeterminanten bilden die an die jeweilige berufliche Amtsposition gerichteten Anforderungen oder Erwartungen und die damit verbundenen Sanktionen, die wir zunächst für die zentralen Planinstanzen näher betrachten wollen.

Das verfassungsrechtlich zuständige Staatsorgan für die Planung, Leitung und Kontrolle der Volkswirtschaft ist in der DDR der Ministerrat, der sich aus der Gesamtheit der Minister zusammensetzt. Die mit Wirtschaftsfragen beauftragten Instanzen lassen sich in zweig- oder bereichsleitende und in funktionale, d.h. mit volkswirtschaftlichen Querschnittsaufgaben beauftragte Ministerien unterteilen. Den Funktionalorganen statusmäßig gleichgestellt sind ferner die wirtschaftsleitenden Organe, wie die Staatliche Plankommission oder das Amt für Preise.

Die Leiter dieser Staatsorgane, z.B. die Leiter der Industrieministerien, vereinigen ein Bündel von Funktionen. Sie üben ein politisches Amt aus, meist in der Rolle als führendes Parteimitglied. Sie sind verantwortlich für die wirtschaftliche Planung und Leitung innerhalb ihres Amtsbereichs. Sie sind ferner Träger und Verwalter des Staatseigentums und schließlich Leiter einer staatlichen Behörde. An alle angeführten Funktionen werden spezifische, teilweise konfligierende Erwartungen geknüpft. Bezüglich der uns primär interessierenden wirtschaftlichen Funktionen ergibt sich folgendes Rollenbild: In ihrer Rolle als Planungs- und Eigentumsträger verfügen die staatlichen Leiter über beträchtliche Kompetenzen. Sie sind an der Festsetzung der Planziele beteiligt, zu deren Realisierung sie Auflagen den ihnen unterstellten Kombinaten erteilen und deren Erfüllung kontrollieren. In eigentumsrechtlichen Begriffen repräsentieren diese Planungs-, Leitungs- und Kontrollkompetenzen Verfügungsrechte. Diesen umfangreichen Kompetenzen entspricht jedoch nur eine vergleichsweise unvollständige Zurechnung der Verantwortung für die Entscheidungskonsequenzen. Formal sind die Leiter der Staatsorgane den Vertretern der Volkskammer, faktisch jedoch der Parteiführung verantwortlich. Dies kommt in dem Postulat zum Ausdruck, die Tätigkeit der Staatsorgane auf die Verwirklichung der Politik der Partei der Arbeiterklasse auszurichten.[46] Damit verbindet sich jedoch keine wirksame und konkret einklagbare Verantwortung für die Folgen wirtschaftlicher Entscheidungen. Wenn der Leiter eines Industrieministeriums den unterstellten Kombinaten Auflagen über die Produktion bestimmter Güterarten und -mengen vorgibt, die keinen Abnehmer finden oder nur mit Verlusten zu produzieren sind, haben diese Fehlentscheidungen keine persönlich zurechenbare materielle Konsequenz für ihn. Weder hat er Einkommensverluste noch die persönliche Haftung für betriebliche Verluste oder Vermögenseinbußen zu befürchten. Umgekehrt erfährt er im Falle erfolgreicher Entscheidungen weder eine direkte Einkommenserhöhung, noch kann er sich Teile der betrieblichen Gewinne oder gestiegener Vermögenserträge persönlich aneignen. Die Haftung der staatlichen Leitungsorgane für ökonomische Nachteile der Kombinate infolge modifizierter oder mangelhaft koordinerter Plan- und Bilanzentscheidungen ist in der DDR nur unklar geregelt. Eine Rechtsgrundlage dafür bieten die Regelungen über Wirtschaftssanktionen und Ordnungsstrafen gemäß der Bilanzierungsverordnungen, wonach die Wirtschaftseinheiten einen Anspruch auf Ausgleich ökonomischer Nachteile haben, die Pflichtverletzungen der Staatsorgane anzulasten sind.[47] Daneben können aus anderen Rechtsregelungen Elemente einer materiellen Verantwortlichkeit übergeordneter Organe abgeleitet werden, die jedoch selbst in der DDR-Rechtspraxis „fast durchgängig nicht für möglich gehalten wird".[48] Selbst wenn eine materielle Entschädigung erfolgt, wird sie nicht dem verantwortlichen Minister oder Planer persönlich angelastet, sondern letztlich aus Mitteln des Staatshaushalts oder anderer kollektiver Fonds finanziert.

Weil der Sanktionsmechanismus der materiellen Verantwortlichkeit für positive und besonders für negative Entscheidungskonsequenzen unter den Ordnungsbedingungen des Staatseigentums nicht wirksam greift, unterliegen die staatlichen Leitungsinstanzen keiner zwingenden Disziplinierung, sich um eine bedarfsgerechte und effiziente Allokation der Wirtschaftsprozesse zu bemühen. Die für das Staatseigentum charakteristische Divergenz zwischen Verfügungs- und Nutzungsrechten begründet einen wichtigen Unterschied zur Institution des Privateigentums und dessen Funktion, Kompetenz und Verantwortung personell und finanziell möglichst zur Deckung zu bringen.

Zum Verständnis der Interessenlagen und Ziele der staatlichen Leiter sind ferner die Anforderungen zu beachten, die an deren Rollen als Leiter einer Verwaltungsbehörde und als Repräsentant der Partei, somit als politischer Machtträger, geknüpft sind. Den staatlichen Leitern, z.B. dem Minister für Wissenschaft und Technik oder einem Industrieminister, obliegt die Leitung und Verwaltung der unterstellten Behörde. Die administrativen Leistungen der Staatsbehörden werden unentgeltlich bereitgestellt und aus Mitteln des Staatshaushalts finanziert. Die Mittel sind im Zuge der Haushalts- und Volkswirtschaftsplanung periodisch zu beantragen. Dabei verfolgen die staatlichen Leiter in ihrer Rolle als Bürokratieleiter das Ziel, möglichst umfangreiche Budgetzuteilungen zu erhalten. Dieses Interesse ergibt sich aus der spezifischen Form der bürokratischen Leistungsbewertung. Leistungen von staatlichen Bürokratien werden nicht von den Abnehmern oder betroffenen Leistungsempfängern, sondern von der zuteilenden Aufsichtsbehörde bewertet. Sowohl für die zuteilenden politischen als auch die fordernden bürokratischen Instanzen erweist sich das Budgetvolumen als verläßlicher Leistungsindikator. Ein hohes und zudem periodisch zunehmendes Budgetvolumen signalisiert korrespondierende Leistungsanstrengungen und fördert zudem Ansehen und Einfluß des Bürokratieleiters. Bürokratien neigen immer dazu, sich auszudehnen, weshalb die Kompetenzexpansion als repräsentatives Erfolgsziel bürokratischer Leiter zu unterstellen ist.[49] Mit diesem Ziel verbindet sich kein unmittelbares Interesse, Ressourcen sparsam und effizient zu verwenden, weil dieses Vorhaben die Kompetenzexpansion gefährden kann und das bürokratische Kontrollsystem hierfür auch keinen wirksamen Anreiz liefert.

Das bürokratische Eigeninteresse prägt das Verhalten der für Planung, Leitung und Kontrolle der Wirtschaftsprozesse zuständigen Zentralinstanzen. Jeder staatliche Leiter ist bestrebt, möglichst umfangreiche Ressourcenzuteilungen zu erhalten, um anspruchsvolle Planziele mit periodisch steigenden Zuwachsraten festlegen zu können. Wegen des Phänomens knapper Ressourcen einerseits und der Konkurrenz verschiedener Planinstanzen andererseits nimmt der zentrale Planungs- und Bilanzierungsprozeß ein typisches Verlaufsmuster an, das Bahro treffend als „bürokratische Rivalität" bezeichnet hat.[50] Aufgrund der Konkurrenz verschiedener Budgets orientieren sich die Leiter bei der Zuteilung und Verwendung der knappen Güter nicht am minimalen, sondern eher am maximalen Ressourcenbedarf. Zusätzliche Mittel versprechen angespannte Planziele mit hohen Wachstumsraten und erhöhen zudem die Sicherheit einer erfolgreichen und bequemen Planerfüllung. Das bürokratische Eigeninteresse begünstigt hierbei einen extensiven, also verschwenderischen Ressourceneinsatz und behindert die bedarfs- und knappheitsgerechte Abstimmung im Zuge der zentralen Bilanzierungsprozesse.

Neben der bürokratischen Rivalität ist die bereits erwähnte Restriktion der begrenzten Bilanzierungskapazität der Zentralinstanzen in Erinnerung zu rufen (S. 210f.). Eine knappheitsorientierte Güterlenkung würde die detaillierte Bilanzierung sämtlicher Güterarten voraussetzen, deren Zahl in entwickelten Volkswirtschaften die Millionengrenze überschreitet. Praktisch können die Zentralinstanzen die ökonomischen Prozesse nur in Form hochaggregierter Bilanzen planen, in denen die Güter auf den Verwendungs- und Aufkommensseiten zu Globalpositionen gebündelt werden. Die Aufschlüsselung und Detaillierung obliegen den untergeordneten Wirtschaftseinheiten, insbesondere den Kombinaten. Wie bereits erwähnt, ist es bei der zentralen Wirtschaftsplanung theoretisch möglich und vorstellbar, ein bedarfsgerechtes Gütersortiment zu planen. Praktisch stößt dieses Vorhaben jedoch auf beträchtliche Schwierigkeiten. Neben den Motivationsdefiziten auf der zentralen Ebene erweist sich das betriebliche Anreiz- und Kontrollsystem als ein weiteres Hindernis.

Die Leistungen der Betriebe werden im System zentraler Wirtschaftsplanung bekanntlich nach dem Grad der Planerfüllung bewertet und über Prämien materiell sanktioniert. Absatzerfolge und -bewertungen der betroffenen Nachfrager und Empfänger der Güter sind nur von nachrangiger Bedeutung. Gewinne oder Verluste können schon deshalb nicht als verläßliche Indikatoren relativer Leistungsunterschiede zwischen einzelnen Anbietern fungieren, weil die Güterpreise keine Knappheitspreise sind, sondern administrativ reguliert werden. Ausschlaggebend für die betrieblichen Erfolge oder Mißerfolge ist der Grad der Planerfüllung, und darin ist der systemprägende Unterschied zwischen den betrieblichen Anreiz- und Kontrollbedingungen in Plan- und Marktwirtschaften zu suchen. Das Planerfüllungsprinzip stimuliert nicht die Produktion bedarfsgerechter, sondern vielmehr prämiengünstiger Gütersortimente. Die daraus resultierenden negativen ökonomischen Effekte, z.B. in Form schlechter Güterqualitäten oder verschwenderischen Materialeinsatzes, werden letztlich auf die Konsumenten überwälzt. Die betroffenen Konsumenten haben keine adäquaten Kontroll- und Machtmittel, um gegen die einseitige Zurechnung der Mängel vorzugehen. Sie sind der Willkür der übermächtigen Produzenten ausgeliefert.[51] Die Betriebsleiter können sich einer Verantwortungszurechnung entziehen, indem sie auf eine erfolgreiche Plan- und damit Pflichterfüllung verweisen. Die zentralen Planinstanzen als die eigentlich verantwortlichen Adressaten der wirtschaftlichen Fehlentscheidungen rangieren jedoch in der obersten Machthierarchie und sind damit einer materiellen oder rechtlichen Zurechnung der Verantwortung weitgehend entzogen.

Die Analyse der Ziele, Interessen und Handlungsbeschränkungen erbringt sowohl auf der zentralen als auch der betrieblichen Ebene ausreichende Belege für das Versagen der Planwirtschaft bei der Zurechnung wirtschaftlicher Effekte zu denjenigen Wirtschaftssubjekten, die sie verursachen bzw. begehren. Es sind keine wirksamen Anreize vorhanden und nachweisbar, ein bedarfsgerechtes, qualitativ hochwertiges Güterangebot mit möglichst sparsamen Ressourceneinsatz zu produzieren. Die oben angeführten optimistischen Vermutungen, daß die sozialistische Planwirtschaft im Vergleich zur marktwirtschaftlichen Ordnung bei der Lösung des Externalitäten- und speziell des Umweltproblems überlegen sei, weil sie über günstigere Strukturbedingungen verfüge, können somit einer kritischen Überprüfung nicht standhalten. Sie können es deshalb nicht, weil sie einzig auf die Motivationskraft des „gesellschaftlichen Bewußtseins" und der damit assoziierten freiwilligen Orientierung der Verhaltensweisen am Gesamtinteresse bauen. Da die in den institutionellen Bedingungen der zentralen Planung und des Staatseigentums angelegten sozialen Sanktionsmechanismen und Zwänge außer Betracht bleiben, die wiederum spezifische Interessenlagen begründen, sind sie zudem als naiv zu bezeichnen. Die These, daß Planwirtschaften zwar Externalitäten- und Umweltprobleme haben können, aber keine haben müssen, läßt sich daher nicht aufrechterhalten. Die in diesen Wirtschaftssystemen auf zentraler und dezentraler Ebene wirkenden Anreize und Kontrollen bieten keine Gewähr dafür, daß Umweltbelastungen freiwillig vermieden würden. Im Gegenteil, der Bedarf an einem ergänzenden ökologischen Rahmen zur Vermeidung oder Minderung von Umweltschädigungen stellt sich in einer sozialistischen Planwirtschaft mit großer Dringlichkeit. Im folgenden Kapitel wollen wir die für markt- und planwirtschaftliche Ordnungen theoretisch abgeleiteten Ergebnisse und Schlußfolgerungen anhand empirischer Befunde belegen.

4. Vergleich der Umweltbelastungen und umweltpolitischen Maßnahmen

Das Umweltproblem tritt in der Bundesrepublik Deutschland und in der DDR besonders augenfällig in den Bereichen der Wasserverunreinigung, Luftverschmutzung, Abfallbeseitigung, Lärmbelästigung und der Landschaftsschädigung zutage. Wir wollen diese Belastungen und Schädigungen anhand einiger Beispiele aufzeigen und zugleich die wichtigsten umweltpolitischen Gesetze und Maßnahmen darstellen.

Ursachen der *Wasserverunreinigung* sind industrielle und häusliche Abwässer, in denen z.B. Chemikalien, Fäkalien, Waschmittel, Düngemittel und sonstige Schadstoffe enthalten sind. Die Verschmutzung zeigt sich besonders in den großen Flüssen wie Rhein, Main und Neckar, aber auch in den Wasserläufen zweiter Ordnung, von denen Mitte der siebziger Jahre in der Bundesrepublik gut ein Drittel als sehr verschmutzt und ein weiteres Drittel als mäßig verschmutzt galten.[52] Durch die Inbetriebnahme zusätzlicher Abwasserreinigungsanlagen konnten der Sauerstoffgehalt verbessert und die Belastungen mit schwer abbaubaren Schadstoffen gestoppt werden. Heute werden bereits 65 vH der Abwässer in Kläranlagen vollbiologisch gereinigt, während es 1969 nur 35 vH waren.[53] Diese Verbesserungen sind auch dem Ausbau des wasserrechtlichen Rahmens in den siebziger Jahren gutzuschreiben, bestehend vor allem aus dem Waschmittel-, Wasserhaushalts- und Abwasserabgabengesetz. Das Waschmittelgesetz regelt die bei der Herstellung und dem Gebrauch der Wasch- und Reinigungsmittel zulässigen Schadstoffe. Das 1976 geänderte Wasserhaushaltsgesetz stellt bundeseinheitliche Mindestanforderungen an die Abwasserableitung und enthält Sicherheitsnormen für die Lagerung wassergefährdender Stoffe. Nach dem im gleichen Jahr beschlossenen Abwasserabgabengesetz, das in den nachfolgenden Jahren sukzessive wirksam wurde, haben die Einleiter schädlicher Abwässer Abgaben zu zahlen, die gestaffelt nach Verschmutzung und Schadeinheiten festgelegt sind. Mit den Abgaben sollen weitere staatliche Maßnahmen und Programme der Wasserreinhaltung finanziert werden.

In der DDR bereitet die Wasserversorgung und -verschmutzung vergleichsweise größere Probleme. Besonders die durch die industriellen Ballungsgebiete fließenden Flüsse (Saale, Elbe, Unstrut und Weiße Elster) gelten als hochgradig verschmutzt. Von der gesamten Gewässerstrecke waren 1973 39,6 vH unzulässig verunreinigt, 22,8 vH verunreinigt, 31,3 vH mäßig verunreinigt und 6,5 vH sauber.[54] Hauptverschmutzungsquellen sind die salzhaltigen Abwässer der Kaliindustrie, die Abfallstoffe der Chemieindustrie, der Gülleanfall (Jauche, Kot) der industriemäßig betriebenen Tierhaltung und die unzureichende Abwasserreinigung der Haushalte. Nur rund die Hälfte (52 vH) der Haushalte ist an Kläranlagen und zwei Drittel (68 vH) an die Kanalisation angeschlossen.[55] Erschwerend kommt aufgrund des niedrigen natürlichen Wasseraufkommens, fehlender Staubecken und der unzureichenden Klärkapazitäten ein akuter Trinkwassermangel hinzu, wodurch nur ein geringer Prozentsatz (17 vH) der Gewässer zu Trinkwasser aufbereitet werden kann. Der Schadstoffgehalt, z. B.

der Nitratgehalt des Trinkwassers, erreicht gefährliche, gesundheitsschädigende Ausmaße.

Die Regierung versucht diese Mangelsituation mit teilweise rigiden gesetzlichen Auflagen und Geboten zu beheben. Das Wassergesetz von 1963 ist mehrfach ergänzt und fortgeschrieben worden. Nach der zweiten Durchführungsverordnung zum Wassergesetz von 1970 sind die Gebührensätze für die Überschreitung von Grenzwerten erhöht worden und betragen z. B. für Giftstoffe und freies Cyan 100 Mark/kg, für Sulfide und Schwefelwasserstoffe 75 Mark/kg. Außerdem wurden die Sanktionen im Strafgesetzbuch verschärft und reichen bei schweren Verschmutzungsfällen bis zu acht Jahren Freiheitsentzug.[56]

Die *Luftverschmutzung* wird in beiden Ländern besonders in industriellen Ballungsräumen als Belastung empfunden. Die hier emittierten Schadstoffe haben jedoch auch weiträumige negative Auswirkungen, beispielsweise in Form des „sauren Regens", so daß den Maßnahmen zur Luftreinhaltung überregionale und internationale Bedeutung zukommt.

Als wesentliche Emissionsquellen gelten in der Bundesrepublik die Kraftfahrzeuge und deren Abgase, gefolgt von der Industrie und dem Gewerbe, den Kraftwerken und den Belastungen aus Hausfeuerungen. Aufgrund umfangreicher Investitionen in Filter- oder Entstaubungsanlagen und der verschärften Grenzwerte und Technischen Anleitungen konnten Verbesserungen erzielt werden. So gelang es, die Bleibelastung der Luft in den Großstädten um zwei Drittel, die gesamten Staub- und Rußemissionen auf nahezu die Hälfte zu reduzieren. Bei anderen Belastungen wie z. B. den Schwefeldioxidemissionen oder den Kfz-Abgasen konnte der Zuwachs gestoppt werden, obwohl der Primärenergieverbrauch und die Kfz-Zulassungen erheblich zunahmen.[57]

Das wichtigste Gesetz zur Luftreinhaltung ist das Bundes-Immissionsschutzgesetz von 1974, das neben unmittelbaren Verpflichtungen auch rechtliche Grundlagen zum Erlaß von Verwaltungsvorschriften und zu behördlichen Eingriffen enthält. Gemäß der Technischen Anleitung zur Reinhaltung der Luft von 1974 (1. Verwaltungsvorschrift zum Bundes-Immissionsschutzgesetz) sind Emissionsgrenzwerte für mehr als 50 staubförmige Stoffe und mehr als 120 gasförmige Stoffe festgelegt. Daneben haben die Anlagen und Einrichtungen gegen Luftverunreinigungen dem „jeweiligen Stand der Technik" zu genügen. Die Anleitung bestimmt dabei für mehr als 40 Anlagenarten technische Auflagen. Schließlich gelten für wichtige Luftverunreinigungen, wie Staubniederschlag und -konzentration, Chlor, Kohlenmonoxid, Schwefeldioxid und -wasserstoff, sowie Stickstoffdioxid und -monoxid Immissionsgrenzwerte, die nicht überschritten werden dürfen.[58] Das Bundes-Immissionsgesetz wird daneben noch durch eine Reihe weiterer Gesetze (z.B. Benzinbleigesetz) und Verordnungen (z.B. Verordnung über Feuerungsanlagen) ergänzt.

Anhand der gesetzlichen Regelungen zur Luftreinhaltung läßt sich die Problematik der staatlichen Interventionsstrategie verdeutlichen. Sie führt zu einer Fülle von Detailnormen und -verordnungen, deren Einhaltung und Kontrolle einen hohen Überwachungsaufwand verursachen. Die staatlichen Behörden müssen sich praktisch um jede einzelne Emissionsquelle kümmern. Sie genehmigen Emissionen so lange, bis die festgelegten Immissionsgrenzwerte erreicht oder verletzt sind. Dieses Verfahren begünstigt etablierte Schadstoffemittenden und benachteiligt potentielle, leistungsfähigere Neuansiedler. Die behördliche Genehmigung und Überwachung sind also starre und zudem aufwendige Steuerungsformen. Siebert sieht daher den Hauptmangel der Technischen Anleitung zur Reinhaltung der Luft darin, „daß Umwelt als Aufnahmemedium für Schadstoffe nicht als knappes Gut begriffen wird, dessen Knappheit sich in verschiedenen Regionen über die Zeit verschieben kann".[59] Mit der Kritik verbindet er die Forderung nach flexibleren, d.h. preisgesteuerten Formen der Umweltnutzung, die auf die Einführung des oben genannten Emissionsrechteansatzes hinauslaufen.

In der DDR sind die Industrie, die Kraftfahrzeuge und besonders die Energiewirtschaft die Hauptquellen der Luftverschmutzung. Ein besonders belastender Faktor bildet dabei der hohe Anteil der Rohbraunkohle von über 80 v H am gesamten Energieaufkommen. Bei der Verwertung der Braunkohle fallen mehr Schwefeldioxid, Staub und Asche als bei anderen Energieträgern an. Belastungen verursachen sowohl die industrielle als auch die häusliche Nutzung der Braunkohle. So werden etwa im Kreis Merseburg, wo bedeutende Chemie- und Energieanlagen ihren Standort haben, stündlich 30 Tonnen Staub und 50 Tonnen Schwefeldioxid in die Luft abgegeben.[60] Die Luftverschmutzung durch Braunkohlennutzung als wichtigstes Hausfeuerungsmittel wird im Winter auf 50 vH geschätzt.[61] Obwohl in der DDR der PKW-Bestand im Vergleich zur Bundesrepublik Deutschland um nahezu die Hälfte geringer ist, ist der Beitrag der Kraftfahrzeuge an der Luftverschmutzung wegen des hohen Anteils der technisch überholten Zweitaktmotoren mit umweltschädigenden, weil benzpyrenhaltigen Abgasen relativ hoch anzusetzen. Als nachteilig erweist sich auch der Rückstand in der Filtertechnik. Das Ausmaß der Luftverschmutzung geht aus Berechnungen hervor, wonach in stark belasteten Gebieten durch eine Halbierung der gegenwärtigen Verschmutzungen die allgemeine Sterberate um 4,5 vH gesenkt, die durchschnittliche Lebenserwartung um 4 Jahre erhöht, die Herz- und Kreislauferkrankungen um 10–15 vH vermindert und die bösartigen Erkrankungen der Atemwege um 25 vH gesenkt werden könnten.[62]

Angesichts dieser Belastungen verwundert es nicht, daß auch in der DDR eine Fülle von gesetzlichen Regelungen und behördlichen Verordnungen zur Luftreinhaltung existieren. Grundlage ist das Landeskulturgesetz von 1970, in dem neben der Reinhaltung der Luft auch der Schutz der Natur, des Bodens und der Gewässer, die Abfallbeseitigung und der Lärmschutz behandelt werden. Ferner gibt es verschiedene Durchführungsverordnungen, die höchstzulässige Immissionsgrenzen beinhalten. Bei der Überschreitung dieser Grenzen werden Abgaben, sogenannte Staub- und Abgasgelder, erhoben. Die Messung der Emissionen obliegt den Betrieben, wird aber durch behördliche Kontrollmessungen ergänzt. Auch für Verbrennungsmotoren sind Grenzwerte festgelegt, deren Einhaltung durch Auflagen und Disziplinarverfahren sanktioniert werden.

Im Zuge der industriemäßigen Massenproduktion verursachen

die Müllablagerung und *Abfallbeseitigung* wachsende Umweltbelastungen. So wurden in der Bundesrepublik im Jahre 1977 nahezu 64 Millionen Tonnen Abfälle an öffentliche Deponien angeliefert.[63] Die geordnete Deponierung ist notwendig, weil eine wilde Ablagerung des Industrie- und Hausmülls Gefahren für die Verunreinigung des Grundwassers und die Anreicherung des Bodens mit Schadstoffen birgt, die als gesundheitsschädigende Rückstände in Nahrungsmitteln wieder aufgenommen werden können. Die Einrichtung geordneter Mülldeponien hat diese Belastungen in den siebziger Jahren erheblich vermindert. Von mehr als 90 v H der Bevölkerung wird der Hausmüll heute regelmäßig gesammelt und deponiert, in Müllverbrennungsanlagen verbrannt oder in speziellen Anlagen kompostiert. Auch die Abfallverwertung ist relativ gut organisiert: Rund 25 v H des Hausmülls werden zur Energiegewinnung genutzt; rund 20 v H des Altglases, das in über 7 000 Containern gesammelt wird, und rund 45 v H der Altreifen werden für verschiedene Güterverwendungen wiederverwertet.[64] Im Gegensatz zur Hausmüllablagerung bereitet die Deponierung von Sonderabfällen der Industrie oder der Kernkraftwerke erhebliche Probleme, wie die gelegentlichen „Giftmüllskandale" und die leidenschaftlichen und kontroversen Diskussionen über Notwendigkeit und Gefahren der Kernkraftwerke belegen. Die gesetzliche Grundlage der Müllbeseitigung bildet das 1972 erlassene Abfallbeseitigungsgesetz. Es legt u. a. fest, daß die Deponierung nur in zugelassenen Anlagen erfolgen darf, wobei die Beseitigung grundsätzlich den kommunalen Körperschaften obliegt, die sich dabei der Mitarbeit privater Unternehmen bedienen können. Das Abfallbeseitigungsgesetz wird durch weitere Gesetze und Verordnungen ergänzt, z.B. durch das 1975 erlassene Tierkörperbeseitigungsgesetz und das 1976 geänderte Altölgesetz.

In der DDR stellt sich das Problem der Abfallbeseitigung noch nicht in dem Ausmaß wie in der Bundesrepublik, denn das Gütersortiment ist art- und mengenmäßig weniger differenziert und entwickelt, und die Verpackungsindustrie hat nicht den Grad an Perfektion und Aufwand erreicht. Dennoch steigt auch hier der Müllanfall jährlich um 5–6 v H. Nur rund 50 v H des Mülls werden auf geordneten Deponien abgelagert. Die Transportkapazität ist mit rund 2 000 Müllfahrzeugen vergleichsweise knapp.[65] Zur Wiederverwertung der Abfallprodukte werden beträchtliche Anstrengungen unternommen. So wird der Rohstoffbedarf der Papierindustrie zur Hälfte aus Altpapier und der Bedarf an Glasflaschen zu 60 v H aus rücklaufendem Leergut gedeckt.[66] Die Nutzung von Schrott, Altpapier oder Schlacken wird durch spezielle Forschungsprogramme, Gesetzesregelungen und Kampagnen gefördert. Das Landeskulturgesetz von 1970 fordert, Abfälle und Müll soweit wie möglich wiederzuverwerten. Alle Betriebe sind verpflichtet, die verwertbaren Abfälle (Abprodukte und Sekundarrohstoffe) systematisch zu sammeln und an die zuständigen Verwertungsinstanzen abzuliefern. In periodisch durchgeführten Kampagnen (Sammelaktionen) werden ferner Schulklassen, Jugendverbände und Hausgemeinschaften zum Sammeln von Papier, Glas und Schrott aufgefordert.

Auch die *Lärmbelästigungen* sind Gegenstand der Umweltpolitik. In der Bundesrepublik Deutschland leiden 25 Millionen Bürger unter dem Lärm, der vor allem durch Verkehrsmittel (Kraftfahrzeug-, Flugzeug- und Eisenbahnverkehr) sowie industrielle und gewerbliche Anlagen verursacht wird. Im Wohnbereich der Städte sind der Verkehr zu 81 v H, Industrie und Gewerbe zu 6 v H neben weiteren Störungen wie Freizeitaktivitäten und Baustellen an der Lärmbeeinträchtigung beteiligt.[67] Im Arbeitsbereich sind lärmbedingte Berufskrankheiten nachgewiesen und unbestritten. Sowohl für den Verkehrs- als auch den Berufs- und Baulärm sind deshalb in verschiedenen Gesetzen Grenzwerte der Lärmbelästigung festgelegt worden, z.B. im Bundes-Immissionsschutzgesetz von 1974 für den Straßen- und Schienenverkehrslärm sowie für Baustellen und im Gesetz zum Schutz gegen Fluglärm von 1971. Zudem fördert die Bundesregierung Forschungsarbeiten und Verbesserungen auf dem Gebiet des Lärmschutzes.

Auch in der DDR sind Verkehr und Produktionsstätten gewichtige Quellen der Lärmbelästigung. Obwohl hierfür keine verläßlichen Vergleichsdaten verfügbar sind, kann man davon ausgehen, daß der Verkehrslärm aufgrund der geringen Kraftfahrzeugdichte etwas niedriger ausfällt, während die Lärmbelästigung im Produktionsbereich höher sein dürfte, weil die industriellen und gewerblichen Anlagen veraltet sind und daher keinen hohen technischen Stand der Lärmdämpfung aufweisen.

Dem Lärmschutz dienen neben den Regelungen des Landeskulturgesetzes die 1970 erlassene Lärmschutzverordnung und eine Reihe von Durchführungsverordnungen, in denen ebenfalls höchstzulässige Grenzwerte für den Berufs-, Bau- und Verkehrslärm festgelegt sind. Für Kraftfahrzeuge gilt nach wie vor die bereits 1964 relativ großzügig festgelegte Höchstgrenze für Fahrgeräusche von 85 Phon (Dezibel).[68]

Der Überblick über konkrete Umweltbelastungen und Maßnahmen der Umweltpolitik zeigt, daß beide Länder mit vergleichbaren Problemen der Umweltverschmutzung zu kämpfen haben und dazu auch vergleichbare Gegenmaßnahmen ergreifen. Obwohl exakt belegbare Vergleiche über die jeweiligen Ausmaße der Belastung einzelner Bereiche aufgrund des dürftigen und lückenhaften Zahlenmaterials bisher nicht möglich sind, läßt eine vorsichtige Interpretation der empirischen Befunde den Schluß zu, daß die Bundesrepublik bisher bei der Lösung der Umweltprobleme erfolgreicher war als die DDR. Gleichwohl sind auch in der Bundesrepublik bisher nur administrative Maßnahmen zur Verbesserung der Umweltqualität ergriffen worden, obwohl die Besinnung auf marktwirtschaftliche Allokationsverfahren zweifellos kreative und bisher ungenutzte Ansatzpunkte bietet, um die vielfältigen ökologischen Herausforderungen besser bewältigen zu können. Der weitere Ausbau des ökologischen Rahmens erweist sich vor allem als ein Problem der politischen Durchsetzbarkeit. In parlamentarischen Demokratien stehen den von umweltpolitischen Maßnahmen betroffenen Personen und Gruppen vielfältige Formen der Interessenorganisation und der Beeinflussung politischer Entscheidungsprozesse zur Verfügung. Die Durchsetzung sowohl der umweltpolitischen Gesetze als auch der notwendigen Umweltschutzinvestitionen stößt zunehmend auf Widerstand. Beispiele liefern die Verabschiedung des Abwasserabgabengesetzes, bei der die betroffenen Unternehmen und Gemeinden die

Abgabenzahlung herunterdrücken und die Inkraftsetzung des Gesetzes verschieben konnten, ferner die allenthalben beobachtbaren Widerstände von Bürgerinitiativen gegen die Einrichtung von Mülldeponien oder Lagerstätten für Sonderabfälle.

In der DDR können diese Gesetze und Maßnahmen dagegen reibungsloser durchgesetzt werden, weil die von umweltpolitischen Maßnahmen Betroffenen aufgrund des autokratischen politischen Systems nur minimale Organisations- und Einflußmöglichkeiten besitzen.

Diesem möglichen Vorteil der DDR-Ordnung bei der Durchsetzung der Umweltpolitik stehen andere Defizite entgegen, die sich aus der vergleichsweise geringeren ökonomischen Leistungs- und Neuerungsfähigkeit ergeben. Nach Hansmeyer und Rürup ist eine wirksame Umweltschutzpolitik um so eher möglich, je ökonomisch leistungsfähiger eine Gesellschaftsordnung ist.[69] Eine erfolgreiche Umweltschutzpolitik verlangt die Inanspruchnahme knapper Güter, die an anderer Stelle nicht eingesetzt werden können, kostet also den Verzicht auf den Konsum alternativer Güter. Ein solcher Verzicht fällt um so leichter, je wohlhabender eine Volkswirtschaft ist. Mißt man den wirtschaftlichen Wohlstand an der Höhe des privaten Verbrauchs je Einwohner, so erreicht die DDR nur etwa zwei Drittel (68 vH) des bundesrepublikanischen Niveaus, wobei die unterschiedliche Qualität der Güterversorgung nicht berücksichtigt ist.[70]

Den Hauptantrieb des Wohlstands bildet der wirtschaftlich-technische Fortschritt, dessen Beitrag zum Wirtschaftswachstum in den Industrieländern auf 50 vH und mehr veranschlagt wird.[71] Gleichzeitig ist er jedoch maßgeblich an den Belastungen der Umwelt beteiligt. Soll und kann man angesichts dieser konträren Folgen in Zukunft auf technische Fortschritte verzichten? Zur Beantwortung dieser Frage wird im folgenden der Beitrag des wirtschaftlich-technischen Fortschritts zur Entwicklung und Nutzung umwelt- und ressourcenschonender Technologien und Güter untersucht.

5. Ressourcenknappheit und technische Fortschritte

Die zukünftigen Herausforderungen, die sich angesichts der Energie- und Rohstoffknappheit stellen, und die Möglichkeiten, die sich aus der Entwicklung und Nutzung von Neuerungen ergeben, sind enorm und bisher nur ansatzweise bekannt.

Spätestens durch die drastischen Verteuerungen einiger Hauptenergieträger ist die Erkenntnis weltweit gewachsen, daß der Vorrat bestimmter natürlicher Rohstoffe begrenzt und endlich ist. Den Arbeiten des „Club of Rome" kommt das Verdienst zu, bereits Anfang der siebziger Jahre auf diese Mangelsituation hingewiesen und das Problembewußtsein hierfür weltweit geweckt zu haben.[72] Der begrenzte und endliche Vorrat signalisierte zugleich auch Grenzen des quantitativen Wirtschaftswachstums. Überschlagsrechnungen zeigen, daß in den vergangenen 25 Jahren in der Welt mehr Rohstoffe verbraucht wurden als in allen vorangegangenen Jahrhunderten zusammen. Werden die gegenwärtigen Wachstumsraten für die Zukunft fortgeschrieben, ist die Erschöpfung der Vorräte bei einigen Rohstoffen (z. B. Silber, Zink, Quecksilber) in den nächsten zwei bis drei Jahrzehnten, bei anderen Rohstoffen (Erdöl, Nickel, Kupfer, Chrom) spätestens in den nächsten 100 Jahren prognostizierbar.[73] Auch wenn berücksichtigt wird, daß die Angaben über die Vorratsdauer Schätzwerte sind, genügt allein die Erkenntnis der früheren oder späteren Endlichkeit vieler Rohstoffe, um wirtschaftspolitische Konsequenzen einzuleiten. Diese Notwendigkeit stellt sich vor allem Ländern wie der Bundesrepublik Deutschland und der DDR, die eine hohe Importabhängigkeit an Rohstoffen aufweisen.

Die Umweltprobleme und speziell die sich verschärfenden Energie- und Rohstoffknappheiten sind jedoch eine weltweite Herausforderung, worauf jüngst der vielbeachtete Report „Global 2000" in drastischer Form hingewiesen hat. Das Bild der Weltlage, das dieser Report für das Jahr 2000 zeichnet und prognostiziert, ist pessimistisch, ja beängstigend.[74] Die Weltbevölkerung wird danach im Jahre 2000 auf über 6 Milliarden anwachsen, wovon 1,3 Milliarden unter dem Existenzminimum leben müssen.

Da Erdöl der wichtigste Energieträger bleibt, wird dessen Verknappung besonders die wenig zahlungskräftigen Entwicklungsländer treffen. Durch die verstärkte Nutzung des Holzes als Brennstoff und durch den Ausbau landwirtschaftlicher Nutzflächen können die Waldflächen um ein Drittel zurückgehen. Dies würde wiederum zur Wüstenausbreitung, Versalzung, Versumpfung, ferner zum Verlust von organischen Stoffen und zur Ausrottung von etwa 20 vH aller Pflanzen- und Tierarten führen. Der Report faßt diese Prognosen und Erkenntnisse wie folgt zusammen: „Wenn sich die gegenwärtigen Entwicklungstrends fortsetzen, wird die Welt im Jahre 2000 noch übervölkerter, verschmutzter, ökologisch noch weniger stabil und für Störungen anfälliger sein als die Welt, in der wir heute leben. Ein starker Bevölkerungsdruck, ein starker Druck auf Ressourcen und Umwelt lassen sich deutlich voraussehen."[75]

Angesichts dieser düsteren Prognosen mutet die in Industrieländern geführte Diskussion darüber, ob das Wirtschaftswachstum jährlich um 2 oder 3 vH gesteigert oder aber auf null reduziert werden soll, als illusionär an. Es geht nicht um ein Wachstum von 0, 2 oder 3 vH, sondern um problemlösende Entwicklungsstrategien. Die in Zukunft zu lösenden Probleme werden im Report „Global 2000" in drastischer Weise aufgezeigt. Dabei beruhen die Prognosen auf der Annahme, daß sich Bevölkerung, Umweltbelastung und Ressourcenknappheit im bisherigen Ausmaß weiterentwickeln. Verzichten die Industrieländer auf wirtschaftlich-technischen Fortschritt, würden hierdurch die ohnehin düsteren Prognosen noch verschärft. Der prognostizierte „starke Druck auf Ressourcen und Umwelt" ließe sich zwar insoweit mildern, wie die Bevölkerungsentwicklung durch Aufklärung und Geburtenkontrolle beeinflußt werden kann. Den wirksamsten Beitrag dazu können und müssen jedoch wirtschaftlich-technische Fortschritte liefern, was sich an einigen Beispielen belegen läßt.

Durch die Entwicklung neuer Erkundungs- und Abbautechnologien können zusätzliche, bisher nicht genutzte Rohstofflager erschlossen werden, z.B. in Sibirien, in Südamerika oder auf dem Meeresboden. Nach optimistischen Schätzungen wird deshalb mit dem Zehn- bis Fünfzigfachen der gegenwärtigen Vorratsschätzungen gerechnet. Außerdem wird aufgrund möglicher Fortschritte in der Gewinnungs- und Aufbereitungstechnologie der Rohstoffe eine überproportionale Vorratserweiterung erwartet, weil dann solche Lager genutzt werden können, deren Abbau aufgrund des geringen mineralischen Gehalts bisher noch unwirtschaftlich ist.

Eine weitere Möglichkeit, das Knappheitsproblem zu lösen, besteht in der Einsparung von Ressourcen, indem deren Einsatz je Erzeugniseinheit verringert wird, was Innovationen im Bereich der Materialökonomie voraussetzt. Diese mögliche Einsparung kann durch verstärkte Wiederverwendung von Gütern und Wiederaufbereitung von Rohstoffen intensiviert werden. Auch dieses als Recycling bekannte Verfahren setzt hochentwickelte Aufbereitungs- und Wiederverwendungstechnologien voraus.

Schließlich können knappe oder endliche Ressourcen durch weniger knappe oder unbeschränkt verfügbare Ressourcen substituiert werden. Denkbar sind einerseits materielle Substitutionen, indem z. B. in der Elektrotechnik Kupfer durch Aluminium, in anderen Bereichen z. B. Stahl durch Kunststoffe ersetzt wird, andererseits funktionelle Substitutionen, indem z. B. von der leitungsgebundenen zur drahtlosen Kommunikation übergegangen wird. Schätzungen besagen, daß die Kunststoffproduktion in etwa 25 Jahren die Weltstahlproduktion überflügeln wird. Weitgehende und bisher noch nicht übersehbare Einsparungen und Substitutionen sind im Energiebereich zu erwarten. So könnte durch Nutzung der Sonnenenergie eine unerschöpfliche Energiequelle gewonnen werden.[76]

An diesen Beispielen zeigt sich, daß die Knappheit der natürlichen Ressourcen die Entwicklung und die Durchsetzung umweltfreundlicher und ressourcensparender Technologien erfordert. Diese Forderung stellt sich unabhängig von der Gesellschaftsordnung; sie ergibt sich in Abhängigkeit vom Industrialisierungsgrad. So gelten auch in der DDR als wesentliche Elemente der zukünftigen Umweltgestaltung: die Produktion von Meß- und Kontrollinstrumenten, Meßnetzen, einschließlich kosmischer Techniken, die Produktion von Technologien für die Reproduktion von Naturressourcen und die Gewinnung von Sekundärrohstoffen, (z. B. Wasseraufbereitungs- und -reinigungsanlagen, Luftfilter- und Müllverwertungsanlagen) und die Entwicklung sonstiger umweltfreundlicher und ressourcensparender Produktionstechnologien.[77]

6. Wirtschaftlich-technische Leistungsfähigkeit der Marktwirtschaft

Wirtschaftlich-technische Fortschritte verkörpern sich in neuen Produkten und Produktionsverfahren. Neue Produkte und Verfahren sind zu erforschen und zu erfinden, zu entwickeln, zu produzieren und am Markt einzuführen. Demgemäß wird der Neuerungsprozeß in die Phasen der Grundlagenforschung, der angewandten Forschung, der Entwicklung, der Durchsetzung (Innovation) und der Verbreitung (Diffusion bzw. Imitation) eingeteilt. Insgesamt wurden im Jahre 1978 für Forschung und Entwicklung im weitesten Sinne, also unter Einschluß der Grundlagenforschung, in der Bundesrepublik rund 30,4 Mrd. DM ausgegeben. Davon wurden 19,3 Mrd. DM, also rund zwei Drittel, von den Unternehmen und Verbänden der Wirtschaft aufgewendet. Das restliche Drittel diente hauptsächlich zur Finanzierung der Grundlagenforschung in Universitäten und außeruniversitären Forschungsinstituten. Der Anteil der gesamten Forschungs- und Entwicklungsausgaben am Bruttosozialprodukt betrug im gleichen Jahr 2,34 vH. Dabei hat sich der Anstieg der Forschungsintensität in den siebziger Jahren gegenüber den sechziger Jahren verlangsamt. Der absolute Höchststand wurde im Jahre 1971 mit einem Anteil von 2,38 vH erreicht.

Die Forschungs- und Entwicklungsaufwendungen im engeren Sinne in Höhe von 19,3 Mrd. DM wurden 1978 zu rund 97 vH für unternehmenseigene Forschungsarbeiten des produzierenden Gewerbes verwendet. Diese Unternehmen sind somit die maßgeblichen Träger wirtschaftlicher Neuerungen in der Bundesrepublik. Innerhalb des produzierenden Gewerbes sind mit einem Anteil von 86 vH die forschungsintensivsten Branchen: Chemische Industrie, Maschinen-, Kraft- und Luftfahrzeugbau, Büromaschinen- und Datenverarbeitungsindustrie sowie elektrotechnische, feinmechanische und optische Industrie. Bezüglich der Forschungsaufwendungen der Unternehmen machten die Personalkosten mit rund 60 vH den größten Anteil aus. 1977 waren unter den in Forschung und Entwicklung beschäftigten 193 066 Personen 67 vH Wissenschaftler, Ingenieure und Techniker.[78]

Neuerungen sind das Werk von Erfindern und vor allem von Unternehmern, die neue Kombinationen durchsetzen. Unternehmerische Qualitäten sind gefragt, weil Neuerungen neben dem technischen Wissen und Können vor allem Risikobereitschaft, organisatorische Geschicklichkeit und Durchsetzungsfähigkeiten voraussetzen. Entscheidend für die Nutzung des Neuerungspotentials einer Wirtschaftsordnung ist daher die Motivierung unternehmerischen Verhaltens. Nach der empirisch abgesicherten Theorie der Leistungsmotivation wird die unternehmerische Motivation am besten stimuliert, wenn die Möglichkeiten erstens zu selbstverantwortlichen Handeln, zweitens zur möglichst objektiven Überprüfung der eigenen Tüchtigkeit und drittens zur laufenden Konfrontation mit mittelschweren Aufgaben gegeben sind.[79] Günstige Voraussetzungen für diese Motivationsanforderungen bilden die Institutionen des Marktes und des Privateigentums. Betrachten wir zunächst den Einfluß des Marktsystems.

Die Absatzchancen auf *Märkten* sind das wichtigste Stimulans für die Inangriffnahme und Durchsetzung von Neuerungen. Kompetetive Marktsysteme zeichnen sich durch permanente innovative Vorstöße einzelner Anbieter aus, die die anderen Konkurrenten zu Anpassungen und Reaktionen herausfordern, sofern sie ihre Markt- und Vermögenspositionen nicht gefährden wollen. Die Marktkonkurrenten sehen sich ständig neuen Aufgaben und Marktverhältnissen konfrontiert. Sofern es gelingt, dieser Herausforderung mit geeigneten Problemlösungen zu begegnen, kann der Vorsprung des Innovators durch nachfolgende Imitationen abgebaut oder eingeholt werden. Unterbleibt die Reaktion, droht die Gefahr der Marktverdrängung. Gerade diese laufenden Anpassungsnotwendigkeiten und Unsicherheiten bieten jedoch günstige Voraussetzungen für die Entfaltung der Neuerungsmotivation. Der Gewinn fungiert dabei als Indikator des Neuerungserfolgs. Weil er in gebündelter Form den Erfolg signalisiert, wird er von neuerungsmotivierten Personen als Maßstab zur Überprüfung der eigenen Tüchtigkeit präferiert.[80]

Die stimulierende Wirkung des Marktsystems ist durch eine Vielzahl empirischer Untersuchungen belegt. Im Mittelpunkt der empirischen Innovationsforschung stand die Kontroverse um die Vorrangigkeit der Nachfragesog-These (demand-pull) oder der Technologiedruck-These (technology-push). Die Vertreter der Nachfragesog-These sehen in der Erkenntnis von Bedarfslagen, also in Nachfrage- und Gewinnchancen die maßgebenden Faktoren; den dominierenden Einfluß der Marktfaktoren hat vor allem Schmookler anhand einer Analyse der wichtigsten Erfindungen in fünf Industriezweigen und der Patentstatistik nachgewiesen. Die Vertreter der Technologiedruck-These sehen im technischen Wissensstand und den sich daraus bietenden technologischen Opportunitäten die primären Antriebskräfte für Neuerungen. Auf Einzelheiten dieser empirischen Untersuchungen kann hier nicht eingegangen werden. Bei deren pauschaler Auswertung ergibt sich ein Durchschnittswert von 75:25 zugunsten der Nachfrage- oder Marktkräfte gegenüber dem Einfluß technischer Opportunitäten.[81]

Neben den Anreiz- und Kontrollfunktionen des Marktes durch Mitkonkurrenten und Abnehmer sind die Kontrollwirkungen des *Privateigentums* für das Verhalten der Unternehmer entscheidend. Für größere Privatunternehmen und speziell für die Aktiengesellschaften ist zwar die Trennung von Eigentum und Leitung durch angestellte Manager typisch, was jedoch nicht bedeutet, daß das Privateigentum funktionslos wäre. Der Einfluß des Eigentums kommt hier in dem Interesse der Kapitaleigner an einer möglichst hohen Kapitalrentabilität zum Ausdruck. Das Medium, mit dem dieses Interesse durchgesetzt und wirksam werden kann, bildet die Kapitalmarktkontrolle. Zu nennen sind erstens die Aktienmarktkontrolle, bei der die Höhe der Aktienkurse Erfolge und Mißerfolge der Managerleistungen signalisieren, zweitens die Übernahmekontrolle (corporate control), bei der unrentable Unternehmen von anderen Unternehmen übernommen und die inkompetenten Manager meist abgelöst werden, und drittens die Kontrolle durch den Markt für Manager, für deren Karrierechancen der bisher erzielte Geschäftserfolg einen wesentlichen Einfluß hat.[82] Die Entfaltung dieser Kontrollformen setzt exklusive, teilbare und transferierbare Eigentumsrechte voraus; ihr Funktionieren ist also an die Existenz des Privateigentums gebunden. Die Verknüpfung von markt- und eigentumsinduzierten Anreizen und Kontrollen bietet somit einen günstigen Bedingungsrahmen, in dem sich unternehmerisches Potential und damit neuerungsbereites Verhalten entfalten kann. Die Intensität innovatorischer Aktivitäten wird dabei maßgeblich von der konkreten Gestaltung der Rahmenbedingungen beeinflußt.

In der Bundesrepublik Deutschland ist seit Mitte der siebziger Jahre eine Verringerung der unternehmerischen Investitions- und Neuerungsbereitschaft feststellbar, die vor allem auf den Rückgang der Ertrags- und Eigenfinanzierungskraft der Unternehmen und auf die Zunahme der Verrechtlichung wirtschaftlicher Verhältnisse zurückzuführen ist. Die Netto-Umsatz-Rendite, also das Verhältnis zwischen Nettojahresüberschuß und Umsatz der Unternehmen, war Ende der siebziger Jahre um ein Drittel niedriger als in der Phase 1965–1969 und betrug 1979 nur noch 2,4 v H. Die Eigenkapitalquote, das Verhältnis der betrieblichen Eigenmittel zur Bilanzsumme, nahm ebenfalls kontinuierlich ab und betrug 1979 nur 21,7 v H gegenüber 30 v H in 1966.[83] Aufgrund dieser mäßigen Renditeaussichten kann auch keine große Bereitschaft erwartet werden, Risikokapital zu investieren, zumal in einer Zeit, in der festverzinsliche Anlagen hohe und zudem risikolose Renditen garantieren.

Als weitere Innovationsbarriere erweist sich die zunehmende Verrechtlichung und Bürokratisierung der Wirtschaftsprozesse. So bedarf ein normales Baugesuch der Genehmigung von mindestens 20 staatlichen Behörden und hat mehrere 100 Gesetze und Verordnungen zu beachten. Berechnungen haben ergeben, daß kleineren und mittleren Unternehmen als Folge der Verordnungsflut reine Bürokratiekosten in Höhe von durchschnittlich

2 v H des Umsatzes entstehen, also der Nettorendite entsprechen können.[84] Der Ertragsrückgang und die zunehmende Verrechtlichung sind nicht Ausdruck des „Marktversagens", sondern vielmehr das Ergebnis überzogener Kosten- und insbesondere Sozialbelastungen sowie ordnungsinkonformer staatlicher Regelungen. Die Innovationsträgheit ist somit maßgeblich im „Politikversagen" begründet.

7. Wirtschaftlich-technische Leistungsfähigkeit der Planwirtschaft

Aufgrund der überragenden Bedeutung des wissenschaftlich-technischen Fortschritts in der marxistisch-leninistischen Weltanschauung gelten Planung und Durchsetzung von Wissenschaft und Technik in der DDR als „Kernfrage der gesamten Gesellschaftspolitik" und demgemäß als „erstrangige Aufgabe staatlicher Leitung".[85] Die Planung von Wissenschaft und Technik erfolgt als Bestandteil der zentralen Volkswirtschaftsplanung. Dabei soll der Fünfjahresplan die Hauptform der Entwicklung und Durchsetzung neuer Produkte und Produktionsverfahren bilden. In den Jahresplänen werden die wissenschaftlich-technischen Aufgaben der Fünfjahresplanung präzisiert und in Form konkreter Auflagen den dezentralen Forschungs- und Produktionseinheiten vorgegeben.

Die Planung von Wissenschaft und Technik umfaßt eine Hierarchie von Teilplänen. Den wichtigsten Teilplan bildet der „Staatsplan Wissenschaft und Technik", der von der Staatlichen Plankommission in Zusammenarbeit mit dem Ministerium für Wissenschaft und Technik und anderen Zentralorganen aufgestellt wird. Er enthält

1. die Staatsaufträge „Wissenschaft und Technik",
2. die volkswirtschaftlich bedeutenden Neu- und Weiterentwicklungen von Produkten und Verfahren außerhalb von Staatsaufträgen,
3. die zentralen Vorgaben zur Einsparung von Arbeitszeit, Material, Energie und der Produkte mit dem Qualitätsgütezeichen „Q" und

4. die Ziele für die Entwicklung des Forschungs- und Entwicklungspotentials.[86]

Absoluten Vorrang haben die Staatsaufträge, die für volkswirtschaftlich bedeutende Neuerungen erteilt werden. Die Inangriffnahme solcher Zentralaufgaben erfolgt durch Direktiven der Parteiführung und auf der Grundlage der Abkommen über die wissenschaftlich-technische Zusammenarbeit im RGW. Der Anteil der Staatsplanaufgaben an den gesamten Forschungs- und Entwicklungsaufgaben dürfte etwa 50 v H betragen. Die Neuerungsaufgaben außerhalb des Staatsplanes stehen jedoch mit diesem in engem Zusammenhang und werden zum großen Teil daraus abgeleitet.

Ein enger Bezug zum Staatsplan ist bei den Plänen „Wissenschaft und Technik" der Ministerien und der sonstigen zentralen Staatsorgane gegeben. Die Ministerien und hierbei insbesondere die Industrieministerien haben ihre Planung „voll" auf die Realisierung der im Staatsplan festgelegten Aufgaben zu konzentrieren. Sie können über die Staatsplanaufgaben hinaus keine Neuerungsaufgaben eigenverantwortlich planen und den unterstellten Wirtschaftseinheiten vorgeben. Auch in den Plänen „Wissenschaft und Technik" der Räte der Bezirke sind vorrangig die Staatsplanaufgaben, daneben die bezirksbezogenen Neuerungsaufgaben zu planen.

Schließlich ist als zentraler Teilplan noch der Plan der Grundlagenforschung zu erwähnen, für dessen Ausarbeitung die Akademie der Wissenschaften und das Ministerium für Hoch- und Fachschulwesen zuständig sind, die sich jedoch mit der Staatlichen Plankommission abzustimmen haben.

Obwohl in den angeführten zentralen Plänen und hierbei vorrangig im Staatsplan die volkswirtschaftlich bedeutenden Neuerungsvorhaben geplant werden, verbleiben den Kombinaten und Forschungseinrichtungen nicht unbeträchtliche Neuerungskompetenzen. Die Kombinatspläne „Wissenschaft und Technik" umfassen erstens die detaillierten zentralen Aufgaben des Staatsplans, deren Durchführung absoluten Vorrang hat, und zweitens die eigenverantwortlich initiierten Neu- und Weiterentwicklungen von Erzeugnissen und Verfahren. Die Fülle der Aufgaben, die den Kombinatsleitungen bei der Planung von Wissenschaft und Technik verbleiben, kommt in den Regelungen folgender Einzelpläne zum Ausdruck:[87]

1. Im Plan „Forschung und Entwicklung" sind die während eines Planungszeitraums angestrebten Forschungs-, Entwicklungs- und Produktionsziele zu präzisieren und mit den Zielen der anderen betrieblichen Teilpläne abzustimmen;

2. im Plan der technischen und organisatorischen Maßnahmen (TOM) sind alle Rationalisierungsvorhaben sowie alle Maßnahmen zur Verbesserung der Organisation, der Kommunikations- und Leitungssysteme zu planen;

3. im Plan des ökonomischen Nutzens aus Maßnahmen des wissenschaftlich-technischen Fortschritts sind Aufwand und Nutzen der Neuerungen zu kalkulieren und in Form von Kennziffern zu konkretisieren;

4. im Plan der wissenschaftlichen Arbeitsorganisation (WAO) sind die Auswirkungen von Neuerungen auf die Arbeitsprozesse und -plätze zu erfassen, wobei die Planung gezielt auf die Freisetzung von Arbeitsplätzen und die Einsparung von Arbeitszeit gerichtet werden soll;

5. im Plan der Neuerertätigkeit sind die Aufgaben der Neuererbewegung zu planen, die sich vorrangig auf die Rationalisierung beziehen und als Grundlage der Neuerervereinbarungen dienen sollen.

Die hierarchische Planung von Wissenschaft und Technik umfaßt somit auf den verschiedenen Ebenen folgende Teilpläne und Planträger:

1. Staatsplan Wissenschaft und Technik, der von der Staatlichen Plankommission und dem Ministerium für Wissenschaft und Technik auszuarbeiten ist;

2. Pläne Wissenschaft und Technik der Ministerien, der anderen zentralen Staatsorgane und der Räte der Bezirke;

3. Plan der Grundlagenforschung, für den die Akademie der Wissenschaften und das Ministerium für Hoch- und Fachschulwesen zuständig sind;

4. Pläne Wissenschaft und Technik der Kombinate, Betriebe und Forschungseinrichtungen mit den oben genannten fünf Einzelplänen.

Nach der Auswahl und Festlegung der Ziele sind im Verlauf des Planungsprozesses die Ziele der einzelnen Teilpläne untereinander und vor allem mit den anderen volkswirtschaftlichen Plänen, also mit den Aufgaben der Produktions-, Arbeitskräfte-, Material-, Investitions-, Finanz- und Außenhandelsplanung, abzustimmen. Die zentrale Planung und Koordination der Neuerungsprozesse stößt auf erhebliche Schwierigkeiten, die wir hier nur andeuten können. Das Kernproblem besteht darin, daß das zur Abstimmung der Neuerungsprozesse notwendige Wissen teilweise erst im Verlauf der Planverwirklichung, also in Prozessen von Versuch und Irrtum und aufgrund laufender Erfahrungen, verfügbar wird. Eine schnelle Reagibilität auf neue Daten würde aufgrund der Interdependenz aller Pläne wiederum eine flexible Korrektur sowohl der Neuerungsplanung als auch der laufenden Volkswirtschaftsplanung erfordern, und gerade bei dieser Anforderung versagt das zentralkoordinierte Planungssystem. Aufgrund der hohen technischen und ökonomischen Risiken von Neuerungen und somit der unsicheren Informationsbasis muß die Planung und Koordination der Neuerungsprozesse in der Realität Stückwerk bleiben.[88]

Die Koordinations- und Informationsdefizite versucht man durch ein abgestuftes System der Verteidigung wissenschaftlich-technischer Aufgaben zu reduzieren.[89] Die Pflicht zur Verteidigung gilt für alle Instanzen, die für die Erfüllung der Pläne „Wissenschaft und Technik" verantwortlich sind. Sie soll sicherstellen, daß die Aufgaben erstens einem nachweisbaren Bedarf genügen und zweitens materiell-technisch abgesichert sind. Die auf diese Weise umfassend verteidigten Aufgaben werden auf jeder Leitungsstufe nach oben weitergegeben und von der Staatlichen Plankommission in Zusammenarbeit mit dem Ministerium für Wissenschaft und Technik gesammelt, bilanziert und als Planteil Wissenschaft und Technik in den Volkswirtschaftsplan aufgenommen, der von der Volkskammer im Auftrag des Ministerrates und der Partei als Gesetz verabschiedet wird. Der Plan ist anschließend für alle nachgeordneten Ebenen verbindlich, wobei die allseitige Erfüllung der wissenschaftlich-technischen Planziele als Erfolgskriterium gilt.

Welche Anreize oder Beschränkungen sind bei der zentralen Planung des wirtschaftlich-technischen Fortschritts wirksam? Die innovatorische Leistungsfähigkeit einer Volkswirtschaft wird maßgeblich von der Qualität des vorhandenen technischen Wissens und Könnens sowie von den motivationalen Anreizen bestimmt; zum „Können" hat also noch das „Wollen" hinzuzutreten. Betrachten wir zunächst die Determinante des technischen Wissens.

Der vorrangige Stellenwert der technischen Fortschritte kommt in der DDR in den Steigerungsraten der Ausgaben zum Ausdruck. Im Vergleich zum Jahre 1965, in dem 2,15 vH des Nationaleinkommens aufgewendet wurden, betrug dieser Anteil im Jahresdurchschnitt 1971–75 bereits 3,9 vH und stieg Ende der siebziger Jahre auf 4,2 vH. In absoluten Zahlen ausgedrückt, betrugen im Jahre 1978 die Gesamtausgaben für Wissenschaft und Technik 6,5 Mrd. Mark, wovon 2,3 Mrd. aus dem Staatshaushalt und 4,2 Mrd. von den Betrieben finanziert wurden.[90]

Zieht man den Ausbildungsstand der Beschäftigten als Indikator des wissenschaftlich-technischen Fähigkeitsniveaus heran, sind in der DDR ebenfalls günstige Voraussetzungen vorhanden. Ende der siebziger Jahre waren im gesellschaftseigenen, d.h. im staats- und genossenschaftseigenen Sektor rd. 1,4 Mio. Beschäftigte mit Hoch- und Fachschulstudium, davon 485 000 mit abgeschlossenem Hochschulstudium, tätig. Die Zahl der Beschäftigten in Forschung und Entwicklung betrug im Jahre 1979 in der Gesamtwirtschaft 160 000, davon in Industrie und Bauwirtschaft 126 000 Personen, die etwa zur Hälfte Wissenschaftler und Ingenieure waren, also das qualifizierte Potential an technischen Neuerungskompetenzen repräsentierten. Damit schneidet die DDR im internationalen Vergleich gut ab.[91]

Die systemspezifischen Neuerungshemmnisse sind somit weniger in der mangelnden wirtschaftlich-technischen Fachkompetenz als vielmehr in der unzureichenden Motivierung zu unternehmerischen und risikobereiten Verhaltensweisen zu suchen. Diese Schlußfolgerung wird auch von dem DDR-Ökonomen Nick geteilt, der aufgrund der Analyse des Rückstands im ökonomisch-technischen Niveau der DDR gegenüber marktwirtschaftlichen Systemen zu folgendem Ergebnis kommt: „Auf dem Gebiet der Grundlagenforschung ist ein solcher Rückstand entweder nicht vorhanden oder relativ gering. Dieser Rückstand wird um so größer, je näher sich das betreffende Stadium zur Produktion befindet. Der größte Teil des Rückstandes tritt in der Phase der unmittelbaren Überführung technischer Lösungen in die Produktion ein ..."[92] Damit wird implizit eingestanden, daß die eigentliche Ursache innovatorischer Rückstände in der unzureichenden Bereitschaft liegt, technisch zwar potentiell beherrschbare, ökonomisch aber riskante Neuerungen durchzusetzen. Die Analyse der Anreiz- und Kontrollbedingungen sowohl auf der Ebene der zentralen Planinstanzen als auch auf betrieblicher Ebene vermag diese These zu bekräftigen.

Die Leiter der zentralen Planinstanzen sind zugleich die verantwortlichen Träger des Staatseigentums. Ihr kompetenz- und eigentumsrechtlicher Status zeichnet sich dadurch aus, daß der Umfang der Verfügungsrechte beträchtlich, jener der Nutzungsrechte dagegen minimal ist. Die Verfügungsrechte kommen in den Planungskompetenzen, die auch die Initiierung und Durchsetzung von Neuerungen umgreifen, in der Durchsetzung der Planziele innerhalb der Hierarchie und in der Kontrolle der Planerfüllung zum Ausdruck. Dagegen können die Leiter der Staatsorgane keine abgrenzbaren Anteile am staatlichen Produktivvermögen erwerben und sich auch keine Vermögenserträge exklusiv aneignen. Sie erfahren daher nicht unmittelbar und für sich selber die Erfolge oder Mißerfolge ihrer Entscheidungen in Form vermehrter oder verminderter Vermögenserträge. Durch die für das zentralisierte Staatseigentum typische gespaltene Zuordnung der Verfügungs- und Nutzungsrechte „verliert das Risiko aller Verluste seinen bestimmten Träger und erscheint daher in den Investitionsberechnungen und Erwägungen nicht".[93]

Die motivationalen Folgen der divergenten Zuordnung von Kompetenz und Verantwortung sind im Zusammenhang mit den bürokratischen Eigeninteressen und Restriktionen zu sehen. Die Leiter der Plan- und Staatsorgane sind in ihrer Rolle als Plankommissar, Minister oder Akademiedirektor zugleich Leiter einer Behörde, deren Aufgaben aus Mitteln des Staatshaushalts finanziert werden. Wie bereits dargelegt, ist jeder Bürokratieleiter bei den periodisch erfolgenden Budgetzuweisungen bestrebt, möglichst umfangreiche Zuteilungen zu beantragen und zu erhalten, weil ein großzügiges Budget den vergleichsweise „objektivsten" Indikator für die Leistung der Behörde und damit für das Ansehen der Behördenleiter bildet. Die freiwillige Beschränkung der Budgetforderungen würde seitens der Zuteilungs- und Aufsichtsorgane den Verdacht auf geringere politische oder wirtschaftliche Leistungen der Behörde nahelegen. Wegen dieser Erwartungen und der allzeit präsenten Forderungen konkurrierender Behörden besteht für jeden Bürokratieleiter die rationale Strategie darin, den Kompetenzumfang zu erweitern, mindestens aber zu sichern. Reichliche Zuteilungen an Arbeitskräften, Material, Investitions- und sonstigen Finanzierungsmitteln ermöglichen anspruchsvollere Planziele, somit auch wachsenden Einfluß und Ansehen. Zum anderen steigt die Sicherheit einer erfolgreichen Planerfüllung. In den zweigmäßig oder regional organisierten Zentralinstanzen konkretisiert sich das auf Kompetenzexpansion bedachte bürokratische Interesse in kontinuierlichen Produktionssteigerungen innerhalb des Wirtschaftszweiges oder der Region. Die Produktionsexpansion erfolgt dabei auf der Grundlage eines extensiven Ressourceneinsatzes. Das bürokratische Expansionsstreben begünstigt also die Entstehung technischer Ineffizienzen (sog. X-Ineffizienzen). Belege für die Existenz beträchtlicher X-Ineffizienzen in der DDR-Wirtschaft liefern die Analysen (siehe Dritter Teil dieses Bandes) über die Materialverschwendung und die vergleichsweise zur Bundesrepublik um ein Drittel geringere Arbeitsproduktivität.[94] So wurde bei einer Untersuchung von zehn Industrieerzeugnissen festgestellt, daß die Hälfte im Durchschnitt 17 v H materialaufwendiger und schwerer als international vergleichbare Erzeugnisse waren. Bei Produkten des Maschinenbaus war der Materialaufwand durchschnittlich um 30 v H höher.[95] Die Diagnose von X-Ineffizienzen läßt zugleich Rückschlüsse auf die Neuerungsmotivation zu, da sie Ausdruck einer geringen Bereitschaft zur Kostensenkung und somit vor allem zur Einführung von neuen Produktionsverfahren sind. Aufgrund des systembedingt geringen Interesses an kostenminimalen Produktionsverfahren geht kein wirksamer Nachfragesog zur Produktion neuer Investitionsgüter aus, so daß in staatlich organisierten Planwirtschaften ein wichtiger Neuerungsantrieb ausfällt.

Neben diesen in der bürokratischen Organisation der Staatsorgane angelegten motivationalen Schwächen sind die Einflüsse des Kontrollsystems zu berücksichtigen, dessen Leitprinzip die allseitige Kontrolle der Planerfüllung bildet. Da Planziele durch die betrieblichen Aktivitäten realisiert werden, setzt die Kontrolle primär auf der betrieblichen Ebene an. Indem die Zentralinstanzen die Verantwortung für die Festlegung der Planziele und die Kontrolle der Planerfüllung übernehmen, unterliegen sie ebenfalls dem Gebot der Planerfüllung. Mit diesem Gebot verbindet sich die Verpflichtung, daß die den Betrieben auferlegten Planziele den Anforderungen der rechtlichen Verbindlichkeit, der reellen Erfüllbarkeit und der Kontrollierbarkeit genügen. Aufgrund dieser Anforderungen sind Planentscheidungen zu meiden, deren Erfüllung mit Unsicherheiten behaftet ist. Nichterfüllte Planziele haben nicht nur für die Betriebsleiter, sondern auch für die verantwortlichen staatlichen Planinstanzen negative Auswirkungen. Angesichts des Diktats der Planerfüllung sind daher vor allem riskante Planentscheidungen zu meiden, womit der Bezug zur Neuerungsbereitschaft angesprochen ist. Wie kaum eine andere Entscheidung bergen die Inangriffnahme, Entwicklung und Durchsetzung neuer Produkte und Verfahren hohe technische und ökonomische Risiken. Die Risiken sind besonders bei grundlegenden Neuerungen (Basisinnovationen) hoch, da hier nur wenige oder keine Erfahrungswerte über die technische Funktionstüchtigkeit und die ökonomischen Anwendungsmöglichkeiten vorliegen. Weil dieses Wissen teilweise erst im Zuge der Planrealisierung und hierbei in

Prozessen von Versuch und Irrtum verfügbar wird, sind Neuerungsprozesse und deren Auswirkungen auf andere Planbereiche nicht exakt plan- und bilanzierbar. Gleichwohl wird bei zentraler Planung die Vorgabe verbindlicher und erfüllbarer wissenschaftlich-technischer Plankennziffern verlangt.[96] Die verantwortlichen Planer werden dadurch zu einem risikoscheuen Verhalten geradezu aufgefordert. Sollen die verbindlichen und rechtsförmlichen Anweisungen an die Betriebe erfüllbar sein, können sie sich nur auf Neuerungsvorhaben beziehen, deren Realisierung absehbar und deren Auswirkungen relativ sicher kalkulierbar sind. Das planerfüllungsorientierte Kontrollsystem stimuliert also allenfalls eine Neuerungsstrategie der kleinen Schritte, die sich auf geringfügige Modifikationen bewährter Produkte und bekannter Verfahren beschränkt und die Durchsetzung grundlegender Neuerungen meidet.

Die Restriktionen des administrativen Anreiz- und Kontrollsystems setzen sich auch auf der dezentralen betrieblichen Ebene fort. Bahro hat die strukturellen Gemeinsamkeiten zwischen den zentralen und dezentralen Ordnungsbedingungen treffend als „bürokratisches Kontinuum" bezeichnet, das „vom unauffälligsten Schichtmeister bis zur Partei- und Staatsspitze reicht".[97] Wegen der Zentralisation der wesentlichen Initiativ- und Durchsetzungskompetenzen verfügen die Unternehmensleiter nur über begrenzte Neuerungskompetenzen.[98] Ihre Hauptaufgabe besteht in der Detaillierung und Ausführung der angewiesenen Aufgaben. Aufgrund dieser Kompetenzen lassen sich Erfolge oder Mißerfolge von Neuerungsaktivitäten nur unvollständig der eigenen Tüchtigkeit zuschreiben, wodurch selbstverantwortliches Verhalten und die objektive Überprüfung der Leistung behindert werden, die als die beiden zentralen Motivationsdeterminanten gelten. Als maßgebliches Prinzip der Leistungsbewertung fungiert der Grad der Planerfüllung, der jedoch keine wirksame Neuerungsbereitschaft zu stimulieren vermag. Neuerungen repräsentieren neue Faktorkombinationen, erfordern also Umstellungen der laufenden Produktionsprozesse. Werden Ressourcen aus der laufenden Planrealisierung abgezogen und zur Produktion der risikoreicheren

Neuerungen eingesetzt, wird die Erfüllung des vorgegebenen Plansolls gefährdet, was wiederum negative Sanktionen zur Folge haben kann. Die Unternehmensleiter meiden deshalb in der Regel innovative Eigeninitiativen. Statt dessen präferieren sie routinemäßige Verhaltensweisen oder warten zumindest ab, bis die Durchsetzung von Neuerungen im Plan vorgegeben und abgesichert ist. Die neuerungshemmenden Folgen der auf die Erfüllung quantitativ anspruchsvoller Planziele ausgerichteten Verhaltensweisen verursachen nach Nick „ein Übermaß an operativen Verwaltungsaufwand und verleiten zur Vernachlässigung perspektivischer Fragen der Wirtschaftsentwicklung; sie führen zur Verzögerung der Investitionsfrist und Überleitungszeiten wissenschaftlich-technischer Ergebnisse; sie verursachen Überstunden und gleichzeitig Ausfallzeiten; sie verringern das Interesse am wirtschaftlich-technischen Fortschritt überhaupt".[99] Aufgrund des geringen Neuerungsinteresses der Leiter zentraler Planinstanzen wie auch der Unternehmensleiter wird im zentralen Plansystem weder ein starker Nachfragesog noch ein wirksamer Technologiedruck entfaltet, womit die für Marktwirtschaften wesentlichen Neuerungsantriebe in Planwirtschaften weitgehend ausfallen.

Dieser Neuerungsträgheit versucht im Wirtschaftssystem der DDR die Parteiführung durch politisch motivierten Neuerungsdruck entgegenzuwirken, dessen Hauptmotiv das Machtsicherungsinteresse der Partei bildet. Die politische Machtsicherung der Partei ist im Sozialismus primär durch wirtschaftliche Fehlentwicklungen gefährdet, die zur drastischen Verschlechterung der Güterversorgung führen und öffentliche Unzufriedenheiten und Unruhen auslösen können. Die Parteiführung muß daher ein elementares politisches Interesse haben, die volkswirtschaftliche Leistungskraft voranzutreiben, um wirtschaftliche Unzufriedenheit und damit die Gefahr einer Herrschaftskrise zu vermeiden.[100] Das Machtsicherungsinteresse gebietet es daher, die Entwicklung und Durchsetzung wirtschaftlich-technischer Fortschritte zu forcieren, da sie auch in der sozialistischen Planwirtschaft die entscheidende Voraussetzung für wirtschaftliche Entwicklung und ökonomischen Wohlstand sind. Die wichtigsten Maßnahmen zur Neuerungsförderung bilden erstens die Organisierung breit angelegter Wettbewerbs- und Neuerungskampagnen und zweitens die Konzentration der Forschung und Entwicklung auf Schwerpunktvorhaben.

Die Mobilisierung der Masseninitiativen soll durch verschiedene Formen des sozialistischen Wettbewerbs erreicht werden. Je nach Anlaß, z.B. bei Parteitagen oder Jubiläen, werden folgende Kampagnen propagiert und organisiert: Sozialistische Gemeinschaftsarbeit, Aktivisten-, Neuerer- und Rationalisatorenbewegungen und die Messen der Meister von Morgen. Die wichtigste Form zur Verwirklichung des Prinzips „Kampf des Neuen gegen das Alte" kommt in der Neuererbewegung zur Geltung, die gemäß der Neuererverordnung „einen bedeutsamen Beitrag bei der Durchsetzung des wissenschaftlich-technischen Fortschritts, insbesondere bei der sozialistischen Rationalisierung" leisten soll.[101] Die Anreizwirkungen dieser künstlich angefachten Masseninitiativen nutzen sich jedoch ab, je häufiger sie propagiert werden. Sie sind zudem wenig geeignet, technische und unternehmerische Fachkompetenzen zu aktivieren. Ihr Beitrag zur Stimulierung anspruchsvoller und breitenwirksamer wissenschaftlich-technischer Leistungen ist daher gering einzuschätzen.[102]

Die volkswirtschaftlich bedeutsamere Form der Neuerungsförderung bildet die Konzentration der knappen Forschungs- und Entwicklungsressourcen auf Neuererschwerpunkte, mit dem Ziel, international konkurrenzfähige Spitzenleistungen zu entwickeln. So gelten im Volkswirtschaftsplan 1981 als wissenschaftlich-technische Hauptaufgaben die höhere Veredelung der Roh- und Werkstoffe, die breitere Anwendung der mikroelektronischen Steuer- und Rechentechnik und die konzentrierte Entwicklung von Industrierobotern.[103] Die förderungswürdigen Wirtschaftszweige werden bei der Zuteilung von Devisen, Investitionsgütern und Forschungspersonal bevorzugt und bekommen finanzielle Sonderregelungen eingeräumt. Mit dieser Neuerungsstrategie lassen sich auf wenigen ausgewählten Gebieten durchaus technologische Spitzenleistungen erzielen. Entscheidend für die innovatorische Leistungsfähigkeit einer Volkswirtschaft ist jedoch die breite

Anwendung und Nutzung neuer Techniken. Beispielsweise bieten sich als Anwendungsbereiche der Mikroelektronik die Nachrichtentechnik, Textverarbeitung, Haushaltsgeräte, Maschinenbau, Unterhaltungs- und Freizeitelektronik, Automobilbau und vielfältige weitere bisher noch nicht absehbare Anwendungen bei der Steuerung von Produktionsabläufen an. Zur Nutzung der Mikroelektronik müßte die Parteiführung alle angeführten Wirtschaftszweige in ihre Förderungspolitik einbeziehen, was schon an der Knappheit der Ressourcen scheitert.[104] Als schwierigstes, weil systembedingtes Hindernis für die erhoffte Breitenwirkung der konzentrierten Neuerungsförderung erweist sich jedoch die oben festgestellte mangelnde Risiko- und Neuerungsbereitschaft bei den Leitern der Staatsorgane und den Unternehmensleitern. Aufgrund der systemendogenen Mängel und Trägheiten bei der Entwicklung, Durchsetzung und Anwendung von Neuerungen sind daher vom planwirtschaftlich organisierten Wirtschaftssystem keine kreativen Impulse bei der Lösung des Umweltproblems und speziell des Problems der natürlichen Ressourcenknappheit zu erwarten.

Fünfter Teil

Gesamtwirtschaftliche Instabilitäten: Erscheinungsformen, Ursachen und Konzepte ihrer Bekämpfung

H. Jörg Thieme

I. Die Systemindifferenz gesamtwirtschaftlicher Stabilitätsziele

1. Wirtschaftsprozesse waren und sind durch verschiedenartige Instabilitäten geprägt. Ändern sich beispielsweise die Bedürfnisse der Haushalte, die Produktionstechnologien oder die Preise wichtiger Produktionsfaktoren, sind kurzfristige Ungleichgewichte von Angebot und Nachfrage auf einzelnen Märkten, in einzelnen Wirtschaftsbranchen wahrscheinlich, die längerfristig einen Anpassungsprozeß auslösen, in dessen Verlauf Planrevisionen der Wirtschaftssubjekte eine Umkombination von Produktionsfaktoren bewirken. Von diesen, in jeder dynamischen Wirtschaft aktuellen Strukturänderungen sind konjunkturelle Instabilitäten zu unterscheiden: Konjunkturschwankungen sind definiert als Änderungen der tatsächlichen Auslastung des gesamtwirtschaftlichen Produktionspotentials, wobei jahreszeitliche Schwankungen (Saisonzyklen) außer Betracht bleiben. Solche gesamtwirtschaftlichen Aktivitätsschwankungen werden in typische Phasen (Aufschwung, Boom, Abschwung, Rezession) unterteilt; die Länge eines Zyklus schwankt (meist zwischen drei und fünf Jahren). Häufig bezeichnet man diese Schwankungen auch als Wachstumszyklen, weil es sich lediglich um Phasen unterschiedlicher Intensität wirtschaftlichen Wachstums handelt und nur selten um Rezessionen, in denen die reale Gütererzeugung absolut gegenüber der Vorperiode

sinkt. Gemessen werden die konjunkturellen Instabilitäten an aggregierten makroökonomischen Größen wie z. B. Bruttosozialprodukt, Industrieproduktion, Beschäftigungsniveau (Arbeitslosenquote), Auslastungsgrad der vorhandenen Produktionskapazitäten, Preisniveau.

2. Solche Instabilitäten haben, wie die Erfahrung zeigt, negative ökonomische und soziale Folgen für die Wirtschaftssubjekte. So werden in Rezessionsphasen die vorhandenen Produktionsfaktoren (Arbeitskräfte, Realkapital) nicht voll beschäftigt, wodurch auf an sich mögliche Güterproduktion und Wohlstandsmehrung verzichtet werden muß. In einer Welt knapper Ressourcen ist dies nicht rational; zudem sind die für die Arbeitslosen entstehenden Beschränkungen in der Lebensgestaltung aus sozialen Gründen unerwünscht. Insbesondere in Phasen hektischer Wirtschaftsaktivität (Boom) besteht andererseits die Gefahr einer Inflation, in deren Verlauf negative Anpassungs-, Allokations- und damit Produktions- und Beschäftigungseffekte auftreten; auch können erhebliche Umverteilungen des Realeinkommens zwischen verschiedenen gesellschaftlichen Gruppen stattfinden.

Aus diesen und anderen Gründen ist es in allen Gesellschaften Ziel der Wirtschaftspolitik, solche gesamtwirtschaftlichen Instabilitäten zu vermeiden – unabhängig davon, welches ökonomische Lenkungssystem realisiert ist. In der Bundesrepublik Deutschland – ebenso wie in anderen Marktwirtschaften – richtet sich die makroökonomisch orientierte Wirtschaftspolitik an gesamtwirtschaftlichen Zielen aus, wie sie erstmals in § 1 des „Gesetzes zur Förderung der Stabilität und des Wachstums der Wirtschaft" (StabG; 1967) unter der Überschrift „gesamtwirtschaftliches Gleichgewicht" formuliert wurden: Die wirtschafts- und finanzpolitischen Maßnahmen von Bund und Ländern sind danach so zu treffen, „... daß sie im Rahmen der marktwirtschaftlichen Ordnung gleichzeitig zur Stabilität des Preisniveaus, zu einem hohen Beschäftigungsstand und außenwirtschaftlichem Gleichgewicht bei stetigem und angemessenem Wirtschaftswachstum beitragen." Die vier gesamtwirtschaftlichen (Niveau-) Ziele sind zu konkretisieren: Soll die Wirtschaftspolitik rational sein, müssen auch die

Ziele exakt definiert sein und die makroökonomischen Variablen bestimmt werden, an denen der jeweils erreichte Grad der Zielverwirklichung zu messen ist.[1] Abweichungen von den festgelegten „Schwellenwerten" der als Indikatoren verwendeten Variablen, also z. B. des Preis- oder Beschäftigungsniveaus, signalisieren dann unerwünschte Entwicklungen im wirtschaftlichen Prozeß. Wie zu zeigen sein wird, ist es in der Vergangenheit nur selten gelungen, die festgelegten Zielwerte gleichzeitig zu realisieren, weshalb häufig auch vom „magischen Viereck" der gesamtwirtschaftlichen Ziele gesprochen wird.

Auch in Ländern mit administrativ-zentraler Planung und Lenkung wirtschaftlicher Prozesse – wie in der DDR – sind der Wirtschaftspolitik implizit oder explizit solche makroökonomischen Ziele vorgegeben. Besonderes Gewicht hat seit jeher das Ziel Wirtschaftswachstum: Hohe Zuwachsraten wirtschaftlicher Leistungen, gemessen am Nationaleinkommen oder der Industrieproduktion, sollen die Lebensbedingungen zügig verbessern und – in Konkurrenz mit westlichen Marktwirtschaften – zugleich die Überlegenheit sozialistischer Produktionsweise demonstrieren. Die Außenhandelsbeziehungen werden seit den sechziger Jahren in den Dienst dieses Wachstumsziels gestellt, wobei das staatliche Außenhandelsmonopol im Rahmen der zentralen Planung für ein Gleichgewicht zwischen importierten und exportierten Leistungen zu sorgen hat. Ebenso dient die Sozialpolitik als wichtiges Instrument zur Erreichung des gesamtwirtschaftlichen Wachstumsziels (Prinzip der „Einheit von Wirtschafts- und Sozialpolitik"). In dieser Interpretation ist die Sozialpolitik darauf zu richten, die Beschäftigten zu wirtschaftlichen Höchstleistungen zu stimulieren.[2] Preisniveaustabilität und hoher Beschäftigungsstand der Ressourcen werden von sozialistischen Theoretikern nicht als Ziel, sondern als Konsequenz des Übergangs zur „planmäßigen Leitung der Volkswirtschaft" bei gesellschaftlichem Eigentum an den Produktionsmitteln interpretiert: Nach dem „Gesetz der planmäßigen proportionalen Entwicklung der Volkswirtschaft" im Sozialismus ist es erst und gerade durch eine zentrale Planung ökonomischer Aggregate auf der Basis gesellschaftlichen Produktionsmitteleigentums möglich, zyklisch wiederkehrende Disproportionen und damit gesamtwirtschaftliche Ungleichgewichte zu vermeiden, als deren Folgen Inflationsprozesse oder Arbeitslosigkeit auftreten. Eine Interpretation dieses „Gesetzes" zeigt jedoch, daß es sich hierbei um eine Norm („normatives Gesetz") handelt, deren Erfüllung notwendig ist, wenn das im „ökonomischen Grundgesetz des Sozialismus" formulierte Ziel einer immer besseren Befriedigung der materiellen und kulturellen Bedürfnisse der Menschen verwirklicht werden soll:[3] Nur wenn die richtigen Verhältnisse zwischen Produktion und Konsumtion, Akkumulation und Konsumtion, materiellen und finanziellen Ressourcen, zwischen den Nettoeinkommen der Bevölkerung und dem bereitgestellten Konsumgüterfonds usw. in der Phase der Planausarbeitung bestimmt werden und dieser (Gleichgewichts-) Plan auch realisiert wird, können Disproportionen und damit eine suboptimale Güterversorgung der Volkswirtschaft verhindert werden. Lange Zeit hat man deshalb gesamtwirtschaftliche Instabilitäten in der theoretischen Diskussion mit dem Hinweis auf dieses Gesetz negiert; sie wurden auf exogene Störfaktoren (z. B. Mißernten, Planungsmängel, Planungssabotage) zurückgeführt. Erst seit einigen Jahren finden sich Ansätze in der wachstums-, geld- und planungstheoretischen Diskussion, mögliche endogene Faktoren zu bestimmen, die ungleichgewichtige Entwicklungen in administrativ-zentralgeplanten Wirtschaftssystemen verursachen können.

3. Sind zyklische Schwankungen der wirtschaftlichen Aktivität nur in Marktwirtschaften mit privatem Produktionsmitteleigentum aktuell? Oder sind sie auch in Systemen zentraler Planung und Lenkung des Wirtschaftsprozesses feststellbar und somit auch hier ein wirtschaftspolitisches Problem? Diese Fragen sollen im folgenden am Beispiel der Bundesrepublik Deutschland und der DDR beantwortet werden. Dabei wird zunächst versucht, Instabilitäten in beiden Ländern empirisch aufzuzeigen und dabei sichtbar zu machen, wie die unterschiedlichen Systembedingungen eine Diagnose von Instabilitäten beeinflussen. Im Anschluß daran werden mögliche Ursachen von zyklischen Schwankungen gesamtwirtschaftlicher Variablen bestimmt. Schließlich werden die

theoretischen, institutionellen und instrumentalen Konzepte zur Bekämpfung solcher unerwünschten gesamtwirtschaftlichen Instabilitäten systemvergleichend analysiert.

II. Diagnose gesamtwirtschaftlicher Instabilitäten

1. Versucht man, gesamtwirtschaftliche Instabilitäten zu diagnostizieren, ergibt sich eine Reihe theoretischer und statistischer Probleme bei der Auswahl geeigneter Indikatoren und deren Messung. Die für einen Systemvergleich besonders bedeutsamen Probleme sollen kurz angedeutet werden:

– Zunächst stellt sich die Frage, an welchen Variablen gesamtwirtschaftliche Aktivitätsschwankungen gemessen werden sollen. Da ein aus stabilitätspolitischer Sicht sinnvoller und brauchbarer „Gesamtindikator" für die Messung von Instabilitäten gegenwärtig nicht existiert, werden nach wie vor verschiedene, bereits erwähnte Einzelindikatoren verwendet. Ihre statistischen Zeitreihen sollen über kontraktive und expansive Prozesse informieren. Sie stehen in bestimmten Beziehungen zueinander (z. B. Auftragseingänge als Frühindikator, Industrieproduktion als Präsensindikator und Preisindex als Spätindikator), wobei die zeitliche Abfolge jedoch nicht völlig stabil ist. Aus den ex post ermittelten Zeitreihen kann zudem ohne Anwendung entsprechender stabilitätstheoretischer Hypothesen nicht auf die zukünftige Entwicklung der wirtschaftlichen Aktivität geschlossen werden.

– Schwierig ist es ferner, theoretisch als brauchbar erkannte Instabilitätsindikatoren schnell (time lag statistischer Erfassung) und exakt zu ermitteln. Bei hochaggregierten Variablen entstehen Datenerfassungsprobleme; häufig sind Hilfsrechnungen und Schätzungen notwendig, wodurch zusätzliche Fehlerquellen entstehen können. Außerdem bergen die Berechnungsmethoden von Indizes Schwierigkeiten der zeitlichen Vergleichbarkeit, weil die Informationsqualität je nach der Indexformel variiert und einzelne, die Variable beeinflussende Faktoren unberücksichtigt bleiben (z. B. Änderung der Bedarfsstruktur sowie der Produktqualität bei der Berechnung und Verwendung des Preisindex der Lebenshaltung als Indikator für Preisinflation).

– Neben diesen generellen Aspekten werden Ländervergleiche zusätzlich durch unterschiedliche Methoden der empirischen Erfassung von relevanten Indikatoren erschwert. Auch ist die Qualität des originären Zahlenmaterials in den einzelnen Ländern recht verschieden, was auch, aber keinswegs ausschließlich, auf unterschiedliche Niveaus der ökonomischen und institutionellen Entwicklung dieser Länder zurückzuführen ist.

– Will man gesamtwirtschaftliche Variablen zwischen Ländern mit verschiedenen Systemen der Planung und Lenkung wirtschaftlicher Prozesse vergleichen, entstehen darüber hinaus besondere Schwierigkeiten, weil aufgrund unterschiedlicher Theoriekonzeptionen auch die Abgrenzungen und Definitionen der relevanten Variablen voneinander abweichen. Divergierende wirtschaftspolitische Lenkungstechniken begründen außerdem häufig die Notwendigkeit, entsprechende „Ersatzindikatoren" auszuwählen, um so wenigstens einen indirekten Vergleich zu ermöglichen. Nicht zuletzt erschwert die zurückhaltende Informationspolitik – in der DDR stärker als in anderen Ländern des administrativen Sozialismus – die Beschaffung relevanter Daten.[4]

Für eine vergleichende Diagnose gesamtwirtschaftlicher Instabilitäten gelten die zuletzt genannten Einschränkungen in besonderem Maße, weil sich die theoretischen und empirischen Erklärungsansätze von Instabilitäten nahezu ausschließlich auf marktwirtschaftliche Systeme beziehen.

2. Ein *empirischer* Vergleich ist somit problematisch, seine Ergebnisse sind mit Vorbehalt zu interpretieren. Ein *direkter* Vergleich analog ermittelter empirischer Zeitreihen gleich definierter makroökonomischer Variablen für die Bundesrepublik Deutschland und die DDR scheidet aus den genannten Gründen aus. Da es allerdings lediglich um die Feststellung geht, ob und gegebenenfalls in welchem Ausmaß überhaupt gesamtwirtschaftliche Instabilitäten feststellbar sind, genügt auch ein *indirekter* Vergleich unterschiedlich definierter und ermittelter Indikatoren, wenn ihre Aussagefähigkeit begründbar ist.

Figur 1: Indikatoren der Industriekonjunktur* in der Bundesrepublik Deutschland 1963 bis 1981

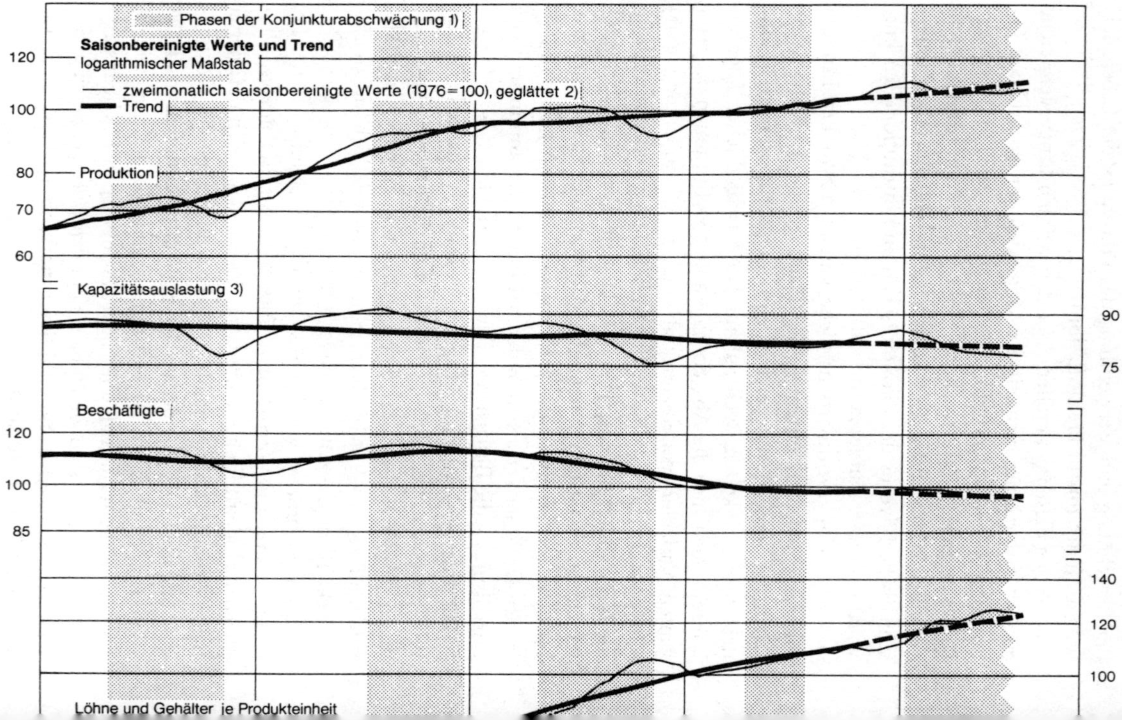
Phasen der Konjunkturabschwächung 1)
Saisonbereinigte Werte und Trend
logarithmischer Maßstab
zweimonatlich saisonbereinigte Werte (1976=100), geglättet 2)
Trend
Produktion
120
100
80
70
60
Kapazitätsauslastung 3)
90
75
Beschäftigte
120
100
85
140
120
100
Löhne und Gehälter je Produkteinheit

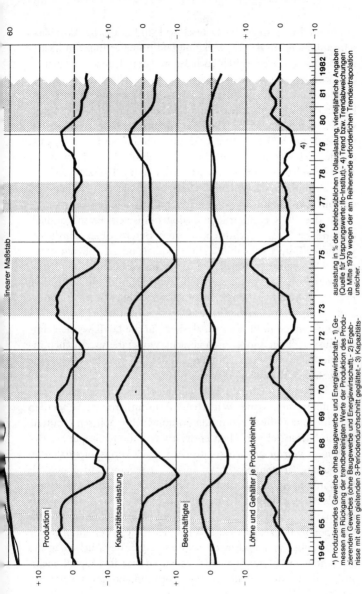

*) Produzierendes Gewerbe ohne Baugewerbe und Energiewirtschaft.- 1) Gemessen am Rückgang der trendbereinigten Werte der Produktion des Produzierenden Gewerbes (ohne Baugewerbe und Energiewirtschaft).- 2) Ergebnisse mit einem gleitenden 3-Periodendurchschnitt geglättet.- 3) Kapazitätsauslastung in % der betriebsüblichen Vollauslastung (Quelle für Ursprungswerte: Ifo-Institut).- 4) Trend bzw. Trendabweichungen ab Mitte 1979 wegen der an Reihenende erforderlichen Trendextrapolation unsicher.

Quelle: Statistische Beihefte zu den Monatsberichten der Deutschen Bundesbank, Reihe 4, Saisonbereinigte Wirtschaftszahlen, Frankfurt/Main, 9/1982, S. 41.

Für die Bundesrepublik Deutschland sind zyklische Aktivitätsschwankungen an der Entwicklung traditioneller Einzelindikatoren relativ leicht empirisch zu belegen. Figur 1 zeigt deutlich an den prozentualen Trendabweichungen saisonal bereinigter Indikatorwerte unterschiedlich ausgeprägte Expansions- (weiß) und Kontraktionsphasen (grau). Hervorstechend sind dabei die Rezessionsphasen von Anfang 1965 bis Anfang 1967 im vierten und von Anfang 1973 bis Mitte 1975 im sechsten Nachkriegszyklus; der deutliche Konjunkturabschwung seit Frühjahr 1980 wird erst 1983 beendet sein. Erkennbar ist auch, daß die Trendabweichungen des Indikators „Löhne und Gehälter" zeitlich verschoben sind und auf einen Lohn-lag von mehreren Quartalen hinweisen.

Für die DDR existiert kein analoger Ausweis. Es soll deshalb ein anderer Weg beschritten werden: Bereits oben wurde erwähnt, daß die vier Stabilitätsziele explizit oder implizit auch in der DDR angestrebt werden.[5] Ausgehend von den Stabilitätszielen werden für die Bundesrepublik Zeitreihen der die Einzelziele Preisniveaustabilität, Wirtschaftswachstum, hoher Beschäftigungsstand und außenwirtschaftliches Gleichgewicht üblicherweise repräsentierenden Indikatoren analysiert. Für die DDR werden ähnlich aussagefähige Indikatoren gesucht, wobei die spezifischen institutionellen Rahmenbedingungen des Wirtschaftssystems die Auswahl der Variablen prägen.

3. Als Meßgröße für die Feststellung, ob und inwieweit ein stetiges und angemessenes Wirtschaftswachstum erreicht ist, werden verschiedene Indikatoren diskutiert und auch empirisch ermittelt. In den letzten Jahren haben beispielsweise die Konzepte zur Berechnung von gesamtwirtschaftlichen Produktionspotentialen an Bedeutung gewonnen:[6] Instabilitäten erscheinen in ihnen als Schwankungen der gesamtwirtschaftlichen Kapazitätsauslastung, die als Abweichungen des tatsächlichen von jenem realen Sozialprodukt gemessen werden, das mit dem prognostizierten Produktionspotential erzeugbar wäre. Wenngleich diese Verfahren gerade zur Diagnose von zyklischen Schwankungen der Auslastung des vorhandenen Potentials an Arbeitskräften und Realkapital geeignet sind, erschweren die hierbei notwendigen Schätzverfahren

Figur 2: Jährliche Änderungsraten des realen Bruttosozialprodukts in der Bundesrepublik Deutschland 1951–1980 in vH

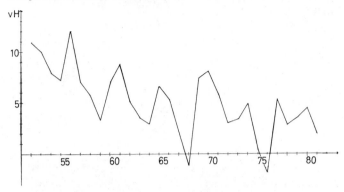

Quelle: Statistisches Bundesamt (Hrsg.), Wirtschaft und Statistik, Wiesbaden 1963, Tab. 2, S. 579; Jahresgutachten 1976/77 und 1981/82 des Sachverständigenrates zur Begutachtung der gesamtwirtschaftlichen Entwicklung (im folgenden SVR), BTD Nr. 7/5 902, S. 20 und BTD Nr. 9/1 061, S. 14.

ihre Anwendung im Systemvergleich, weil für die DDR die statistische Datenbasis unzureichend ist.[7] Deshalb soll hier vereinfachend von den Zeitreihen des realen Ergebnisses des Wirtschaftsprozesses ausgegangen werden, also vom realen Bruttosozialprodukt in der Bundesrepublik (Figur 2) und vom realen Nationaleinkommen in der DDR (Figur 3). Zusätzlich wird die Entwicklung der Bruttoanlageinvestitionen als wichtige Komponente dieser Größe dargestellt.

Betrachtet man die Zuwachsraten der realen Produktionsergebnisse in beiden Ländern, können – ungeachtet unterschiedlicher Berechnungsmethoden und Abgrenzungen[8] – wichtige Ergebnisse festgehalten werden: Für die Bundesrepublik lassen sich eindeutig ausgeprägte Konjunkturzyklen diagnostizieren, wobei erhebliche Unterschiede der numerischen Wachstumsraten die Instabilität der gesamtwirtschaftlichen Aktivität charakterisieren. Sehr hohen realen Zuwachsraten (z. B. 1955, 1960, 1969 und 1976) stehen Phasen des absoluten Rückgangs des realen Sozialprodukts gegen-

Figur 3: Jährliche Änderungsraten des Nettoprodukts bzw. des realen Nationaleinkommens in der DDR 1951–1980 in vH

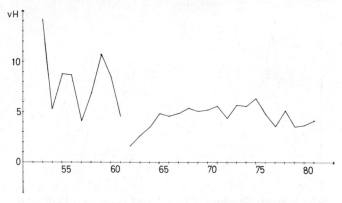

Quelle: Statistisches Jahrbuch der Deutschen Demokratischen Republik (im folgenden Stat. JB DDR), Berlin (O), verschiedene Jahrgänge; D. Cornelsen: Nicht ganz geglückter Start in den neuen Fünfjahrplan, in: DIW-Wochenbericht, 31/1981, S. 363–366, hier S. 364. (Bis 1960: Nettoprodukt in effektiven Preisen; ab 1961: produziertes Nationaleinkommen = Nettoprodukt abzüglich Verrechnungen für den Produktionsverbrauch in Preisen von 1975).

über (1967, 1975). Auch in der DDR entwickelte sich das Nationaleinkommen bis Anfang der sechziger Jahre nicht stetig: In den fünfziger Jahren schwankten die Änderungsraten recht stark auf einem ebenfalls hohen Wachstumsniveau. Infolge unterschiedlicher methodischer Ansätze und geänderter Berechnungsverfahren – so wird das produzierte Nationaleinkommen bis ins Jahr 1960 zurück in Preisen von 1975 ausgewiesen, für die Jahre 1949 bis 1960 stehen nur Berechnungen zu effektiven Preisen zur Verfügung –, sind die Kurven der beiden Zeitabschnitte nicht unmittelbar vergleichbar.[9] Immerhin wird deutlich, daß nach der amtlichen Statistik die Änderungsrate des realen Nationaleinkommens in der DDR bis 1965 auf ca. 5 vH anstieg und dieses Wachstumstempo bis 1975 nahezu beibehalten werden konnte. Im Fünfjahresplanzeitraum 1976 bis 1980 hat es sich auf jahresdurchschnittlich

Figur 4: Jährliche Änderungsraten der realen Bruttoanlageinvestitionen in der Bundesrepublik Deutschland 1951–1980 in vH

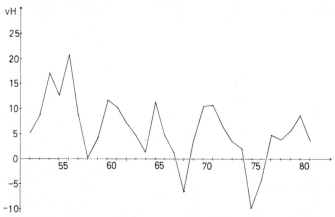

Quelle: SVR 1976/77, S. 243; 1981/82, S. 265.

4,2 vH abgeschwächt und blieb damit um 0,6 vH unter der geplanten durchschnittlichen Zuwachsrate von 4,8 vH.[10]

Bei der Investitionstätigkeit wird aus Vergleichszwecken auf die realen Bruttoanlageinvestitionen (Ausrüstungs- und Bauinvestitionen der Unternehmen, Wohnungsbauinvestitionen, Investitionen der öffentlichen Hand) abgestellt, die – zusammen mit den Lagerinvestitionen – die Entwicklung der gesamten Bruttoinvestitionen bestimmen.

Die Änderungsraten der Bruttoanlageinvestitionen in der Bundesrepublik zeigen die Bedeutung der Investitionen für gesamtwirtschaftliche Aktivitätsschwankungen. Die Investitionsschwankungen fallen sehr deutlich aus (Figur 4); sie laufen zeitlich in etwa parallel zur Gesamtkonjunktur. Auch für die DDR lassen sich eindeutige Investitionszyklen mit relativ großen Ausschlägen diagnostizieren (Figur 5); im Gegensatz zur Zeitreihe des realen Nationaleinkommens schwankt die Investitionstätigkeit auch in den sechziger und siebziger Jahren recht erheblich, wenngleich die starken Investitionswellen der fünfziger Jahre ausgeklungen

Figur 5: Jährliche Änderungsraten der realen Bruttoanlageinvestitionen in der DDR 1951–1979 in vH

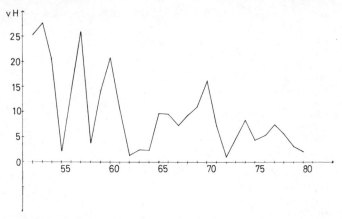

Quelle: Stat. JB DDR 1980, S.14.

Figur 6: Jährliche Änderungsraten des Preisindex für die Lebenshaltung eines 4-Personen-Arbeitnehmerhaushalts in der Bundesrepublik Deutschland 1951–1980 in vH

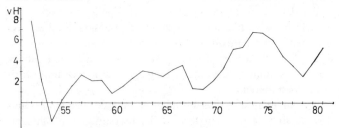

Quelle: SVR 1981/82, S.326.

sind.[11] Betrachtet man die gesamte Nachkriegsperiode, kann für beide Wirtschaftssysteme nicht von einer stetigen Entwicklung der betrachteten Indikatoren gesprochen werden, wobei die starken Schwankungen der Bruttoanlageinvestitionen besonders hervorstechen.

4. Als Indikatoren für die Verwirklichung des Ziels Preisniveaustabilität dienen üblicherweise die Zeitreihen verschiedener, nach Haushaltstypen differenzierter Preisindizes der Lebenshaltung. Sie werden – ebenso wie der nicht selten ergänzend herangezogene Preisindex der Erzeugerpreise – originär durch statistische Erhebungen nach dem Laspeyres-Verfahren ermittelt.

Wie Figur 6 zeigt, wurde das Ziel in der Bundesrepublik nur in wenigen Perioden verwirklicht, selbst wenn man aus theoretischen und methodisch-statistischen Gründen eine Preisänderungsrate von jährlich ± 1 bis 2 vH noch als Zielverwirklichung interpretiert.[12]

In der Graphik sind Phasen der Inflationsakzeleration (Erhöhung der Änderungsrate des Preisindex) und -dezeleration (Senkung) deutlich erkennbar. Bis 1967/68 konnte der jeweils vorhergehende Anstieg der Inflationsrate wieder abgebaut werden, so daß – bei weiter Zieldefinition – im längerfristigen Durchschnitt gravierende Zielverfehlungen verhindert werden konnten. Seit 1968 hat sich der Inflationsprozeß erheblich beschleunigt; 1973 betrug die jährliche Inflationsrate nahezu 7 vH. Im Jahre 1974 konnte mit ebenfalls 7 vH eine weitere Inflationsakzeleration verhindert und in den Jahren 1975 bis 1978 sogar eine stufenweise Inflationsabbremsung bis zur knapp über 2 vH liegenden Änderungsrate des Preisindex im zweiten Halbjahr 1978 erreicht werden. Seit 1979 ist die Inflationsrate erneut auf über 6 vH im Herbst 1981 angestiegen. Entwicklung und Höhe der Änderungsraten des für die Bundesrepublik Deutschland üblicherweise verwendeten Inflationsindikators verdeutlichen somit das Ausmaß der Zielverfehlung insbesondere seit Ende der sechziger Jahre ebenso wie den zyklischen Ablauf des Inflationsprozesses.

Für die DDR sind solche, an der Veränderungsrate eines repräsentativen (Konsumgüter-) Preisindex gemessenen Inflationen (Preisinflationen) nicht nachweisbar. Während für andere sozialistische Länder mit administrativ-zentraler Planung (z.B. Polen) oder mit weitgehend dezentralisierter Entscheidungsorganisation und Marktpreisbildung (Jugoslawien, Ungarn) Preisinflationen empirisch belegbar sind,[13] blieb das Preisniveau für Konsumgüter in der DDR nach offizieller Statistik nahezu konstant. In der DDR hat es zwar zahlreiche Einzelpreiserhöhungen im Investitionsgüterbereich (z. B. während der Industriepreisreform zwischen 1964 und 1967, nach 1975 als Folge der vorgenommenen Anpassung der Industrieabgabepreise an die gestiegenen Rohstoff- und Energiepreise sowie im Januar 1981 im Rahmen planmäßiger Industriepreisänderungen) und auch für verschiedene Produktgruppen im Konsumgüterbereich gegeben. Ein Durchschlagen dieser Preiserhöhungen auf das Konsumgüterpreisniveau wurde jedoch in der Vergangenheit – zumindest nach der offiziellen Statistik – durch Preissubventionen sowie kompensatorische Senkungen der Handelsabgabepreise für einzelne Produktgruppen (z. B. im Jahre 1971 für Textilien und elektrische Haushaltsgeräte) verhindert. Dem Anfang der siebziger Jahre einsetzenden Preisdruck wurde mit den 1971 vom Ministerrat der DDR verfügten „Maßnahmen zur Stabilität der Verbraucherpreise" begegnet, nach denen die Konsumgüter- und Dienstleistungspreise bis 1975 nicht steigen durften. Insbesondere seit 1980 wurden allerdings die Preise für höherwertige Konsumgüter beträchtlich angehoben.[14] Wenngleich die amtliche Preisstatistik in der DDR besonders vorsichtig zu interpretieren ist, weil die Methoden der Indexberechnung weitgehend unbekannt sind und andererseits Fälle bekannt wurden, in denen bei faktisch unveränderter Qualität alte zu „neuen" Produkten mit höherem Preis deklariert oder offensichtliche Qualitätsverschlechterungen nicht zu entsprechenden Preisreduktionen führten,[15] sind Preisinflationen unter Verwendung amtlicher Preisniveauindikatoren empirisch nicht belegbar.

Inflation kann sich aber unter solchen Bedingungen administrativer Preissetzung auch darin zeigen, daß die Konsumenten ihr Einkommen nicht in gewünschter Weise zum Kauf von Gütern verwenden können. Sie sind dann gezwungen, verfügbare Kaufkraft (Geld) als Kasse zu halten. Ein Indiz für das Vorliegen dieser Art von Inflation sind z. B. Warteschlangen und -listen, die Existenz von Schwarzmärkten im Konsumgüterbereich, relativ hohe Preise auf Märkten für gebrauchte Konsum- und Investitionsgüter sowie auf freien Bauernmärkten im Agrarbereich.[16]

Figur 7: Jährliche Änderungsraten des Kassenhaltungskoeffizienten der Bevölkerung in der DDR 1952–1979 in vH

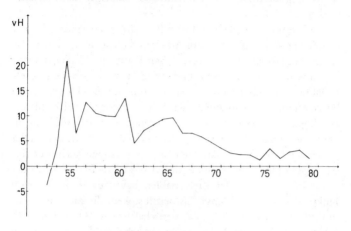

Quelle: Stat. JB DDR 1962, S. 229, 230; 1980, S. 32, 255, 256 (eigene Berechnung).

Solche Inflationen können anhand des Kassenhaltungskoeffizienten (s. S. 286) gemessen werden, der in diesem Fall zu steigen tendiert: Kassenhaltungsinflation liegt also dann vor, wenn die Änderungsrate des Kassenhaltungskoeffizienten über einen längeren Zeitraum hinweg positiv ist.[17] Benutzt man diesen Inflationsindikator, läßt sich das Ausmaß der Inflation in der DDR-Wirtschaft empirisch belegen. Es zeigt sich in der anhaltenden Erhöhung der Kassenhaltung sozialistischer Betriebe[18] und insbesondere der privaten Haushalte, deren Bar- und Giralgeld-Kassenhaltung zumindest seit Anfang der fünfziger Jahre ununterbrochen anstieg (Figur 7).

An den erheblichen Unterschieden in der Höhe der jährlichen Änderungsraten des Kassenhaltungskoeffizienten wird zudem deutlich, daß auch in der DDR Phasen der Inflationsakzeleration und -dezeleration empirisch belegbar sind. Seit Mitte der sechziger Jahre zeichnet sich eine stabilere Entwicklung mit rückläufigem Trend ab; allerdings schwanken die Zuwachsraten des Kassenhaltungskoeffizienten seit Mitte der siebziger Jahre wieder stärker.

5. Auch für das Ziel eines hohen Beschäftigungsstandes, das traditionellerweise auf den Faktor Arbeit und nicht auf die Vollauslastung aller knappen Ressourcen (Arbeitskräfte und Realkapital) bezogen wird, ergeben sich Probleme der Auswahl geeigneter Zielvariablen und deren numerischer Bestimmung. Zur Diagnose von Beschäftigungsschwankungen wird die – international recht unterschiedlich berechnete – Arbeitslosenquote verwendet, die in der Bundesrepublik als prozentualer Anteil der Arbeitslosen an der Gesamtzahl der unselbständigen Erwerbspersonen (Zahl der Beschäftigten plus Arbeitslose) definiert wird. Zur Bestimmung des numerischen Werts der Zielvariablen bzw. zur Isolierung von Fluktuations- und Bodensatz-Arbeitslosigkeit, die nicht auf konjunkturelle Schwankungen der wirtschaftlichen Aktivität zurückführbar ist, wird die Nachfrage nach Arbeitskräften einbezogen und auf das Gleichgewicht am Arbeitsmarkt abgestellt: Hoher Beschäftigungsstand wird dann durch diejenige Arbeitslosenquote bestimmt, bei der gesamtwirtschaftlich die Zahl der offenen Stellen annähernd derjenigen der Arbeitslosen entspricht. Figur 8 zeigt die zyklischen Schwankungen einiger ausgewählter Beschäftigungsindikatoren für die Bundesrepublik Deutschland.

Nach dem Abbau der Nachkriegsarbeitslosigkeit, der sich nicht kontinuierlich vollzog, und Erreichung eines hohen Beschäftigungsstandes seit 1959 (häufig wegen des Nachfrageüberschusses am Arbeitsmarkt auch als „Überbeschäftigungsphase" interpretiert) fallen die Beschäftigungseinbrüche in den Rezessionsphasen 1966/67, Mitte der siebziger Jahre sowie seit 1980 besonders auf. Auch die Entwicklung der Zahl der Kurzarbeiter belegt die zyklischen Beschäftigungsschwankungen; die drastische Reduktion der Kurzarbeiterzahl seit Herbst 1975 veranschaulicht die Reagibilität der Beschäftigung in dieser Wiederaufschwungphase besser als die Entwicklung der Arbeitslosenzahl, die zwar auch gesunken ist, aber – vor allem aus strukturellen Gründen (Frauen-, Jugend-, Altersarbeitslosigkeit, sektorale, berufliche und regionale Immobili-

Figur 8: Beschäftigungsindikatoren in der Bundesrepublik Deutschland 1950–1980

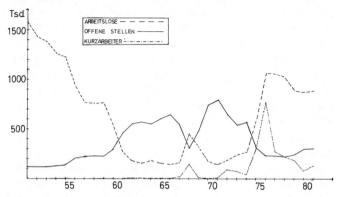

Quelle: Monatsberichte der Deutschen Bundesbank, 1/1960, S.119; 1/1966, S.125; 4/1972, S.65; 10/1981, S.65.

tät der Arbeitskräfte etc.) – unverändert auf einem ungewöhnlich hohen Sockel verbleibt.

Ähnlich wie bei der Inflation ist auch bei der Beschäftigung ein direkter Vergleich unmöglich, weil in der amtlichen Statistik der DDR – wiederum im Gegensatz zu anderen sozialistischen Ländern[19] – keine Daten über die Entwicklung vergleichbarer Indikatoren ausgewiesen werden. Während in Jugoslawien, Polen oder in der Sowjetunion unterschiedlich hohe Arbeitslosenzahlen offen ausgewiesen werden, gibt es selbst für die auch in der DDR beklagte hohe zwischenbetriebliche und intersektorale Fluktuation von Arbeitskräften, die meist mit Zeiten der Nichtbeschäftigung verbunden ist, keine verläßlichen Daten. Dies sowie die ungünstige Bevölkerungsentwicklung (kontinuierliche Abnahme der Bevölkerung im arbeitsfähigen Alter zwischen 1950 und 1973) und die Abwanderung insbesondere jüngerer, qualifizierter Arbeitskräfte bis Anfang der sechziger Jahre haben bewirkt, daß die Arbeitskräfteknappheit und der Abbau des Nachfrageüberhangs am Arbeitsmarkt durch arbeitsmarktpolitische Maßnahmen (z.B. drastische Erhöhung der Frauenarbeit) bislang im Vordergrund von Analysen zur Arbeitsmarktsituation in der DDR standen.[20] Einige Anzeichen sprechen allerdings dafür, daß neben der statistisch nicht ausgewiesenen, aber vorhandenen „offenen" (Fluktuations-) Arbeitslosigkeit[21] in der DDR ein schwer abschätzbares Ausmaß an „versteckter" Arbeitslosigkeit bzw. „sozialer" Beschäftigung existiert: Gemessen am Output und unter Berücksichtigung des in Realkapital gebundenen technologischen Niveaus ist der Arbeitsaufwand in den sozialistischen Betrieben unter ökonomischem Aspekt zu hoch. Arbeitskräfte werden in den Betrieben gehortet und das vorhandene Qualifikationspotential der Beschäftigten nur unzureichend genutzt.[22] In der DDR wird immer wieder und insbesondere für einzelne Bereiche wie z.B. Transportsektor, Baugewerbe und Landwirtschaft, aber auch einzelne Industriesektoren der relativ niedrige Stand der Arbeitsproduktivität beklagt. Der Rückstand der Arbeitsproduktivität in der Gesamtwirtschaft der DDR gegenüber derjenigen in der Bundesrepublik wird auf ca. 30 vH geschätzt, wobei der Abstand des Produktivitätsniveaus im Zeitablauf relativ konstant blieb.[23] Ein Teil dieser versteckten Arbeitslosigkeit ist auf den zu hohen Arbeitskräftebestand als Folge betrieblicher Reservepolitik zurückzuführen; ein anderer Teil des zu hohen Arbeitsaufwands ist die Folge relativ geringer Kapitalintensität, unterlassener Rationalisierungsinvestitionen, der Diskontinuität des Produktionsverlaufs und mangelhafter Organisation betrieblicher Faktorkombinationen.[24]

6. Abschließend ist zu prüfen, ob und inwieweit das Ziel eines außenwirtschaftlichen Gleichgewichts in beiden Ländern realisiert werden konnte. Die Bundesregierung sieht das Ziel als verwirklicht an, wenn der (positive) Außenbeitrag, definiert als Saldo aus dem Waren- und Dienstleistungsverkehr mit dem Ausland, etwa bis zu 2 vH des Sozialprodukts beträgt. Dieser Anteil lag zwischen 1950 und 1960, 1967 und 1969 sowie in den Jahren 1973 bis 1978 deutlich über den Werten der Zielvariablen. Wie Figur 9 zeigt, schwankte die Höhe des Außenbeitrags sowie sein Anteil am Bruttosozialprodukt im Zeitablauf erheblich. Stellt man auf die gesamten Transaktionen mit dem Ausland ab (Einbeziehung von Übertragungsbilanz und Kapitalverkehrsbilanz) und betrachtet die

Figur 9: Entwicklung des Außenbeitrags absolut (I.) und als prozentualer Anteil am nominalen Bruttosozialprodukt (II.) in der Bundesrepublik Deutschland 1950 bis 1980

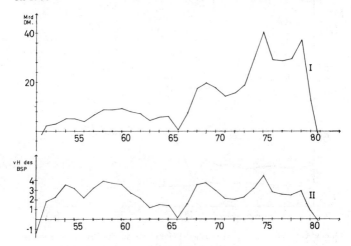

Quelle: SVR 1976/77, S. 238, 242; 1981/82, S. 258, 264.

Entwicklung der Devisenbilanz (Figur 10), so fällt der enorme Devisenzustrom in der Phase 1969 bis 1973 auf, der die Währungsreserven der Deutschen Bundesbank auf über 80 Mrd. DM ansteigen ließ. Auch mit der Freigabe des Dollar-Wechselkurses im Frühjahr 1973 konnte der hieraus resultierende expansive Effekt auf das Geldmengenwachstum in der Bundesrepublik nur vorübergehend gemildert werden: Bereits 1977/78 resultierte aus den – gesetzlich nicht vorgeschriebenen – Interventionen der Bundesbank zugunsten des US-Dollars sowie aus jenen innerhalb des Europäischen Währungssystems erneut ein Anstieg der Währungsreserven auf knapp 100 Mrd. DM. 1979/1980 sanken die Währungsreserven hingegen, weil die Bundesbank versucht hatte, die DM-Abwertungstendenz durch Dollarverkäufe am Devisenmarkt zu bremsen.

Für die DDR läßt sich die zyklische Entwicklung des Außenbeitrags ebenfalls statistisch belegen (Figur 11), die bis 1969 durch

Figur 10: Entwicklung der Währungsreserven der Deutschen Bundesbank 1960 bis 1980 in Mrd. DM

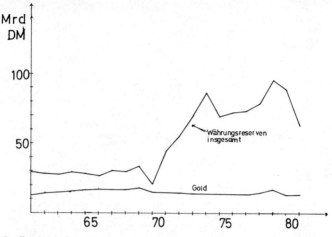

Quelle: Geschäftsberichte, Monatsberichte und Statistische Beihefte der Reihe 3 (Zahlungsbilanzstatistik) der Deutschen Bundesbank; verschiedene Jahrgänge.

den Außenhandel der DDR mit anderen sozialistischen Ländern geprägt ist. Die seit 1969 stark zunehmenden Importüberschüsse gegenüber westlichen Ländern konnten durch Exportüberschüsse gegenüber sozialistischen Ländern nur in den Jahren 1971 und 1972 überkompensiert werden, so daß der gesamte Außenbeitrag zunehmend negativ wurde und 1977 ein Defizit von ca. 8 Mrd. Valuta-Mark erreichte. Im Zeitraum des abgelaufenen Fünfjahresplans (1976–1980) stieg der kumulierte negative Handelsbilanzsaldo schließlich auf 28,8 Mrd. Valuta-Mark, wovon ca. 25 Mrd. auf den Handel mit westlichen Ländern entfielen. Die Gesamtverschuldung in konvertibler Währung lag 1980 bei ca. 10 Mrd. US-Dollar, so daß der Zinsendienst mehr als 30 vH der Westexporte verschlang.[25]

7. Der empirische Vergleich der zeitlichen Entwicklung wichtiger makroökonomischer Variablen in der Bundesrepublik Deutschland und in der DDR läßt selbst bei vorsichtiger Interpre-

Figur 11: Entwicklung des Außenbeitrags in der DDR 1950 bis 1980 in Mrd. Valuta-Mark

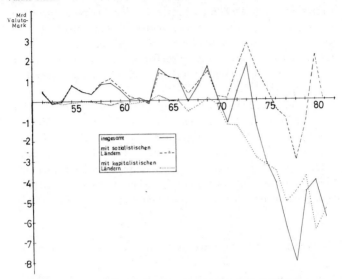

Quelle: Stat. JB DDR 1974, S.282, 283; 1975, S.262, 263; DIW-Wochenberichte, verschiedene Jahrgänge.

tation den Schluß zu, daß die gesamtwirtschaftliche Entwicklung in beiden Ländern durch Instabilitäten geprägt ist. Für ein dezentralisiertes System ökonomischer Planung und Entscheidung, wie es in der Marktwirtschaft der Bundesrepublik verwirklicht ist, überrascht dieses Ergebnis nicht – angesichts der seit Jahrzehnten währenden theoretischen Bemühungen um eine Erklärung sowie der wirtschaftspolitischen Anstrengungen um eine Minderung der Instabilitäten. Bemerkenswert ist jedoch, daß sich zyklische Aktivitätsschwankungen und somit unerwünschte gesamtwirtschaftliche Instabilitäten auch für ein System administrativer Planung und Lenkung, wie es in der DDR realisiert ist, empirisch belegen lassen. Durch spezielle, auf die institutionellen Rahmenbedingungen des Wirtschaftssystems in der DDR abgestellte Indikatoren konnten ausgeprägte Investitionszyklen bis in die jüngste Vergangenheit hinein diagnostiziert werden. Ein Teil der relativ niedrigen Arbeitsproduktivität kann als Indiz versteckter Arbeitslosigkeit interpretiert werden. Darüber hinaus wurden Instabilitäten offenkundig, die sich nicht als Preis-, sondern als Kassenhaltungsinflation messen lassen, wobei die Entwicklung der zeitlichen Änderungsraten des Kassenhaltungskoeffizienten vermuten läßt, daß auch in der DDR Phasen der Inflationsakzeleration und -dezeleration existieren.

Das verschiedene Einzelziele umspannende „Gesetz" einer „planmäßigen proportionalen Entwicklung im Sozialismus" konnte in der DDR also ebensowenig verwirklicht werden wie das – durch ein „magisches" Zielbündel definierte – gesamtwirtschaftliche Gleichgewicht in der Bundesrepublik Deutschland. Es bleibt somit die Frage nach den Ursachen dieser Instabilitäten in unterschiedlichen Wirtschaftssystemen.

III. Ursachen gesamtwirtschaftlicher Instabilitäten

1. In der nahezu 200-jährigen Tradition stabilitätstheoretischer Analysen entstand eine Vielzahl konkurrierender Hypothesen zur Erklärung von zyklischen Aktivitätsschwankungen. Auf die verschiedenen Ansätze und ihre Weiterentwicklungen kann ebensowenig eingegangen werden wie auf die jeweils angewendeten Analysemethoden.[26] Für den angestrebten Überblick über mögliche Ursachen zyklischer Aktivitätsschwankungen in der Bundesrepublik Deutschland und in der DDR ist es von Bedeutung, daß sich die Erklärungsansätze nahezu ausschließlich auf marktwirtschaftliche Systeme mit einzelwirtschaftlichen Planungs- und Entscheidungskompetenzen bei vorwiegend privatem Produktionsmitteleigentum beziehen. Diese systemspezifischen Ursachenanalysen können deshalb nicht – zumindest nicht ohne strukturelle Relativierung – für eine Erklärung von Aktivitätsschwankungen im System des administrativen Sozialismus in der DDR herangezogen werden, weil unterschiedliche Planungs- und Lenkungssysteme die funktionalen Beziehungen zwischen den erklärungsre-

levanten Variablen und ihren Schwankungen im Zeitablauf wesentlich beeinflussen. Das Fehlen einer theoretisch befriedigenden, empirisch überprüften und systemindifferenten Stabilitätstheorie[27] schließt freilich den Versuch nicht aus, Gemeinsamkeiten bei der Verursachung gesamtwirtschaftlicher Instabilitäten in beiden Systemen aufzuspüren.

2. Für die Bundesrepublik Deutschland wurde bereits deutlich, daß sich die Aktivitätsschwankungen nach Dauer und Intensität unterscheiden. Da jeder Zyklus historisch einmalig ist, ist eine raum-zeitlose Erklärung schwierig, beim gegenwärtigen Erkenntnisstand unmöglich. Es lassen sich aber bestimmte Grundmuster in der Entwicklung verschiedener Komponenten des Sozialprodukts erkennen, an denen die konjunkturtheoretische Erklärung ansetzen kann.[28] Sie lassen sich vereinfachend an den Verwendungs- und Finanzierungskomponenten des Bruttosozialprodukts schematisch darstellen. Das nominale Bruttosozialprodukt zu Marktpreisen (Y) setzt sich unter dem Aspekt seiner Verwendung zusammen aus der privaten Konsumgüternachfrage (C), der privaten Investitionsgüternachfrage (Bruttoinvestitionen I = Nettoinvestitionen + Abschreibungen), der Nachfrage des Staates (G) und dem Außenbeitrag als Differenz zwischen Ex- und Importen (Ex – Im). Definitionsgemäß gilt also

(1) $Y = C + I + G + (Ex - Im)$,

wobei Y in die Komponenten des realen Sozialproduktes (Y_r) und seines Preisniveaus (P) zerlegt werden kann:

(2) $Y = Y_r \cdot P$.

Finanziert wird die Gesamtnachfrage durch die Geldmenge (M), definiert als Bargeld außerhalb des Bankensystems und Sichteinlagen der Nichtbanken bei den Geschäftsbanken, und die Umlaufgeschwindigkeit des Geldes (V), also die durchschnittliche Häufigkeit, mit der das vorhandene Geld in einer Periode zu Güterkäufen verwendet wird. Es gilt also die bekannte Verkehrsgleichung:

(3) $M \cdot V = Y_r \cdot P = Y$,

die sich – wenn auf Änderungsraten nach der Zeit abgestellt und dafür das Symbol g verwandt wird – umformen läßt in

(4) $g_M + g_V = g_{Yr} + g_P = g_Y$.

Ist das von den Wirtschaftseinheiten geplante Wachstum der monetären Gesamtnachfrage ($g_M + g_V$) ex ante größer (kleiner) als das geplante Wachstum des güterwirtschaftlichen Angebots ($g_{Yr} + g_P$), entstehen Planungleichgewichte, die expansive (kontraktive) Anpassungsprozesse auslösen. In deren Verlauf ändern sich g_{Yr} oder g_P so lange, bis die entsprechend (4) ex post immer erfüllte Gleichheit wieder hergestellt ist.

Welche Impulse lösen nun die Gleichgewichtsstörungen und die daraus folgenden Anpassungsprozesse aus, die sich in rhythmischen Ausschlägen der ökonomischen Aktivität niederschlagen? Die neuere Stabilitätstheorie gibt unterschiedliche Antworten auf diese Frage:

In den von J. M. Keynes inspirierten und von R. F. Harrod, E. D. Domar, P. A. Samuelson, J. R. Hicks u. a. entwickelten Modellen zyklischer Wachstumsschwankungen verursachen autonome Änderungen der privaten Investitionen zyklische Schwankungen, die über Multiplikator- und Akzeleratorprozesse auf Einkommen und Konsumausgaben durchschlagen. Ein Anstieg der Investitionsgüternachfrage regt beispielsweise in einer unterbeschäftigten Wirtschaft die Produktion an, erhöht die Kapazitätsauslastung und läßt die Gewinnerwartungen der Unternehmen steigen. Der zeitlich verzögerte Anstieg des Lohneinkommens (Lohn-lag) erhöht die Konsumgüternachfrage, wodurch weitere Nettoinvestitionen induziert werden. Für die notwendige Finanzierung der zusätzlichen Nachfrage sorgen die Wirtschaftssubjekte in diesem Erklärungsansatz selbst, indem sie M über Kreditausweitungen bzw. V über eine Reduzierung der realen Kassenhaltung k erhöhen (k = 1/V). Der kumulative, sich verstärkende Aufschwung findet seine Grenzen, wenn die realen Produktionskapazitäten voll ausgelastet sind und eine weitere Produktionssteigerung damit ausgeschlossen ist – die „Überschußnachfrage" verursacht dann einen Preisniveauanstieg. Da die Faktorpreise in dieser Phase überproportional steigen (z.B. überproportionaler Lohnanstieg infolge des Lohnlags; Zinskostenerhöhung infolge Kreditknappheit), erfolgt eine Gewinnkompression, wodurch sich die kurzfristigen Gewinnerwartungen der Unternehmen erheblich verschlechtern mit der Folge, daß über eine nachlassende Investitionsgüternachfrage der sich beschleunigende Abwärtsprozeß eingeleitet wird. Die durch Änderungen der Gewinnerwartungen verursachte Instabilität der privaten Investitionen und der in der Bundesrepublik Deutschland auch empirisch feststellbare Lohn-lag (vgl. Figur 1) sind hiernach also wesentliche zyklusauslösende Faktoren. Je größer dabei der Lohn-lag, d.h. je mehr die Lohn- der Produktivitätsentwicklung im Aufschwung hinterherhinkt, um so intensiver sorgen positive Gewinnerwartungen in dieser Phase für einen steilen Anstieg der Investitionen.

Die hier nur angedeuteten expansiven und kontraktiven Beschleunigungsprozesse und ihre Umkehrpunkte werden in den postkeynesianischen Wachstums- und Konjunkturmodellen systemimmanent erklärt: Änderungen des Konsum-, Spar-, Investitions- und Kassenhaltungsverhaltens der privaten Haushalte und Unternehmen verursachen in Marktwirtschaften unerwünschte gesamtwirtschaftliche Aktivitätsschwankungen. Da in der „Modellwelt" auf exogene „Schocks" oder „Impulse", wie z.B. wirtschaftspolitische Maßnahmen oder Außenwirtschaftsbeziehungen, verzichtet werden kann, wird in diesen Modellen explizit oder implizit eine dem Marktwirtschaftssystem inhärente Instabilität des privaten Sektors postuliert. Hierauf basieren die seit den sechziger Jahren auch in der praktischen Wirtschaftspolitik der Bundesrepublik dominierenden stabilitätspolitischen Konzepte, nach denen die Notenbank und insbesondere der Staat durch entsprechende geld-, fiskal- und außenwirtschaftspolitische Instrumente „antizyklisch" auf die verschiedenen Nachfragekomponenten direkt oder indirekt Einfluß nehmen sollen, wobei den fiskalischen Impulsen (Steuersatzvariationen zur Änderung von C und I; Variationen der Staatsausgaben G) in dieser Konzeption in quantitativer und zeitlicher Hinsicht ein besonders hoher Stabilisierungseffekt zugeschrieben wird.[29]

Die postkeynesianische Erklärung endogen verursachter Instabilitäten und die daraus folgende Empfehlung kurzfristiger (diskretionärer) fiskalischer Stabilisierungsaktionen wird in der neueren, auf M.Friedman, K.Brunner, A.Meltzer u.a. zurückgehenden Geld- und Stabilitätstheorie relativiert. Hiernach sind es im wesentlichen monetäre Impulse, die Aktivitätsschwankungen verursachen, wobei folgende Hypothesen für die Erklärung von Instabilitäten von besonderer Bedeutung sind.[30]

– Expansive (kontraktive) Effekte werden ausgelöst, wenn die Wachstumsraten der Geldmenge (g_M) und/oder der Umlaufgeschwindigkeit des Geldes (g_V) steigen (sinken).

– Da die Umlaufgeschwindigkeit der vorhandenen nominalen Geldmenge langfristig als relativ stabil angesehen wird ($g_V \approx O$), entstehen expansive und kontraktive monetäre Impulse allein durch Beschleunigungen und Abbremsungen des Geldmengenwachstums (Erhöhung bzw. Senkung von g_M).

– Ein expansiver (kontraktiver) Impuls erhöht (senkt) kurzfristig bei frei verfügbaren Ressourcen Produktion und Beschäftigung, was sich in einer kurzfristigen Erhöhung (Senkung) der Wachstumsrate des realen Sozialprodukts (g_{Yr}) niederschlägt; mittel- und langfristig wird lediglich die Inflationsrate (g_P) steigen (sinken).

– Die wirtschaftspolitischen Entscheidungsträger (Notenbank, Staat) können das Geldmengenwachstum steuern, wenn der Einsatz ihrer Instrumente durch ein System flexibler Wechselkurse außenwirtschaftlich abgesichert ist. In einem System fester Wechselkurse werden expansive und kontraktive Prozesse im Ausland auf das Inland übertragen, weil Notenbank und Staat diese Impulse auf Dauer nicht kompensieren können.

– Der private Sektor ist im Prinzip relativ stabil. Sein dynamisches Anpassungspotential gewährleistet, daß exogene, Instabilitäten verursachende Schocks über verschiedene Transmissionskanäle abgebaut werden und der Gesamtprozeß dadurch stabilisiert wird.

In dieser sehr verkürzt wiedergegebenen monetaristischen Sicht sind es die kurzfristig angelegten, als antizyklische Stabilisierungsaktionen deklarierten „stop and go"-Strategien der Geld- und Fis-

Figur 12: Jährliche Änderungsraten der Geldmenge M_1 für die Bundesrepublik Deutschland 1951–1980 in vH

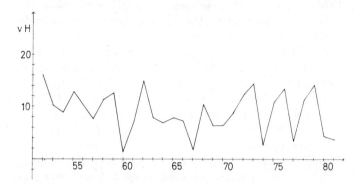

Quelle: Monatsberichte der Deutschen Bundesbank, verschiedene Jahrgänge.

kalpolitik, die zyklische Aktivitätsschwankungen in der Vergangenheit wesentlich verursacht haben.

Aus monetaristischer Sicht läßt sich z. B. die Rezession 1974/75 in der Bundesrepublik Deutschland als Folge der im Frühjahr 1973 eingeleiteten, überaus scharfen monetären Restriktionspolitik erklären: Die Beschleunigung des Geldmengenwachstums in den Jahren 1970 bis 1972 wurde – wie Figur 12 zeigt – im Jahre 1973 abrupt unterbrochen, nachdem die Bundesbank mit der weitgehenden Freigabe der Wechselkurse von ihrer Interventionspflicht am Devisenmarkt entbunden war und somit ihre geldpolitische Handlungsfreiheit im Inland wiedergewonnen hatte. Sie reduzierte die Geldmenge im II. und III. Quartal 1973 absolut mit einer Jahresrate von –15,5 vH und ließ sie erst im IV. Quartal wieder langsam steigen. Die Geldmenge lag deshalb Ende 1973 nur um knapp 2 vH über dem Vorjahresniveau. Diese abrupte Abbremsung des Geldmengenwachstums hat einen Rückgang von Produktion und Beschäftigung bewirkt, wodurch das reale Sozialprodukt 1974 mit einer Veränderungsrate von 0,4 vH nahezu stagnierte und 1975 sogar mit –1,8 vH absolut abnahm. Mit einem time lag schlug der kontraktive Impuls auch auf die Preisentwicklung durch: Die Inflationsakzeleration bis 1973 wurde in 1974 gestoppt und ging seit 1975 in eine Phase der Inflationsdezeleration über. Die Änderungsrate des Preisindex der Lebenshaltung von knapp 7,0 vH im Jahre 1974 wurde auf nahezu 2 vH im Jahre 1978 heruntergedrückt. In analoger Weise läßt sich der Mitte 1975 beginnende Aufschwung aus der besonders im zweiten Halbjahr 1974 wieder einsetzenden deutlichen Beschleunigung des Geldmengenwachstums mit knapp 11 vH im Jahre 1974 und knapp 14 vH im Jahre 1975 erklären, die sich in den Jahren 1977/78 fortsetzte. Die Spätwirkungen dieser expansiven Geldmengenpolitik werden sichtbar im Wiederanstieg der Inflationsrate seit 1979 auf über 6 vH im Jahre 1981. Die drastische Reduktion des Geldmengenwachstums seit Frühjahr 1979 zeigt eine bemerkenswerte Analogie zur Situation von 1973.

An diesem Interpretationsbeispiel wird die Initialfunktion wirtschaftspolitisch ausgelöster, monetärer Impulse besonders deutlich. Es zeigt zugleich den Stellenwert, den unterschiedliche Stabilitätstheorien auf die Konzipierung der Wirtschaftspolitik haben. Bezieht man darüber hinaus die Organisation parlamentarischer Demokratien (z.B. Wahlrhythmus) und das Verhalten von Politikern in Abhängigkeit vom Wählerverhalten in die Analyse ein,[31] wird erkennbar, weshalb sich kurzfristig angelegte Stabilisierungsstrategien bei den Politikern einer besonderen Beliebtheit erfreuen. Wenngleich die Instabilitäten in der Bundesrepublik nicht monokausal mit der monetären Impulshypothese erklärbar sind, so läßt der theoretische Ansatz ebenso wie das verfügbare empirische Material den Schluß zu, daß monetäre Impulse wie Änderungen des Geldmengenwachstums insbesondere auch kurzfristig einen weit größeren Einfluß auf ökonomische Prozesse ausüben als in den postkeynesianischen Modellen bisher unterstellt wurde. Unter Berücksichtigung erwartungstheoretischer Erklärungen einzelwirtschaftlichen Verhaltens sowie der Hypothesen über das Verhalten von (Wirtschafts-) Politikern vermag die monetaristische Hypothese zyklische Schwankungen zu erklären, ohne daß auf die seit K. Marx immer wieder neu formulierte Hypothese von der prinzipiellen Instabilität einer auf privatem Produktionsmitteleigentum basierenden Marktwirtschaft zurückgegriffen werden muß.

3. Die diagnostizierten zyklischen Aktivitätsschwankungen in der DDR zu erklären, setzt voraus, daß die Bedingungen des administrativen Planungs- und Lenkungssystems berücksichtigt werden. Die verschiedenen modelltheoretischen Ansätze, z. B. von O. Lange, W. Brus, M. Dobb, A. Notkin, lassen erkennen, daß auch für diese Systeme monokausale Erklärungen von Instabilitäten verfehlt sein dürften.[32]

Sozialistische Theoretiker führen Disproportionen auf die in der „Übergangsphase" existierenden Unvollkommenheiten des sozialistischen Informations- und Planungssystems zurück. Fehlplanungen auf zentraler Ebene und mangelnde Koordination zwischen Planungsträgern auf verschiedenen Bürokratieebenen bewirken Disproportionen, die sich wegen der straffen Verflechtung von Einzelplänen kumulieren und in einzelnen Phasen dann zu besonders spürbaren Produktions- und Effizienzverlusten führen. Nicht selten werden die Ursachen von Instabilitäten ausschließlich in exogenen Faktoren gesucht: Mißernten durch ungünstige klimatische Einflüsse erzwingen Produktionsumstellungen; gravierende Rohstoffpreiserhöhungen (1975 erhöhte die UdSSR den Preis pro Tonne Erdöl für die DDR um 50 vH) verursachen kurzfristig infolge von Devisenknappheit eine Produktionseinschränkung und erfordern langfristig eine tiefgreifende Umorganisation der Produktionsstruktur zugunsten der Export-Industrie; Nichterfüllung von Außenhandelsverpflichtungen durch einzelne sozialistische Handelspartner oder Krisen im politisch-ökonomischen System von „Bruderländern" lösen – bei der hochgradigen Spezialisierung zwischen den beteiligten Ländern – kurzfristig Disproportionen im Inland aus, wobei die DDR als „pünktlicher" Lieferant und politisch stabiler Faktor im RGW-System mehr Betroffener als Verursacher sein dürfte. Solche exogenen Schocks führen in Systemen des administrativen Sozialismus zu schwerwiegenderen Disproportionen als in Systemen dezentraler Lenkung, weil die Anpassungselastizität geringer ist, Schocks also nur langsamer abgebaut und in stabilisierende Bewegungen umgesetzt werden.

Diese sicherlich plausiblen Hypothesen können zur Erklärung von Disproportionen zwischen Plan- und Istgrößen, nicht jedoch von Investitions- oder Außenhandelszyklen herangezogen werden. Solche Instabilitäten lassen sich u. a. auf Diskrepanzen zwischen der zentral geplanten Ausweitung der Investitionsgüterindustrie (Produktionsabteilung I) und der Konsumgüterindustrie (Produktionsabteilung II) zurückführen. Ehrgeizige Planziele einer hohen Zuwachsrate der Investitionsgüterproduktion, wie sie für einzelne Phasen auch in der DDR feststellbar sind, ziehen Arbeitskräfte und Realkapital in die Abteilung I mit der Folge, daß im Konsumgütersektor (einschließlich Ernährungswirtschaft) Produktionsengpässe entstehen, die mit zeitlicher Verzögerung zu den in der DDR beobachtbaren Versorgungslücken auf den Konsumgütermärkten führen. Die Diskrepanz zwischen der akzelerierten Wachstumsrate in der Investitionsgüterproduktion und ihrer Dezeleration in der Konsumgüterproduktion bezeichnet den „Wachstumskonflikt",[33] der die politische Führung zur Zielrevision zwingt: Wenn eine untere Grenze der Tolerierung von Versorgungsengpässen erreicht ist, sorgen also letztlich die Konsumenteninteressen der Bevölkerung für die überfällige Plankorrektur, wobei die Beschleunigung des Wachstums der Konsumgüterproduktion dann zu Lasten der Expansion in der Investitionsgüterindustrie geht. Da eine solche Entwicklung die „Technologielücke" zu westlichen Industrieländern nicht selten vergrößert, werden – sobald die Disproportionen halbwegs bereinigt sind – erneut hochgesteckte Programme für die Produktionsabteilung I mit dem Ziel formuliert, den „Anschluß an das Weltniveau" wieder zu erreichen. Hierdurch wird dann ein neuer Zyklus ausgelöst. Die zunehmenden außenwirtschaftlichen Belastungen der DDR haben dieses Prinzip dahingehend verschoben, daß für den Zeitraum des neuen Fünfjahresplans (1981 bis 1985) eine Expansion des Exports allein in die sozialistischen Länder auf 150 vH (1980 = 100), also im Jahresdurchschnitt um 8,5 vH (= 70 vH des gesamten Außenhandelsumsatzes) angestrebt wird, die zu Lasten der

Investitions- und Konsumgüterproduktion für die inländische Verwendung geht.[34]

Schon diese Interpretation läßt erkennen, daß die politisch festgelegte Rangordnung der Ziele, auf die die Gesamtplanung abgestellt wird, ein wesentlicher Impulsfaktor der Aktivitätsschwankungen ist. Das wird noch deutlicher, wenn man die in der DDR mit einem mehrjährigen Rhythmus verkündeten und verwirklichten Wirtschaftsreformen (z.B. NÖSPL 1963; ÖSS 1967/68; Rezentralisierung seit 1971, Kombinatsreform 1978/79) einbezieht sowie nach ihren Ursachen und dem Reforminhalt fragt. Die jeweiligen Reformen sollten die Effizienz der zentralen Planung und die Organisation der Lenkung verbessern; sie waren aber immer auch und insbesondere darauf gerichtet, die aus den Systemen administrativer Planung hinreichend bekannte „interne Dynamik" der sozialistischen Betriebe zu brechen und höhere Leistungen zu initiieren: Diese interne Dynamik zeigt sich in der systemimmanenten Verhaltenstendenz sozialistischer Betriebe, „weiche" Betriebspläne aufzustellen und zu verteidigen,[35] um

– mit den „stillen" Leistungsreserven im Falle betrieblich oder außerbetrieblich verursachter Ablaufstörungen die Plankennziffern erfüllen und damit Sanktionen vermeiden zu können bzw.

– eine betrieblich geplante Übererfüllung der zentral vorgegebenen Kennziffern relativ leicht zu ermöglichen und damit in den Genuß von Zuführungen zum betrieblichen Prämienfonds zu kommen, der auf die Beschäftigten nach bestimmten Kriterien aufgeteilt werden kann (vgl. dritter Teil dieses Bandes, S. 173 ff.).

Solche Reserven bilden die Betriebe auf der Input- (Vorratswirtschaft im Umlaufmittelbereich und Arbeitskräftehortung) und Output-Seite (unplanmäßige Fertigproduktlager zur Überbrückung von Produktionsausfällen). In dem dynamischen Wechselspiel von Planung und Planverwirklichung müssen die Betriebe einerseits ständig Reserven auflösen (um in den Genuß von Prämien zu gelangen); andererseits bilden sie jedes Jahr neue Reserven (Phase der Planverteidigung), was ihnen bei Identität ihrer Interessen mit jenen vorgelagerter Planungsinstanzen auch gelingt. Die systemimmanente Tendenz zur Reservenbildung fälscht nicht nur die betrieblichen Basisinformationen, auf deren Grundlage zentrale Planung überhaupt erst möglich ist, und erhöht damit das Risiko zentral geplanter Disproportionen; die interne Dynamik kann auch als ausgesprochener Verstärker zyklischer Schwankungen wirken: Wird durch wirtschaftspolitische Reformen, die ja gerade zur Beseitigung solcher Planstrategien der Betriebe dienen, der betriebliche Bedingungsrahmen (z. B. Kennziffernsystem: Wechsel der Hauptkennziffer, an deren Erfüllungs- und Übererfüllungsgrad Prämienzuführungen gebunden sind) variiert, müssen sich auch die Strategien der Reservenbildung ändern. Relativ hohe Planauflagen werden in solchen Phasen in der Regel durch Kampagnen zur „Mobilisierung aller Leistungsreserven" begleitet. Sie können kurzfristig meist nur durch überproportionale Auflösungen von Reserven erfüllt werden und ermöglichen so die nach Wirtschaftsreformen feststellbare Beschleunigung des Produktionswachstums. Sind die betrieblichen Strategien der Reservenbildung den neuen Bedingungen angepaßt, können die zentral anvisierten hohen Zuwachsraten schon im Planungsprozeß nicht mehr durchgehalten werden; nicht selten bleiben auch die Ist-Ergebnisse deutlich unter den Planzielen des Produktionswachstums und signalisieren dann die geschilderten Diskrepanzen.

Die bisherigen Überlegungen konzentrierten sich auf exogen und endogen verursachte Instabilitäten durch realwirtschaftliche Faktoren. Bezieht man die Geldmengenentwicklung in die Analyse ein, kann die Kassenhaltungsinflation in der DDR erklärt und zugleich die Frage nach Auslösung und Wirkung monetärer Impulse im System des administrativen Sozialismus beantwortet werden.[36] Das Wachstum der gesamtwirtschaftlichen Geldmenge in der für die Bundesrepublik Deutschland üblicherweise verwendeten Abgrenzung (siehe S. 311) läßt sich für die DDR empirisch nicht feststellen, da weder über die Bankeinlagen des Staates (und anderer gesellschaftlicher Organisationen) noch über diejenigen der sozialistischen Betriebe Zahlenmaterial verfügbar ist. Für die Geldmenge, mit der die Bevölkerung ihre Konsumausgaben und Kassenhaltung finanziert, gilt dies nicht. Sie setzt sich zusammen aus dem Bargeldbestand sowie den Einlagen der Bevölkerung auf

Figur 13: Jährliche Änderungsraten der Geldmenge (I) und der Bargeldmenge (II) in der DDR 1951 bis 1979 in vH

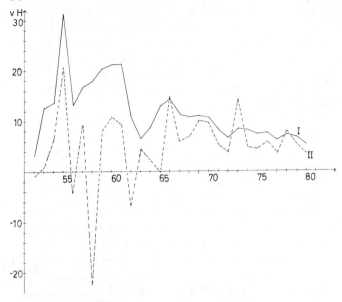

Quelle: Stat. JB DDR 1975, S. 289, 290; 1980, S. 255, 256.

Giro-, Spargiro- und Buchsparkonten des Bankensystems. Die in Figur 13 dargestellte Entwicklung der jährlichen Änderungsraten dieser Geldmenge (I) und der Bargeldmenge (II) als eine ihrer Komponenten zeigt, daß

– in der DDR mit nur relativ kurzen Unterbrechungen (1961 bis 1963; 1970/71) eine relativ starke Expansion der Geldmenge stattfand (durchschnittliche jährliche Änderungsrate 1951 bis 1979: ca. 12 vH),[37]

– die durchschnittliche jährliche Änderungsrate der Bargeldmenge für die gesamte Periode mit ca. 5 vH relativ niedrig gehalten werden konnte, wobei die starke Abnahme der umlaufenden Bargeldmenge im Jahr 1957 ihre Erklärung im staatlich verordneten Währungsschnitt (Banknotenumtausch bis zur Höhe von 300,– M pro Person) findet,

– die jährlichen Änderungsraten der Geldmenge bis Mitte der sechziger Jahre erheblichen Schwankungen unterlagen; die stabilere Entwicklung in den siebziger Jahren weist nicht auf eine planmäßig-kontinuierliche Geldmengensteuerung hin, weil die hohe Wachstumsrate der Geldmenge im Vergleich zur Expansionsrate der Konsumgüterversorgung Disproportionen zwischen Kauf- und Warenfonds impliziert.

Die inflationär wirkende Geldmengenexpansion ist von den politischen Entscheidungsträgern nicht beabsichtigt und insofern ungeplant. Da das verstaatlichte Bankensystem und die Organisation des Zahlungsverkehrs andererseits günstige Voraussetzungen für eine straffe Geldmengenkontrolle zu bieten scheinen, müssen endogene Faktoren, die im Wirtschaftssystem begründet sind, solche monetären Impulse auslösen. Sie entstehen als Folge der bereits oben beschriebenen Planerfüllungs- und Prämiierungsstrategien sozialistischer Betriebe: Können sie planmäßige Kredite nicht fristgerecht zurückzahlen, nehmen sie außerplanmäßige Kredite beim Notenbanksystem zu hohen Zinssätzen (Strafzinssätze bis zu 12 vH) auf, mit denen letztlich die ungeplante Lagerhaltung von Fertigprodukten, stille Reserven von Umlaufmitteln sowie ungeplante Lohn- und Prämienzahlungen an Beschäftigte finanziert werden. Die Notenbank kann die – über die von den Betrieben initiierte Gewährung außerplanmäßiger Kredite – ungeplante Geldproduktion nicht kontrollieren, da sie zahlungsunfähige Betriebe jederzeit kreditär abzusichern hat, ungeplante „Konkurse" also nicht möglich sind. Die Betriebe wiederum sind – unabhängig von der Höhe ihrer finanziellen Eigenmittel – gesetzlich zur Zahlung von geplanten Abführungen an den Staatshaushalt, Löhnen, Prämien etc. verpflichtet. Hohe Kreditzinssätze drängen unter solchen Bedingungen die Kreditnachfrage der Betriebe nicht zurück, sondern bewirken im Gegenteil eine Erhöhung der nachgefragten Kreditmenge.

Ungeplante Lohn- und Prämienzahlungen lassen sich statistisch nicht ermitteln, weil weder Angaben über den geplanten Lohnfonds – das ist die Summe der Bruttolohnzahlungen, die in weiter Abgrenzung auch Prämien enthalten – noch über seine tatsächliche Höhe verfügbar sind. Sie können aber an der in der DDR immer wieder beklagten ungeplanten Ausweitung der „Nettogeldeinnahmen der Bevölkerung" abgelesen werden, die Jahr für Jahr zu einer Erhöhung des „Kauffonds" der Bevölkerung führt.[38] Ungeplante Einkommenszuwächse entstehen auch und insbesondere in der zumindest in einzelnen Phasen mit Priorität versehenen Produktionsabteilung I und sind insofern kurzfristig „materiell" nicht abgedeckt: Die in der Vergangenheit relativ niedrigen Zuwachsraten der realen Konsumgüterproduktion und das quantitativ, qualitativ, zeitlich und regional mangelhaft auf den Bedarf der Bevölkerung abgestimmte Konsumgüterangebot erklären die häufig zitierten, periodisch wiederkehrenden Diskrepanzen zwischen „Kauffonds" und „Warenfonds".

Gesamtwirtschaftliche Aktivitätsschwankungen und Disproportionen zwischen monetären und realen Variablen in der DDR lassen sich also auf verschiedene Ursachen zurückführen. Exogene Impulse wie die vom Ausland verursachte Nichterfüllung der Importpläne und – als Relikt der „Übergangsphase" bezeichnete – Mängel der Planungs- und Lenkungsorganisation können den zyklischen Prozeßablauf allein nicht erklären. In der DDR ist das Zielverhalten der politischen Führung (Priorität für Produktionsabteilung I) wesentlicher Impulsfaktor für Expansionsprozesse, die bei Überschreiten von Toleranzgrenzen mehr oder weniger abrupt durch die Versorgungsinteressen der Bevölkerung gestoppt werden. Wirtschaftspolitische Reformen mit gravierenden Änderungen des Planungs- und Lenkungsinstrumentariums lösen Anpassungsprozesse aus, wobei die „interne Dynamik" im System des administrativen Sozialismus zyklusverschärfend wirkt. Sie ist letztlich auch der Grund dafür, daß die monetären Entscheidungsträger trotz zahlreicher institutioneller Reformen die Geldmengenproduktion nicht straff kontrollieren können und systemimmanent erklärte Disproportionen zwischen monetären und realen Variablen immer wiederkehren.

4. Für beide Wirtschaftssysteme wurden in Abhängigkeit von

den ordnungspolitischen Rahmenbedingungen unterschiedliche Hypothesen über exogene und endogene Impulsfaktoren gesamtwirtschaftlicher Instabilitäten formuliert. Festzuhalten bleibt, daß auch im System administrativer Planung und Lenkung in der DDR die vordergründig idealen Voraussetzungen keinen kontinuierlichen, zyklus- und inflationsfreien Wachstumsprozeß gewährleisten. Es konnten im Gegenteil aus der „internen Dynamik" des sozialistischen Sektors systembedingte Verhaltensweisen abgeleitet werden, die Instabilitäten im ökonomischen Prozeß erklären. In beiden Wirtschaftssystemen scheinen wirtschaftspolitisch ausgelöste Impulse (Wirtschaftsreformen in der DDR, kurzfristige Kurskorrekturen der Geld- und Fiskalpolitik in der Bundesrepublik) eine besondere Rolle bei der Erklärung von Instabilitäten zu spielen, weil sie mit entsprechender Verzögerung Verhaltensänderungen in Haushalten und Betrieben induzieren, die unter Berücksichtigung der unvollständigen Information Schwankungen nominaler und realer Größen bewirken. Ob und inwieweit die hierin begründete Forderung nach „Konstanz der Wirtschaftspolitik"[39] oder der „Stabilisierung der Stabilisierungspolitik"[40] in der Vergangenheit schon Eingang in die praktische Stabilitätspolitik gefunden hat, wird für beide Systeme zu prüfen sein.

IV. Instrumente und Wirkungsprobleme der Stabilitätspolitik

1. Konzepte und Träger der Stabilitätspolitik

Sollen gesamtwirtschaftliche Aktivitätsschwankungen und die damit verbundenen Disproportionen zwischen makroökonomischen Variablen vermieden werden, müssen den wirtschaftspolitischen Entscheidungsträgern ursachenadäquate Instrumente zur Verfügung stehen, durch deren quantitativ und zeitlich richtig dosierten Einsatz die Abweichungen von den beschriebenen Niveauzielen gemindert oder – im günstigsten Fall – beseitigt werden. Zielfestlegung, Instrumentenauswahl und Handlungsanweisungen an die auszuwählenden Entscheidungsträger der Stabilitätspolitik sind Ausfluß dominierender Theorievorstellungen über Ursachen von Instabilitäten.

Die Stabilitätskonzeption in der Bundesrepublik Deutschland wurde in den vergangenen 15 Jahren wesentlich durch die von J. M. Keynes inspirierte makroökonomische Erklärung von Instabilitäten geprägt. Dies fand 1967 seinen Niederschlag im Stabilitätsgesetz, das die Gebietskörperschaften (Bund, Länder, Gemeinden) verpflichtet, die Einnahmen und Ausgaben ihrer jeweiligen jährlichen Haushalte entsprechend den stabilitätspolitischen Zielen zu gestalten. Der Deutschen Bundesbank fällt die Aufgabe zu, durch Einsatz ihrer geldpolitischen Instrumente die Wirtschaft mit Geld zu versorgen und die Währung zu sichern (§ 3 Bundesbankgesetz), also die monetären Voraussetzungen für eine stabilitätsgerechte gesamtwirtschaftliche Entwicklung zu schaffen. Dabei ist sie prinzipiell von Weisungen der Bundesregierung unabhängig (§ 12), lediglich unter Wahrung ihrer in § 3 Bundesbankgesetz umschriebenen Aufgaben ist sie gehalten, die Wirtschaftspolitik der Bundesregierung zu unterstützen. Finanz- und Geldpolitik haben beim Einsatz ihrer Instrumente die Einwirkungen auf inländische Prozesse zu berücksichtigen, die von den – für die Bundesrepublik auch quantitativ bedeutsamen – Außenwirtschaftsbeziehungen ausgehen, wobei die Kompetenz über wichtige außenwirtschaftspolitische Entscheidungen (z. B. die Wahl des Wechselkurssystems, Festlegung von Steuer- und Zollsätzen im Außenhandel) ebenfalls der Bundesregierung zugeordnet ist. Finanz-, Geld- und Außenwirtschaftspolitik sind die drei wichtigsten Säulen der Stabilitätspolitik.[41] Deren jeweilige Ziele und Instrumente sind bestimmten wirtschaftspolitischen Entscheidungsträgern eindeutig zugeordnet, wobei die Autonomie der Deutschen Bundesbank besondere Bedeutung hat.

Für die DDR besteht kein fest umrissenes Stabilitätskonzept, weil damit – entgegen der bisher vertretenen Auffassung in der DDR – die Existenz gesamtwirtschaftlicher Instabilitäten als systeminhärent zugegeben würde. Gleichwohl läßt sich ein solches Konzept durch die direkte Zielbestimmung und Funktionsbeschreibung wirtschaftspolitischer Institutionen sowie die ihnen zur Verfügung stehenden Instrumente umschreiben: Die Instrumente des sozialistischen Finanzsystems sind auf Sicherung von „Effektivität", „Proportionalität" und „Stabilität" der Volkswirtschaft zu richten. In diesem Sinne haben sie Verteilungs-, Stimulierungs- und Kontrollfunktionen, indem sie Verwendung, Verteilung und Umverteilung des monetären Gesamtprodukts regeln, die materielle Interessiertheit von Betrieben und Beschäftigten mit den gesellschaftlichen Interessen in Übereinstimmung bringen sollen sowie Bildung, Verteilung und Verwendung des Nationaleinkommens überwachen. Während für die Bundesrepublik Ziele, Instrumente und Entscheidungskompetenzen auf die verschiedenen Träger leicht zugeordnet werden können, besteht eine solche Trennung in der DDR nicht und kann auch nach der offiziellen Theorie der prinzipiellen Einheitlichkeit realer und monetärer Planungsprozesse nicht existieren. Das „einheitliche sozialistische Finanzsystem" umfaßt den Staatshaushalt ebenso wie Geldumlauf, Kreditbeziehungen, internationale Finanzbeziehungen, Finanzen der staatlichen Betriebe und die Versicherungshaushalte. Alle Aktivitäten innerhalb des Finanzsystems sind Gegenstand der Finanzplanung, durch die die monetäre Seite des materiellen Reproduktionsprozesses widergespiegelt wird. Staatliche Steuersatz- und Ausgabenpolitik sind ebenso wie geld-, kredit- und zinspolitische Aktivitäten entsprechend dieser weiten Definition des Finanzsystems der Finanzpolitik zuzurechnen, durch die die „planmäßige proportionale Entwicklung der Volkswirtschaft" gesichert, gesamtwirtschaftliche Instabilitäten also vermieden werden sollen.[42]

Trotz dieser unterschiedlichen Abgrenzungen von Finanzsystem und -politik werden im folgenden finanz-, geld- und außenwirtschaftspolitische Instrumente für beide Wirtschaftssysteme nach der traditionellen Systematik getrennt analysiert, wobei systemspezifische Interdependenzen des Mitteleinsatzes zu berücksichtigen sind. Dies ist möglich, weil den einzelnen Institutionen innerhalb des Finanzsystems der DDR entsprechend ihrer Funktionsbeschreibung bestimmte wirtschaftspolitische Instrumente faktisch zugeordnet werden können.

2. Stabilisierung durch Finanzpolitik

1. Der stabilitätsorientierten Finanzpolitik in der Bundesrepublik Deutschland liegt die Keynessche Einkommens- und Beschäftigungstheorie und die auf ihr basierende Ursachenanalyse von Instabilitäten des privaten Sektors zugrunde, wie oben dargestellt wurde. Früher war die Finanzpolitik dem Primat eines jährlich ausgeglichenen Budgets untergeordnet – in Phasen rückläufiger Wirtschaftsaktivität mit sinkenden Staatseinnahmen mußten also zwangsläufig auch die Staatsausgaben gesenkt werden und umgekehrt (Parallelpolitik). Nunmehr soll der Staat sein Haushaltsvolumen durch Variation der Einnahmen oder Ausgaben und unter Inkaufnahme kurzfristiger Budgetdefizite oder -überschüsse in den Dienst einer antizyklischen Stabilitätspolitik stellen (antizyklische Finanzpolitik; fiscal policy).

Die Instrumente, die Bund und Länder zur stabilitätspolitisch motivierten Variation ihrer Einnahmen und Ausgaben einsetzen können, sind im Stabilitätsgesetz verankert. Es enthält die Verpflichtung für Bund und Länder,[43] ihre Haushaltspolitik den Erfordernissen des in § 3 StabG definierten gesamtwirtschaftlichen Gleichgewichts anzupassen und für die notwendige Abstimmung des Mitteleinsatzes zwischen den Gebietskörperschaften zu sorgen. Die Neufassung von Art. 109 Grundgesetz im Jahre 1967 hat die rechtlichen Voraussetzungen für eine gleichgerichtete Finanzpolitik von Bund und Ländern geschaffen. Die Instrumente können danach eingeteilt werden, welche Komponenten der gesamtwirtschaftlichen Nachfrage direkt oder indirekt beeinflußt werden sollen:[44]

Ein Ansatzpunkt des Stabilitätsgesetzes sind die Staatsausgaben für konsumtive und investive Zwecke. Zur ersten Komponente zählen neben den Verteidigungsausgaben insbesondere die Personalausgaben für die im Öffentlichen Dienst Beschäftigten, deren Anteil an den gesamten öffentlichen Ausgaben im Jahre 1980 bereits ca. 32 vH betrug; zur zweiten Komponente sind die Ausgaben für den Bau von Straßen, Schulen, Krankenhäusern usw. zu rechnen (Gemeinschaftsaufgaben und Infrastrukturmaßnahmen), deren Anteil an den Gesamtausgaben von ca. 13 vH im Jahre 1970 auf ca. 12 vH im Jahre 1980 gesunken ist. Bei einer – gemessen am volkswirtschaftlichen Leistungsvermögen – zu starken Ausweitung der privaten Konsum- und/oder Investitionsgüternachfrage soll die staatliche Nachfrage gedämpft und im umgekehrten Falle entsprechend ausgeweitet werden. Aus diesem Grund sind Umfang und Zusammensetzung der Ausgaben im Rahmen der vorgeschriebenen mittelfristigen Finanzplanung (fortzuschreibende Fünfjahrespläne) den Stabilitätserfordernissen anzupassen (§ 9 StabG). Stabilitätspolitische Variationen der Ausgaben werden dabei insbesondere durch Kürzung, Verschiebung oder Vorziehung (Sonderhaushalte) von Investitionsvorhaben des Staates vollzogen, die in mehrjährigen Investitionsprogrammen zu planen sind (§ 10 StabG).

Neben der Ausgabenpolitik des Staates sieht das Stabilitätsgesetz Variationen der Haushaltseinnahmen vor mit dem Ziel, die private Konsum- und Investitionsgüternachfrage indirekt zu steuern. Um das verfügbare (Netto-) Einkommen der Wirtschaftssubjekte und damit deren Konsum- und Investitionsausgaben zu beeinflussen, können Lohn-, Einkommen- und Körperschaftsteuersätze für längstens 1 Jahr und höchstens um 10 vH gesenkt oder erhöht sowie Anpassungen der Steuervorauszahlungen vorgenommen werden (§§ 26, 27, 28 StabG); zur Beeinflussung der privaten Investitionsgüternachfrage ist zusätzlich die Gewährung eines Investitionsbonus (expansive Maßnahme) bzw. die Beschränkung oder Aussetzung von Sonderabschreibungen und der degressiven Abschreibungen vorgesehen (§ 26 StabG, kontraktive Maßnahmen). Dem Staat hieraus entstehende Mehreinnahmen werden nicht an die Wirtschaftssubjekte zurückgezahlt. Insofern dürfen diese steuersatzpolitischen Instrumente nicht mit dem 10 prozentigen Konjunkturzuschlag zur Einkommen- und Körperschaftsteuer für 1970/71 verwechselt werden, der in einem eigenen Gesetz geregelt war und zurückgezahlt werden mußte.

Die beabsichtigten restriktiven Effekte, die mit einer Heraufsetzung der Steuersätze und/oder der Zurückstellung und Sperrung öffentlicher Ausgaben hervorgerufen werden sollen, treten nur dann ein, wenn die entstehenden Mehreinnahmen bzw. eingesparten Haushaltsmittel nicht anderweitig verausgabt werden. Aus diesem Grund sieht das Stabilitätsgesetz vor, daß solche Haushaltsüberschüsse als Konjunkturausgleichsrücklage bei der Deutschen Bundesbank stillzulegen bzw. zur staatlichen Schuldentilgung bei der Bundesbank zu verwenden sind (§§ 5 Abs. 2 und 15 StabG). In Abschwungsphasen können dann Haushaltsdefizite, die als Folge zusätzlicher Staatsausgaben und/oder Einnahmensenkungen durch Steuersatzreduktion entstehen, aus der Konjunkturausgleichsrücklage finanziert werden. So wurden die staatlichen Ankurbelungsprogramme vom Dezember 1974 (ca. 2,5 Mrd. DM) und vom August 1975 (ca. 5,75 Mrd. DM) teilweise aus der Konjunkturausgleichsrücklage finanziert. In der folgenden Aufschwungsphase wurden keine Mittel stillgelegt, so daß Maßnahmen zur Bekämpfung der seit Frühjahr 1980 festgestellten scharfen Rezession auch nicht aus der Konjunkturausgleichsrücklage finanzierbar sind.

Die Bundesregierung ist darüber hinaus ermächtigt, zusätzliche Kredite bis zur Höhe von 5 Mrd. DM auf dem Geld- und Kapitalmarkt aufzunehmen und zur Finanzierung bereits geplanter öffentlicher Investitionsvorhaben zu verwenden. Umgekehrt kann die Kreditaufnahme der öffentlichen Hand in Boomphasen beschränkt werden (§§ 19 bis 25 StabG). Um die Haushaltspolitik der Länder und Gemeinden an die stabilitätspolitischen Ziele anzupassen, kann die Bundesregierung mit Zustimmung des Bundesrates auch die Gebietskörperschaften sowohl zu Ausgabensperrungen unter Zuführung freigewordener Mittel zur Konjunkturausgleichsrücklage verpflichten als auch die Möglichkeiten der Kreditaufnahme der Länder und Gemeinden beschränken.

Nicht im Stabilitätsgesetz formuliert, aber im Konzept der antizyklischen Finanzpolitik angelegt sind ferner die sogenannten automatischen Stabilisatoren (built in flexibility).[45] Dabei handelt es sich um Budgetpositionen, die sich aufgrund ihrer rechtlichen Ausgestaltung automatisch in Abhängigkeit der ökonomischen Aktivitätsschwankungen entwickeln und stabilisierend auf diese einwirken. Wichtige automatische Stabilisatoren sind z. B. die Einkommensteuer und die Arbeitslosenversicherung. Infolge des progressiven Einkommensteuertarifs müssen private Wirtschaftssubjekte von ihren Einkommenszuwächsen in Aufschwungs- und Boomphasen einen relativ steigenden Anteil ihres zusätzlichen Einkommens an den Staat abführen. Umgekehrt wird ein Rückgang des verfügbaren Einkommens in Abschwungsphasen durch den relativ sinkenden Steueranteil abgeschwächt. Die Stabilisierungsfunktion der Arbeitslosenversicherung resultiert daraus, daß in Phasen reger Wirtschaftstätigkeit bei Vollbeschäftigung das Beitragsaufkommen der Versicherung relativ hoch ist und andererseits wegen niedriger Arbeitslosenzahlen die Unterstützungsleistungen relativ niedrig sind. In Abschwungsphasen gehen demgegenüber die Einnahmen aus Beiträgen infolge Unterbeschäftigung zurück, während die Unterstützungszahlungen an Arbeitslose steigen. Die Stabilisierungsfunktion tritt allerdings nur dann ein, wenn die Mehreinnahmen stillgelegt bzw in Rezessionsphasen zur Defizitfinanzierung wieder verwendet werden. Deshalb sind die Arbeitslosen- und Rentenversicherungsträger nach § 30 StabG verpflichtet, einen Teil ihrer Rücklagen gegen Verzinsung in Form von Mobilisierungs- und Liquiditätspapieren bei der Bundesbank anzulegen, wodurch gesamtwirtschaftlich ein Geldmengenentzugseffekt entsteht. Die Bundesbank wird andererseits verpflichtet, diese Papiere dann vorzeitig zurückzunehmen, wenn die Versicherungsträger einen begründeten Liquiditätsbedarf haben.

2. Wichtigstes monetäres Steuerungsinstrument in der DDR ist der Staatshaushalt, in dem alle monetären Ströme zu und von den Betrieben, privaten Haushalten und öffentlichen Organen buchmäßig erfaßt werden. Seine zunehmende Bedeutung zeigt sich allein schon in der Staatsquote (Anteil der Staatsausgaben am Nationaleinkommen), die seit 1968 kontinuierlich von 52 vH auf 92 vH im Jahre 1980 angestiegen ist. Die einzelnen Einnahmen- und Ausgabenkomponenten des Staatshaushaltes werden in der DDR aktiv als Verteilungs-, Stimulierungs- und Kontrollinstrumente zur Sicherung von Proportionalität und Stabilität der

Volkswirtschaft eingesetzt. Aufgaben und Einsatz des einnahmen- und ausgabenpolitischen Instrumentariums können – weil eine kontinuierliche, systematische Veröffentlichung des gesamten Staatshaushalts in der DDR nicht vorgenommen wird – im Detail nicht aufgezeigt werden; deshalb ist auch eine differenzierte Wirkungsanalyse unmöglich. Immerhin kann aus verschiedenen veröffentlichten Teilhaushaltsplänen, Plansätzen und Schätzwerten auf Schwerpunkte finanzpolitischer Aktivitäten geschlossen werden.

Wie die folgende Übersicht der Einnahmen und Ausgaben des Staatshaushalts der DDR für 1980 zeigt, bilden die Abgaben der VEB, Kombinate und VVB den größten Einnahmeanteil des Staatshaushalts. Von besonderer stabilitätspolitischer Bedeutung sind unter ihnen die „Produktgebundenen Abgaben" (PA), die als Umsatz- und Verbrauchsteuer für Konsumgüter erhoben werden.[46] Mit der Festlegung entsprechender Preiszuschläge hat der Staat die Möglichkeit, Nachfrage abzuschöpfen und dadurch bestehende Disproportionen zwischen der kaufkräftigen Nachfrage der Bevölkerung (Kauffonds) und dem Warenfonds zu mindern. Es lassen sich zwar nicht Variationen einzelner Abgabesätze feststellen; die Manövriermasse dieses Instruments wird jedoch sichtbar am relativen Anteil dieser nur für Konsumgüter erhobenen Umsatzsteuer an den Gesamteinnahmen des Staatshaushalts sowie an der durchschnittlichen Umsatzsteuerbelastung von Konsumgütern. Berücksichtigt man, daß z.B. 1979 der Einzelhandelsumsatz ein Volumen von 96 Mrd. M erreichte (davon 32 Mrd. M für Grundnahrungsmittel und 64 Mrd. M für Genußmittel und Industriegüter), so ergibt sich – unter der Annahme, daß alle indirekten Steuern über den Einzelhandelsumsatz realisiert werden – eine durchschnittliche Umsatzsteuerbelastung von Konsumgütern in Höhe von 57,7 vH. Allerdings muß in diese Rechnung der Posten „Preissubventionen" mit 23,2 Mrd. M (15,7 Mrd. M für Verbraucherpreise und Tarife, 7,5 Mrd. M Mietsubventionen) einbezogen werden, wodurch eine Nettobelastung der Konsumgüter von 11,8 Mrd. M entstehen würde, was einer durchschnittlichen Umsatzsteuerbelastung von 14,0 vH entspräche. Beim Kauf von Kon-

Einnahmen und Ausgaben des Staatshaushalts der DDR 1980 in Mrd. Mark

Einnahmen		Ausgaben	
Einnahmen aus volkseigenen Betrieben, Kombinaten und VVB	2)97,7	Forschung	4) 2,6
		Investitionen	5,8
		Verkehrswesen	2,9
darunter: Produktionsfonds- und Handelsfondsabgabe	18,2		
Nettogewinnabführung	40,1		
Produktgebundene Abgaben	39,3	Subventionen für die volkseigene Wirtschaft	7,1
Übrige Abgaben		*davon:* Produktgebundene Preisstützungen	6,1
		Preisausgleichsfonds	1,0
Abführungen der Banken	6,1	Zuwendungen für die Landwirtschaft	8,5
Abgaben der Landwirtschaft	1,4	*davon:* für Meliorationen, Investitionen usw.	2,4
		für produktgebundene Preisstützungen	6,1
Einnahmen von Produktionsgenossenschaften des Handwerks und anderen Produktionsgenossenschaften	3,1	Subventionen der Verbraucherpreise und Tarife	16,9
		davon: Nahrungsmittel	7,8
		Industrielle Konsumgüter	5,1
		Öffentlicher Personenverkehr	2,9
		Trink- und Abwasserbehandlung	0,7
Einnahmen von privaten Handwerkern und Gewerbetreibenden	3,0	Reparaturen, Dienstleistungen	0,3
Lohnsteuer der Arbeitnehmer und Steuern der freiberuflich Tätigen	6,8	Wohnungswirtschaft und Subventionierung der Mieten	7,2
Gemeindesteuern	0,5	Bildungswesen	9,8

Einnahmen aus staatlichen Einrichtungen (Bildung, Gesundheits- und Sozialwesen, Kultur) und Staatsapparat	8,1	Gesundheits- und Sozialwesen	9,5
		Sozialversicherung	29,4
Einnahmen der Sozialversicherung	15,2	Kultur und Sport (einschl. Rundfunk, Fernsehen, Erholung)	3,4
Sonstige Einnahmen	2,3	Staatsapparat und Wirtschaftsverwaltung	3,7
Nicht spezifizierte Einnahmen [1]	[3]16,5	Kommunale Dienstleistungen	0,8
		Verteidigung[5]	13,1
		Sonstige Ausgaben	1,4
		Nicht spezifizierte Ausgaben[1]	38,2
EINNAHMEN, insgesamt	160,7	AUSGABEN, insgesamt	160,3

1) Als Differenz ermittelt. – 2) Ohne übrige Abgaben. – 3) Einschließlich der übrigen Abgaben aus volkseigenen Betrieben, Kombinaten und VVB. – 4) Von 1978 an einschließlich Mittel für gesellschaftswissenschaftliche Forschung. – 5) Einschließlich Grenzbewachung, öffentliche Sicherheit sowie Rechtspflege.

Quelle: M. E. Ruban, H. Vortmann: Rekordetat mit wenig Transparenz, in: DIW-Wochenbericht, 33/1981, S. 380–384, hier S. 382.

sumgütern im Werte von 100 M sind hiernach 12,29 M indirekte Steuern zu entrichten.[47]

Aufgrund ihrer Konzipierung – sie belastet nur Konsumgüter – und ihres Volumens ist die PA als stabilisierungspolitisches Instrument zur Beeinflussung – vor allem Senkung – der privaten Konsumgüternachfrage besonders geeignet. Sie kann immer dann kurzfristig eingesetzt werden, wenn

– die Bedarfsentwicklung der privaten Haushalte unterschätzt wurde[48] und infolge der Prioritätensetzung zugunsten der Produktionsabteilung I Disproportionen zwischen Kauf- und Warenfonds im Konsumgütersektor bestehen oder

– Diskrepanzen zwischen Plan- und Istwerten entstanden sind (z.B. geplanter und tatsächlicher Warenfonds; geplante und tatsächliche Nettogeldeinnahmen der Bevölkerung).

In beiden Fällen bestehen Ungleichgewichte zwischen Waren- und Kauffonds, die über Erhöhungen oder – faktisch unrealistische – Senkungen der Umsatzsteuersätze und somit über Preisanpassungen ausgeglichen werden können. Allerdings ist die Wirksamkeit dieses Instruments begrenzt, weil bei wiederholtem Einsatz politische Konflikte entstehen können. Auch ist bei solchen steuerlichen Abschöpfungsmaßnahmen mit disincentives in der Leistungsbereitschaft zu rechnen.

Die PA wirkt – infolge ihrer Ausgestaltung als differenzierte Umsatzsteuer, die hochwertige Konsumgüter höher und sozialpolitisch bedeutsame Erzeugnisse überhaupt nicht belastet – als eingebauter Stabilisator: Die hohe Einkommenselastizität bei den besteuerten Gütern sorgt über eine Verlagerung der Nachfrage auf diese Produkte automatisch für steigende Abschöpfungen privater Kaufkraft.

Auch in der volkseigenen Wirtschaft (VEW) ist die PA als Stabilisierungsinstrument zur Regulierung *ungeplanter* betrieblicher Gewinne und damit des Investitionsverhaltens sowie der Prämienausschüttung einsetzbar. Überplangewinne erhöhen einmal den Betriebsprämienfonds, damit die Einkommen der Beschäftigten und insofern auch deren Konsumpotential. Zum anderen können die Betriebe nicht abzuführende Gewinnanteile investieren;

nicht geplante Gewinne können so zu ungeplanten Investitionen führen, die wiederum über ungeplante Einkommenssteigerungen im Investitionsgütersektor eine verstärkte Güternachfrage hervorrufen können. Daraus resultierende Disproportionen können über eine Variation der PA gemindert werden, wenn der von den Betrieben abzuführende Abgabesatz erhöht wird und der Nettoeffekt dadurch weder den Unternehmen und ihren Beschäftigten noch den Konsumenten zugute kommt, sondern dem Staatshaushalt. Über den Einsatz der PA als stabilisierungspolitisches Instrument können somit der Investitionsfinanzierungsspielraum der Betriebe und die Konsummöglichkeiten der privaten Haushalte gesteuert werden. Ein Vergleich der Veränderungen des Umsatzes im Einzelhandel für Industriewaren und Genußmittel (10,3 Mrd. M) und des Einnahmenpostens Produktgebundene Abgabe im Staatshaushalt (4,7 Mrd. M) für die Zeit von 1975 bis 1979 deutet an,[49] daß diese stabilisierungspolitische Möglichkeiten auch praktisch genutzt wird.

Stabilitätspolitisch von Bedeutung ist ferner die Nettogewinnabführung (NGA) der Betriebe: Eine kurzfristige Variation der Abgabesätze reduziert oder erhöht direkt die im Betrieb verbleibenden Finanzmittel, die für Investitionszwecke und/oder Prämienzahlungen verwendet werden können.

Die Entwicklung des Volumens der NGA zeigt, daß sie – als „entscheidendes flexibles Instrument"[50] – auch zukünftig wirtschaftspolitisch einen zunehmenden Stellenwert bei der Minderung von Instabilitäten erhalten dürfte: Die volkseigenen Betriebe mußten 1973 mit 15,1 Mrd. M 49 vH ihres Nettogewinns an den Staatshaushalt abführen, 1974 stieg der Anteil auf 53 vH und 1975 betrug er mit 26,7 Mrd. M bereits 68 vH. Durch die Erhöhung der Umsatz- und Gewinnbesteuerung der Betriebe kann Konsum- und Investitionsgüternachfrage abgeschöpft werden: eine Steuersatzsenkung löst entsprechende expansive Nachfrage- und Produktionsimpulse aus, weil die im Betrieb bzw. den Beschäftigten verbleibenden Nettogewinnanteile steigen.

Gegenüber der NGA hat die Produktionsfondsabgabe (PFA), die 6 vH des Bruttowertes betrieblicher Anlagegüter und Umlaufmittel beträgt, stabilitätspolitisch eine relativ geringe Bedeutung. Auch andere Einnahmenposten des Staatshaushalts können unter diesem Aspekt vernachlässigt werden, weil

– ihr Aufkommen relativ gering ist (z. B. Abführung der Landwirtschaft infolge zahlreicher Steuerprivilegien) oder

– die Erhebungssätze über lange Zeiträume hinweg konstant gehalten wurden (z. B. Lohnsteuersatz und Beitragssatz zur Sozialversicherung).

Schließlich sei im Rahmen der Einnahmenpolitik des Staates noch auf das System betrieblicher Plankennziffern (Normative) verwiesen. Variationen der Kennziffern beeinflussen das Volumen der Betriebsprämienfondszuführungen und damit – über die dadurch entstehenden Veränderungen der NGA – indirekt die Einnahmen des Staatshaushalts. Mit der Verabschiedung der Planungsordnung für 1976–1980 wurde beispielsweise die Anzahl der den Betrieben vorgegebenen Kennziffern stark ausgeweitet, so daß viele Betriebe mehr als 64 verschiedene reale und monetäre Plankennziffern bei ihren Dispositionen zu berücksichtigen hatten (s. dritter Teil in diesem Band). Der Idee nach könnten einige Kennziffern Funktionen von quasi-automatischen Stabilisatoren erfüllen:[51] Wird der Betriebsprämienfonds bei Planübererfüllung aufgestockt und bei Nichterfüllung reduziert (Konstanz der NGA), steigen im ersten Fall die Einkommen der privaten Haushalte, im zweiten nicht. Die Stabilisierungsfunktion hängt dann von der Wahl der Kennziffern ab, an die die Prämiierung gebunden wird. Nur wenn gewährleistet wäre, daß Prämien lediglich bei einer kurzfristigen, ungeplanten Ausweitung marktgängiger Konsumgüter gezahlt würden, könnten Disproportionen zwischen Kauf- und Warenfonds der Bevölkerung vermieden werden – eine Annahme, die für das Prämiensystem der DDR unrealistisch ist.

Über stabilitätspolitische Variationen von Ausgabenposten des Staatshaushalts können keine Aussagen gemacht werden. Zwar können – ähnlich wie das Instrument der PA – Preissubventionen differenziert eingesetzt und kurzfristig variiert werden; da mit ihrem Einsatz aber vorwiegend soziale (z. B. lebensnotwendige Güter), bevölkerungspolitische (z. B. Kinderartikel) und bildungspolitische (z. B. Bücher) Ziele verfolgt werden, scheint ihre stabilitätspolitische Relevanz gering. Auch über die Ausgaben des Staates für Investitionszwecke (in Form von Zuschüssen an die volkseigene Wirtschaft oder für Direktinvestitionen im traditionell „öffentlichen" Sektor) sind keine verwertbaren Informationen verfügbar, die stabilitätspolitische Rückschlüsse erlaubten. Die zudem sinkende Bedeutung der Investitionsfinanzierung aus dem Staatshaushalt (bis 1963 wurden durchschnittlich 75 vH aller Bruttoanlageinvestitionen aus dem Staatshaushalt finanziert, 1979 nur noch ca. 10 vH) verdeutlicht, daß die verschiedenen Instrumente zur Beeinflussung der Staatseinnahmen sowie das Kennziffernsystem die wichtigsten Säulen einer finanzpolitischen Stabilisierung sein dürften. Dabei ist jedoch nicht zu übersehen, daß eine inadäquate Handhabung von Einnahmen- und Ausgabenposten nicht unwesentlich zu den Instabilitäten beigetragen hat, wie die in den fünfziger und sechziger Jahren besonders kräftigen Investitionszyklen bei überwiegend aus dem Staatshaushalt finanzierten Investitionen zeigen.

3. Stabilisierung durch Geldpolitik

1. Die Deutsche Bundesbank als Träger der Geldpolitik in der Bundesrepublik Deutschland kann die ihr gestellten Aufgaben nur dann erfüllen, wenn sie durch Einsatz entsprechender geld- und kreditpolitischer Instrumente die Geldmenge und deren Wachstum kontrollieren kann.[52] Nach einer gebräuchlichen, auch von der Bundesbank verwendeten Definition setzt sich die Geldmenge (M_1) zusammen aus der Bargeldmenge außerhalb des Bankensystems (C) und den Sichteinlagen der Nichtbanken bei den Geschäftsbanken (D)

(5) $M_1 = C + D$.

M_1 faßt somit die bei allen Nichtbanken (Haushalte, Unternehmen, Staat) zu einem bestimmten Zeitpunkt vorhandenen Geldbestände zusammen; Ende 1981 betrug M_1 ca. 243 Mrd. DM (C:

82 Mrd. DM und D: 161 Mrd. DM). Die Bundesbank produziert C aufgrund ihrer Monopolstellung für die Produktion inländischer Banknoten selbst, D wird von den Geschäftsbanken durch Wiederausleihung eines Teils ihrer Einlagen produziert (Giral- oder Buchgeldproduktion). Die Geschäftsbanken müssen einen Teil ihrer Inlandseinlagen von Nichtbanken als Mindestreserve zinslos bei der Bundesbank stillegen; sie halten darüber hinaus noch eine Barreserve, um jederzeit den Bargeldwünschen der Nichtbanken entsprechen zu können. Faßt man Mindestreservesoll (Ende 1981: 82 Mrd. DM) und Bargeldumlauf (82 Mrd. DM) zusammen, erhält man die sogenannte Zentralbankgeldmenge (B: 164 Mrd. DM), wie sie die Bundesbank seit einigen Jahren als wichtige Zielgröße ihrer Geldpolitik verwendet. M_1 und B sind definitorisch durch den Geldmengenmultiplikator (m) verknüpft, so daß gilt

(6) $M_1 = m \cdot B$.

Der Geldmengenmultiplikator ist einmal abhängig von den Mindestreservesätzen, die die Bundesbank – nach Art und Herkunft der Einlagen sowie der Größe des jeweiligen Kreditinstituts differenziert – bis zu gesetzlich vorgeschriebenen Höchstsätzen (30 vH der Sicht-, 20 vH der Termin- und 10 vH der Spareinlagen) festsetzen kann. Zum anderen hängt m auch von der Neigung zur Bargeldhaltung bei den Nichtbanken und zur Überschußreservenhaltung bei den Geschäftsbanken ab. Empirische Untersuchungen für die Bundesrepublik – wie auch für andere, selbst einige sozialistische Länder – haben gezeigt,[53] daß m nur dann einen wesentlichen Einfluß auf Änderungen der Geldmenge ausübt, wenn die Notenbank die Mindestreservesätze verändert hat. Insoweit steht ihr mit der Mindestreservepolitik ein wichtiges Instrument zur Beeinflussung des Geldmengenwachstums zur Verfügung.

Ob und inwieweit die Notenbank die Entwicklung von M steuern kann, hängt somit wesentlich davon ab, ob sie die Entstehung von B kontrollieren kann. Aus der Bundesbankbilanz lassen sich die verschiedenen Komponenten, aus denen sich die Zentralbankgeldmenge zusammensetzt, ableiten. Stellt man auf die Entstehung von B ab, gilt

(7) $B = GD + K_{GB} + K_{ST} - E_{ST} + W_{OT} + R$,

wobei GD die Gold- und Devisenreserven der Bundesbank symbolisiert, K_{GB} die Kredite der Bundesbank an die Geschäftsbanken, K_{ST} die Kredite an den Staat, E_{ST} die Einlagen der öffentlichen Hand bei der Bundesbank, W_{OT} den Wertpapierbestand der Bundesbank für Offenmarkttransaktionen und R einen vernachlässigbaren Restposten der Zentralbankbilanz. Produktion und Vernichtung von Zentralbankgeld finden nun bei verschiedenen Geschäften statt, die die Bundesbank insbesondere mit dem Staat, den Geschäftsbanken sowie ausländischen Notenbanken betreibt:

– Zentralbankgeld entsteht einmal bei Kreditgeschäften mit dem Staat. Zur Überbrückung kurzfristiger Kassenschwierigkeiten kann der Staat gegen Hingabe von Schuldverschreibungen Kassenkredite bis zur Höhe von ca. 10 Mrd. DM bei der Bundesbank aufnehmen. Außerdem kann die Bundesregierung Kredite für Zahlungen an internationale Organisationen (Weltbank, Internationaler Währungsfonds etc.) bei der Bundesbank erhalten. Diesen Krediten (K_{ST}) stehen Kassen- sowie Sondereinlagen (Konjunkturausgleichsrücklage, Rücklagen aus Investitionssteuer usw.) des Staates bei der Bundesbank gegenüber (E_{ST}), die die Zentralbankgeldmenge reduzieren. Der Saldo ($K_{ST} - E_{ST}$) repräsentiert dann den Nettoeffekt, den der Fiskus auf die Zentralbankgeldproduktion ausübt. Erst durch die im Stabilitätsgesetz eingeräumte Möglichkeit zur Bildung und Auflösung von Konjunkturausgleichsrücklagen kann die Regierung somit spürbar direkt auf die Zentralbankgeldproduktion einwirken, wobei die Bundesbank diese Effekte kompensieren kann.

– Zentralbankgeld entsteht weiterhin bei Kreditgeschäften und Offenmarkttransaktionen der Bundesbank mit den Geschäftsbanken. Die Geschäftsbanken können sich durch Hergabe von Handelswechseln (Rediskontierung) bzw. durch Verpfändung von Handelswechseln oder Wertpapieren (Lombardierung) Zentralbankgeld bei der Bundesbank beschaffen (§§ 15 und 19 BBankG).

Die Bundesbank kontrolliert diese – auf Initiative der Geschäftsbanken erfolgende – Zentralbankgeldproduktion durch Kreditvergabe an die Geschäftsbanken (K_{GB}), indem sie
– die Qualität (Zentralbankfähigkeit) der Papiere festlegt, die sie zu übernehmen bereit ist,
– den Zinssatz (Diskont- bzw. Lombardsatz) fixiert sowie
– den Geschäftsbanken in Abhängigkeit von deren Eigenmitteln und Reserven mengenmäßige Rediskontkontingente zuteilt.

Bei Offenmarkttransaktionen (§§ 15 und 21 BBankG) kauft bzw. verkauft die Bundesbank bestimmte Geld- und Kapitalmarktpapiere (z. B. Schatzwechsel, unverzinsliche Schatzanweisungen, festverzinsliche Wertpapiere der öffentlichen Hand) von bzw. an Geschäftsbanken. In begrenztem Umfang führt sie solche Transaktionen auch mit Arbeitslosen- und Rentenversicherungsträgern sowie dem Publikum durch. Die Ausgestaltung der Offenmarktgeschäfte (z. B. Festlegung der An- und Verkaufssätze) nimmt die Bundesbank selbst vor.

– Bei Geschäften der Bundesbank mit ausländischen Notenbanken werden ausländische Zahlungsmittel (Devisen) gegen inländisches Geld umgetauscht (vice versa). Bei einem international vereinbarten System fester Wechselkurse und voller Konvertibilität der Währungen (keine Tauschbeschränkungen; Devisenankaufspflicht und -verkaufspflicht) muß die Bundesbank jede Devisenmenge ankaufen, die zu dem jeweils fixierten Wechselkurs nicht von Geschäfts- und Nichtbanken nachgefragt wird. Die Zentralbankgeldmenge steigt also im Ausmaß der Erhöhung der Gold- und Devisenreserven der Bundesbank (GD). Um den Geldexport inländischer Kreditinstitute zu fördern, kann die Bundesbank günstige Kurssicherungskonditionen (Swap-Sätze) am Devisenmarkt anbieten und dadurch die Zinssatzdifferenzen zwischen In- und Ausland beeinflussen.

Mit der Darstellung der Geldproduktion in der Bundesrepublik Deutschland sind zugleich die wichtigsten geldpolitischen Instrumente der Deutschen Bundesbank bestimmt, durch deren Einsatz sie versucht, die Geldmenge über eine Beeinflussung von m und B zu steuern:

– Variationen der Mindestreservesätze für die einzelnen Einlagen der Nichtbanken bei den Geschäftsbanken (Mindestreservepolitik);

– Variationen von Diskont- und Lombardsätzen sowie von Rediskontkontingenten (Diskont- und Lombardpolitik);

– An- und Verkauf von Wertpapieren von bzw. an Geschäfts- und Nichtbanken (Offenmarktpolitik);

– An- und Verkauf ausländischer Zahlungsmittel am Devisenmarkt (Interventionen am Devisenmarkt) sowie Verringerung der Kurssicherungskosten bei Devisentermingeschäften von Geschäfts- und Nichtbanken (Swap-Politik).

Die Deutsche Bundesbank verfügt somit über eine breite Palette geldpolitischer Instrumente zur Steuerung des Geldmengenwachstums. Will sie es beispielsweise abbremsen, kann sie die Mindestreservesätze erhöhen, Rediskontkontingente einschränken, Diskont- und Lombardsätze erhöhen oder Offenmarktpapiere verkaufen; vom Fiskus ausgelöste unerwünschte Geldmengenimpulse kann sie kompensieren. Die Wirksamkeit des Instrumenteneinsatzes hängt allerdings wesentlich davon ab, ob die Geldpolitik der Bundesbank außenwirtschaftlich abgesichert ist: Wenn die Bundesregierung international ein System fester Wechselkurse vereinbart und die Bundesbank verpflichtet hat, den Wechselkurs durch Devisenankäufe bzw. -verkäufe am Devisenmarkt zu stabilisieren, führen Zahlungsbilanzüberschüsse (positiver Saldo der Devisenbilanz, z.B. durch Exportüberschüsse infolge höherer Inflationsraten im Ausland) zu einer Erhöhung von GD. Sind diese Überschüsse massiv und dauerhaft, kann die Bundesbank sie nicht entsprechend kompensieren (z.B. durch Reduktion von K_{GB} oder Offenmarktpapierverkäufe) mit der Folge, daß B und letztlich M_1 über ein von der Bundesbank gewünschtes Maß hinaus ansteigen können. Die starke Erhöhung der Devisenreserven der Bundesbank zwischen 1969 und 1973 sowie 1978 verdeutlicht, daß diese Entstehungskomponente der Zentralbankgeldmenge bis zur Freigabe des US-Dollarkurses im Frühjahr 1973, aber auch danach das Geldmengenwachstum in der Bundesrepublik Deutschland bestimmt hat.

2. In der DDR ist die Staatsbank als zentrales Organ des Ministerrats für die Verwirklichung der von Partei und Regierung beschlossenen geld- und kreditpolitischen Direktiven verantwortlich. Sie ist Emissionsbank, gesamtwirtschaftliches Verrechnungs- und Kreditierungszentrum, und ihr obliegt neben Kontoführung und Finanzierung die Kontrolle der übrigen Kreditinstitute, der Staatsbetriebe und staatlichen Organe sowie die Durchführung außenwirtschaftlicher Transaktionen.[54] Gleichzeitig und in Verfolgung dieser Hauptaufgaben sollen die einzelwirtschaftlichen Entscheidungen durch eine entsprechende Ausgestaltung des Geld- und Kreditsystems auf die Erfüllung der Planziele hin orientiert werden. Das staatliche Bankensystem hat – in Zusammenarbeit mit anderen zentralen Planungsinstitutionen – somit verschiedene Funktionen zu erfüllen:

– Versorgung der Gesamtwirtschaft mit Geld unter Berücksichtigung der quantitativen und zeitlichen Relationen im Volkswirtschaftsplan sowie von Niveau und Relationen der Produkt- und Faktorpreise (Emissionsfunktion);

– Umverteilung der Geldmittel (Geldfonds) durch planmäßige Kreditgewährung (Distributionsfunktion);

– Nutzung der finanziellen Kontrakte zur Stimulierung ökonomischer Leistungen und zur Kontrolle der Plankonformität insbesondere des betrieblichen Verhaltens (Stimulierungs- und Kontrollfunktion).

Das Bankensystem in der DDR ist – mit Ausnahme der Dezentralisierungsperiode von 1968 bis 1970 – einstufig organisiert.[55]

Die Staatsbank reguliert als „Emissionsbank" den Bargeldumlauf und über die Kreditvergabe auch die Giralgeldproduktion. Bar- und Giralgeldproduktion sind durch institutionelle Rahmenbedingungen zumindest technisch voneinander gelöst: Bargeld (Noten und Münzen) wird einerseits verwendet für Zahlungen zwischen sozialistischen Produktions- bzw. Handelsbetrieben und den privaten Haushalten (z. B. Lohn- und Prämienzahlungen; Einzelhandelsumsätze im Konsumgüterbereich), andererseits für finanzielle Transaktionen innerhalb des privaten Sektors (zwischen Haushalten sowie zwischen diesen und den noch vorhandenen privaten Produktionsbetrieben). Zahlungen zwischen den sozialistischen Unternehmen sowie zwischen ihnen und gesellschaftlichen Organisationen (einschließlich Staatshaushalt) werden bargeldlos abgewickelt. Diese Nichtbanken sind gesetzlich verpflichtet, alle Bareinnahmen unmittelbar bei ihrer kontoführenden Bankfiliale in Sichteinlagen umzuwandeln. Benötigtes Bargeld für Lohnzahlungen etc. wird nur auf Antrag zur Verfügung gestellt.

Die Staatsbank produziert Geld durch Kreditvergabe und vernichtet es bei Kreditrückzahlung. Wegen der jährlichen Staatshaushaltsüberschüsse war in der Vergangenheit eine Nettokreditaufnahme des Staates zur Finanzierung von Staatsaufgaben nicht notwendig. Auch die außenwirtschaftliche Komponente der Geldproduktion blieb infolge der Isolation realer und monetärer Außenwirtschaftsbeziehungen (Primat des Außenhandelsmonopols; keine Konvertibilität) binnenwirtschaftlich unwirksam. Unter diesen Bedingungen sind Kredite an inländische Produktions- und Handelsbetriebe sowie Konsumentenkredite an private Haushalte wichtigster Ansatzpunkt zur Steuerung des Geldmengenwachstums: Ein positiver Nettokreditsaldo erhöht die in einer Periode produzierte und umlaufende Geldmenge, ein negativer reduziert sie. Staatliches Festpreissystem, ausdifferenzierte Systeme naturaler und monetärer Kennziffern, Einstufigkeit des Bankensystems bei direktem Einfluß der Staatsbank auf die Giralgeldproduktion und die enge Verzahnung der Staatsbank mit anderen zentralen Planungsinstanzen scheinen somit bei außenwirtschaftlicher Absicherung der binnenwirtschaftlich orientierten Geld- und Kreditpolitik nahezu ideale Voraussetzungen für eine wirksame Geldmengensteuerung durch die Staatsbank zu schaffen.

Wie die Ursachenanalyse sowie das in Figur 13 dargestellte, zeitweilig sehr hohe Wachstum der der Bevölkerung für Tausch-, Kassenhaltungs- und Sparzwecke zur Verfügung gestellten Geldmenge zeigt, entspricht dies jedoch nicht der Realität. Die geld- und kreditpolitischen Entscheidungsträger in der DDR versuchen seit Jahren, das Geldmengenwachstum unter Kontrolle zu halten und insbesondere den Kaufkraftüberhang bei den privaten Haushalten abzubauen.

Grundlage des Einsatzes geld- und kreditpolitischer Instrumente sind u. a. folgende monetären Plan- und Berichtsbilanzen:[56]
— Kreditbilanz;
— Bargeldumlaufbilanz („Kassenplan" der Staatsbank);
— Bilanz der Geldeinnahmen und -ausgaben der Bevölkerung.

In der volkswirtschaftlichen Kreditbilanz stehen auf der Aktivseite sämtliche zu einem bestimmten Zeitpunkt ausgeliehenen Kredite, auf der Passivseite u. a. Reserven und Einlagen von Unternehmen, Banken und gesellschaftlichen Organisationen, Einlagen der Bevölkerung sowie der Bargeldumlauf. Von besonderer Bedeutung für Planung und Kontrolle der monetären Ströme des privaten Sektors ist die Bilanz der Geldeinnahmen und -ausgaben der Bevölkerung. Sie dient zur Ermittlung der Geldeinnahmen der Bevölkerung sowie des Umfangs und der Struktur (regionale Differenzierungen) der Geldausgaben für Konsumgüter, Sparzwecke, Kassenhaltung etc. Durch Beobachtung der Entwicklung einzelner Bilanzposten sollen Kriterien für die Gestaltung der Einzelhandelspreise, der Einkommen und des Bargeldbedarfs sowie hinsichtlich der Struktur des Konsumgüterangebots gewonnen werden. Durch die Koordination der monetären Bilanzen soll eine den Stabilitätszielen entsprechende finanzielle Alimentierung der Naturalpläne gewährleistet werden. Diskrepanzen zwischen Plan- und Istwerten einzelner Bilanzposten signalisieren ungeplante Entwicklungen des ökonomischen Prozesses. Sie verursachen die bereits dargestellten Instabilitäten, sofern es der Staatsbank (und anderen Entscheidungsträgern) nicht gelingt, solche Planabweichungen durch Einsatz entsprechender geld- und kreditpolitischer Instrumente zu kompensieren.

Auf der Basis monetärer Bilanzen soll das Wachstum der Geldmenge durch Variationen des Kreditvolumens gesteuert werden. Zentrale Bedeutung hat die den Betrieben zur Verfügung gestellte Giralgeldmenge, die u. a. für Lohnzahlungen verwendet wird und zu entsprechenden Bar- und Giralgeldbeständen bei den privaten Haushalten führt. Dabei sind nicht alle monetären Ströme ex ante bestimmbar, weil die Betriebe vielfach nur recht grobe Finanzbilanzen ausarbeiten. Da die aggregierten Bilanzen insofern nur auf recht globalen Schätzungen beruhen, wird versucht, die angestrebte Einheit zwischen geld- und güterwirtschaftlicher Entwicklung durch mengen- und zinspolitische Kreditkontrollen sicherzustellen: Der Grundzinssatz (seit 1971 5 vH) für planmäßige Umlaufmittelkredite sowie Kredite zur Finanzierung von Investitionsvorhaben kann beispielsweise verdoppelt werden, wenn die Betriebe außerplanmäßige Zusatzkredite aufnehmen müssen, weil sie ihren finanziellen Verpflichtungen nicht nachkommen können. Darüber hinaus können in solchen Fällen verschiedene Sanktionen (Vorverlegung von Fälligkeitsterminen, Nichtauszahlung bereits genehmigter planmäßiger Kredite, zwangsweise Kreditrückzahlung aus dem Nettogewinn) verhängt werden.[57] Hohe Zinssätze, scharfe Kreditmengenkontrollen und in Aussicht gestellte Sanktionen sollen die Kreditnachfrage der Betriebe beschränken, was jedoch in der Vergangenheit aus den genannten Gründen (s. III.2) nicht gelungen ist. Die Verschärfung der Kreditrestriktionen seit 1971 dürfte ihre Ursache nicht zuletzt darin haben, daß die Betriebe in der Vergangenheit oft trotz dieser kreditpolitischen Maßnahmen Kredite aufgenommen haben, mit denen sie die Umlaufmittelhortung, ungeplante Lohnfondsüberschreitungen sowie Investitionsvorhaben finanzierten, die im Produktionsprozeß nicht eingesetzt wurden bzw. abgebrochen werden mußten (Investruinen). Im letzten Fall entstehen den Beschäftigten in der Investitionsgüterindustrie Geldeinkommenszuwächse, denen real kein Äquivalent gegenübersteht mit der Folge von Diskrepanzen zwischen Kauf- und Warenfonds. Zu bedenken ist außerdem, daß die Staatsbank die angebotene Kreditmenge nicht strikt beschränken kann, solange bestimmte Abführungen an den Staatshaushalt (NGA) oder geplante Lohnzahlungen auch bei Liquiditätsengpässen zu leisten sind und Konkurse sozialistischer Betriebe nicht stattfinden.

Im Gegensatz hierzu können Sparkassen auf Anweisung der Staatsbank die Nachfrage der privaten Haushalte nach Konsumentenkrediten durch Zinssatzerhöhungen und/oder Kreditlimite beschränken und somit eine unerwünschte Ausweitung der Konsumnachfrage verhindern. Dies gelingt allerdings um so schlechter, je weniger die privaten Haushalte – wie in der DDR – infolge hoher Liquiditätspolster auf Kredite zur Abwicklung gewünschter Güterkäufe angewiesen sind. Als wichtiges Problem wird in der DDR die Steuerung der Bargeldmenge angesehen. Zur Kontrolle des Bargeldumlaufs und zur Abschöpfung „überschüssigen" Bargelds aus dem Kreislauf werden verschiedene Instrumente eingesetzt:[58] Planung und Kontrolle des Bargeldumlaufs erfolgen in der Bargeldumlaufbilanz der Staatsbank. Sie ist Bestandteil der Bilanz der Geldeinnahmen und -ausgaben der Bevölkerung und umfaßt auch die Bargeldeinnahmen und -ausgaben der Betriebe. Bei der Planung des Bargeldumlaufs wird versucht, die zur Zirkulation maximal notwendige Bargeldmenge zu bestimmen. Einige der hierfür notwendigen Informationen (z.B. Preissummen des geplanten Konsumgüterumsatzes, Höhe der geplanten Lohnfonds der Betriebe, Zahlungstermine von Löhnen, Renten etc.) sind relativ leicht, andere Informationen (z.B. über die Häufigkeit, mit der eine Bargeldeinheit in einer Periode für Tauschzwecke verwendet wird = Umlaufgeschwindigkeit) nur schwer abschätzbar.[59] Um mögliche Fehleinschätzungen kurzfristig kompensieren zu können, verfügt die Staatsbank über einen Dispositionsfonds, aus dem sie eigenverantwortlich Bargeld emittieren kann. Die in Quartale unterteilte Geldumlaufbilanz informiert die Staatsbank über Abweichungen der effektiven von geplanten Bargeldbewegungen. Solche Abweichungen entstehen, wenn

– die Betriebe ungeplante Bargeld-Auszahlungen an ihre Beschäftigten vornehmen oder
– der geplante Bargeldrückfluß von den privaten Haushalten über den Handel an die Bankenfilialen unterschritten wird.

Aufgabe der Staatsbank ist es, für den Rückfluß des überschüssigen Bargeldes in den Staatssektor zu sorgen und dadurch negative Auswirkungen von Bargeldüberhängen zu verhindern (z.B. Bildung von Schwarzmärkten für Konsumgüter und Devisen; Zunahme von Bargeldbestechungen zur Verkürzung von Wartezeiten auf Konsumgüter). Die Sparkassen bieten deshalb besondere Serviceleistungen und Zinskonditionen: Überweisungen können nicht nur von Giro-, sondern auch von Spar- und Terminkonten vorgenommen und – seit 1965 – Barschecks zu Lasten von Sparkonten eingelöst werden, wodurch sich eine Umwandlung von Spar- in Sichteinlagen erübrigt. Gefördert werden soll die Umwandlung von Bar- in Giralgeld ferner durch günstige Bedingungen der Kassenhaltung in Giralgeld (reale Verzinsung der Sicht- und Spareinlagen in Höhe von 3,25 vH).[60] Die radikalere Maßnahme eines Geldschnitts (Zwangsumtausch von alten in neue Banknoten), bei dem die Bevölkerung an einem ihr vorher unbekannten Stichtag nur einen bestimmten Betrag an Bargeld umtauschen kann, wurde in der DDR zum letzten Mal 1957 angewendet. Die negativen Erfahrungen und unsicheren Erwartungen über mögliche Wiederholungen dürften ein wichtiger Grund dafür sein, daß es in der DDR relativ besser als in anderen sozialistischen Ländern (z.B. Polen) gelungen ist, das Wachstum der Bargeldmenge zu begrenzen.

Das grundsätzliche Problem des Kaufkraftüberhangs ist mit diesen „Rückflußstrategien" der Staatsbank allerdings nicht gelöst, solange die privaten Haushalte frei über ihre Bankeinlagen disponieren können. Zur Beseitigung von Diskrepanzen zwischen Kauf- und Warenfonds ist letztlich am Lohnfonds der Betriebe und am Warenumsatz des Handels wirtschaftspolitisch anzusetzen. Im Rahmen der „Lohnfondskontrolle" durch die Staatsbank werden Sanktionen eingeleitet, wenn bei Nichterfüllung der Betriebspläne der geplante Lohnfonds von den Betrieben voll ausgezahlt wird oder ungeplante Lohnfondserhöhungen ökonomisch nicht begründet werden können. Solche Sanktionsmaßnahmen reichen von Zinssatzerhöhungen für kurzfristig hierfür aufzunehmende Kredite über Prämienentzug bis hin zu Disziplinarverfahren für die Betriebsleitung. Kann die Staatsbank hierbei wenigstens ihre Kontrollfunktion erfüllen, so bleibt ihr Einfluß auf eine Erhöhung des Einzelhandelsumsatzes mit dem Ziel, privat verfügbare Kaufkraft in den staatlichen Sektor zurückzuführen, dennoch vergleichsweise gering.

4. Stabilisierung durch Außenwirtschaftspolitik

1. Die starke Verflechtung der Bundesrepublik Deutschland mit der Weltwirtschaft begründet die große Bedeutung, die den Außenwirtschaftsbeziehungen stabilitätspolitisch zukommt. Durch außenwirtschaftliche Transaktionen können binnenwirtschaftliche Instabilitäten verschärft oder gemindert werden – je nachdem, ob die Aktivitätsschwankungen in den wichtigsten Partnerländern synchron verlaufen oder nicht.[61] § 4 StabG fordert die wirtschaftspolitischen Entscheidungsträger auf, alle Möglichkeiten einer internationalen Koordination stabilitätspolitischer Bemühungen zu nutzen und binnenwirtschaftlich verfügbare Instrumente zur Abwehr destabilisierender Einflüsse außenwirtschaftlicher Transaktionen einzusetzen. Hierbei handelt es sich einmal um Interventionen am Devisenmarkt zur Abwehr oder Kompensation außenwirtschaftlich verursachter monetärer Impulse, zum anderen um vorwiegend steuer- und zollpolitische Maßnahmen zur Steuerung von Güterexport und -import. Die Entscheidungskompetenzen bezüglich des Einsatzes dieser Instrumente zur außenwirtschaftlichen Absicherung liegen im wesentlichen bei der Bundesregierung, wobei die Bundesbank die devisenmarktpolitischen Eingriffe im Auftrag der Bundesregierung ausführt.

Mit dem Beitritt zum Abkommen von Bretton Woods über den Internationalen Währungsfonds hat sich die Bundesregierung im Jahre 1952 verpflichtet, die DM-Preise für ausländische Zahlungsmittel (Devisen) am heimischen Devisenmarkt nur innerhalb sehr enger Bandbreiten entsprechend Devisenangebot und -nachfrage schwanken zu lassen.[62] In diesem System fester Wechselkurse, wie es bis März 1973 allgemein galt und seit Frühjahr 1979 in modifizierter Form wieder für die meisten EG-Länder innerhalb des Europäischen Währungssystems (EWS) gilt, muß die Bundesbank Devisen ankaufen (bzw. verkaufen), wenn der Wechselkurs infolge eines Angebotsüberschusses (Nachfrageüberhangs) an Devisen unter (über) den unteren (oberen) Interventionskurs zu sinken (zu steigen) droht. Insbesondere die hohen Kapitalimportüberschüsse in der Periode 1970 bis 1973 zwangen die Bundesbank zu umfangreichen Stützungskäufen am Devisenmarkt und bewirkten den sprunghaften Anstieg der Nettoauslandsaktiva der Bundesbank (s. Figur 10). Die hieraus resultierenden expansiven Impulse auf das Geldmengenwachstum wurden bereits dargestellt. Zur Abwehr destabilisierender Einflüsse von Zahlungsbilanzungleichgewichten bei festen Wechselkursen stehen verschiedene währungspolitische Instrumente zur Verfügung, die die Bundesregierung auch in einzelnen Phasen einsetzte: So hat sie die heimische Währung mehrmals (1961, 69, 71, 72, 73 gegenüber dem US-Dollar; im Rahmen des EWS zuletzt 1982) um unterschiedliche Prozentpunkte aufgewertet, um Überschüsse im Außenhandel durch Verteuerung der Inlandsgüter für Ausländer und Verbilligung von Auslandsgütern für Inländer abzubauen bzw. den Kapitalimport zu bremsen und den Kapitalexport zu fördern. Darüber hinaus kann nach §§ 22, 23 Außenwirtschaftsgesetz[63] der Geld- und Kapitalverkehr mit dem Ausland administrativen Beschränkungen unterworfen werden: 1972 wurde beispielsweise der Erwerb inländischer festverzinslicher Wertpapiere durch Gebietsfremde der Genehmigungspflicht unterworfen und somit der freie Kapitalverkehr eingeschränkt. Auch die Erhöhung der Mindestreservesätze (bis 100 vH) auf den Zuwachs von Auslandsverbindlichkeiten der Kreditinstitute sowie die Verpflichtung inländischer Nichtbanken, einen bestimmten Prozentsatz von im Ausland aufgenommenen Krediten als „Bardepot" zinslos bei der Bundesbank zu hinterlegen (§§ 6a, 69 Außenwirtschaftsgesetz), wurden als Instrumente zur Abwehr destabilisierender Kapitalzuflüsse eingesetzt. Daneben kann die Bundesregierung den grenzüberschreitenden Güterverkehr durch Zoll- oder Steuersatzänderungen, Subventionen, Rückvergütungen etc. zu beeinflussen versuchen, sofern solche Maßnahmen internationalen Abkommen (z.B. Zollabkommen, Europäische Gemeinschaft) nicht widersprechen. Güterexport und/oder -import sollen hierdurch – je nach den binnenwirtschaftlichen Stabilitätserfordernissen – be- oder entlastet und damit gebremst oder angeregt werden. Dabei werden insbesondere Steuersatzvariationen – meist erfolglos – zur Vermeidung notwendiger Paritätsanpassungen im System fester Wechselkurse angewendet (z. B. „Ersatzaufwertung" der DM 1968/69 durch 4prozentige Exportsteuer und 4prozentige Importvergütung).

Sieht man von der nach wie vor gegebenen Interventionspflicht der Bundesbank am Devisenmarkt gegenüber den im EWS verbundenen Währungen ab, wurde mit der Freigabe der Wechselkurse seit 1973 eine wesentliche Voraussetzung für die Abwehr destabilisierender monetärer Impulse durch Außenwirtschaftsaktionen geschaffen. Sich ändernde Bedingungen auf den heimischen und ausländischen Märkten lösen Wechselkursanpassungen aus, wodurch dauerhafte Devisenbilanzüberschüsse oder -defizite verhindert werden. Unter solchen Voraussetzungen kann auch auf administrative Beschränkungen des Güter- und Kapitalverkehrs weitgehend verzichtet werden. Ob und inwieweit die somit erreichte außenwirtschaftliche Absicherung der nationalen Stabilitätspolitik auch faktisch genutzt wird, hängt wesentlich von der zukünftigen Wechselkurspolitik ab: Die in der jüngsten Vergangenheit (1980/81) von der Bundesbank verfolgte Strategie, Wechselkursschwankungen durch Devisenmarktinterventionen zu glätten („schmutziges Floating"), beeinträchtigt jedenfalls eine auf binnenwirtschaftliche Stabilität gerichtete Geldpolitik und birgt die Gefahr des Imports von Instabilitäten.

2. In der DDR bestehen formal günstige institutionelle Rahmenbedingungen zur Abwehr destabilisierender Außenwirtschaftsimpulse auf die binnenwirtschaftliche Aktivität: Die Außenhandelsbeziehungen werden zentral geplant, und staatlich legitimierte Außenhandelsorgane (z. B. Außenhandelsbank, Exportkontore, Außenhandelsbetriebe) haben dafür zu sorgen, daß die im Außenhandelsplan vorgesehenen Export- und Importtransaktionen erfüllt werden (Außenhandelsmonopol). Da diese Institutionen zugleich Zahlungseingänge und -ausgänge in Devisen kontrollieren, besteht auch ein umfassendes Devisen- (Valuta-) Monopol. Außenhandels- und Devisenmonopol sind somit die Instrumente zur Abkoppelung der Binnen- von den Auslandsmärkten, wobei durch Subventionen, Steuern etc. die Inlandspreise von der Preisentwicklung auf den Weltmärkten getrennt werden.[64]

Dies bedeutet indes nicht, daß die ökonomischen Prozesse in der DDR faktisch außenwirtschaftlich abgesichert sind, Aktivitätsschwankungen in den Handelspartnerländern also nicht auf die Wirtschaft der DDR übertragen werden. In der Vergangenheit dürften außenwirtschaftliche Impulse im Gegenteil eine wesentliche Rolle gespielt und die Entwicklung spezieller außenwirtschaftspolitischer Instrumente initiiert haben, bei deren Analyse die Außenhandelsbeziehungen der DDR mit den sozialistischen Ländern des Rates für gegenseitige Wirtschaftshilfe (RGW) und mit westlichen Marktwirtschaften zu unterscheiden sind.

Dem in bilateralen Handelsabkommen festgelegten Güteraustausch zwischen sozialistischen Ländern kommt – nicht zuletzt wegen zwischenstaatlich vereinbarter Produktionsspezialisierung und Kooperationsverfahren[65] – besondere Bedeutung zu: Wird das Handelsabkommen vom Partnerland nicht eingehalten, weil beispielsweise die Exportpositionen im Handelsvertrag quantitativ, qualitativ und zeitlich nicht mit den Produktionsplänen der Exportwirtschaft abgestimmt wurden und/oder die Produktionspläne nicht erfüllt werden konnten, bleibt der Importplan der DDR untererfüllt. Dies führt – je nach den importierten Güterarten – zu Engpässen in der Konsumgüterversorgung oder zu Produktionsstörungen; in beiden Fällen können Planziele nicht oder nur durch kurzfristiges Ausweichen auf westliche Beschaffungsmärkte realisiert werden. Letzteres wird allerdings mit steigender Verschuldung zunehmend schwieriger. Um solche Disproportionen zu mindern, versucht man im RGW im Rahmen des „Komplexprogramms" seit einigen Jahren verstärkt, ein System zur mehrseitigen ex ante-Abstimmung der nationalen Produktions- und Handelspläne zu entwickeln, Kooperationen zu intensivieren und wirtschaftspolitische Instrumente (Prämien, Gewinnbeteiligung) einzusetzen, durch die die betrieblichen Anstrengungen zur Erfüllung der Exportaufgaben gegenüber sozialistischen Handelspartnern gefördert werden sollen. Daß dies in der Vergangenheit noch nicht gelungen ist, zeigen die periodisch wiederkehrenden Außenhandelsbilanzüberschüsse der DDR gegenüber sozialistischen Ländern (s. Figur 11). Aus monetärer Sicht schlagen die

Überschüsse nicht unmittelbar auf die inländische Geldproduktion durch; sie werden in der 1964 geschaffenen Verrechnungswährung (Transferabler Rubel) auf Konten der Internationalen Bank für Wirtschaftliche Zusammenarbeit gehalten und stellen Forderungen an das Produktionspotential der am Clearing-System beteiligten sozialistischen Länder dar. Sie sind durch realwirtschaftliche Leistungen der DDR entstanden, die hierfür in der betreffenden Periode keine realwirtschaftliche Gegenleistung erhalten hat. Bei Erstellung dieser realwirtschaftlichen Leistungen werden monetär zu alimentierende Einkommen an die Beschäftigten der Exportgüterwirtschaft gezahlt. Dem addierten Saldo der jährlichen Exportüberschüsse entspricht somit ein Nachfrageüberhang, der erst seit Beginn der siebziger Jahre durch Dienstleistungsimporte (z. B. Reiseverkehr in sozialistische Länder), rohstoffpreisbedingte Defizite im Handel mit der Sowjetunion sowie zunehmende Devisenbilanzdefizite gegenüber westlichen Marktwirtschaften gesamtwirtschaftlich abgebaut wird.

Auch die Außenwirtschaftsbeziehungen der DDR mit westlichen Ländern sind stabilitätspolitisch relevant. Instabilitäten auslösende Impulse gehen dabei hauptsächlich vom systembedingten Verhalten der Exportbetriebe in der DDR sowie der Preisentwicklung auf den westlichen Gütermärkten aus und weniger von zyklischen Nachfrageschwankungen in den marktwirtschaftlich organisierten Partnerländern. Der relativ hohe Bedarf an konvertiblen Devisen in der DDR resultiert aus der Dringlichkeit der Nachfrage nach technologisch hochwertigen Investitionsgütern, deren Import aus westlichen Ländern wegen des vergleichsweise geringen Innovationspotentials in der DDR und den sozialistischen Partnerstaaten wesentlich über die ökonomischen Entwicklungschancen in der Zukunft entscheidet. Ihr Anteil am gesamten Importvolumen ist deshalb relativ hoch. Preiserhöhungen in den westlichen Lieferländern – z. B. als Folge von Preisinflationen – erhöhen wegen der volkswirtschaftlichen Bedeutung der Güter den Devisenbedarf (relativ preisunelastische Importgüternachfrage), der durch den Güterexport der DDR in diese Länder zu decken ist. Dies zeigt sich seit den Preissteigerungen auf dem Weltmarkt deutlich in den gestiegenen Handelsbilanzdefiziten der DDR (s. Figur 11). Da die Produktionsbetriebe jedoch lange Zeit ihre Exportgüter an die Außenhandelsorganisationen zu Inlandspreisen verkauften und nicht an Gewinnen aus dem Außenhandelsgeschäft partizipierten, waren die betrieblichen Interessen nicht an den Anforderungen des Weltmarktes orientiert. Mangelnde Produktqualität, technologisch veraltete Produkte, lückenhafte Serviceleistungen etc. verminderten die internationale Konkurrenzfähigkeit der DDR-Exportwirtschaft mit der Folge zunehmender Devisendefizite. 1968 wurden deshalb außenwirtschaftspolitische Reformen eingeleitet, deren wesentlicher Inhalt die stärkere Beteiligung der exportierenden Produktions- und Außenhandelsbetriebe am Außenhandelsergebnis ist. Seit 1971 verkaufen die Produktionsbetriebe ihre Exportprodukte nicht mehr an die Außenhandelsbetriebe, sondern über deren Vermittlung direkt an ausländische Abnehmer. Exportgewinne und -verluste gehen in die betriebliche Ergebnisrechnung ein; der internationale Wettbewerbsdruck soll direkt auf das quantitative, qualitative und zeitliche Exportangebot einwirken, indem ein nicht weltmarktfähiges Exportangebot sowohl die Gewinnabführungen an den betrieblichen Prämienfonds der Produktionsbetriebe mindert als auch die Handelsspannen und damit das Betriebsergebnis der Außenhandelsbetriebe reduziert. Darüber hinaus werden besondere Plankennziffern über die Exportrentabilität, differenzierte Exportauflagen und Sonderprämien für Exportplanübererfüllung als Instrumente der Exportförderung eingesetzt sowie Niederlassungen und Servicestellen der Außenhandelsbetriebe eingerichtet. Nicht zuletzt dienen umfangreiche Subventionen aus dem Staatshaushalt zur Aufrechterhaltung des Exports bestimmter Gütergruppen, um trotz betrieblicher Verlustproduktion das Defizit an konvertiblen Devisen zu mindern bzw. nicht weiter ansteigen zu lassen.

Der Erfolg dieser systembedingten außenwirtschaftspolitischen Absicherungsmaßnahmen ist gering einzuschätzen, wenn man den seit 1968 ständig zunehmenden negativen Außenhandelssaldo der DDR gegenüber westlichen Ländern betrachtet (s. Figur 11). Kurzfristig kann der Importbedarf der DDR durch zunehmende Verschuldung bei den westlichen Lieferanten gedeckt werden, wobei der mit der Bundesrepublik vereinbarte Swing (zinsloser Kredit; 1981: 820 Mio. DM) besonders bedeutsam ist. Längerfristig ist jedoch eine Ausweitung der Exportgüterwirtschaft bei gleichzeitiger qualitativer Verbesserung des Exportgüterangebots erforderlich. Diesem Ziel diente offensichtlich die 1979/80 durchgeführte Reorganisation des Außenhandelsapparates, die zum 1.1. 1981 wirksam wurde: Mit der Eingliederung zahlreicher Außenhandelsbetriebe in die neu gebildeten Kombinate wurde diesen das Recht zum Abschluß von Exportverträgen übertragen.[66] Damit wurde – nach der Phase der Rezentralisierung in den siebziger Jahren – die Reformpolitik der sechziger Jahre im Außenhandelsbereich insoweit wieder aufgegriffen, als die bereits damals einzelnen Großbetrieben (z.B. VEB Carl Zeiss, Jena) übertragene volle Außenhandelsfunktion nun auf die Kombinate ausgedehnt wurde.

Zwar besteht die zentrale Planungskompetenz des Ministeriums für Außenhandel nach wie vor, und es ist wohl auch keine Lockerung des in der DDR-Verfassung (Art. 9, Ziffer 5) fixierten staatlichen Außenhandelsmonopols intendiert; gleichwohl könnte diese Reorganisation – zumindest innerhalb der Kombinate – eine stärkere Umlenkung der Produktionsfaktoren in den Exportgüterbereich bewirken und damit erneut zu gesamtwirtschaftlichen Disproportionen führen.

V. Kritik der Stabilitätskonzepte und Lösungsansätze

1. Mit der Darstellung der fiskal-, geld- und außenwirtschaftspolitischen Instrumente sowie ihrer Anwendungsbedingungen und Wirkungsprobleme konnte zugleich ein Einblick in die jeweils zugrunde liegenden theoretischen Stabilitätskonzeptionen gewonnen werden. Für die Bundesrepublik Deutschland zeichnete sich bis in die jüngste Vergangenheit deutlich ab, daß die praktische Stabilitätspolitik als antizyklische Globalsteuerung makroökonomischer Variablen auf der im Keynesschen Gedankengut

angelegten Instabilitätshypothese des privaten Sektors marktwirtschaftlicher Systeme beruht. Ansatzpunkte und Ausrichtung dieser Stabilitätskonzeption lassen sich wie folgt zusammenfassen:

— Bei der Bekämpfung von Instabilitäten hat die Fiskalpolitik Priorität; die Geldpolitik hat den fiskalpolitischen Kurs zu unterstützen.

— Die Fiskalpolitik variiert von Fall zu Fall die Staatsausgaben oder -einnahmen mit dem Ziel, kurzfristige Haushaltsüberschüsse und -defizite zu bilden; sie wird von der Geldpolitik unterstützt, indem Zinssätze und damit die Kosten der Kreditaufnahme verändert werden.

— Fiskal- und geldpolitische Instrumente werden kurzfristig und antizyklisch eingesetzt mit dem Ziel, den ökonomischen Prozeß in der Zukunft zu stabilisieren.

Diese kurzfristig ausgerichtete, diskretionäre und antizyklische Stabilitätspolitik unterliegt in zunehmendem Maße der Kritik, die sich im wesentlichen auf folgende Wirkungsprobleme konzentriert:[67]

— Für eine kurzfristig operierende Stabilitätspolitik ist eine exakte, schnell verfügbare und umfassende Diagnose der ökonomischen Situation ebenso notwendig wie eine relativ sichere Prognose der zukünftigen Entwicklung relevanter Variablen. Beide Erfordernisse sind infolge technisch-statistischer Probleme bei der Datenerfassung und mangelhafter theoretischer und technischer Voraussetzungen für makroökonomische Prognosen gegenwärtig nicht erfüllt. Wie die Vergangenheit zeigt, sind Fehldiagnosen und Fehlprognosen durchaus nicht selten und destabilisierende Effekte einer darauf basierenden Stabilitätspolitik wahrscheinlich.

— Beim Einsatz stabilitätspolitischer Instrumente entstehen Wirkungsverzögerungen (time lags): Erkennung von Instabilitäten, Strategie, Entwicklung und politische Entscheidung sowie deren administrative Durchführung erfordern in parlamentarischen Demokratien einen erheblichen Zeitaufwand. Darüber hinaus entstehen Wirkungsverzögerungen, weil monetäre und/oder fiskalische Impulse erst – über verschiedene Transmissionskanäle – in Verhaltensänderungen der Wirtschaftseinheiten umgesetzt werden müssen. Art und Länge der Transmissionsprozesse sind wegen der unvollkommenen Informationen über ökonomische Anpassungsprozesse nicht exakt bestimmbar und variieren zudem je nach dem eingesetzten Instrument und in Abhängigkeit von den konkreten Entscheidungsbedingungen der Wirtschaftseinheiten. Wegen der unterschiedlichen Dauer der Wirkungsverzögerungen sind prozyklische Effekte einer antizyklisch konzipierten Stabilitätspolitik keineswegs auszuschließen.

— Die im antizyklischen Konzept implizierte Symmetrieregel, nach der expansive und restriktive Instrumente in den jeweils relevanten Phasen auch tatsächlich eingesetzt werden, scheitert nicht selten in der Realität, weil ökonomische und politische Rationalität nicht immer deckungsgleich sind: Politische (Wahl-) Erfolge lassen sich durch restriktive Maßnahmen relativ schlecht erzielen, weshalb notwendige Reduktionen der Staatsausgaben und/oder Steuersatzerhöhungen unterbleiben und somit längerfristig asymmetrische Impulseffekte wahrscheinlich sind. Die Organisation wirtschaftspolitischer Entscheidungsprozesse und die für die Bundesrepublik typische Pluralität der fiskalpolitischen Entscheidungsträger machen zudem Verhaltensabstimmungen zwischen Bund, Ländern und Gemeinden notwendig, die aufgrund unterschiedlicher Interessenlagen trotz institutioneller Vorkehrungen (Konjunktur- und Finanzplanungsrat der Gebietskörperschaften) keineswegs immer erreicht werden. Unterschiedliches Impulsverhalten der Gebietskörperschaften könnte sich deshalb gesamtwirtschaftlich kompensieren.

— Umstritten ist ferner die diesem Stabilitätskonzept zugrunde liegende Transmissionstheorie mit ihren Basishypothesen über einzelwirtschaftliches Verhalten:[68] Kurzfristige und zeitlich begrenzte Steuersatzänderungen beeinflussen beispielsweise nur dann über die Variation des verfügbaren Einkommens die Konsumnachfrage, wenn die laufenden Konsumausgaben vom gegenwärtig verfügbaren Einkommen abhängen. Sind diese dagegen durch das in der Zukunft erwartete Einkommen bestimmt, dann werden die Haushalte ihr Konsumniveau durch Portfolioumschichtungen (Entsparen) aufrechterhalten. Ähnliches gilt für die

Investitionsentscheidungen der Unternehmen, die beispielsweise nicht durch kurzfristige steuerliche Abschreibungserleichterungen und niedrige Kreditzinssätze zu zusätzlichen Investitionen veranlaßt werden, wenn ihr Investitionsverhalten von den längerfristigen Ertragserwartungen abhängt und letztere unsicher sind. Zudem sind die durch die Finanzierung des Budgetsaldos ausgelösten Zins- und Vermögenseffekte zu beachten, die – je nach Finanzierungsart – eine teilweise oder gar vollständige Kompensation des Fiskalimpulses bewirken können.

– Auch die Rolle der Geldpolitik im keynesianisch geprägten Stabilitätskonzept der Bundesrepublik wird kritisiert, wobei die bereits erwähnte (s. III.1.) monetaristische Hypothese von der Dominanz monetärer Impulse besonderes Gewicht hat. Danach hat die kurzfristig agierende, antizyklische Geldpolitik der Bundesbank Aktivitätsschwankungen ausgelöst, weil sie an falschen Steuerungs- und Orientierungsgrößen (Zinssatz, Bankenliquidität) ausgerichtet war, ihre quantitativen und zeitlichen Wirkungen auf reale und nominale Variablen nicht richtig eingeschätzt wurden und sie nicht eindeutig auf die Verwirklichung des Ziels der Geldwertstabilität konzentriert blieb.

Aus dieser Kritik der kurzfristig angelegten antizyklischen Stabilitätspolitik läßt sich unmittelbar die Forderung nach einer Neuformulierung des Stabilitätskonzepts in der Bundesrepublik ableiten: Sollen gesamtwirtschaftliche Instabilitäten dauerhaft gemindert werden, müßten kurzfristige, monetäre Impulse auslösende stop and go-Strategien der Stabilitätspolitik vermieden werden. Akzeptiert man die monetaristische Ursachenanalyse, wäre es oberstes Prinzip der Stabilitätspolitik, die impulsauslösende Geld- und Fiskalpolitik zu verstetigen und relativ stabile ökonomische Rahmenbedingungen einzelwirtschaftlicher Entscheidungen zu gewährleisten. Die wirtschaftspolitischen Entscheidungsträger und insbesondere die Bundesbank hätten für eine relativ konstante Wachstumsrate der Geldmenge zu sorgen, deren Höhe am längerfristigen Wachstum des volkswirtschaftlichen Produktionspotentials auszurichten wäre. Dies könnte durch entsprechende Regelbindungen, prinzipiell aber auch durch eine diskretionäre Geldpolitik erreicht werden, wenn und insofern eine dauerhafte außenwirtschaftliche Absicherung der Stabilitätspolitik gewährleistet wäre und die Bundesbank sich auf ihr eigentliches Ziel, die Sicherung von Geldwertstabilität, beschränkt. Dem Staat – von der Verpflichtung zu kurzfristig antizyklischem Haushaltsverhalten befreit – obläge die in komplexen dynamischen Volkswirtschaften überaus wichtige Funktion, die Faktor- und Güterallokation zu beeinflussen, notwendige Anpassungsprozesse zu erleichtern und damit strukturelle Instabilitäten zu verhindern bzw. abzubauen sowie darüber hinaus die ebenso wichtigen Umverteilungsziele zu realisieren.

Ob und inwieweit dieses nur grob umschriebene Stabilitätskonzept in der Bundesrepublik in der Zukunft realisierbar ist, bleibt abzuwarten. Die Chancen hierfür sind angesichts der stabilitätspolitischen Mißerfolge im vergangenen Jahrzehnt und der Ansätze ihrer empirisch fundierten, theoretischen Erklärung nicht gering, zumal die Bundesbank bereits vor einigen Jahren einen vorsichtigen Kurswechsel eingeleitet hat und zu einer – wenn auch theoretisch nicht voll befriedigenden, weiterhin antizyklischen – Strategie der Geldmengensteuerung übergegangen ist. Skeptischer zu beurteilen ist hingegen die Chance, ob die schon seit längerer Zeit geforderte Novellierung des Stabilitätsgesetzes im Sinne dieses theoretischen Konzepts vollzogen wird, da die Neigungen von Politikern eher auf eine Komplettierung kurzfristig einsetzbarer Instrumente gerichtet sind als auf eine Reduzierung ihrer wirtschaftspolitischen Handlungsmöglichkeiten, die mit dem Verzicht auf die Instrumente der antizyklischen Fiskalpolitik verbunden wäre. Allerdings scheint gegenwärtig auch hier – angesichts der steigenden Staatsverschuldung – ein Prozeß des Umdenkens stattzufinden.

2. Auch für die DDR konnte gezeigt werden, daß fiskal-, geld- und außenwirtschaftspolitische Instrumente zur Abwehr gesamtwirtschaftlicher Instabilitäten vorhanden sind und eingesetzt werden, wenngleich ein konsistentes Stabilitätskonzept bisher aus den mehrfach genannten Gründen in der sozialistischen Ökonomie nicht formuliert wird und Instabilitätsprobleme erst in jüngerer

Vergangenheit überhaupt aufgegriffen wurden. Die Ursachenanalyse sowie die Interpretation der faktisch eingesetzten Instrumente haben die Grundlinien der Stabilitätspolitik jedoch wenigstens in groben Umrissen sichtbar gemacht:

— Absolute Priorität hat — mit Ausnahme der relativ kurzen Dezentralisierungsphase von 1968 bis 1970 — die reale und monetäre Zentralplanung ökonomischer Prozesse. Zentrale Zielfestlegungen, mehr oder weniger detaillierte Aufstellung von Planbilanzen und deren quantitative, zeitliche und sektorale Abstimmung sollen Disproportionen und daraus resultierende Instabilitäten vermeiden.

— Die Einnahmen- und Ausgabenpolitik des Staatshaushalts wird zur Steuerung der privaten Konsumnachfrage und der Investitionsgüternachfrage eingesetzt.

— Überragende stabilitätspolitische Bedeutung hat die Staatsbankpolitik, die mit Hilfe verschiedener monetärer Planbilanzen das Geldmengenwachstum zwecks Alimentierung der realwirtschaftlichen Prozesse steuern soll, wobei sie sowohl zins- als auch kreditmengenpolitische Instrumente einsetzt.

— Darüber hinaus werden alle — auch kurzfristig variierten — Instrumente stabilitätspolitisch genutzt, die auf materielle Leistungsanreize und -kontrollen zur Realisierung der Planziele in den Betrieben ausgerichtet sind. Bedeutsam sind dabei besonders die zahlreichen Instrumente zur Kontrolle der betrieblichen Lohn- und Prämienfonds, um Diskrepanzen zwischen Kauf- und Warenfonds der Bevölkerung zu vermeiden. Die speziellen, im Export- und Importsektor eingesetzten Anreiz- und Kontrollinstrumente dienen der außenwirtschaftlichen Absicherung der Stabilitätsbemühungen wirtschaftspolitischer Entscheidungsträger in der DDR.

Ob unter den institutionellen Rahmenbedingungen des administrativ-zentralen Planungs- und Lenkungssystems die in der DDR diagnostizierten Instabilitäten auf Dauer beseitigt werden können, ist aus mehreren Gründen zweifelhaft:

— Solange am Prinzip der zentralen Prozeßplanung und dem damit notwendigerweise verbundenen Planerfüllungsprinzip mit all seinen Konsequenzen festgehalten wird, bleibt die interne Dynamik betrieblichen Verhaltens einerseits eine wesentliche Ursache von umfassenden Fehlinformationen der zentralen Entscheidungsträger und damit von geplanten Disproportionen. Sie verursacht andererseits immer wiederkehrende Diskrepanzen zwischen geplanten und faktischen Prozeßabläufen und fungiert – wie dargestellt – somit als Verstärker zyklischer Aktivitätsschwankungen.

– Die unzureichende Lösung dieser Probleme induziert in mehrjährigem Rhythmus Wirtschaftsreformen mit partiellen Variationen der Kennziffernsysteme und wirtschaftspolitischen Instrumente, die als exogene Impulse Anpassungsprozesse der Betriebe an die hierdurch geänderten Handlungsbedingungen auslösen. Im Ausmaß gelungener Anpassung werden die kurzfristig expansiven Effekte solcher Reformen abgebaut.

– Auch in der Vergangenheit feststellbare Prioritätenwechsel in der Rangordnung ökonomischer Ziele und die daraus resultierenden Impulseffekte sind nicht auf mangelnde Lernprozesse der für die Zielbestimmung verantwortlichen Politiker in der DDR zurückzuführen. Sie sind systembedingt in der unzureichenden Lösung des Leistungsproblems (relativ niedrige Arbeitsproduktivität, „weiche Pläne", geringes Innovationspotential etc.) begründet. Ferner löst der Versuch, über eine Ausweitung der Investitionsgüterproduktion wirtschaftliches Wachstum zu forcieren, sozial-ökonomische Mechanismen (verursacht beispielsweise durch Versorgungslücken im Konsumgüterangebot) aus, durch die die politischen Entscheidungsträger zur Revision der Zielprogramme und damit zur vorläufigen Aufgabe des Versuchs genötigt werden.

– Solange ferner nichtleistungsfähige sozialistische Betriebe zwecks Vermeidung offener Arbeitslosigkeit konkursunfähig und von der Staatsbank kreditär zu alimentieren sind und solange ungeplante Einkommenserhöhungen der Beschäftigten auch ohne bedarfsgerechte Leistungssteigerungen entstehen können, ist die Staatsbank der DDR letztlich außerstande, die Wachstumsrate der Geldmenge exakt zu steuern. Das mitunter diskontinuierliche und recht expansive Geldmengenwachstum verursacht Kassenhaltungsinflationen, die in ihrer ökonomischen, sozialen und letztlich politischen Bedeutung keineswegs zu unterschätzen sind.

Vor dem Hintergrund dieser Argumente bleibt abschließend zu fragen, ob und gegebenenfalls wie die wirtschaftspolitische Strategie zu ändern wäre, damit die Instabilitäten in der DDR gemindert werden können. Zum Abbau der Kassenhaltungsinflation könnten – sieht man von einem radikalen Geldschnitt ab – theoretisch drei Strategien eingesetzt werden:

– Längerfristige Senkung der Nominaleinkommen bzw. deren Zuwachsraten,

– Reduktion der Realeinkommen bzw. deren Zuwachsraten durch Erhöhung des Güterpreisniveaus,

– längerfristige Ausweitung der Konsum- zu Lasten der Investitionsgüterproduktion bei Sicherung eines bedarfsgerechten Konsumgüterangebots.

Im zweiten, politisch nur schwer realisierbaren Fall würde die Kassenhaltungs- lediglich in eine Preisinflation umgewandelt. Die schon mehrfach in mittelfristigen Zielprogrammen kombiniert verankerte erste und dritte Strategie dürfte – wie z.B. die Erfahrung mit jährlichen ungeplanten Nominaleinkommenserhöhungen in der DDR gezeigt hat – unter den Bedingungen des administrativen Planungssystems kaum dauerhaft Erfolg haben. Alle drei Strategien sind zudem nicht ursachenadäquat, weil sie das Problem ungeplanter Geldproduktion durch die Staatsbank nicht lösen.

Ähnlich wie für die Bundesrepublik Deutschland könnte auch für die DDR eine Verstetigung der wirtschaftspolitischen Eingriffe wegen ihrer Impulseffekte gefordert werden; anders als für die Bundesrepublik ist jedoch zu bezweifeln, ob eine solche Strategie unter Beibehaltung des administrativen Lenkungssystems überhaupt realisierbar ist: Die verschiedenen Wirtschaftsreformen wurden ja gerade als Instrumente zur Lösung des Leistungsproblems charakterisiert, die unter den gegebenen Rahmenbedingungen wegen der sich im Zeitablauf abnutzenden moralischen Stimulierungsaktionen und der betrieblichen Anpassungsreaktionen an Systeme der materiellen Leistungsanreize in bestimmten Intervallen immer wieder variiert werden müssen, wenn ein Absinken des gesamtwirtschaftlichen Leistungspotentials verhindert werden soll. Dies ändert sich nicht, solange

– Planerfüllungsprinzip und Prämiensysteme gekoppelt als Instrumente der Leistungsanreize und -kontrollen eingesetzt werden,

– betriebliche und individuelle Einkommensinteressen produktions- und nicht absatzorientiert sind und

– leistungsunfähige Betriebe von der Staatsbank zu kreditieren sind.

Es ist evident, daß eine Änderung dieser Bedingungen gleichzusetzen wäre mit einer Dezentralisierung ökonomischer Entscheidungskompetenzen, was nur durch substantielle ordnungspolitische, systemverändernde Maßnahmen möglich ist. Dies schien man Ende der sechziger Jahre in der DDR auch erkannt zu haben. Die damaligen Dezentralisierungsversuche, einschließlich der Institutionalisierung eines zweistufigen, aus der Staatsbank und verschiedenen Geschäftsbanken bestehenden Bankensystems, hätten längerfristig die genannten Voraussetzungen für eine erfolgreichere Stabilitätspolitik geschaffen. Die Rezentralisierung im Jahre 1971 u. a. mit den damals besonders sichtbaren ökonomischen Instabilitäten zu begründen, verkennt deren Ursachen: Mit der Dezentralisierung ökonomischer Entscheidungen ist das in den vorangegangenen zwanzig Jahren unter den Bedingungen des administrativen Planungs- und Lenkungssystems aufgestaute Impulspotential freigesetzt und aktiviert worden. Die Rezentralisierung hat es nicht beseitigt; sie wird es längerfristig eher vergrößern.

3. Für beide Wirtschaftssysteme konnten gesamtwirtschaftliche Instabilitäten diagnostiziert, auf wesentliche Impulsfaktoren zurückgeführt und – in groben Umrissen – die angewendeten Strategien ihrer Bekämpfung dargestellt werden. Die Hypothese von der Überlegenheit administrativ-sozialistischer Wirtschaftssysteme unter dem Aspekt der Stabilität ökonomischer Entwicklung ist damit widerlegt. Instabilitäten sind in der DDR ebenso ein vorrangiges wirtschaftspolitisches Steuerungsproblem wie in der Bundesrepublik. Sie sind allerdings infolge unterschiedlicher Rahmenbedingungen in der DDR an anderen Indikatoren zu messen,

auf andere Ursachen zurückzuführen und durch spezifische Instrumente zu bekämpfen. Für beide Länder dürfte die Verstetigung der Stabilitätspolitik eine wichtige Rolle bei der Reduzierung von Instabilitäten in der Zukunft spielen. Für beide Länder wurden Lösungsansätze angedeutet. Ob und inwieweit das hierfür notwendige politische Reformpotential in der Bundesrepublik Deutschland und insbesondere in der DDR groß genug ist, die erforderlichen ordnungs- und prozeßpolitischen Voraussetzungen zu schaffen, bleibt abzuwarten.

Sechster Teil

Sozialpolitik – Rahmenbedingungen und Strukturen

Reinhard Peterhoff

I. Der Ursprung moderner Sozialpolitik in Deutschland

Sozialpolitik heute in Deutschland – in der Bundesrepublik Deutschland wie in der DDR – hat einen gemeinsamen Ausgangspunkt: das Bismarck'sche Sozialversicherungswerk von 1881, die erste umfassende Gesetzgebung in der modernen Welt zur sozialen Sicherung der Arbeitnehmer bei Krankheit, Unfall, Invalidität und im Alter. Bereits wesentlich früher[1] hatte es in Deutschland sozialpolitische Initiativen mit sehr unterschiedlicher Organisation und Leistungsstruktur gegeben, die jedoch in den durch die industrielle Revolution zu Mitte des 19. Jahrhunderts veränderten gesellschaftlichen Verhältnissen nicht mehr genügten. Die neuen industriellen Produktionsmethoden zerstörten die in der Manufakturwirtschaft des 18. Jahrhunderts bereits aufgelockerten Zunft- und Gildeordnungen; die bisher sozial integrierenden Dorf- und Familienverbände lösten sich zum Teil infolge der Abwanderung großer Bevölkerungsteile in entstehende urbane Industriezentren auf. Zugleich vollzog sich eine verstärkte Aufspaltung der Bevölkerung in Besitzende und Nichtbesitzende. Die bis dahin wichtigste Gewähr sozialer Sicherheit, die durch Besitz, galt nicht mehr für die anwachsende industrielle Arbeitnehmerschaft. Das Lohneinkommen aus Arbeitsleistung konnte diese Lücke nicht füllen. Durch diese sozial-ökonomische Entwicklung ausgelöst, begann sich Sozialpolitik im modernen Sinne zu entfalten,[2] wie sie in ihren grundsätzlichen Wesenszügen von Adolph Wagner in der zweiten Hälfte des 19. Jahrhunderts definiert wurde: „Unter Sozialpolitik im allgemeinen verstehen wir diejenige Politik des Staates, welche Mißstände im Gebiet des Verteilungsprozesses mit Mitteln der Gesetzgebung und Verwaltung zu bekämpfen sucht."[3]

Sozialpolitik ist bis in die Gegenwart hinein zumeist kein systematisches Handeln gewesen, sondern situationsbedingte Reaktion auf einen bereits eingetretenen Zustand. In dem Gesetzwerk von 1881 war die prinzipielle Möglichkeit eines sozialpolitischen Zusammenwirkens von Staat und privaten Selbsthilfeorganisationen angelegt. Dieses Zusammenspiel verschiedener Träger sozialpolitischer Initiativen, das im Dritten Reich dem staatlichen Ausschließlichkeitsanspruch weichen mußte, ist nach 1945 in der Bundesrepublik Deutschland wieder eingeführt worden. In der DDR dagegen wurde der Ausschließlichkeitsanspruch des Staates weiterhin aufrechterhalten und auch für den Bereich der Sozialpolitik in der Verfassung verankert.

II. Gesellschaftlicher und ökonomischer Bezug sozialpolitischen Handelns

Bereits der englische Ökonom David Ricardo bezeichnete zu Anfang des 19. Jahrhunderts in seinem Werk „Grundsätze der Volkswirtschaft und Besteuerung" als das Hauptproblem der Wirtschaftswissenschaft, die Gesetze aufzufinden, welche die Verteilung des Volkseinkommens bestimmen.[4] „Gerechte" Verteilung der materiellen Güter, „soziale Gerechtigkeit" ganz allgemein, ist bis heute in allen Gesellschaften ein jeweils zu lösendes Problem geblieben, da die verschiedenen gesellschaftlichen Gruppen wie auch die einzelnen Menschen innerhalb solcher Gruppierungen jeweils unterschiedliche Wertvorstellungen haben von dem, was „gerecht" oder „sozial" ist. Dies zeigt ein historischer Rückblick ebenso wie die Entfaltung der Sozialpolitik in der Bundesrepublik Deutschland. Auch in der nach eigenem Verständnis „entwickelten sozialistischen Gesellschaft" der DDR gibt es keine übereinstimmend definierte und akzeptierte „soziale" Gerechtigkeit; nach parteioffizieller Version ist sie dem sozialistischen System immanent, so daß sie – mindestens bis in die Mitte der sechziger Jahre – nicht Gegenstand theoretischer Auseinandersetzungen war, obwohl es in der Praxis stets eine Fülle sozialpolitischer Maßnahmen gab.

Sozialpolitik soll hier weder in dem umfassenden Sinne von Gesellschaftspolitik noch in dem engen Sinne von Politik zur sozialen Sicherung verstanden werden. Gemeint sind hier vielmehr jene Handlungen des Staates, die auf „die Verbesserung der Lebenslagen gesellschaftlich schwacher Personenmehrheiten" gerichtet sind; das heißt, es geht um jenen „Teil der inneren Politik, dessen Gestaltungsobjekt die wirtschaftlichen Lebensbedingungen sowie die soziale Stellung bestimmter, als gesellschaftlich schwach und schutzbedürftig angesehener Bevölkerungsgruppen sind".[5] In dieser Auslegung von Sozialpolitik ist in beiden Teilen Deutschlands „soziale Gerechtigkeit" ein jeweils zu lösendes gesellschaftspolitisches Problem und erfordert ungeachtet der programmatischen Erklärungen sozialpolitische Initiativen.

Wie politisches Handeln allgemein findet auch sozialpolitisches Handeln in einem bestimmten Rahmen statt. Der hierfür gebräuchliche Begriff der Sozialordnung umfaßt in dem oben dargelegten Verständnis von Sozialpolitik die Gesamtheit der Normen und Institutionen, die der Regelung der ökonomisch bedingten sozialen Position von Individuen und Gruppen dienen sowie der Regelung ökonomisch bedingter sozialer Beziehungen zwischen diesen Individuen und Gruppen selbst (z. B. Arbeitgeber-Arbeitnehmerbeziehungen).[6] Sozialordnung ist insoweit mit der Gesamtordnung gesellschaftlichen Zusammenlebens eng verknüpft und folglich nicht nur unter materiellen (güterwirtschaftlichen) Aspekten zu sehen. Da aber soziales Handeln zumeist materieller Güter bedarf, wird ein Grundsachverhalt des Wirtschaftens relevant: die Knappheit der vorhandenen materiellen Mittel im Verhältnis zu den Bedürfnissen der Menschen innerhalb einer Gesellschaft. – Im folgenden werden zunächst die sozialethischen Aspekte und im Anschluß daran die ordnungstheoretischen Aspekte der Sozialpolitik behandelt.

1. Sozialethische Aspekte der Sozialpolitik

Die Forderung nach sozialpolitischen Maßnahmen hat stets ihre Ursache in bestimmten sozialethischen Leitbildern oder Zielen. Als Leitbilder gelten z.B. die Ordnungskonzeption einer Gesellschaft, die Wertstellung des Individuums (seiner Rechte und Pflichten) gegenüber der Gesellschaft, die Verallgemeinerung des Kapitalinteresses durch Miteigentum oder Mitbestimmung an den Produktionsmitteln u.ä. Die sozialethischen Ziele sind dagegen stärker auf spezifische Sachbereiche bezogen; aus ihnen ergeben sich beispielsweise die Forderung nach dynamischen Rentenanpassung, die Einrichtung klassenloser Krankenhäuser, der sozialen Besserstellung werdender Mütter oder kinderreicher Familien. Ein „geordnetes, in sich konsistentes Bündel von Zielen"[7] bildet ein Zielsystem, wobei einzelne Ziele innerhalb eines solchen Zielsystems durchaus einem der deklarierten Leitbilder widersprechen können. – Beiden Kategorien, Leitbildern wie Zielen, ist gemeinsam, daß sie vorab, ungeachtet der Möglichkeit ihrer Realisierung, Erwünschtes oder Gefordertes darstellen.

Die Vorstellungen über sozialpolitisches Handeln werden von vier Kriterien bestimmt: 1. der individuellen Freiheit (iF), 2. der sozialen Sicherheit (sS), 3. der Solidarität (So) und 4. der Subsidiarität (Su). Hieraus ergibt sich eine Art „Magisches Viereck" der Sozialpolitik, welches das „gesellschaftliche Grundmodell", das Verhältnis von Individuum (I), Gruppen (G) und Staat (S) zueinander, umgreift.[8]

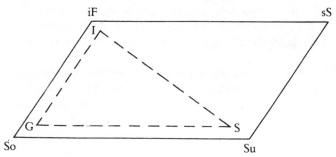

Soziale Sicherheit kann hiernach auf drei Wegen angestrebt werden: 1. durch individuelle Selbsthilfe, 2. durch gegenseitige Hilfe innerhalb einer Gruppe, 3. durch Hilfe des Staates. Sozialpolitisch unproblematisch ist individuelle Selbsthilfe im Robinsonfall, da man „gegen sich selbst nicht sozial oder unsozial"[9] sein kann. Dies ist jedoch ein theoretischer und unrealistischer Grenzfall. Sobald ein einzelner Mitglied einer Gesellschaft weniger oder vieler Menschen ist, tangiert er durch Tun oder Unterlassen die Interessen anderer; hiervon ist auch bei den realen Formen individueller Selbsthilfe auszugehen. Individuelle Freiheit und soziale Sicherheit konkurrieren dann miteinander, wenn sich einzelne Menschen zur Abwehr sozialer Risiken zu einer Gruppe zusammenschließen oder der Staat soziale Sicherheit gewährleisten will oder soll – Von den Begriffen „Solidarität" und „Subsidiarität" wird später noch die Rede sein.

In der heutigen Diskussion über Sozialpolitik in der Bundesrepublik wird nicht mehr von dem Leitbild eines „spannungslos-harmonischen ‚ordre naturel'",[10] einer prästabilierten Harmonie, ausgegangen. Vielmehr wird die Bedeutung des sozialen Konflikts betont, und Eingriffe des Staates wie rechtlich legitimierter Interessenverbände in die anstehenden Konflikte werden für notwendig und zweckmäßig erachtet. Die Sozialpflichtigkeit des Staates läßt sich aus den Artikeln 20 und 28 des Grundgesetzes[11] ganz allgemein folgern. Unstritig ist, daß der Staat – „im rechten Verständnis für die sozialen Bedingungen und Erwartungen der Zeit"[12] – verpflichtet ist, für menschenwürdige Lebensbedingungen seiner Bürger zu sorgen. Dagegen divergieren die Ansichten darüber, inwieweit der Staat aus seiner Sozialpflichtigkeit heraus in die persönliche Sphäre des einzelnen eingreifen darf oder gar sollte.

Der in das pluralistische politische System der Bundesrepublik eingebetteten Wirtschaftsordnung liegt ein Menschenbild zugrunde, das von interessenmotivierten Verhaltensweisen ausgeht; das heißt: als Grundkonstante menschlichen Verhaltens wird unterstellt, daß die Menschen zur Verwirklichung ihrer Bedürfnisse nach materiellen und ideellen Erfolgen streben, und zwar wettbewerblich auf die eigene Leistung vertrauend. Sowohl die Chance des Gewinns wie das Risiko des Verlustes sollen vom einzelwirtschaftlich handelnden Menschen selbst verantwortet werden. Dies schließt soziale Differenzierung von vornherein ein. Nur in den durch Gesetz bestimmten Risikosituationen und belastenden Lebenstatbeständen sollen durch die Allgemeinheit unterstützende Leistungen gewährt werden. Sozialpolitik in der Bundesrepublik ist zumeist ein vom Staat gehandhabtes Instrumentarium, um das von der Gesellschaft gewünschte soziale Zusammenleben gestalten zu helfen.

In der Bundesrepublik war Sozialpolitik stets an der Aufhebung oder Verhinderung von sozial als ungerecht empfundenen Unterschieden ausgerichtet, die sich in einer arbeitsteiligen, industriellen Gesellschaft aus den sozialen Differenzierungsprozessen ergeben können. In den fünfziger Jahren, der ersten Phase des Wiederaufbaus, zielten die Bemühungen vor allem auf die Beseitigung unmittelbarer Kriegs- und Kriegsfolgeschäden: Eingliederung der über 12 Millionen Vertriebenen und Ausgebombten, Hilfe für Kriegsversehrte, Wiederherstellung der Vollbeschäftigung u. a. Durch diese Maßnahmen sollte insbesondere die Wiedererlangung der wirtschaftlichen Leistungskraft gefördert werden. Erst seit Mitte der fünfziger Jahre, nach gestärkter Leistungskraft der Volkswirtschaft, richteten sich die sozialpolitischen Initiativen stärker auf die materielle Besserstellung alter und nichtarbeitsfähiger Menschen sowie auf neuerkannte Aufgabenbereiche wie z. B. berufliche Bildung, Vermögensbildung der Arbeitnehmer und Gesundheitsvorsorge, ohne hierfür jedoch ein konsistentes Zielsystem zu entwickeln. Die allgemeine Zielsetzung der praktizierten Sozialpolitik wurde in der Regierungserklärung der Bundesregierung im Jahre 1961 wie folgt umschrieben: „Die Sozialpolitik darf nicht Selbstzweck sein, sie ist aber überall dort berechtigt, wo die Verhältnisse es erfordern. Sie hat dem Menschen bei der Entfaltung seiner Persönlichkeit zu dienen und soll ihm helfen, die Lebensziele zu bewältigen. Was der Mensch für sich und die Seinen aus eigener Kraft leisten kann, bedarf nicht der gesetzlichen Regelung. Die Bundesregierung wird daher bei allen sozialen Maßnahmen auch Bedacht darauf nehmen, daß die Eigenverantwortung des Menschen gestärkt und seine persönliche Freiheit nicht gemindert wird."[13] Dieses Verständnis von Sozialpolitik dominiert auch heute noch, wenn auch bei ausgeweitetem Aufgabenbereich mit nachlassenden Konturen, im realisierten Sozialleistungssystem der Bundesrepublik.

Eine Reihe von Sozialwissenschaftlern sieht aber in der wissenschaftlichen Diskussion über die Entwicklung sozialpolitischer Leitbilder in einigen westeuropäischen Ländern wie auch in der Bundesrepublik eine Tendenz, die von der Norm individueller Freiheit weg und zur überwiegenden Betonung der Norm kollektiver Gebundenheit führt. Dies könne sich zur Bedrohung des einzelnen durch einen omnipotenten Wohlfahrtsstaat, zu einem „Prozeß Gesellschaft contra Person" entwickeln, durch den das Individuum auf durch die Gesellschaft verpflichtende Verhaltensweisen ausgerichtet werde. In der Tat können die feststellbare Neigung zur Versorgungsleistung (vgl. hierzu Kap. IV) die durchaus vorstellbare Denaturierung von Beitragszahlungen zu Quasisteuern oder sozialen Zwecksteuern als Hinweise für eine solche Entwicklung gedeutet werden.[14]

In der DDR wird Sozialpolitik – entsprechend dem Verständnis der Staatspartei, der SED – von einem Leitbild geprägt, dem drei Hauptthesen zugrunde liegen: 1. Eine klassenorientierte (gruppenspezifische) Verteilungspolitik wird als nicht mehr notwendig erachtet, da der Grundwiderspruch zwischen Arbeit und Kapital überwunden und die Ausbeutung des Menschen durch den Menschen beendet sei. 2. Aufgrund des „Primats der Arbeit" (gegenüber dem Faktor Kapital) sind die Sozialausgaben in besonderem Maße an der Leistung zu orientieren. 3. Der Staat soll gewährleisten, daß die Sozialpolitik den „ökonomischen Gesetzen des Sozialismus" eingepaßt ist; Sozialpolitik wird daher durch den Staat organisiert.

Alle sozialpolitischen Maßnahmen sind am sozialistischen Menschenbild ausgerichtet; das heißt, sie sollen dazu beitragen, den fachlich qualifizierten, aktiven, sozialistischen Menschen zu formen, und seine Leistungsbereitschaft zu steigern. Nicht die originären individuellen Bedürfnisse der Menschen stehen im Vordergrund, sondern „die Entwicklung und Befriedigung ihrer Bedürfnisse und Interessen nach Maßstab des gesellschaftlichen Gesamtinteresses".[15] Zugleich wird unterstellt – und auf dieser Prämisse ist Sozialpolitik in der DDR aufgebaut –, daß die individuellen Interessen mit den gesellschaftlichen Interessen übereinstimmen.

Auf dieser Basis wurde in den fünfziger Jahren ein einheitliches Zielsystem entwickelt, das zunächst noch auf „systemunabhängige" Lebenstatbestände und Risikofälle (z.B. Krankheit, Tod des Ernährers) ausgerichtet war und primär als eine Politik der sozialen Sicherheit verstanden wurde. Erst seit Mitte der sechziger Jahre werden auch Bedürfnisse einbezogen, die „mit der gegenwärtigen Hauptform der Verteilung, der Entlohnung und anderen Formen der materiellen Interessierung nach Arbeitsleistung ... nicht oder nicht voll befriedigt werden können",[16] z.B. das im Programm der SED auf dem IX. Parteitag 1976 als Kernstück der Sozialpolitik genannte und bis 1990 zu lösende Wohnungsbauprogramm. In systematischer Aufgliederung sind vier Hauptaufgabenbereiche zu unterscheiden:[17]

1. Beseitigung oder Minderung ökonomischer Ungleichheit, z.B. Ausgleich finanzieller Sonderbelastungen für Familien, Sozialfürsorge, materielle Zuwendungen für Studenten, Mindestrenten und -löhne;

2. Unterstützung und Förderung der Reproduktion der Arbeitskraft, z.B. Gesundheitswesen mit Schwerpunkt Gesundheitsvorsorge, Sozialversicherung, Wohnungswesen, das Erholungswesen, vor allem für die im Arbeitsprozeß Tätigen;

3. spezifische bevölkerungspolitische Unterstützungsmaßnahmen, z.B. Mutter- und Kinderschutz, Jugendarbeitsschutz, Versorgung alter Menschen;

4. weitere Aufgaben, z.B. Regelung von Unterhaltsansprüchen und Jugendfürsorge.

In Parteiprogramm und Literatur[18] wird ausdrücklich hervorgehoben, daß trotz prinzipieller Gültigkeit des Versorgungsprinzips (hierzu siehe S. 357) in der Sozialpolitik das ökonomische Gesetz der Verteilung nach der Arbeitsleistung, d. h. Berücksichtigung von Einkommenshöhe, Beschäftigungsdauer u. ä., angewendet werde. Darin seien vorerst nur Keime des kommunistischen Verteilungsprinzips „Jedem nach seinen Bedürfnissen" enthalten.

Im Grundgesetz der Bundesrepublik Deutschland wird in Artikel 2 dem einzelnen das Recht auf freie Entfaltung seiner Persönlichkeit verbürgt, soweit er nicht die Rechte anderer verletzt und nicht gegen die verfassungsmäßige Ordnung verstößt. Dies schließt zwar die Pflicht zur Teilnahme an einer der Organisationsformen sozialer Sicherheit ein, läßt aber dem einzelnen in einem gewissen Rahmen frei, welche der Formen (private oder staatliche) er im Rahmen des vielgestaltigen Systems sozialer Sicherheit wählen will. Eingriffe in die Persönlichkeitsrechte, wie z. B. durch eine verpflichtende Aufforderung zur Gesunderhaltung – die unter medizinischem Aspekt durchaus als positiv gewertet werden könnte –, sind dem Staat verwehrt; hier hat er lediglich unverbindliche Empfehlungsrechte gegenüber dem einzelnen.

Auch in Artikel 4 der Verfassung der DDR wird die freie Entwicklung des Menschen gewährleistet, die jedoch zugleich an der „sozialistischen Lebensweise der Bürger" und dem Schutz der „sozialistischen Gesellschaft" ihre verbindliche Richtschnur und entscheidende Begrenzung findet. Da im Mittelpunkt der Sozialpolitik der DDR die Erhaltung und Wiederherstellung der Arbeitskraft steht, ist für den einzelnen seine Gesunderhaltung zugleich gesellschaftliche Verpflichtung; mit dem garantierten „Recht auf Arbeit" wird dem Bürger zugleich die „Pflicht zur Arbeit" auferlegt und damit auch die Pflicht, seine Gesundheit und Leistungsfähigkeit zu erhalten. Der Staat kann diesbezüglich bestimmte Verhaltensweisen verpflichtend vorschreiben.

Hierin besteht der fundamentale Unterschied zwischen den sozialpolitischen Leitbildern in beiden Teilen Deutschlands: in dem unterschiedlichen Stellenwert des einzelnen, seinen Rechten und Pflichten gegenüber der Gesellschaft und der daraus abgeleiteten Orientierung sozialpolitischer Ziele an den jeweiligen Bedürfnissen, d. h. in der Bundesrepublik in stärkerem Maße an individuellen Bedürfnissen, in der DDR vorwiegend an gesellschaftlichen Bedürfnissen, deren Prioritäten von der politischen Führung festgelegt werden. An dem größeren oder geringeren Stellenwert des einzelnen gegenüber der Gesellschaft ist zugleich auch der jeweilige Organisationsrahmen der Sozialpolitik ausgerichtet.

2. Ordnungspolitische Aspekte der Sozialpolitik

Funktional betrachtet ist Sozialpolitik ein Teil der allgemeinen Wirtschaftspolitik und daher aus dem Funktionszusammenhang des jeweiligen Wirtschaftssystems zu erklären. Nach Walter Eucken findet Sozialpolitik auf zwei „Handlungsebenen" statt. Die allgemeine Handlungsebene bestehe in der Schaffung entsprechender Ordnungsbedingungen: „Die beste Sozialpolitik kann zu keinem befriedigenden Erfolg führen, wenn die Produktivität der menschlichen Arbeit gering ist. Die Herstellung eines funktionsfähigen Systems zur Lenkung der arbeitsteiligen Wirtschaftsweise ist daher die wichtigste Voraussetzung für die Lösung der sozialen Probleme."[19] Auf einer zweiten Handlungsebene sei Sozialpolitik als Verteilungspolitik notwendig. Hierbei gehe es darum, einen Teil der erwirtschafteten Güter bestimmten Zwecken oder Personengruppen zuzuordnen: z.B. Fürsorgebedürftigen, kranken und alten Menschen. Die enge Verknüpfung der Sozialpolitik mit dem Funktionssystem einer Volkswirtschaft bedeutet, daß Zielsetzungen und Gestaltungsform sozialpolitischen Handelns durch die jeweils realisierte Wirtschaftsordnung und Wirtschaftspolitik vorgeformt werden. Da sich Sozialpolitik als Zuordnungs- oder Verteilungspolitik nur im Spannungsbereich von tatsächlich erwirtschafteten Mitteln einerseits, den Wertvorstellungen und der Rangordnung gesellschaftlicher Ziele andererseits entfalten kann, ist der „soziale Grundgehalt" der jeweils gegebenen Wirtschaftsordnung von fundamentaler Bedeutung.

Soziale Aktivitäten gehen heute in beiden Teilen Deutschlands – wenn auch in unterschiedlichem Ausmaß – vorwiegend vom Staat aus. Er gilt als das „höchste und mächtigste Sozialgebilde ...", dem es obliegt, die Solidarität aller in bestmöglicher Weise zu gewährleisten. Das gilt besonders für den Bereich der sozialen Sicherheit".[20]

Die ordnungspolitische Grundlage der Sozialpolitik ist in der Bundesrepublik die Konzeption der „Sozialen Marktwirtschaft". Sie wird von A. Müller-Armack als eine ordnungspolitische Idee definiert, „deren Ziel es ist, auf der Basis der Wettbewerbswirtschaft die freie Initiative mit einem gerade durch die marktwirtschaftliche Leistung gesicherten sozialen Fortschritt zu verbinden. Auf der Grundlage einer marktwirtschaftlichen Gesamtordnung kann ein vielgestaltiges und vollständiges System sozialen Schutzes errichtet werden. Nur in einem marktwirtschaftlichen System vermögen die alle Schichten umfassenden, in ihrer Marktposition überdies schwach gesicherten Konsumenten die Wirtschaft nach ihrem Bedürfnis zu lenken ... Diese Orientierung am Verbrauch bedeutet bereits eine soziale Leistung der Marktwirtschaft".[21]

Das Grundgesetz der Bundesrepublik Deutschland enthält keine ausdrückliche Verpflichtung zur Verwirklichung einer marktwirtschaftlichen Ordnung; dennoch muß sie aus der Garantie verschiedener Freiheitsrechte zwingend gefolgert werden (s. erster und zweiter Teil dieses Bandes). Auch ein „spezifischer sozialer Gehalt"[22] ist dem Grundgesetz nicht expressis verbis zu entnehmen. Der in Artikel 20, Abs. 1, enthaltene Hinweis, die Bundesrepublik sei ein „sozialer Bundesstaat", wird zwar als eine den Staat verpflichtende „Sozialklausel" interpretiert; daraus ist jedoch keineswegs ein bestimmter Gestaltungsrahmen sozialen Handelns zu folgern; vielmehr wird die Ausformung der Sozialordnung bewußt soweit frei gehalten,[23] als sie nicht mit den in den Grundrechten erkennbaren Grundzügen der Verfassung kollidiert. Die Organisation des Staates kann sich an dem „Subsidiaritätsprinzip" ausrichten; d. h. im Rahmen ihrer organisch bedingten Möglichkeiten und ihrer Sachkompetenz sollen die verschiedenen Organisationsstufen von Staat (Kommunen, Länder, Bund) und Gesellschaft selbstzuverantwortende Entscheidungen treffen können.

In der Verfassung der DDR wird in Artikel 9 mit Bezug auf die Ordnung der Wirtschaft ausgeführt: „(2) Die Volkswirtschaft der Deutschen Demokratischen Republik dient der Stärkung der sozialistischen Ordnung, der ständig besseren Befriedigung der materiellen und kulturellen Bedürfnisse der Bürger, der Entfaltung ihrer Persönlichkeit und ihrer sozialistischen gesellschaftlichen Beziehungen. (3) In der Deutschen Demokratischen Republik gilt der Grundsatz der Leitung und Planung der Volkswirtschaft sowie aller anderen gesellschaftlichen Bereiche. Die Volkswirtschaft der Deutschen Demokratischen Republik ist sozialistische Planwirtschaft..." In Absatz 3 heißt es zwar weiter, daß die zentrale staatliche Leitung und Planung „mit der Eigenverantwortung der örtlichen Staatsorgane und Betriebe" verbunden werden solle. Diese Eigenverantwortung ist jedoch gemäß dem Organisationsprinzip des „demokratischen Zentralismus" zu interpretieren, d.h. sie besteht ausschließlich im „operativen" Bereich, nämlich in der Durchführung verbindlicher Anweisungen seitens der zentralen Staats- und Parteiorgane.[24]

Hier werden fundamental unterschiedliche Rahmenbedingungen für die allgemeine Handlungsebene von Sozialpolitik und deren Organisationsstruktur in beiden Teilen Deutschlands sichtbar. In der Bundesrepublik ermöglicht die marktwirtschaftliche Ordnung grundsätzlich ein vielgestaltiges System sozialen Schutzes, während in der DDR alle sozialpolitischen Aktivitäten im Rahmen der zentralen Planung vom Staat erfaßt und reglementiert werden.

Für die allgemeine Handlungsebene von Sozialpolitik ist die These, daß eine erfolgreiche Ordnungspolitik die wichtigste Voraussetzung für eine gute Sozialpolitik ist, durchaus richtig, solange man sie nicht als Sozialpolitik schlechthin versteht. In der Bundesrepublik wurden vor allem in der Wiederaufbauphase der fünfziger Jahre durch die wettbewerbliche Mobilisierung der wirtschaftlichen Initiativkräfte die materiellen Ergebnisse der Volkswirtschaft erheblich gesteigert und damit der materielle Handlungsspielraum für sozialpolitische Aktivitäten wesentlich ausgeweitet. Die seinerzeitige Investitionspolitik wie das Arbeitsbeschaffungsprogramm gehören zu dem Komplex dieser Maßnahmen. Die Regelung der Mitbestimmung in der Montan-Industrie, das Lastenausgleichsgesetz und das Wohnungsbauprogramm dienten bereits vorwiegend spezifischen sozialpolitischen Zielen, die zu Beginn der sechziger Jahre stärker in den Vordergrund rückten. In diesem Sinne wies Alfred Müller-Armack darauf hin, daß in der nächsten Phase der Sozialen Marktwirtschaft gesellschaftliche Probleme vor die ökonomischen treten würden.[25] Die Tendenz, sozialpolitische Maßnahmen nicht mehr in ihrer unmittelbaren Abhängigkeit von materiellen Ergebnissen einer Volkswirtschaft zu sehen, zeigte sich u. a. schließlich in der Regierungserklärung der Bundesregierung vom Oktober 1969. Erstmals fehlte ein Hinweis darauf, daß bei möglicher rückläufiger Wirtschaftsentwicklung auch die sozialen Sicherungsmaßnahmen materiell tangiert werden könnten. Die schwierige Wirtschaftslage seit der zweiten Hälfte der siebziger Jahre und verstärkt zu Beginn der achtziger Jahre – die bedrohlich angewachsene Arbeitslosenziffer, die zunehmende Geldentwertung und geringer werdende bzw. stagnierende Wirtschaftswachstumsraten – haben aber auch in der breiten Öffentlichkeit wieder das Bewußtsein gestärkt, daß sozialpolitische Zielsetzungen in einem engen und unmittelbaren Abhängigkeitsverhältnis zur Entwicklung der Volkswirtschaft stehen.

Unabhängig jedoch von der jeweiligen Wirtschaftsentwicklung kann auch das konstitutive Ordnungsprinzip einer Marktwirtschaft, die Lenkung der Wirtschaftsprozesse mittels des Marktmechanismus, keinesfalls genügen, um die für einzelne Menschen wie ganze soziale Gruppen entstehenden sozialen Risiken und belastenden Lebenstatbestände hinreichend zu berücksichtigen. Eine „spezielle" Sozialpolitik, wie sie Walter Eucken forderte,[26] Sozialpolitik als Zuordnungs- oder Verteilungspolitik, bleibt unabdingbar. Zum einen kann der Staat das sich aus dem marktwirtschaftlichen Geschehen bildende Einkommen unter bestimmten sozialen Zielsetzungen umleiten oder umverteilen. Dies geschieht beispielsweise in der Form von Mietbeihilfen für sozial Schwache, Zinssubventionen zur Anregung der Eigentumsbildung durch Sparleistungen von Bevölkerungsschichten mit niedrigem Einkommen, Zinssubventionen für den sozialen Wohnungsbau, Ausbildungshilfen für Schüler und Studenten von minderbemittelten Eltern, Steuererleichterungen für bestimmte soziale Gruppen und

Fürsorgeleistungen allgemein. Für dieses sozialpolitische Instrumentarium gilt die gleiche Forderung, die gegenüber allen wirtschaftspolitischen Maßnahmen erhoben wird: es soll marktkonform sein, das heißt, Marktgeschehen und -einkommen nicht in einem solchen Maße zu verfälschen und zu mindern, daß letztlich das Leistungsinteresse der wirtschaftenden Menschen abnimmt. Marktinkonforme Maßnahmen, beispielsweise ein Mietstopp oder ein Preisstopp für bestimmte Güter, können nur kurzfristig einen sozialpolitisch wünschenswerten Erfolg erreichen; mittel- oder langfristig bewirken sie, daß die das betreffende Gut herstellenden oder (im Falle von Wohnraum) zur Verfügung stellenden Menschen soweit wie möglich auf andere wirtschaftliche Tätigkeiten auszuweichen versuchen, die ihnen größeren materiellen Erfolg bieten. Sozialpolitik bedeutet darüber hinaus, ein System sozialer Sicherheit zu schaffen, wie es in der Bundesrepublik mit der Kranken-, Renten-, Unfall- und Arbeitslosenversicherung realisiert ist. Die soziale Sicherheit ist hier sowohl als „Selbsthilfe" von Gruppen (Privatversicherung) wie als staatliche Sozialversicherung organisiert. In der Organisationsform der Selbsthilfe dominiert der Wert individueller Freiheit und des freien Zusammenschlusses (Individualprinzip), in der Organisationsform staatlicher oder administrierter Fürsorge der Wert kollektiver Gebundenheit (Sozialprinzip). Beide Prinzipien können, sofern sie isoliert und ausschließlich gelten, unerwünschte soziale Wirkungen haben. Aus einem überbetonten Sozialprinzip können Tendenzen zu staatlich reglementierten Vorstellungen darüber, was dem einzelnen zustehen soll, resultieren. Beispielsweise dann, wenn der einzelne gezwungen würde, einer bestimmten staatlichen Versicherung anzugehören, sofern sein Einkommen eine staatlich festgesetzte Höhe nicht überschreitet, und er aufgrund dessen die von ihm erwünschte bessere Sozial- oder Gesundheitsleistung einer anderen Versicherungsgesellschaft auch dann nicht erlangen kann, wenn er bereit ist, deren höheren Beitragssatz zu zahlen. Des weiteren könnte z.B. der Staat verfügen, daß innerhalb einer solchen Zwangsversicherung – bei gleicher Leistung für alle – Mitglieder mit höherem Einkommen auch höhere Beitragssätze zu zahlen haben. Eine so ausgelegte „Solidarität", eine Gruppenzugehörigkeit mit extern bestimmten Rechten und Pflichten ihrer Mitglieder, könnte insgesamt zu einer staatlich administrierten sozialen Kontrolle dergestalt führen, daß die freie Entfaltung des einzelnen wesentlich tangiert wird. Eine Überbetonung des Individualprinzips dagegen könnte z.B. bewirken, daß Pflichtversicherte oder Mitglieder finanziell weniger potenter Privatversicherungen gegenüber den Mitgliedern anderer Versicherungen von bestimmten lebensrettenden oder -erhaltenden, aber teuren Gesundheitsleistungen ausgeschlossen oder benachteiligt werden, daß also Leistungen nicht primär unter medizinischem, sondern vorwiegend unter finanziellem Aspekt gewährt werden. Das heißt: Wird das Sozialprinzip undifferenziert angewendet und nicht in die Funktionszusammenhänge des Wirtschaftssystems eingebettet oder wird das Individualprinzip keiner Ordnungskontrolle unterworfen, besteht die Gefahr ökonomischer wie sozialer Fehlentwicklungen.

Die in der Bundesrepublik praktizierte konkurrierende Anwendung von Individual- und Sozialprinzip soll diese Gefahren mindern und ist zugleich Ausdruck eines pluralistischen und föderativen Verständnisses von Gesellschaftsordnung und Staatsaufbau.

Demgegenüber gilt in der DDR nahezu ausschließlich das Prinzip kollektiver Gebundenheit. Individuelle Bedürfnisse sind gesellschaftlich verpflichtenden und egalisierenden Kriterien untergeordnet. Dies gilt auch für den Teilbereich der Sozialpolitik. Folgt man der Behauptung, daß in der DDR ein „wesensmäßig sozialer Staat" errichtet worden sei, so stellt sich die Frage, ob Sozialpolitik als spezielle Zuordnungspolitik überhaupt notwendig ist. Tatsächlich wurde diese Frage lange Zeit offiziell verneint. Erst 1965 konnte Helga Ulbricht in einer sozialwissenschaftlichen Publikation ausführen, „daß die Bezeichnung ‚Sozialpolitik' auch im Sprachgebrauch der DDR wie auch im Verkehr mit den sozialistischen Ländern tatsächlich gar nicht fragwürdig ist".[27] „Soziale Gerechtigkeit" für alle Mitglieder der Gesellschaft ist also nicht immanenter Bestandteil des sozialistischen Systems, ergibt sich nicht automatisch aus dem Grundaufbau und dem Funktionssystem der Wirtschaft, sondern ist zugegebenermaßen Gestaltungsaufgabe.

Für deren ideologische Problematik scheint auch bemerkenswert, daß erst im Jahre 1978 ein „Institut für Soziologie und Sozialpolitik" an der Akademie der Wissenschaften der DDR eingerichtet wurde.

Die damit der Sozialpolitik zuerkannte Funktion einer speziellen Zuordnungspolitik ist jedoch offensichtlich abhängig von der jeweiligen volkswirtschaftlichen Situation insgesamt wie von den Zielvorstellungen über die anzustrebende Strukturierung der Gesellschaft. Denn solange das kommunistische Verteilungsprinzip „Jedem nach seinen Bedürfnissen" noch nicht realisiert ist – hierfür bedarf es „weitaus höherer materieller und ideeller Voraussetzungen, als sie gegenwärtig gegeben sind"[28] –, muß es Aufgabe einer sozialistischen Sozialpolitik sein, soziale Gerechtigkeit zu gewährleisten.

In dem auf dem IX. Parteitag der SED 1976 verkündeten Programm von der „Einheit von Wirtschafts- und Sozialpolitik" wird betont, daß Sozialpolitik „die Verwirklichung des Leistungsprinzips mit der Minderung sozialer Unterschiede"[29] verbinden soll. Erich Honecker erklärte in seinem Bericht an den X. Parteitag der SED 1981 noch weitergehend, daß „nur das verteilt werden kann, was auch vorher produziert worden ist".[30] Das, was in demokratisch organisierten Gesellschaften mit marktwirtschaftlicher Ordnung wie in der Bundesrepublik bei der Forderung nach sozialen Leistungen des Staates vielfach in Vergessenheit gerät oder bewußt unbeachtet bleibt, wird in der DDR deutlich hervorgehoben: Soziale Leistungen sind entscheidend abhängig von den produktiven Ergebnissen der Volkswirtschaft; und diese Ergebnisse sind in einem System zentraler Planung und Steuerung der Wirtschaftsprozesse wiederum davon abhängig, in welchem Maße die in den zentralen Plänen festgelegten Leistungserwartungen in den Betrieben erfüllt werden.

Dieser Bedingungszusammenhang von Wirtschafts- und Sozialpolitik ist im grundsätzlichen in allen Bereichen sozialer Leistungen wirksam. In bezug auf das Gesundheitswesen der DDR heißt es beispielsweise hierzu: „Die Zahl der im Gesundheitswesen tätigen Menschen, die Gestaltung der Arbeitsumwelt, die in ihrer Tätigkeit eingesetzten Mittel, die für das Gesundheitswesen verfügbaren Finanzen sind von der Entwicklung der Produktion materieller Güter abhängig ... Durch seine Integration in den volkswirtschaftlichen Gesamtzusammenhang befindet sich auch das sozialistische Gesundheitswesen in dem Bedingungsgefüge, in dem sich das Gesetz der Ökonomie der Zeit verwirklicht."[31] In diesem Sinne hat die „betriebliche Konfliktkommission" beim Verstoß eines Werktätigen gegen die Krankenordnung davon auszugehen, wie jener Werktätige „in seiner gesamten Entwicklung, seiner Einstellung zur Arbeit und zum sozialistischen Staat" zu beurteilen ist.[32] Die Orientierung bei allen Fragen sozialer Leistung sei immer dann richtig, wenn von der Grundaufgabe: dem Kampf um eine hohe Arbeitsproduktivität ausgegangen werde.[33]

Sozialpolitische Aktivitäten und Leistungen sind in der DDR – in weitaus stärkerem Maße als in der Bundesrepublik – in den volkswirtschaftlichen Gesamtzusammenhang integriert und von den wirtschaftlichen Ergebnissen abhängig. Entsprechend dem alle gesellschaftlich relevanten Bereiche erfassenden Führungsanspruch der politischen Zentralinstanzen ist auch das System der sozialen Sicherung staatlich reglementiert. Es wird administrativ bestimmt, was dem einzelnen an sozialen Leistungen zusteht[34] und welche Kriterien hierfür gelten sollen. Dabei weisen die in der DDR realisierten bürokratischen Strukturen eine weit größere Unbeweglichkeit auf als der öffentliche Sektor der Bundesrepublik – auch wenn dieser in den vergangenen Jahren beträchtliche Ausmaße angenommen hat. Die fehlenden Kontrollmöglichkeiten von unten fördern die Neigung der Entscheidungsträger, sachnotwendige Differenzierungen der Einzelfälle zu ignorieren, sachgebundene Aspekte hintenanzustellen und Kriterien wie „Kampf um die Arbeitsproduktivität" und „Einstellung zum sozialistischen Staat" schablonenhaft in den Vordergrund zu rücken. Eine solche Tendenz zeigt sich beispielsweise zum einen bei der Besserversorgung der arbeitenden Menschen gegenüber den nicht mehr im Arbeitsprozeß Tätigen im Gesundheitswesen ebenso wie im Erholungswesen, wo die Zuteilung von Ferien- und Urlaubsplätzen unter Voranstellung dieser Kriterien durch Organe der Einheitsgewerkschaft erfolgt.

Bei einem Vergleich der sozialpolitischen Aktivitäten in der Bundesrepublik und der DDR ist also außer den jeweils geltenden Leitbildern der Sozialpolitik die ordnungspolitische Gestaltung der beiden Wirtschaftssysteme zu berücksichtigen. Die Gesamtentscheidung für ein marktwirtschaftliches oder zentralverwaltungswirtschaftliches System ist sowohl für die jeweils zu verwirklichenden wirtschafts- und sozialpolitischen Ziele und deren Rangordnung maßgebend als auch für die Leistungsfähigkeit der Wirtschaft allgemein (im Sinne der Zielverwirklichung). In der Ordnung der Bundesrepublik dient Sozialpolitik bis heute hauptsächlich der Korrektur der durch den Markt sich ergebenden Einkommens- und Vermögensverteilung; durch diese Umverteilung werden die materiellen Freiheitsrechte einzelner oder bestimmter Gruppen zugunsten anderer eingeschränkt. In der Ordnung der DDR richtet sich Sozialpolitik gleichfalls auf die Korrektur der zentral geplanten und durch das Leistungsprinzip geformten Einkommensverteilung. – Markt wie zentraler Plan bedürfen also – sofern ein gleichwie definierter „sozialer Ausgleich" angestrebt wird – der Korrektur durch Sozialpolitik. Die entscheidenden Unterschiede von Sozialpolitik in der Bundesrepublik und der DDR bestehen unter ordnungstheoretischem Aspekt in folgendem:

1. In der Bundesrepublik sind nicht wie in der DDR alle staatlichen sozialpolitischen Entscheidungen streng zentralisiert, sondern stehen entsprechend dem Subsidiaritätsprinzip auch untergeordneten Organisationsstufen zu: auf Länder-, Kreis- und Kommunalebene sowie in ausgegliederten Anstalten des öffentlichen Rechts. Sozialpolitik unterliegt in der Bundesrepublik zudem einer tatsächlichen parlamentarischen Kontrolle auf den verschiedenen Ebenen.

2. Anders als in der DDR ist in der Bundesrepublik durch die grundsätzlich zugestandene Gestaltungsfreiheit die Möglichkeit auch zu privater sozialer Sicherung gegeben; hieraus kann eine wirksame Leistungskontrolle zugunsten der Versicherten durch

Wettbewerb zwischen den staatlichen, halbstaatlichen und privaten Versicherungsträgern entstehen.

3. Damit kann sich anders als in der DDR, in der die zentralen Instanzen Gestaltungsrahmen und Leistungen der Sozialpolitik monopolistisch bestimmen, der einzelne in der Bundesrepublik in einem wesentlichen Maße der Omnipotenz des Staates bzw. der ökonomischen Macht privater Versicherungsträger durch seine Wahlmöglichkeit zwischen mehreren Versicherungsträgern entziehen. Insoweit zeigt der Gestaltungsfreiraum für Sozialpolitik in der Bundesrepublik wie in der DDR den jeweils möglichen und verwirklichten Stellenwert des einzelnen gegenüber der „Gesellschaft" und dem Staat auf.

III. Organisation und Leistungsstruktur sozialpolitischer Instrumente

1. Organisation

(1) In beiden Teilen Deutschlands umfaßt die praktizierte Sozialpolitik ein annähernd deckungsgleiches Tätigkeitsfeld, wenn auch die einzelnen sozialpolitischen Aktivitäten unterschiedlich gewichtet sind. Kernbereich der Sozialpolitik ist jeweils das „System sozialer Sicherung". Funktional gegliedert, gehören zu diesem System in der Bundesrepublik die Sicherung bei Krankheit, Unfall, Mutterschaft, Invalidität und im Alter sowie die ausschließlich staatlich organisierte Arbeitslosenversicherung. Letztere ausgenommen, wird in der DDR durch die staatliche Sozialversicherung gleichfalls das Recht auf materielle Sicherheit bei Krankheit, Arbeitsunfall, Mutterschaft, Invalidität und im Alter gewährleistet. Beide Systeme sozialer Sicherung decken, bei zum Teil sehr unterschiedlichen Anspruchsgrundlagen und Leistungen, im wesentlichen die gleichen Risikofälle und sozialen Lebenstatbestände materiell ab. Als eine Art soziale Auffangeinrichtung für diejenigen Personen, die trotz der Leistungen des Systems der sozialen

Sicherung in materielle Not geraten und sich zeitweise oder dauernd nicht aus eigener Kraft materiell helfen können, dient in der Bundesrepublik die Sozialhilfe, in der DDR die Sozialfürsorge.

Über diesen engen (und zugleich historisch älteren) Begriff von Sozialpolitik hinaus erstrecken sich sozialpolitische Aktivitäten in der Bundesrepublik auch auf das berufliche Bildungswesen, die Jugendhilfe, Familienpolitik, Kriegsopferversorgung, den Lastenausgleich, die Gesundheitspolitik, das Wohnungswesen und auf die Eigentumspolitik. Die sozialpolitischen Aktivitäten in der DDR richten sich insgesamt auf die gleichen Tätigkeitsfelder. Lediglich ein Lastenausgleich für die Vertriebenen entfällt; auch eine Eigentumspolitik, gerichtet auf die Bildung von Vermögen in Arbeitnehmerhand, gibt es aufgrund der realisierten Eigentumsordnung in der DDR nicht, sie wird zum Teil durch die Einkommenspolitik ersetzt. Tendenzen, neuerkannte Problemstellungen – wie z. B. den Umweltschutz – in das Tätigkeitsfeld der Sozialpolitik einzubeziehen, sind in beiden deutschen Staaten zu beobachten; sie spielen für die praktische Sozialpolitik derzeit jedoch eine nur geringe Rolle.

(2) In der Bundesrepublik wird der weitaus größere Teil aller Sozialleistungen durch staatliche Institutionen gewährt oder vermittelt. Hinsichtlich der Leistungen aus dem System der sozialen Sicherung sind dies Institutionen der staatlichen Sozialversicherung. Das Sozialversicherungssystem gliedert sich nach sozialen Tatbeständen (Alter, Invalidität usw.), nach Personengruppen (z. B. getrennte Rentenversicherung für Arbeiter und Angestellte), nach Wirtschaftszweigen (z. B. Betriebskrankenkassen, Innungskrankenkassen und Berufsgenossenschaften) und nach Regionen, während es in der DDR ausschließlich nach Personengruppen differenziert ist. Innerhalb der sozialen Zwangsversicherung in der Bundesrepublik findet sowohl ein Risikoausgleich zwischen Kranken und Gesunden, Arbeitsunfähigen und Arbeitenden statt als auch ein sozialer Ausgleich z. B. dergestalt, daß Familienangehörige ohne Beitragserhöhung mitversichert sind. Es gilt das Versorgungsprinzip, d. h. es besteht ein Rechtsanspruch der Versicherten auf Ausschüttung öffentlicher Mittel zur Erhaltung der Lei-

stungsfähigkeit der Sozialversicherung, sofern die Beiträge der Versicherten nicht ausreichen.

Träger der Sozialversicherung sind Körperschaften öffentlichen Rechts (s. die folgende Übersicht); Träger der privaten sozialen Sicherung sind karitative Organisationen, Standesverbände und private Versicherungsunternehmen, die innerhalb der vom Staat vorgegebenen Richtlinien hinsichtlich der Gestaltung ihrer Beiträge und Leistungen miteinander konkurrieren können. In der privaten sozialen Sicherung wird überwiegend das Versicherungsprinzip angewandt, d. h. innerhalb der vom Versicherten freiwillig eingegangenen Gefahrengemeinschaft zur Abwehr bestimmter Risiken wird aus dem durch die Beiträge der Mitglieder gebildeten Schadenausgleichsfonds ein Risikoausgleich, nicht aber ein sozialer Ausgleich wie beim Versorgungsprinzip, gewährt.

Dieses zweigeteilte Organisationsbild der sozialen Sicherung in der Bundesrepublik ist äußerst vielfältig und unübersichtlich. So waren 1969 im Rahmen der staatlichen Sozialversicherung 1850 Krankenkassen, 19 landwirtschaftliche Alterskassen, 94 Einrichtungen zur Unfallversicherung, 22 Einrichtungen zur Rentenversicherung der Arbeiter und Angestellten und die Bundesanstalt für Arbeit mit 9 angeschlossenen Landesarbeitsämtern tätig.[35] Die Träger der Sozialversicherung verwalten sich selbst und unterliegen staatlichem Aufsichtsrecht. Als Selbstverwaltungsorgane fungieren die Vertreterversammlung – in der Regel durch Versicherte und gewählte Vertreter der Arbeitgeber paritätisch besetzt – sowie der Vorstand, der das Versicherungsinstitut nach außen vertritt.[36] Die Vertreterversammlung wählt den Vorstand, beschließt Satzung und Haushalt und legt im Rahmen der gesetzlichen Bestimmungen die Versicherungsbeiträge sowie die Art ihrer Einziehung fest; sie kann, über die gesetzlich vorgeschriebenen Pflichtleistungen hinaus, zusätzliche Leistungen an die Versicherten beschließen. Für alle Versicherungszweige sind bei den Stadt- und Kreisverwaltungen sog. Versicherungsämter eingerichtet, die die Tätigkeit bestimmter Versicherungsträger beaufsichtigen, den Versicherten Auskünfte erteilen und Anträge hinsichtlich der Rentenversicherung entgegennehmen.

Übersicht zur Organisation der Sozialversicherung in der Bundesrepublik Deutschland

Versicherungszweig	Träger der Versicherung	Versicherungsfälle	Leistungsarten
Krankenversicherung	Krankenkassen	Krankheit, Entbindung, Tod	Gesundheitsvorsorge, Rehabilitation, Krankenhilfe, Mutterschaftshilfe, Sterbegeld
Unfallversicherung	Berufsgenossenschaften, Eigenunfallversicherungen	Arbeitsunfall einschl. Wegeunfall, Berufskrankheit	Unfallverhütung, Rehabilitation, Renten an Verletzte und Hinterbliebene
Rentenversicherung der Arbeiter einschl. Handwerkerversicherung	Landesversicherungsanstalten, Seekasse, Bundesbahn-Vers.-Anstalt	Berufs-, Erwerbsunfähigkeit, Alter, Tod	Maßnahmen zur Erhaltung, Besserung und Wiederherstellung der Erwerbsfähigkeit („Rehabilitation")
Rentenversicherung der Angestellten	Bundesversicherungsanstalt für Angestellte, Berlin		Renten an Versicherte wegen Berufs-, Erwerbsunfähigkeit, Alter und Renten an Hinterbliebene (Witwen, Waisen, Witwer, Geschiedene)
Knappschaftliche Rentenversicherung	Bundesknappschaft, Bochum	verminderte bergmännische Berufsfähigkeit	
Arbeitslosenversicherung	Bundesanstalt für Arbeit, Nürnberg (Arbeitsämter)	Arbeitslosigkeit, Kurzarbeit, Betriebsstilllegung	Berufsberatung, Arbeitsvermittlung, Berufsbildungsförderung, Rehabilitation, Arbeitslosengeld, -hilfe, Kurzarbeitergeld, Verhüt. u. Beseitig. v. Arbeitslosigkeit
Altershilfe für Landwirte	Landwirtschaftliche Alterskassen	Erwerbsunfähigkeit, Alter, Tod	Rehabilitation, Altersgeld an Versicherte und Witwen bzw. Witwer

Quelle: H. Jäger: Einführung in die Sozialversicherung, Berlin 1975, S. 19.

Den Angehörigen des öffentlichen Dienstes zahlt der Staat vergleichbare Leistungen: Pensionen, Zusatzversorgung, Kinderzuschläge, Beihilfen und dergleichen. Durch Einräumung von Steuervorteilen begünstigt der Staat zudem zusätzliche betriebliche und überbetriebliche Sozialleistungen. Insgesamt 30 000 Unternehmen gewähren eine zusätzliche Altersversorgung in Form von betrieblichen Ruhegeldverpflichtungen, rund 260 Unternehmen haben selbständige Pensionskassen mit Rechtsanspruch, 8000 bis 10 000 Unternehmen solche ohne Rechtsanspruch durch die versicherten Belegschaftsmitglieder. Überbetriebliche Sozialleistungen werden von sogenannten Richtlinienverbänden in der Bauwirtschaft, im Bergbau sowie in der eisenschaffenden Industrie erbracht.

Private Versicherungseinrichtungen können innerhalb landesgesetzlicher Rahmenbedingungen und unter Aufsicht des Bundesaufsichtsamtes für das Versicherungs- und Bausparwesen tätig sein; diese Institutionen zumeist ständischer Gruppierungen versichern vor allem Selbständige wie Ärzte, Unternehmer, Handwerker u.a. gegen die verschiedenen sozialen Risiken. Im Jahre 1972 waren u.a. tätig: 107 Lebensversicherungsunternehmen, 186 Pensionskassen, 63 Krankenversicherungsunternehmen und 112 Sterbekassen.[37]

Die durch Gesetzgebung dem einzelnen auferlegte Verpflichtung, sich gegen soziale Risiken wie Krankheit, Unfall, Invalidität und Erwerbsunfähigkeit im Alter zu versichern, ist in der Bundesrepublik unterschiedlich geregelt. Grundsätzlich wird zwischen Pflichtversicherten und freiwillig Versicherten unterschieden. Für Arbeitnehmer besteht bis zu einer bestimmten Einkommenshöhe allgemeine Versicherungspflicht. Für einige Personengruppen wie z.B. Handwerker, die vom Staat entsprechend bestimmten Tätigkeitskriterien versicherungsrechtlich teils als „arbeitnehmerähnliche Personen", teils als Unternehmer eingestuft werden, für Landwirte und Angehörige freier Berufe sind Art und Umfang ihrer Versicherungspflicht unterschiedlich und unsystematisch geregelt; sie differiert für einzelne Versicherungszweige von Bundesland zu Bundesland.

Pflichtversichert in einer der zahlreichen gesetzlichen Krankenkassen (s. Schema) sind:
- alle Arbeiter einschließlich der Auszubildenden,
- alle Angestellten einschließlich der Auszubildenden bis zu einer Jahresverdienstgrenze von derzeit 42300,– DM (= 3525,– DM monatlich),
- Landwirte, die in der Landwirtschaft hauptberuflich tätig sind, sowie deren mitarbeitende Familienmitglieder,
- Selbständige verschiedener Berufsgruppen bis zur Jahresverdienstgrenze von derzeit 42300,– DM,
- Rentner,
- Arbeitslose und Personen, die sich umschulen lassen oder beruflich fortbilden,
- Studenten.

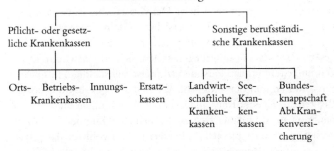

Quelle: H. Jäger: Einführung in die Sozialversicherung, Berlin 1975, S. 24.

Unfallversicherungspflichtig sind:

- alle Arbeitnehmer einschließlich der Auszubildenden,
- Arbeitslose (eingeschränkte Haftung),
- Landwirte, deren Ehefrauen sowie bestimmte Unternehmer,
- Personen, die im öffentlichen Interesse (u.a. Wohlfahrtspflege, Gesundheitswesen) tätig sind (versicherungsfrei sind selbständige Ärzte, Zahnärzte und Apotheker),

- Studierende, Schüler und Kinder in Kindergärten,
- Personen, die sich beruflich fortbilden oder ausgebildet werden während dieser Tätigkeit,
- Personen, die bei Unglücksfällen Hilfe leisten.

Rentenversicherungspflichtig sind:

- alle Arbeitnehmer einschließlich der Auszubildenden, Wehrpflichtige, Ersatzdienstleistende und Helfer im freiwilligen sozialen Jahr,
- Hebammen, Pfleger, Musiker, Artisten, Lehrer und einige andere Berufsgruppen, sofern sie selbständig sind.

Der Arbeitslosenversicherung gehören an:

- Arbeiter und Angestellte,
- Wehrpflichtige und Ersatzdienstleistende.

Über diesen Personenkreis hinaus haben eine Reihe weiterer Personen- bzw. Berufsgruppen das Recht, sich bei der Sozialversicherung freiwillig zu versichern. Der Gesetzgeber ist bei der Festlegung des Kreises der Pflichtversicherten dem Grundsatz gefolgt, daß gerade Arbeitnehmer mit relativ niedrigen Einkommen dem gesetzlichen Zwang unterliegen sollen, sich zu versichern. Dagegen unterstellt er, daß Personen (zumeist Selbständige) mit hohen Einkommen und der Möglichkeit zur Vermögensbildung soziale Risiken aus eigener Kraft abdecken können. Einigen dieser Personengruppen ist es daher freigestellt, sich freiwillig bei der Sozialversicherung oder privat zu versichern. – Sowohl für das private Versicherungswesen als auch für die Sozialversicherung fehlen in der Bundesrepublik ausreichende statistische Daten. Gegenwärtig sind über 88 vH der Bevölkerung gesetzlich und ca. 10 vH privat krankenversichert. Der gesetzlichen Unfallversicherung gehören rd. 97 vH aller Erwerbstätigen an, der Arbeitslosenversicherung praktisch alle Arbeitnehmer (außer den Beamten).

Soziale Hilfeleistungen der sog. Freien Wohlfahrtspflege, durch das Deutsche Rote Kreuz, das Diakonische Werk, den Caritasverband, die Arbeiterwohlfahrt, den Paritätischen Wohlfahrtsverband und die Zentralwohlfahrtsstelle der Juden in Deutschland werden vom Staat durch unmittelbare Zuwendungen und durch Steuerbegünstigungen gefördert.

Auf die Organisation weiterer Sozialleistungsbereiche wie Beamtenversorgung, Gewährung von Kindergeld, Wohngeld, Jugendhilfe, Lastenausgleich, Vermögensbildung in Arbeitnehmerhand u.a. wird hier nicht näher eingegangen, da diese durch den staatlichen Verwaltungsapparat unmittelbar wahrgenommen werden.

(3) Der organisatorischen Vielfalt der sozialen Sicherung in der Bundesrepublik Deutschland und der hierauf basierenden Wettbewerbssituation der Anbieter sozialer Leistungen (zugunsten der Versicherten) sowie der – wenn auch zum Teil eingeschränkten – Wahlfreiheit des einzelnen, sozialen Schutz nach seinen persönlichen Vorstellungen und Erfordernissen zu gestalten, steht in der DDR die ausschließlich staatliche Organisierung des sozialen Schutzes in hauptsächlich zwei zentralen Versicherungseinrichtungen gegenüber. Diese stehen nicht miteinander in Leistungswettbewerb; die Mitgliedschaft ist den verschiedenen Bevölkerungsgruppen jeweils nach bestimmten Kriterien per Gesetz vorgeschrieben.

Anders als in der Bundesrepublik werden von den Versicherungsträgern der DDR jeweils alle sozialen Risiken und Lebenstatbestände abgedeckt. De jure besitzen die Sozialversicherungsinstitutionen den Status einer juristischen Person, der Selbstverwaltung zugestanden wird. Für ihren Organisationsaufbau gilt – analog zu allen Staats- und Parteiorganen – das Prinzip des demokratischen Zentralismus, das u.a. Weisungsbefugnis ausschließlich von oben nach unten bedeutet.[38] Zudem ist die formal zugestandene Selbstverwaltung in der „Sozialversicherung der Arbeiter und Angestellten" auf die Organe des FDGB beschränkt;[39] Nichtgewerkschaftsmitglieder und Arbeitgeber sind hierbei von vornherein ausgeschlossen. Auch in der „Staatlichen Versicherung der DDR" finden keine Wahlen für die Besetzung der Verwaltungsbeiräte statt.

Weitaus größte Sozialeinrichtung ist die „Sozialversicherung der Arbeiter und Angestellten"; rund 14 Millionen Personen, das sind insgesamt 84 vH der Wohnbevölkerung der DDR, gehören ihr an.⁴⁰ Sie wird durch den FDGB geleitet, der zu diesem Zweck eine „Verwaltung der Sozialversicherung des FDGB" eingerichtet hat. Pflichtversichert sind hier alle Arbeiter und Angestellten einschließlich der Familienmitglieder, Rentner, Ärzte, Zahn- und Tierärzte, Fach- und Hochschüler, Jugendliche in sog. Jugendwerkhöfen sowie Ausländer, die sich zu Ausbildungszwecken in der DDR aufhalten.

Die „Staatliche Versicherung der DDR" ist Träger der Sozialversicherung für Mitglieder landwirtschaftlicher und sonstiger (z. B. Fischerei) Produktionsgenossenschaften, für selbständige und in die Handwerksrolle eingetragene Handwerker sowie andere Selbständige (außer Ärzten), die nicht mehr als fünf Arbeitnehmer beschäftigen, für Mitglieder von Rechtsanwaltskollegien und deren mithelfende Familienangehörige.

Beide Sozialversicherungen gewähren Leistungen bei Krankheit, Arbeitsunfall, Mutterschaft, Invalidität, im Alter und bei Tod des Ernährers Hilfe für die Hinterbliebenen. Die Versicherungspflicht der verschiedenen Berufsgruppen bei einer der beiden Sozialversicherungen spiegelt zugleich die Strukturierung dieser Berufsgruppen und Bevölkerungsschichten gemäß der von der SED definierten „sozialistischen Struktur der Gesellschaft" wider.

Sonderversorgungseinrichtungen bestehen für Angehörige der Nationalen Volksarmee (NVA), der Deutschen Volkspolizei, der Bahn und Post, der Zollverwaltung sowie der allgemeinen Verwaltung. Zusätzliche Altersversorgungsmöglichkeiten gibt es für Angehörige der sog. Intelligenz, die in wissenschaftlichen, künstlerischen, medizinischen oder pädagogischen Institutionen beschäftigt sind; eine von der Norm abweichende Regelung besteht gleichfalls für Angehörige der sog. technischen Intelligenz in den Staatsunternehmen. Über diese Sonder- und Zusatzeinrichtungen, die je nach Leistungsart 5 bis maximal 20 vH aller Versicherten in der DDR erfassen⁴¹ und weitaus bessere Leistungen für den so bevorzugten Versicherungsnehmerkreis bieten, als dies für die große Mehrheit der übrigen Versicherten gilt, sind nähere organisatorische Einzelheiten nicht bekannt.

Der Anteil der Pflichtversicherten in der DDR wird auf

97–99 vH geschätzt; damit liegt der Anteil jener, die gegen alle sozialen Risiken und Lebenstatbestände pflichtversichert sind, über dem der Bundesrepublik. Nicht versicherungspflichtig sind nur einige kleinere Bevölkerungsgruppen: Personen, die nur gelegentlich beschäftigt sind oder deren Einkommen 75,– M im Monat nicht übersteigt, Geistliche und bestimmte Kirchenbedienstete, beim Ehegatten unentgeltlich beschäftigte Ehefrauen, mit Ausnahme der Ehefrauen von Ärzten, die in der Praxis mitarbeiten. Abgesehen von den speziellen Sonder- und Zusatzregelungen (s. o.) für eine kleine privilegierte Schicht, besteht auch für die Versicherten in den beiden großen Versicherungseinrichtungen die Möglichkeit zu einer wenn auch sehr begrenzten zusätzlichen Alters- und Lebensversicherung.

Anders als in der Bundesrepublik ist das verstaatlichte Gesundheitswesen in der DDR mit der Sozialversicherung funktional und organisatorisch eng verknüpft. Zum staatlichen Gesundheitswesen gehören u. a. über 90 vH der stationären Krankenversorgungseinrichtungen, der Ambulatorien, kleineren Arzt- und Zahnarztpraxen sowie das Apothekenwesen. Die staatlichen Betriebe sind in weitaus stärkerem Maße in das Sozialversorgungssystem eingeschaltet als die Unternehmen der Bundesrepublik. So sind die Leiter der VEB, Kombinate und anderen Einrichtungen verpflichtet, mit den Vertretern des staatlichen Gesundheitswesens den Gesundheitszustand der Beschäftigten und den Krankenstand zu analysieren und kontrollieren; sie haben diesbezügliche Maßnahmen zu ergreifen und „materielle Voraussetzungen für die Durchführung der Aufgaben auf dem Gebiet der Sozialversicherung zu schaffen";[42] die entstehenden Kosten sind von den Betrieben zu tragen.

Der Sozialhilfe der Bundesrepublik („Hilfe in besonderen Lebenslagen") entspricht in der DDR die Sozialfürsorge. In der Bundesrepublik nehmen ca. 3 vH der Bevölkerung zeitweilig eine solche Hilfe in Anspruch, in der DDR nur rund 0,5 vH. – Soziale Maßnahmen über das System der Sozialversicherung hinaus werden in der DDR ebenfalls vom allgemeinen staatlichen Verwaltungsapparat wahrgenommen. Private Institutionen wie die katholische und die evangelischen Kirchen können, von staatlichen Instanzen in ihrer Tätigkeit eingeengt und gehindert, soziale Hilfeleistungen materieller Art nur in begrenztem Ausmaß erbringen.

2. Finanzierung

Die Finanzierung der *sozialpolitischen Tätigkeitsfelder* weist in beiden deutschen Staaten bei wesentlichen Unterschieden zugleich auch viele Gemeinsamkeiten auf. Die Systeme der sozialen Sicherung ausgenommen, werden in der Bundesrepublik wie in der DDR sozialpolitische Leistungen aus den Staatshaushalten finanziert; in der Bundesrepublik: Sozialhilfe, Jugendhilfe, Wohngeld, Kriegsopferversorgung, Lastenausgleich u.ä., in der DDR: Sozialfürsorge, Jugendhilfe, Kriegsopferrenten u.ä.

Im Gegensatz dazu bestehen hinsichtlich der Finanzierung der *Systeme sozialer Sicherung* eine Reihe gravierender Unterschiede. In der Bundesrepublik sind die Haushalte der Sozialversicherungen von den Haushalten der jeweiligen Gebietskörperschaften gänzlich und streng getrennt; lediglich etwaige Zuschüsse des Bundes an einen der Sozialversicherungsträger werden im Bundeshaushalt auf der Ausgabenseite ausgewiesen. Bund, Länder oder Gemeinden können karitativen Organisationen für deren sozialpolitische Tätigkeiten Zuwendungen machen. Privatwirtschaftliche Versicherungsunternehmen finanzieren sich aus den Beiträgen ihrer versicherten Mitglieder. Die Versicherungsträger der gesetzlichen Sozialversicherung entscheiden innerhalb eines gesetzlich festgelegten Rahmens autonom über die Höhe der Beitragssätze, Art des Einzugs, über Mittelverwaltung und -verwendung.

In der DDR sind die Haushalte der beiden großen Sozialversicherungen in den Staatshaushalt einbezogen und werden dort lediglich als Einzelposten ausgewiesen. Im Staatshaushalt wird außerdem ein weiterer Posten „Gesundheits- und Sozialwesen" (zur Finanzierung von Leistungen im Gesundheitswesen, von Kinderkrippen u.ä.) geführt. Die Sozialversicherungsträger sind somit hinsichtlich der Festsetzung der Beitragssätze, der Mittelverwaltung und -verwendung nicht autonom.

Die Aufbringung der Finanzmittel der Sozialversicherungen geschieht im sog. Umlageverfahren, d.h. die Ausgaben sollen durch die Einnahmen der gleichen Zeitperiode gedeckt werden. Sowohl hinsichtlich des Umlageverfahrens als auch der Finanzquellen – Beiträge und staatliche Zuschüsse – sind die Regelungen in beiden deutschen Staaten sehr ähnlich. Der Anteil der staatlichen Mittel an den Gesamtausgaben der Sozialversicherung belief sich 1979 in der Bundesrepublik auf über 40 vH, in der DDR auf rund 50 vH. Die Beiträge werden jeweils zu 50 vH von den Versicherten und deren Arbeitgebern aufgebracht; gemessen an dem Lohneinkommen der Versicherten beträgt der durchschnittliche Beitragssatz in der Bundesrepublik über 30 vH (mit steigender Tendenz in den letzten Jahren), in der DDR ca. 20 vH.[43] Die Höhe der Beitragssätze variiert in der Bundesrepublik nicht nur zwischen den einzelnen Sektoren der Sozialversicherung,[44] sondern auch innerhalb eines Sektors. So werden zum Beispiel bei der Krankenversicherung von den einzelnen Kassen unterschiedliche Beitragssätze festgesetzt. Die Beiträge bemessen sich nach der Höhe des Einkommens der Versicherten; in extremen Fällen differieren sie sogar um das Zehnfache. Hierdurch entstehen erhebliche Einkommensumverteilungswirkungen. Innerhalb der Privatversicherungen werden dagegen risikogerechte Beiträge erhoben, die nicht nach der Höhe des Einkommens differenziert sind.

In der DDR wird dagegen, die Unfallversicherung ausgenommen, ein einheitlicher Gesamtbetrag für alle Sektoren der Sozialversicherung erhoben, der durch die Betriebe eingezogen wird (von den sozialistischen Ländern haben nur in Ungarn und der DDR die Versicherten selbst Beiträge zur Sozialversicherung zu zahlen). Anders als in der Bundesrepublik spielt die Einkommenshöhe für die Beitragsbemessung eine nur geringe Rolle, so daß auch die Einkommensumverteilung kaum von Bedeutung ist. Die Beitragsbemessungsgrenze liegt bei 600,– M monatlich; auch bei höheren Einkommen wird nur ein proportionaler Beitragssatz von 10 vH auf die Bezugsbasis von 600,– M berechnet. Je nach sozialer Gruppierung sind von den Versicherten jedoch unterschiedliche Eigenbeiträge zu leisten: Arbeiter, Angestellte und Genossenschaftsmitglieder zahlen 20 vH ihres Einkommens, wovon die Hälfte die Betriebe tragen; Bergleute zahlen 30 vH, wovon ebenfalls die Betriebe die Hälfte tragen; Selbständige, zum Beispiel Buchprüfer und Rechtsanwälte, zahlen 17 vH, Architekten und Ingenieure 14 vH, müssen allerdings den Gesamtbetrag selbst aufbringen. Die Beitragssätze der wenigen Selbständigen sind nach zwei Kriterien gestaffelt: erstens nach der ihnen von der politischen Führung zugemessenen politischen und ökonomischen Bedeutung und zweitens danach, ob sie Arbeitskräfte beschäftigen (höhere Sätze). Eine Äquivalenz zwischen Beiträgen und Leistungen besteht nicht.

Bezieher von mehr als 600,- M Monatseinkommen können sich außerdem zusätzlich versichern. Für den Teil ihres Einkommens, der 600,- M übersteigt, zahlen sie – bis 1 200,- M höchstens – den gleichen Beitragssatz (jeweils 10 vH), der für die Bemessungsgrenze von 600,- M gilt; im gegebenen Fall müssen bei dieser Zusatzversicherung auch die Betriebe ihren Anteil abführen. In den letzten Jahren ist diese Zusatzversicherung mehr und mehr zu einer de facto Pflichtversicherung geworden, da die Renten aus der Sozialpflichtversicherung – trotz geringfügiger Anhebung der Mindestrenten durch die Rentenverordnung von 1979[45] – den Charakter einer existentiellen Grundsicherung haben. Eine erwünschte wirtschaftspolitische Nebenwirkung könnte sich auch insoweit ergeben, als Kaufkraft vom aktuellen Warenangebot abgezogen und auf spätere Rentenleistungen verschoben wird.

In der Bundesrepublik werden zur Finanzierung steigender Sozialausgaben vor allem erhöhte Beiträge herangezogen, die Erhöhung staatlicher Zuschüsse soll die Ausnahme sein. Es ergibt sich aus dem Verständnis einer sich selbst verwaltenden und finanziell selbständigen Rechtspersönlichkeit, daß die Träger der Sozialversicherung Liquiditätsreserven ansammeln müssen, um kontinuierliche Leistungen garantieren zu können. Ein finanzieller Verbund zwischen den Trägern soll allerdings sowohl einen bundeseinheitlichen Leistungsstandard wie auch eine weitmöglichst gleiche Belastung der Versicherten herstellen. Nur als Ausnahme sollen staatliche Gebietskörperschaften eine Deckungsgarantie übernehmen, wenn auch letztlich der Staat die Leistungstüchtigkeit der Sozialversicherung gewährleisten muß. In der DDR wird dagegen ein wechselndes Ausgabevolumen durch entsprechend erhöhte oder verminderte Staatszuschüsse abgedeckt und trägt daher „zunehmend den Charakter einer weitgehend aus Steuermitteln finanzierten Staatsbürgerversorgung".[46]

3. Leistungsstruktur

Anknüpfungspunkte für den Vergleich der Struktur sozialer Maßnahmen ergeben sich in einem umfassenden Sinne aus dem allgemein anerkannten, wenn auch unterschiedlich interpretierten Streben nach einer gerechten Einkommensverteilung. Die meisten sozialpolitischen Maßnahmen zielen daher auch direkt oder indirekt auf die Sicherung oder Verbesserung der Einkommenssituation einzelner wie sozialer Gruppen. Soziale Leistungen werden als Bar- oder Sachleistungen gewährt. Barleistungen stellen Einkommensübertragungen dar, Sachleistungen sind Sach- und Dienstleistungszuwendungen.

Die beiden folgenden Tabellen (S. 370) zeigen, wie sich die Sozialeinkommens- und die Sozialleistungsquoten in der Bundesrepublik im Vergleich zur DDR entwickelt haben. Die gegenüber der Bundesrepublik auffallend niedrigere Sozialleistungsquote der DDR ist in erster Linie durch die schlechtere Alterssicherung begründet.

Geordnet nach Schwerpunkten der Ausgabenanteile am öffentlichen Gesamthaushalt nehmen die Ausgaben für die soziale Sicherung in der Bundesrepublik den Rang 1 mit 26,2 vH ein, die Ausgaben für das Gesundheitswesen erscheinen mit 4 vH auf Rang 7. In der DDR stehen die Ausgaben für die soziale Sicherung mit 14 vH auf Rang 2 (Rang 1 mit 32 vH: Ausgaben für die Verbesserung der Leistungskraft der Volkswirtschaft), die Ausgaben für das Gesundheitswesen mit 6 vH auf Rang 5.[47]

Die verschiedenen sozialpolitischen Aktivitäten sind in der folgenden Übersicht (S. 371) für beide Systeme nach funktionalen Aspekten gegliedert.

Sozialeinkommensquote (Barleistungen)

	Bundesrepublik Deutschland	DDR
1950	17,2	12,8
1960	19,8	14,8
1965	19,8	15,3
1970	20,1	16,1
1975	25,5	16,8

$$\text{Sozialeinkommensquote} = \frac{\text{öffentl. Einkommensübertragungen}}{\text{verfügbare Einkommen (Nettogeldeinnahmen)}} \times 100$$

Sozialleistungsquote (Bar- und Sachleistungen)

	Bundesrepublik Deutschland	DDR*
1950	17,9	14,4
1960	16,7	14,4
1965	20,0	14,6
1970	20,8	14,5
1975	28,9	15,4

$$\text{Sozialleistungsquote} = \frac{\text{öffentliche Bar- und Sachleistungen}}{\text{Nettosozialprodukt zu Marktpreisen}} \times 100$$

* Die Sozialleistungsquote für die DDR ist ab 1960 insoweit verzerrt, als die Sozialleistungen zu laufenden Preisen, das Sozialprodukt dagegen zu Preisen von 1967 bewertet wurden.

Quelle: P. Mitzscherling: Zweimal deutsche Sozialpolitik, Berlin 1978, S. 124/125. – Für die Jahre nach 1975 lassen sich aufgrund unvollständigen Zahlenmaterials und umgestellter statistischer Berechnungen keine entsprechenden Angaben ermitteln.

Aus der Fülle der sozialpolitischen Aktivitäten werden im folgenden vor allem jene herausgegriffen, die im Hinblick auf den Vergleich von Bundesrepublik und DDR gravierende Unterschiede aufweisen.[48]

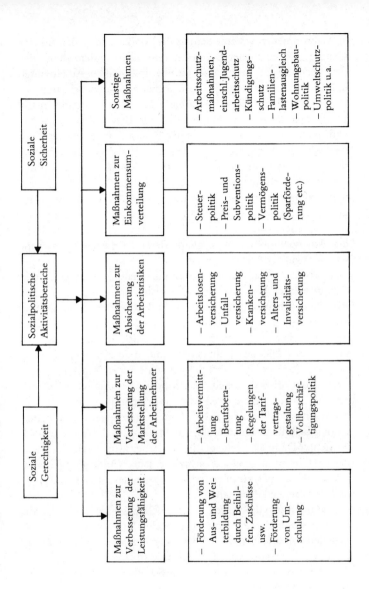

Maßnahmen zur Verbesserung der Marktstellung der Arbeitnehmer werden in der Bundesrepublik insbesondere durch die Bundesanstalt für Arbeit und die ihr unterstellten Arbeitsämter durchgeführt; hierzu zählen Berufsberatung und Arbeitsvermittlung. Nach dem Arbeitsförderungsgesetz ist die Bundesanstalt verpflichtet, darauf hinzuwirken, daß die Beschäftigungsstruktur verbessert und ein möglichst hoher Beschäftigungsstand erreicht wird. Die Beschäftigungsbedingungen werden durch das Tarifvertragsgesetz geregelt; hiernach haben die Gewerkschaften und die Arbeitgeberverbände als die verantwortlichen Verhandlungspartner Tarifvertragsautonomie; sie legen in den Tarifverträgen Mindestbedingungen zum Inhalt, Abschluß und zur Beendigung von Arbeitsverhältnissen fest. Das Tarifvertragsgesetz zielt darauf ab, der Arbeitnehmerseite eine gleich starke Marktstellung zu verschaffen wie der Arbeitgeberseite.

Vollbeschäftigung ist in der Bundesrepublik zwar eines der Hauptziele der Wirtschafts- und Sozialpolitik, ein individuelles Recht auf Arbeit besteht jedoch nicht. Insofern muß der Verlust des Arbeitsplatzes durch sozialpolitische Maßnahmen gemildert werden, sollen die sozialethischen Anspruchsnormen nicht verletzt werden. Dies geschieht generell durch die Arbeitslosenversicherung. Darüber hinaus hat die seit Mitte der siebziger Jahre zunehmende Arbeitslosigkeit insbesondere bestimmter Problemgruppen zu einer gezielteren Arbeitsmarktpolitik geführt, die auf der gesetzlichen Basis des Arbeitsförderungsgesetzes auch Eingliederungsbeihilfen, Einarbeitungszuschüsse und Kurzarbeitergeld vorsieht.[49] Dennoch ist die gestiegene Arbeitslosigkeit in der Bundesrepublik zu Beginn der achtziger Jahre (Anfang 1982: fast 2 Mio. = rd. 8 vH) zu einem schwerwiegenden sozialen und politischen Problem geworden.

Bedingt durch das unterschiedliche Gesellschaftssystem, ist die Rechtsposition der Arbeitnehmer in der DDR wesentlich verschieden von derjenigen der Arbeitnehmer in der Bundesrepublik. Dies zeigt sich vor allem in dem unterschiedlichen Gegenstand des Arbeitsrechts, das, historisch als Schutzrecht für die lohnabhängigen Arbeitnehmer entstanden, in der Bundesrepublik ein

Sonderrecht der unselbständig Beschäftigten darstellt und lediglich deren Rechtsverhältnisse regelt. In der DDR regelt das Arbeitsrecht:

1. Die Arbeitsverhältnisse der Arbeiter, Angestellten und Angehörigen der Intelligenz,
2. die Leitung der Arbeitsverhältnisse durch den sozialistischen Staat,
3. die mit den Arbeitsverhältnissen eng verbundenen gesellschaftlichen Verhältnisse.[50]

Zum Arbeitsrecht zählt daher auch das Sozialversicherungsverhältnis.[51]

In der DDR ist auch das individuelle Recht auf Arbeit verfassungsrechtlich normiert. Es beinhaltet nach § 24 der Verfassung aber zugleich auch eine Pflicht zur Arbeit. Um dieses Recht auf Arbeit in der wirtschaftspolitischen Wirklichkeit auch tatsächlich durchzuhalten – z. B. bei räumlichen, qualitativen und quantitativen Bedarfsverschiebungen nach Arbeitskräften infolge ökonomisch angezeigter organisatorischer und technologischer Veränderungen in der Volkswirtschaft –, kann das Recht auf Arbeit nur „entsprechend den gesellschaftlichen Erfordernissen" gewährt werden, d. h. der Staat nimmt hier wie bei der zielgerichteten Berufsausbildung direkt Einfluß und lenkt das Arbeitskräftepotential entsprechend den zentralen Volkswirtschaftsplänen. Die tatsächliche Entscheidungsfreiheit eines Arbeitnehmers zur Aufnahme einer bestimmten Berufstätigkeit an einem bestimmten Arbeitsplatz ist damit erheblich eingeengt.

Betrieblichen Erfordernissen zur Kündigung resp. einem Ausleihen von Arbeitskräften an andere Unternehmen „infolge Änderung der Produktion, der Struktur oder des Stellen- bzw. Arbeitskräfteplanes des Betriebes"[52] ist im Arbeitsgesetzbuch von 1977 durch die Rechtsinstitute des „Aufhebungs-" und „Überleitungsvertrages"[53] sowie des „Delegierungsvertrages"[54] Rechnung getragen worden. Offene Arbeitslosigkeit wurde im Statistischen Jahrbuch der DDR nur bis zum Jahre 1958 ausgewiesen.[55] – Auf die soziale und ökonomische Problematik von Unterbeschäftigung und versteckter Arbeitslosigkeit, die sich aus der unbedingten Durchsetzung des Rechts auf Arbeit – auch in der Bundesrepublik – ergeben kann, wird im folgenden Kapitel eingegangen.

Die Rechtsposition der Arbeitnehmer wie ihrer Interessenorganisation ist in der DDR auch insoweit eingeschränkt, als beispielsweise Lohnforderungen nicht mit Hilfe von Streiks durchgesetzt werden dürfen. Zwar wird der Freie Deutsche Gewerkschaftsbund an den Verhandlungen über die Lohngestaltung beteiligt, doch werden alle wesentlichen Fragen der Ausgestaltung des Lohn- und Tarifvertragssystems vom Ministerrat entschieden. Auf die Funktionsbestimmung der Gewerkschaft als „Transmissionsriemen" für die Durchsetzung zentraler Anweisungsgewalt weist auch der Aufgabenkatalog für die Betriebsgewerkschaftsorganisation in § 22 des Arbeitsgesetzbuches hin, der es ihr auferlegt, die „gezielte Erfüllung und Übererfüllung" der zentralen Produktionsauflagen in den Unternehmen durchzusetzen.

Sozialpolitische Maßnahmen im weiteren Sinne mit der Zielrichtung auf eine Einkommensumverteilung werden in beiden Teilen Deutschlands durchgeführt. So werden z. B. niedrige Einkommen mit geringeren Steuersätzen belastet als höhere Einkommen; außerdem werden Grundnahrungsmittel, Wohnraum oder andere Güter, die zur Existenzsicherung notwendig sind, aus dem Staatshaushalt subventioniert, die Preise werden „eingefroren". Auf die Bundesrepublik beschränkt sind dagegen vermögenspolitische Maßnahmen, die durch allgemeine Sparförderung, die Förderung der Vermögensbildung von Arbeitnehmern oder durch vermögenswirksame Gewinnbeteiligung auf eine gleichmäßigere Einkommensverteilung abzielen.

Die Leistungsstruktur der Systeme der sozialen Sicherung weist in der Bundesrepublik wie in der DDR in ihren Grundzügen weitgehend Übereinstimmung auf. So werden die Leistungen in beiden Ländern immer weniger auf den Anspruch, sondern stärker auf das zu erreichende Ziel ausgerichtet (Finalprinzip); zum anderen wird auch in der Bundesrepublik der einbezogene Personenkreis immer stärker ausgeweitet. Hingegen bestehen wesentliche Unterschiede in den folgenden Teilbereichen:[56]

– Die Wahlmöglichkeiten für die Versicherten hinsichtlich

Versicherungsträger und Höhe der Leistungen sind in der Bundesrepublik wesentlich größer als in der DDR; desgleichen ist auch die Leistungsdifferenzierung in der Bundesrepublik stärker ausgeprägt.

– In der Bundesrepublik werden die Sozialleistungen in der Rentenversicherung jährlich nach einem festgelegten Verfahren („Dynamisierung der Rente") an geänderte wirtschaftliche Verhältnisse angepaßt; Bemessungsgrundlage: durchschnittlicher Bruttolohn bzw. -gehalt der Arbeiter und Angestellten. In der DDR geschieht dies von Fall zu Fall ohne ein festgelegtes Verfahren in unterschiedlichen Zeitabständen (1964, 1968, 1972, 1976, 1979); dadurch partizipieren die Rentner nur mit zeitlicher Verzögerung an einem zwischenzeitlichen Wirtschaftswachstum, werden Einkommenseinbußen durch Preiserhöhungen nur verzögert gemildert.

– In der Bundesrepublik belief sich 1978 das monatliche Nettoeinkommen[57] je Arbeitnehmer (einschließlich Auszubildende, beschäftigte Rentner und Arbeitslose) auf DM 1778,–, das der Rentner auf DM 1238,– (= 70 vH). In der DDR betrug im gleichen Jahr das Nettoeinkommen je Arbeitnehmer M 870,–, das der Rentner M 345,– (= 40 vH).[58]

– Die monatliche Durchschnittsaltersrente der Sozialversicherung erreichte 1979 in der Bundesrepublik DM 899,–, in der DDR M 322,–.[59]

– Treffen mehrere Rentenansprüche einer Person zusammen, so werden diese in der DDR in weitaus stärkerem Maße gekürzt als in der Bundesrepublik. Eine Witwenrente gibt es in der DDR nicht.

– Im Gegensatz zur Bundesrepublik unterliegt die Rentenberechnung in der DDR für Bezieher höherer Einkommen einer Nivellierungstendenz; es kommt zu einer absinkenden Relation zwischen Einkommen und Rente (vgl. S. 368). Nur für einen privilegierten Personenkreis – vor allem Armee, Polizei, Zoll, Bahn, Post, Leitungskader – trifft dies nicht zu.

– In der DDR sind Rentner und ältere Beschäftigte von der Möglichkeit zur freiwilligen Zusatzversicherung ausgeschlossen.

– Die Rentenaltersgrenze ist in der Bundesrepublik flexibel, die Arbeitnehmer können zwischen verschiedenen Möglichkeiten wählen; in der DDR ist sie starr festgelegt.

– In der Bundesrepublik wird bei einem Invaliditätsgrad von 50 vH eine Invaliditätsrente bezahlt, in der DDR bei 66 vH.

– Die Regelung von Kindergeldzuschüssen ist in der DDR großzügiger als in der Bundesrepublik, die vom Staat gewährte materielle Unterstützung kinderreicher Familien ist entscheidend höher.

– Das Gesundheitswesen in der DDR ist fast vollständig verstaatlicht; hieraus ergeben sich eingeschränkte Wahlmöglichkeiten der Patienten wie auch stärkere Nivellierungstendenzen hinsichtlich der Leistungen als in dem vorwiegend privaten Gesundheitswesen der Bundesrepublik.

– In weitaus stärkerem Maße als in der Bundesrepublik sind die Leistungen des Gesundheitswesens in der DDR auf die Gesundheitsvorsorge für die im Arbeitsprozeß Tätigen ausgerichtet.

Generell gilt: In der DDR zielt das System der sozialen Sicherung in hohem Maße auf die Förderung des Wirtschaftswachstums. Bei Hintanstellung der Alters- und Krankenversorgung werden solche Leistungen verstärkt, die die Geburtenhäufigkeit und die Berufstätigkeit der Frauen fördern. In der Bundesrepublik sind die Leistungen der sozialen Sicherung gleichmäßiger auf alle Gruppen sozialer Leistungsempfänger verteilt.

IV. Wirtschafts- und gesellschaftspolitische Wirkungen sozialpolitischen Handelns

In den Zielsetzungen der sozialen Leistungssysteme wird in der Bundesrepublik ebenso wie in der DDR – wenngleich bei unterschiedlichem verfassungsrechtlichen Verständnis und abweichender Anwendung des sozialpolitischen Instrumentariums – das Streben nach einer gleichmäßigeren und als gerecht empfundenen Verteilung der materiellen Güter durch Umverteilung der Einkommen betont. Der Begriff Umverteilung kann in zweierlei

Weise verstanden werden: erstens als sog. vertikale (innere) Umverteilung innerhalb des Systems der sozialen Sicherung, zweitens als sog. äußere Umverteilung von Mitteln des Staatshaushalts für sozialpolitische Zwecke. Eine vertikale Umverteilung ergibt sich z. B. daraus, daß die Versicherten nach Maßgabe ihrer Einkommen Beiträge bezahlen, aber unabhängig von der Beitragshöhe gleiche oder annähernd gleiche Leistungen erhalten. In der Bundesrepublik ist diese vertikale Umverteilung in der Sozialversicherung von erheblicher Bedeutung; die Beitragssätze sind, bezogen auf ein gleiches Versicherungsrisiko, in Extremfällen rund zehnmal so hoch wie der niedrigste Satz. In der DDR spielt die vertikale Einkommensverteilung infolge der niedrigen Beitragsbemessungsgrenze von 600,– M eine nur geringe Rolle.

Hinsichtlich der äußeren Umverteilung existiert in der Bundesrepublik keine geschlossene und offizielle Verteilungskonzeption. Trotz der unterschiedlichen Forderungen der großen politischen Parteien gibt es „dennoch gewisse Gleichförmigkeiten im verteilungspolitischen Verhalten der staatlichen Organe".[60] In der DDR sind die Löhne und Gehälter derjenigen Beschäftigten, die im sog. „nichtproduktiven Sektor" arbeiten – staatliche Administration, Handel, Verkehr, Dienstleistungsbereich – in die Umverteilung einbezogen; der „nichtproduktive Sektor" ist also im Gegensatz zur Bundesrepublik weitergefaßt, entsprechend auch der Umverteilungsbegriff. – Infolge der Komplexität der Problematik wie auch der lückenhaften statistischen Erfassung ist eine hinreichende Quantifizierung für beide Sozialsysteme bisher nicht gelungen.

Sozialpolitik als Instrument der Umverteilung von Einkommen, die sich entweder auf Märkten gebildet haben oder durch zentrale Planung festgelegt worden sind, wird ganz allgemein – unabhängig von dem jeweils realisierten sozialpolitischen Leitbild und den daraus abgeleiteten sozialpolitischen Zielen – zur Lösung von Verteilungskonflikten eingesetzt. In der Bundesrepublik ist die Verteilung der Erwerbseinkommen (durch den Markt) und der Sozialeinkommen (durch soziale Sicherungsträger, öffentliche Haushalte) institutionell getrennt; dadurch können die jeweils auftretenden Konflikte isoliert und gezielter angegangen werden.

Zudem wird durch hinreichende Information eine öffentliche Diskussion der anstehenden Probleme ermöglicht, wodurch die Interessen der Betroffenen klarer erkannt und ggf. besser berücksichtigt werden können. Diesem Zweck dienen z. B. der jährliche Sozialbericht der Bundesregierung, der über durchgeführte und geplante Maßnahmen informiert, das Sozialbudget, das über eine mittlere Frist eine umfassende Zusammenstellung sämtlicher sozialer Leistungen (wenn auch ohne Verbindlichkeit) gibt, wie auch der Sozialbeirat, der alljährlich für die Bundesregierung ein Gutachten zur Rentenentwicklung erstellt.

Umfassende Verteilungsprobleme und -konflikte entstehen auch in der DDR, sie sind jedoch – nach parteioffiziellem Verständnis – „unter dem Aspekt der gesamtgesellschaftlichen Entwicklung als Ausdruck der Durchsetzung der ‚sozialistischen Produktionsweise' zu interpretieren".[61] Verteilungskonflikte werden daher nicht in der Öffentlichkeit ausgetragen, sondern in den zentralen Lenkungsorganen entschieden. Insoweit werden die Interessen der jeweils betroffenen Individuen oder Gruppen den zentralen Zielen untergeordnet. Dies zeigt sich auch darin, daß Berichte über Stand und Entwicklung sozialpolitischer Problemlagen unzureichend vorhanden sind und die zugänglichen Statistiken einen nur begrenzten Informationswert besitzen.

Sozialpolitik wird heute, über den traditionellen Aufgabenbereich der sozialen Sicherung hinaus, auch als Instrument zur sozialökonomischen Strukturgestaltung verstanden: zur Förderung schulischer Vorbildung und beruflicher Ausbildung, zur beruflichen Umschulung, zur Einflußnahme auf die Familiengröße und zur Stimulierung oder Abbremsung sozio-demographischer Prozesse ganz allgemein, letztlich auch zur Strukturierung der Gesellschaft insgesamt. Letzteres trifft prinzipiell für die realisierte Sozialpolitik in der DDR zu, ist aber auch die Zielvorstellung einer Reihe von Sozialpolitikern in der Bundesrepublik. Für die gesellschaftlichen Strukturen in beiden Teilen Deutschlands trifft zudem im wesentlichen gleichermaßen zu, daß durch die Dynamik der technisch-industriellen Prozesse ebenso wie durch Änderungen in den sittlich-kulturellen Konventionen in Zukunft ganz allgemein offen oder verdeckt geführte Umverteilungskonflikte noch an Bedeutung gewinnen werden, zum einen durch Verschiebung der Aktivitäten innerhalb des traditionellen sozialpolitischen Tätigkeitsfeldes, zum anderen durch verstärkte Akzentuierung und Berücksichtigung neuer Aufgabenbereiche und Funktionsmerkmale. – Dies zeigt sich in den beiden Teilen Deutschlands in unterschiedlichen gesellschaftlichen Strukturkomponenten und politischen Entscheidungsprozessen und -trägern.

In der DDR gilt diesbezüglich das parteioffizielle Selbstverständnis, daß sie ein „wesensmäßig sozialer Staat" a priori sei, worauf sich der einzelne durch eine „sozialistische Lebensweise" auszurichten habe. Da aber diese Anforderungsnorm an den einzelnen Menschen über „das ‚Zusammenfallen' oder ‚Identisch-Sein' von Produktions- und Lebensweise im Sinne der bestimmenden Rolle der Produktionsweise"[62] die „gewissenhafte, ehrliche, gesellschaftlich nützliche Arbeit als Herzstück"[63] beinhaltet und fordert, ist sie in erster Linie eine Norm, die den Bürger den zentral festgelegten Anforderungen des Volkswirtschaftsplans unterwirft, durch den die Bedürfnisse der „Gesellschaft" nach Maßgabe der Rangordnung der zentralen Planziele bestimmt werden. Dies gilt nach „Aufdeckung des Zusammenhanges mit dem Leistungsprinzip"[64] auch für die Verteilung aus den gesellschaftlichen Fonds – also für die Sozialpolitik. Auf dem X. Parteitag der SED im Jahre 1981 wurde deutlich, daß die Sozialpolitik der achtziger Jahre – nach einer Nachholphase sozialer Sicherungsgesetze in den siebziger Jahren – weniger sozial induziert als wachstumsorientiert sein wird und, „untrennbar mit der materiellen Interessiertheit, mit der konsequenten Anwendung des Leistungsprinzips verbunden"[65], gesellschaftsstrukturierend auf das Anwachsen der Produktivkraft zurückwirken soll.

In der Bundesrepublik ist die Diskussion über Aufgabenbereich und Funktionsverständnis von Sozialpolitik in den letzten Jahren verstärkt durch theoretische Kontrapositionen gekennzeichnet. Auf der einen Seite finden sich politische Interessenvertreter und Sozialwissenschaftler, die Sozialpolitik auch als Vehikel für eine umfassende „Sozialreform" verstehen, durch die letztlich eine

Umwälzung der gesellschaftlichen Verhältnisse mitbewirkt werden soll. Dieses politische Wollen reicht bis in die Gründungszeit der Bundesrepublik zurück.[66] Dem stehen Sozialwissenschaftler gegenüber, die Sozialpolitik weder als Selbstzweck noch als Mittel zu dem oben angeführten Zweck ansehen, sondern als Mittel zur „Verbesserung der Lebenslagen gesellschaftlich schwacher Personenmehrheiten", ohne daß die wesentlichsten Voraussetzungen hierfür: der Leistungswille der arbeitenden Bevölkerung und ein funktionstüchtiges Wirtschaftssystem, in Frage gestellt werden. In der realisierten Sozialpolitik etwa der letzten zehn Jahre meinen aber diese Sozialwissenschaftler eine Mißachtung der ökonomischen Voraussetzungen erkennen zu können, indem Sozialeinkommen vor allem durch Mehrbelastung erwerbswirtschaftlicher Masseneinkommen finanziert, die wirtschaftliche Aktivität gerade der unternehmerischen Kräfte gelähmt und dabei letztlich ökonomische Verhältnisse simuliert werden, die weder dem tatsächlichen Stand der volkswirtschaftlichen Leistungskraft entsprechen, noch dem marktwirtschaftlichen System konform sind.[67]

Tatsächlich ist in der Bundesrepublik der Anteil der Transferleistungen an den öffentlichen Haushalten enorm gestiegen. Zugleich sind bei der gesetzlichen Regelung sozialpolitischer Tätigkeitsfelder (z.B. Mietrecht, arbeitsrechtliche Regelungen) durchaus kontraproduktive Wirkungen zu beobachten, da deren Ausgestaltung nur zu häufig lediglich als politische Auseinandersetzung zwischen den Organisationen und Interessenvertretern gesellschaftlicher Gruppen begriffen wird, ohne daß mögliches Fehlverhalten sozialer Leistungsempfänger, z.B. die unberechtigte Inanspruchnahme von Leistungen, Berücksichtigung in den Regelungen findet. Sachargumente bleiben bei politisch wie sozial brisanten Problemen – wie derzeit Arbeitslosigkeit und Beschäftigungsprogramm – auch deshalb oftmals unberücksichtigt, weil die politischen Entscheidungsträger sich dem politischen Wahlmechanismus ausgesetzt sehen und daher „sozialen Lösungen" zustimmen (vgl. erster Teil dieses Bandes).

Die Gefahr, bessere ökonomische Verhältnisse zu simulieren,

wird auch in der Diskussion über Arbeitslosigkeit und das vom Staat zu finanzierende Beschäftigungsprogramm sichtbar. Unter isoliert „sozialem" Aspekt scheint ein solches Programm sozialethisch geradezu notwendig. Damit wird nicht selten zugleich die Forderung nach dem individuellen Recht auf Arbeit erhoben – nicht zuletzt mit Blick auf die DDR. Dies bedarf allerdings einer näheren Betrachtung.

In der DDR kann es nach dem politökonomischen Verständnis der SED aufgrund der realisierten Gesellschaftsordnung keine Arbeitslosigkeit geben. Diesbezügliche Regelungen meinte man daher vernachlässigen zu können. Nur bis zum Jahre 1958 wurde statistisch eine minimale Arbeitslosigkeit ausgewiesen, ein Arbeitslosengeld wurde nach einer Verordnung von 1947 gezahlt. Durch das Arbeitsgesetzbuch von 1977 wurde diese Verordnung außer Kraft gesetzt, und für möglicherweise fluktuationsbedingte und friktionelle Arbeitsfreisetzungen sind die Rechtsinstitute der Delegierungs- und Überleitungsverträge geschaffen worden. Danach kann der zeitweilige Einsatz eines Werktätigen oder die Aufnahme eines ständigen Arbeitsverhältnisses in einem anderen Betrieb zwar vertraglich festgelegt, de facto aber von den Betriebsleitern erzwungen werden. In anderen sozialistischen Ländern wird dagegen Arbeitslosigkeit statistisch ausgewiesen. So hat beispielsweise in Polen die Staatliche Plankommission die Zahl der Jugendlichen ohne Ausbildung und ohne Arbeit für 1970 auf 600 000 (210 000 + 390 000) geschätzt.[68]

Ganz allgemein muß die unbedingte Durchsetzung des Rechts auf Arbeit beispielsweise schon dann, wenn die regionale Verteilung der Produktionsstätten nicht deckungsgleich mit der der vorhandenen Arbeitskräfte ist oder infolge technischen Fortschritts Arbeitskräfte freigesetzt werden können, zu Beschäftigungsproblemen in Form von Unterbeschäftigung oder „versteckter Arbeitslosigkeit" führen. „Volkswirtschaftlich gesehen besteht Unterbeschäftigung dann, wenn ein Teil des vorhandenen Produktionsfaktors Arbeit freiwillig oder unfreiwillig nicht produktiv genutzt wird."[69] Der Grad der Unterbeschäftigung ließe sich daran messen, daß Arbeitskräfte „ihren Arbeitsplatz auch dann behalten, wenn das vom Produktionsvolumen her gesehen gar nicht erforderlich ist (sogenannte versteckte Arbeitslosigkeit)". Ein betriebliches Interesse an dem in sozialistischen Ländern oft beklagten „Verstecken von Kapazitätsreserven" besteht insofern, als Unternehmen, zudem wenn sie nicht für alle Lohnkosten verantwortlich sind, die zentralen Planauflagen dann leichter und risikoloser erfüllen können.

Das Brachliegen oder auch nur die geringere Effizienz der eingesetzten Arbeitskräfte hat dann zwangsläufig zur Folge, daß das Sozialprodukt (in sozialistischer Terminologie: das Nationaleinkommen) nicht die Größenordnung erreicht, die es bei optimalem Einsatz der Arbeitskräfte erreichen könnte. Letztlich bedeutet dies, daß die materielle Versorgung der Bevölkerung wie auch die Selbstverwirklichung in der Arbeit – wenn Arbeitsqualifikation und -anforderung stark divergieren – geringer als möglich sind.

Diese Konsequenzen sind zu bedenken bei den periodischen Erwägungen in der Bundesrepublik, das „Recht auf Arbeit" in das Grundgesetz aufzunehmen. Einen Trend in Richtung „Wohlfahrtsstaat" resp. „Sozialstaat" hatte Gerhard Albrecht[70] bereits 1959 konstatiert. Das spürbar nachlassende Verständnis dafür, daß das Gemeinwohl stets am besten gewährleistet ist, wenn die wirtschaftenden Menschen – und auch die Arbeitnehmer – ihre individuellen und wirtschaftlichen Angelegenheiten selbstverantwortlich und soweit irgend möglich frei von staatlicher Hilfe regeln, zeigt, daß „man keinen anderen Weg aus der Unsicherheitspsychose der Zeit zu finden weiß als den der allseitigen und immer auskömmlicheren Rentengewährung".[71]

Der ideologisch und realpolitisch bedingten Einengung des individuellen Entscheidungsfreiraums in der DDR steht insoweit ein Abbau des individuellen Verantwortungsgefühls zugunsten einer sogenannten „gesellschaftlichen" Verantwortung in der Bundesrepublik gegenüber. „Gesellschaft" wird dabei begriffen als quasi „denkendes Kollektiv", das, sozialverpflichtet, oberhalb von einem als nur „egoistisch" interpretierten Wollen von Individuen und Gruppen existiere. Hierbei bleibt zu fragen, inwieweit das, was von den jeweiligen Entscheidungsträgern im „gesellschaftlichen Interesse" oder aus „sozialer Fürsorge" durchgesetzt wird, tatsächlich den Interessen der einzelnen entspricht und längerfristig ohne Beeinträchtigung des wirtschaftlichen Leistungswillens machbar ist.

Eine solche Fragestellung kann in der DDR nicht Gegenstand offizieller Diskussionen sein, sondern gilt – trotz der erkennbar vorhandenen Interessendivergenzen – definitionsgemäß mit der Übereinstimmung der individuellen mit den gesellschaftlichen Interessen als beantwortet. Die eigentliche Problematik einer Sozialpolitik, die auch oder vor allem als Gesellschaftspolitik verstanden wird, liegt darin, die ordnungspolitischen Sachnotwendigkeiten und Erkenntnisse mit den sozialethischen Zielvorstellungen und Forderungen in Einklang zu bringen.

Anmerkungen

1. Teil: Gesellschaftstheoretische Fundierung der Wirtschaftssysteme
(Helmut Leipold)

[1] Vgl. K.P. Hensel: Grundformen der Wirtschaftsordnung, Marktwirtschaft – Zentralverwaltungswirtschaft, 3. Aufl., München 1978, S. 18 ff. Zur Definition der Wirtschaftsordnung vgl. auch H. Lampert: Die Wirtschafts- und Sozialordnung der Bundesrepublik Deutschland, 7. Aufl., München/Wien 1981, S. 17 ff.

[2] Vgl. E.G. Furubotn, S. Pejovich: Property Rights and Economic Theory: A Survey of Recent Literature, in: Journal of Economic Literature, Dec. 1972, S. 1137–1162; H. Leipold: Theorie der Property Rights, in: WiSt, Wirtschaftswissenschaftliches Studium, 11/1978, S. 518–525.

[3] Vgl. Die neue Verfassung der DDR, Köln 1974, S. 82.

[4] Vgl. Grundgesetz für die Bundesrepublik Deutschland, Bonn 1975, S. 26 f.

[5] BVerfG 24, S. 389 f.

[6] Einen Überblick über diese Kontroversen vermitteln P. Erlinghagen: Der Streit um die Wirtschaftsverfassung der Bundesrepublik, in: Festgabe für Heinrich Herrfahrdt zum 70. Geburtstag, hrsg. von E. Schwinge, Marburg 1961, S. 5–17; G. Gutmann: Marktwirtschaft und freiheitlich-demokratische Verfassungsordnung, in: Zeitschrift für Politik, 4/1975, S. 338–354.

[7] Vgl. K.P. Hensel: Grundgesetz – Wirtschaftsordnungen, in: ORDO, Bd. 14/1963, S. 43–62, hier S. 52.

[8] F. Jonas: Geschichte der Soziologie, Bd. I, Reinbek bei Hamburg 1968, S. 74.

[9] J. Locke: Über die Regierung (The Second Treatise of Government), Stuttgart 1974, S. 22.

[10] Ebenda, S. 29.

[11] Vgl. hierzu genauer R. Schlatter: Private Property. The History of an Idea, London 1951, S. 156 ff.

[12] Vgl. J. Locke (Anm. 9), S. 23.

[13] K. Marx: Das Kapital, Erster Band, in: MEW Bd. 23, Berlin (O) 1972, S. 905. Zur Kritik von Locke vgl. auch C.B. Macpherson: Die politische Theorie des Besitzindividualismus. Von Hobbes bis Locke, Frankfurt a. M. 1967, S. 250 ff.

[14] Vgl. R. Schlatter (Anm. 11), S. 186 und S. 274.

[15] Vgl. zum folgenden D. Hume: Untersuchung über die Prinzipien der Moral, übersetzt von C. Winckler, Leipzig 1929; derselbe: Über die menschliche Natur, übersetzt von L.H. Jacob, Halle 1791/92. Zur Eigentumstheorie von

Hume vgl. auch R. Schlatter (Anm. 11), S. 239 ff.; L. Robbins: The Theory of Economic Policy in English Classical Political Economy, London 1953, S. 49 ff.

[16] Vgl. D. Hume: Untersuchung (Anm. 15), S. 30 ff.

[17] Vgl. H. Demsetz: Toward a Theory of Property Rights, in: American Economic Review, Vol. 57/1967, S. 347–373, vgl. hierzu genauer Vierter Teil dieses Bandes; ferner J. M. Buchanan: The Limits of Liberty, Chicago/London 1975, S. 17 ff., dessen Eigentumstheorie an D. Hume orientiert ist.

[18] E. Streissler: Privates Produktiveigentum – Stand und Entwicklungstrends der Auffassungen in kapitalistischen Ländern, in: Eigentum – Wirtschaft – Fortschritt, Veröffentlichungen der Walter-Raymond-Stiftung, Bd. 12, Köln 1970, S. 76–133, hier S. 98.

[19] L. Mises: Die Gemeinwirtschaft, Untersuchungen über den Sozialismus, Jena 1922, S. 497.

[20] A. Smith: Der Wohlstand der Nationen, übersetzt von H. C. Recktenwald, München 1974, S. 106.

[21] Vgl. hierzu die Würdigung des Werkes von Smith durch H. C. Recktenwald, in: A. Smith (Anm. 20), S. XXXV ff.; ferner F. Jonas (Anm. 8), S. 99 ff.

[22] A. Smith (Anm. 20), S. 16.

[23] Ebenda, S. 282.

[24] Vgl. ebenda, S. 587 ff.

[25] Ebenda, S. 604.

[26] Vgl. F. Böhm: Die Ordnung der Wirtschaft als geschichtliche Aufgabe und rechtschöpferische Leistung, Stuttgart und Berlin 1937.

[27] W. Eucken: Grundsätze der Wirtschaftspolitik, 2. Aufl., Tübingen/Zürich 1955, S. 31.

[28] Ebenda, S. 55.

[29] Ebenda, S. 254 ff. und S. 291 ff.

[30] Ebenda, S. 275.

[31] Ebenda, S. 317.

[32] Vgl. F. A. v. Hayek: Grundsätze einer liberalen Gesellschaftsordnung, in: derselbe: Freiburger Studien, Gesammelte Aufsätze, Tübingen 1969, S. 108–125, hier S. 113.

[33] F. A. v. Hayek: Der Weg zur Knechtschaft, München 1971, S. 138.

[34] F. A. v. Hayek: Arten der Ordnung, in: derselbe: Freiburger Studien (Anm. 32), S. 32–46, hier S. 42 f.

[35] A. Müller-Armack: Soziale Marktwirtschaft, in: Handwörterbuch der Sozialwissenschaften, Bd. 9, Stuttgart-Tübingen-Göttingen 1956, S. 390–392, hier S. 390.

[36] Vgl. A. Müller-Armack: Das gesellschaftspolitische Leitbild der Sozialen Marktwirtschaft, in: Wirtschaftspolitische Chronik, 3/1962, S. 7–28, hier S. 10 f., derselbe: Die wissenschaftlichen Ursprünge und die künftige Verfassung der Sozialen Marktwirtschaft, in: Wirtschaftspolitische Chronik, 3/1973, S. 7–20.

³⁷ A. Müller-Armack: Das gesellschaftspolitische Leitbild (Anm. 36), S. 11.

³⁸ Vgl. die konzeptionellen Beiträge im Sammelband A. Müller-Armack: Wirtschaftsordnung und Wirtschaftspolitik, Freiburg i. Br. 1966, S. 19–170 und S. 267–291. Vgl. auch L. Erhard: Deutsche Wirtschaftspolitik, Düsseldorf-Wien-Frankfurt a. M. 1962.

³⁹ Zur Konzeption des freiheitlichen Sozialismus vgl. G. Weisser: Freiheitlicher Sozialismus, in: Handwörterbuch der Sozialwissenschaften, Bd. 9, Stuttgart-Tübingen-Göttingen 1956, S. 509–518. Zur Verbindung zwischen Neoliberalismus und Neosozialismus vgl. E. Arndt: Wirtschaftsordnung und Ordnungspolitik im Wandel – Liberalismus, Neoliberalismus, Zukunft der Marktwirtschaft, in: Wirtschaft und Gesellschaft, Ordnung ohne Dogma, Festschrift für H. D. Ortlieb, hrsg. v. E. Arndt, W. Michalski, B. Molitor, Tübingen 1975, S. 57–79; M. Wulff: Die neoliberale Wirtschaftsordnung, Tübingen 1976, S. 37 ff.

⁴⁰ Vgl. K. Schiller: Der Ökonom und die Gesellschaft, Stuttgart 1964.

⁴¹ Vgl. Sozialbericht 1980, Bundestagsdrucksache 8/4227, S. 75 f.

⁴² Zur Entwicklung des Bruttosozialprodukts und der Personalausgaben vgl. Statistisches Jahrbuch für die Bundesrepublik Deutschland 1981, S. 37 und S. 424 ff. Zur Abgabenbelastung sowie ergänzend zur Personal- und Schuldenentwicklung im öffentlichen Sektor vgl. Zahlen zur wirtschaftlichen Entwicklung der Bundesrepublik Deutschland – Ausgabe 1981, hrsg. vom Institut der Deutschen Wirtschaft, Köln 1981, S. 8, 24, 28, 39. Zur Verschuldung der öffentlichen Haushalte vgl. ferner Monatsberichte der Deutschen Bundesbank, Juli 1979, S. 21, März 1980, S. 58, November 1981, S. 58.

⁴³ J. Eekhoff, G. Werth: Auswirkungen des zweiten Wohnraumkündigungsschutzgesetzes, Forschungsbericht des Instituts für empirische Wirtschaftsforschung, Heft 39, Saarbrücken 1978, S. 64.

⁴⁴ Zu diesen und weiteren Daten und Regelungen des Gesundheitswesens vgl. P. Oberender: Mehr Wettbewerb im Gesundheitswesen. Zur Reform des Gesundheitswesens in der Bundesrepublik Deutschland, in: Jahrbuch für Sozialwissenschaft, 2/1980, S. 145–176, hier S. 146. Zur Analyse und Kritik weiterer sozialstaatlicher Bereiche vgl. W. Hamm: An den Grenzen des Wohlfahrtsstaats, in: ORDO, Bd. 32/1981, S. 117–139. R. Merklein: Griff in die eigene Tasche, Reinbek bei Hamburg 1980. W. Engels: Eine konstruktive Kritik des Wohlfahrtsstaates, Tübingen 1979. Zu empirischen Belegen über Kosten- und Produktivitätsnachteile öffentlicher Betriebe und Bürokratien vgl. Ch. B. Blankart: Ökonomie der öffentlichen Unternehmen, München 1980, S. 153 ff.

⁴⁵ Vgl. W. Eucken (Anm. 27), S. 334 ff.

⁴⁶ Vgl. als Übersichten über Ansätze zur Reform der Staatsaufgaben W. Engels: Reform der Staatswirtschaft: Eine Problemübersicht, hrsg. v. d. Stiftung Gesellschaft und Unternehmen, Frankfurt a. M. 1978; R. Vaubel: Alternative Ansätze zur Kürzung der Staatsausgaben, in: Wirtschaftsdienst, 1/1982, S. 43–52.

⁴⁷ Politische Ökonomie des Sozialismus, Berlin (O) 1973, S. 91. Als bündige

Fassung des Zusammenhangs von Produktivkräften und Produktionsverhältnissen vgl. K. Marx: Zur Kritik der Politischen Ökonomie, in: MEW Bd. 13, Berlin (O) 1961, S. 7–11.

[48] Politische Ökonomie des Kapitalismus und des Sozialismus, 2. Aufl., Berlin (O) 1974, S. 15.

[49] Vgl. ebenda, S. 20.

[50] F. Engels: Die Entwicklung des Sozialismus von der Utopie zur Wissenschaft, in: MEW Bd. 19, Berlin (O) 1962, S. 189–228, hier S. 226.

[51] Vgl. zu diesem Begründungszusammenhang: Volkswirtschaftsplanung, hrsg. v. H. H. Kinze, H. Knop, E. Seifert, Berlin (O) 1975, S. 45 ff.

[52] Vgl. Artikel Freiheit, in: Philosophisches Wörterbuch, hrsg. v. G. Klaus, M. Buhr, Leipzig o. J., S. 196 ff.

[53] F. Engels: Herrn Eugen Dührings Umwälzung der Wissenschaft („Anti-Dühring"), Berlin (O) 1971, S. 106.

[54] Zum Verteilungsproblem vgl. auch H. Leipold: Einkommensverteilung nach der Leistung als Preisbildungsproblem, in: Einkommensverteilung im Systemvergleich, hrsg. v. D. Cassel, H. J. Thieme, Stuttgart 1976, S. 59–71, hier S. 65 ff.

[55] Vgl. Ch. Helberger: Marxismus als Methode, Frankfurt a. M. 1974, S. 40 ff.

[56] Siehe zu diesen Vorstellungen Engels (Anm. 53), S. 288.

[57] Vgl. zum sozialistischen Menschenbild H. Siebert: Auf dem Weg zum neuen Menschen – Pädagogik und Bildungspolitik in der DDR, in: Wissenschaft und Gesellschaft in der DDR, 2. Aufl., München 1971, S. 208–231.

2. Teil: Ordnungspolitische Gestaltung der Wirtschaftssysteme
(Hannelore Hamel)

[1] Hierzu vgl. H. Winkel: Die Wirtschaft im geteilten Deutschland 1945–1970, Wiesbaden 1974, S. 26 ff.; Materialien zum Bericht zur Lage der Nation 1974, hrsg. v. Bundesministerium für innerdeutsche Beziehungen, Bonn 1974, S. 337 ff.; G. Leptin: Deutsche Wirtschaft nach 1945, hrsg. v. d. Niedersächsischen Landeszentrale für Politische Bildung, Hannover 1970, S. 17 ff.

[2] Vgl. W. Krause: Die Entstehung des Volkseigentums in der Industrie der DDR, Berlin 1958, S. 83.

[3] Lt. SMAD-Befehl Nr. 167 vom 5. 6. 1946.

[4] Vgl. H. Schütze: „Volksdemokratie" in Mitteldeutschland, Hannover 1960, S. 22–24.

[5] H. Lampert: Die Wirtschafts- und Sozialordnung der Bundesrepublik Deutschland, 7. Aufl., München/Wien 1981, S. 75.

[6] Vgl. G. Stolper, K. Häuser, K. Borchardt: Deutsche Wirtschaft seit 1870, Tübingen 1964, S. 238 ff. Eine eindrucksvolle Schilderung der Nachkriegszustände

findet sich auch bei G. Stolper: Die deutsche Wirklichkeit, Hamburg 1949, S. 292.

[7] Vgl. Winkel (Anm. 1), S. 36 f.

[8] Vgl. ebenda, S. 39.

[9] Vgl. E. R. Baumgart: Investitionen und ERP-Finanzierung, Berlin 1961, S. 120–125.

[10] Vgl. Lampert (Anm. 5), S. 82; Winkel (Anm. 1), S. 13 f.

[11] Vgl. Krause (Anm. 2), S. 137.

[12] H. Rasch: Das Ende der kapitalistischen Rechtsordnung, Heidelberg 1946.

[13] Vgl. A. Arndt: Das Problem der Wirtschaftsdemokratie in den Verfassungsentwürfen, in: Süddeutsche Juristen-Zeitung, 6/1946, S. 137–141. Vgl. hierzu auch Leipold im 1. Teil dieses Bandes.

[14] Vgl. W. Eucken: Grundsätze der Wirtschaftspolitik, Hamburg 1952, S. 271: „Privateigentum gehört zu den Voraussetzungen der Wettbewerbsordnung." F. Böhm: Die Bedeutung der Wirtschaftsordnung für die politische Verfassung, in: Süddeutsche Juristen-Zeitung, 6/1946, S. 141–149.

[15] L. Erhard: Deutsche Wirtschaftspolitik, Düsseldorf/Wien/Frankfurt a. M. 1962, S. 15 ff. Vgl. auch A. Schüller: Die Wirtschaftsordnung der Bundesrepublik Deutschland und ihre Strukturbedingungen, in: Wirtschaftspolitische Chronik, hrsg. v. Institut für Wirtschaftspolitik an der Universität zu Köln, 2/1975, S. 7–55, hier S. 12, Anm. 13.

[16] Der Wortlaut dieses Gesetzes ist wiedergegeben bei G. Gutmann, H. J. Hochstrate, R. Schlüter: Die Wirtschaftsverfassung der Bundesrepublik Deutschland, Stuttgart 1964, S. 8 ff.

[17] Vgl. A. Müller-Armack: Wirtschaftslenkung und Marktwirtschaft, Hamburg 1947; Schüller (Anm. 15), S. 29.

[18] Zu den kontroversen juristischen Lehrmeinungen vgl. W. Bohling: Die Anforderungen des Grundgesetzes an die Wirtschaftsordnung, in: Wirtschaftsordnung und Grundgesetz, hrsg. v. W. Bohling, Stuttgart/New York 1981, S. 1–26; Lampert (Anm. 5), S. 99 ff.; F. Pilz: Das System der Sozialen Marktwirtschaft, 2. Aufl., München 1981, S. 38 ff.; R. Schlüter: Grundgesetz und Wirtschaftsordnung, in: G. Gutmann u. a.: Die Wirtschaftsverfassung der Bundesrepublik Deutschland, 2. Aufl., Stuttgart/New York 1979, S. 11–23.

[19] K. P. Hensel: Grundgesetz und Wirtschaftsordnungen, in: Ders.: Systemvergleich als Aufgabe, Stuttgart/New York 1977, S. 160–172, hier S. 166. In dieser ordnungstheoretischen Studie weist Hensel nach, daß das Grundgesetz mit einem Wirtschaftssystem staatlicher Planung der Prozesse unvereinbar ist. Vgl. auch Schlüter (Anm. 18), S. 18 ff.; Lampert (Anm. 5), S. 104 ff. Die gleiche Auffassung vertritt G. Dürig in: Maunz-Dürig-Herzog: Grundgesetz, Kommentar, 4. Aufl., München 1974, Art. 2, Abs. I, Rand-Nr. 46.

[20] Lampert (Anm. 5), S. 105.

[21] Vgl. Hensel (Anm. 19), S. 170. Der von einigen Verfassungsrechtlern ver-

tretenen These von der „Offenheit der Verfassung" im Sinne einer wirtschafts- und sozialpolitischen Gestaltungsfreiheit ist insoweit zuzustimmen; vgl. K. Hesse: Grundzüge des Verfassungsrechts der Bundesrepublik Deutschland, 11. Aufl., Karlsruhe 1978, S. 11 ff. Dieser Gestaltungsspielraum wird jedoch durch die grundgesetzlich garantierten individuellen Freiheitsrechte begrenzt.

[22] Lt. Präambel des Leitsätze-Gesetzes, zit. bei Gutmann, Hochstrate, Schlüter (Anm. 16), S. 9 ff.

[23] J. Rueff: Natürliche Erklärung eines Wunders, in: Wirtschaft ohne Wunder, Erlenbach/Zürich 1953, S. 204–222, hier S. 205.

[24] Vgl. Winkel (Anm. 1), S. 61.

[25] Vgl. ebenda, S. 63.

[26] Vgl. H. Müller, K. Reißig: Wirtschaftswunder DDR, Berlin (O) 1969, S. 113.

[27] Vgl. A. Beyer: Die Reformpolitik der DDR in den Parteibeschlüssen, in: L. Bress, K. P. Hensel u. a.: Wirtschaftssysteme des Sozialismus im Experiment – Plan oder Markt, Frankfurt a. M. 1972, S. 107–148, hier S. 111.

[28] Materialien (Anm. 1), S. 176.

[29] H. Such, R. Schüsseler u. a.: Lehr- und Studienmaterial zum Wirtschaftsrecht, Heft 2, Allgem. Teil II, Berlin (O) 1972, S. 9.

[30] Obwohl ordnungs- und prozeßpolitische Maßnahmen in der Praxis nicht immer streng voneinander zu trennen sind, hat sich diese Unterscheidung in der Theorie als sinnvoll erwiesen. Einen schematischen Überblick gibt H. Leipold: Wirtschafts- und Gesellschaftssysteme im Vergleich, 3. Aufl., Stuttgart 1981, S. 121; vgl. auch E. Tuchtfeldt: Das Instrumentarium der Wirtschaftspolitik, in: Hamburger Jahrbuch für Wirtschafts- und Gesellschaftspolitik, 2. Jahr, Tübingen 1957, S. 52–64.

[31] Vgl. Winkel (Anm. 1), S. 49 ff.

[32] Vgl. Beyer (Anm. 27), S. 109.

[33] Vgl. Winkel (Anm. 1), S. 29.

[34] Rueff (Anm. 23), S. 205 f.

[35] G. Gutmann, W. Klein, S. Paraskewopoulos, H. Winter: Die Wirtschaftsverfassung der Bundesrepublik Deutschland, 2. Aufl., Stuttgart/New York 1979, S. 33.

[36] Wenngleich die Beweggründe hierfür verständlich waren, widersprach die Beibehaltung der Reglementierung einzelner Wirtschaftszweige eindeutig der marktwirtschaftlichen Ordnungskonzeption und führte zu Strukturverzerrungen mit hohen volkswirtschaftlichen Folgekosten. Vgl. Schüller (Anm. 15), S. 13 ff.

[37] W. Becker, J. Ullrich, H. Zipser: Ökonomische Gesetze im Blickpunkt, Berlin (O) 1973, S. 26.

[38] Vgl. W. Bröll: Das sozialistische Wirtschaftssystem, in: DDR – Das politische, wirtschaftliche und soziale System, hrsg. v. H. Rausch, Th. Stammen, 2. Aufl., München 1974, S. 121–170, hier S. 134.

[39] K. Mewis: Über einige Grundfragen der Planung, in: Die Wirtschaft, Berlin (O) 42–43/1961, Sonderausgabe, S. 6 ff., hier S. 7.

[40] Müller, Reißig (Anm. 26), S. 367.

[41] Vgl. DDR-Wirtschaft, hrsg. v. DIW, Frankfurt 1974, S. 378, 390.

[42] Vgl. H. Lipfert: Wandlungen von Kapitalstruktur und Finanzierungsformen deutscher Industrie-Aktiengesellschaften, in: Strukturwandlungen einer wachsenden Wirtschaft, hrsg. v. F. Neumark, Bd. II, Berlin 1964, S. 576–639, hier S. 591.

[43] Vgl. H. Hamel: Mitbestimmung, in: Gutmann, Hochstrate, Schlüter (Anm. 16), S. 363–379, hier S. 372 ff.; K. P. Hensel: Das Problem der Mitbestimmung aus gesamtwirtschaftlicher Sicht, in: ORDO, Jahrbuch für die Ordnung von Wirtschaft und Gesellschaft, Bd. XVIII, Düsseldorf/München 1967, S. 251–277.

[44] Vgl. Gutmann u. a. (Anm. 35), S. 89 ff.

[45] Gesetz über die weitere Demokratisierung des Aufbaus und der Arbeitsweise der staatlichen Organe in den Ländern der DDR, vom 23. 7. 1952, in: GBl. 1952, S. 613.

[46] Vgl. hierzu ausführlich H. Hamel: Das sowjetische Herrschaftsprinzip des demokratischen Zentralismus in der Wirtschaftsordnung Mitteldeutschlands, Berlin 1966.

[47] R. Rost: Der demokratische Zentralismus unseres Staates, Berlin (O) 1959, S. 54.

[48] D. h. die Koordinierung aller im Bezirk vorhandenen örtlichen Betriebe (Kleinindustrie, Handwerk, Reparaturen und Dienstleistungen) und der zentralgeleiteten VEB. Vgl. Hamel (Anm. 46), S. 100.

[49] Vgl. Materialien (Anm. 1), S. 322.

[50] Hierin liegt nach Hensel der negative Aspekt des Interessenproblems, der durch geeignete ordnungs- und prozeßpolitische Instrumente zu begrenzen ist, damit der positive Aspekt des Interessenproblems zum Tragen kommt, der im Falle eines strengen Bedingungszusammenhangs zwischen Leistungen und Leistungserfolgen gegeben ist, da hierdurch die Einzelinteressen zugleich zugunsten der Gesamtinteressen an der Knappheitsminderung wirken. Vgl. K. P. Hensel: Das Profitprinzip – seine ordnungspolitischen Alternativen in sozialistischen Wirtschaftssystemen, in dem Buch gleichnamigen Titels von K. P. Hensel, U. Wagner, K. Wessely, Stuttgart 1972, S. 4–22, hier S. 11 f.

[51] Vgl. Jahresgutachten 1967/68 des Sachverständigenrates zur Begutachtung der gesamtwirtschaftlichen Entwicklung: Stabilität im Wachstum, Stuttgart/Mainz 1967, Tz. 1 ff., sowie Materialien (Anm. 1), S. 319.

[52] BGBl. I/1967, S. 582 ff.; vgl. hierzu Materialien (Anm. 1), S. 278 ff.; Lampert (Anm. 5), S. 133 ff.

[53] K. Schiller: Stabilität und Wachstum als wirtschaftspolitische Aufgabe, in: Bulletin des Presse- und Informationsdienstes der Bundesregierung, 15/1967, S. 119.

⁵⁴ So wurde beispielsweise 1968 mit einem Wachstum des Volkseinkommens von 4 vH gerechnet, was zu relativ maßvollen Tarifabschlüssen bei den Lohnverhandlungen führte. Da die tatsächliche Wachstumsrate 8 vH betrug, konnten in den folgenden Jahren sehr hohe Lohnforderungen durchgesetzt werden, was zu einem erneuten Preisanstieg führte. Vgl. H. J. Thieme: Wirtschaftspolitik in der Sozialen Marktwirtschaft, 2. Aufl., Bad Harzburg 1976, S. 123.

⁵⁵ Vgl. Materialien (Anm. 1), S. 281, 317, 321; Schiller (Anm. 53), S. 119.

⁵⁶ Vgl. M. Welteke: Theorie und Praxis der Sozialen Marktwirtschaft, Frankfurt a. M./New York 1976, S. 164 ff.

⁵⁷ In einer parlamentarischen Demokratie geschieht dies im Wege der Mehrheitsentscheidungen. Zur Problematik von Mehrheitsentscheidungen vgl. P. Bernholz: Grundlagen der Politischen Ökonomie, 1. Bd., Tübingen 1972, S. 207 ff.; Lampert (Anm. 5), S. 51 ff.

⁵⁸ In: GBl. II/1963, S. 467, 454.

⁵⁹ Richtlinie für das neue ökonomische System der Planung und Leitung der Volkswirtschaft, vom 11.7. 1963, in: GBl. II/1963, S. 453–498. Der Einführung dieses neuen ökonomischen Systems waren eingehende parteioffizielle Diskussionen über Möglichkeiten zur Behebung der wirtschaftlichen Schwierigkeiten vorausgegangen. Erste Vorschläge zur Ökonomisierung, die bereits 1957 von den DDR-Ökonomen Behrens und Benary sowie von dem Polen Brus gemacht, aber als revisionistisch abgelehnt worden waren, wurden nun wieder aufgegriffen, nachdem der sowjetische Ökonom Liberman 1962 ähnliche Vorschläge unterbreitet hatte. Auf dem VI. Parteitag der SED (Januar 1963) gab Ulbricht den Start zur Bildung zentraler Arbeitsgruppen frei, die das neue System konzipieren und bestimmte Elemente in ausgewählten Betrieben erproben sollten. Vgl. Hamel (Anm. 46), S. 168 ff.; Beyer (Anm. 27), S. 129 ff.

⁶⁰ Vgl. H. Buck: Umkehr zur administrativen Befehlswirtschaft als Folge nicht behobener Steuerungseffekte der Wirtschaftsreformkonzeption, in: Das ökonomische System der DDR nach dem Anfang der siebziger Jahre, Berlin 1971, S. 77–108, hier S. 79 f.

⁶¹ Ph. Neumann: Zurück zum Profit, Berlin 1973.

⁶² Die folgenden Maßnahmen sind ausführlich dargestellt bei P. Mitzscherling: Die Wirtschaft der DDR, in: Die Wirtschaft Osteuropas zu Beginn der siebziger Jahre, hrsg. v. H.-H. Höhmann, Stuttgart 1972, S. 52–99, hier S. 56 ff.; Bress, Hensel u. a. (Anm. 27), S. 129–142, 152 ff. (Analyse der Reformen); 221 ff. (Preissystem). R. Damus: Entscheidungsstrukturen und Funktionsprobleme in der DDR-Wirtschaft, Frankfurt a. M. 1973, S. 50 ff.; H. Hamel: Sozialistische Marktwirtschaft in der DDR? in: Sozialistische Marktwirtschaften, hrsg. v. H. Leipold, München 1975, S. 72–103.

⁶³ Vgl. GBl. II/1967, S. 115.

⁶⁴ Vgl. GBl. I/1965, S. 107 ff.

⁶⁵ Vgl. GBl. II/1967, S. 461 f.

⁶⁶ Vgl. S. M. Lang, M. E. Ruban: Veränderungen im Bankensystem der DDR, in: Vierteljahreshefte zur Wirtschaftsordnung, 3/1968, S. 397–411, hier S. 407.

⁶⁷ Vgl. GBl. II/1968, S. 9 ff. sowie S. 653 (Kredit-Verordnung).

⁶⁸ GBl. II/1968, S. 507; vgl. hierzu P. Frank: Reformen des Außenhandelssystems, in: Bress, Hensel u. a. (Anm. 27), S. 275–321, hier S. 293 ff.

⁶⁹ Zur Analyse dieser Maßnahmen vgl. K. P. Hensel: Zyklus der Reformen in der DDR, in: Bress, Hensel u. a. (Anm. 27), S. 149–177; Hamel (Anm. 62), S. 79 ff.

⁷⁰ W. Obst: DDR-Wirtschaft, Hamburg 1973, S. 63. Nach Hensel war mit den Regelungen für 1969/70 bereits die Transformation des zentraladministrativen Systems zur sozialistischen Marktwirtschaft eingeleitet. Vgl. Hensel (Anm. 69), S. 152 ff.; Hamel (Anm. 62), S. 79 ff. – Wie dem aufschlußreichen Buch von W. Obst zu entnehmen ist, war er 1966 Leiter der Abteilung „Ökonomische Grundsatzfragen" beim Ministerrat der DDR, vgl. S. 86.

⁷¹ Vgl. G. Mittag: Die Durchführung des Volkswirtschaftsplanes im Jahre 1970, in: Neues Deutschland, Berlin (O), vom 11. und 12. 6. 1970.

⁷² Wirtschaftswissenschaft, Berlin (O) 1/1971, S. 11.

⁷³ W. Ulbricht: Die politische Vorbereitung des VIII. Parteitages, in: Neues Deutschland, Berlin (O), vom 30. 1. 1971.

⁷⁴ Vgl. R. Merklein: Griff in die eigene Tasche. Hintergeht der Bonner Sozialstaat seine Bürger? Reinbek bei Hamburg 1980, S. 20. Die im folgenden aufgezählten Sozialmaßnahmen sind entnommen aus H. G. Lehmann: Chronik der Bundesrepublik Deutschland 1945/49 bis 1981, München 1981.

⁷⁵ Vgl. Merklein (Anm. 74), S. 37.

⁷⁶ Betriebsverfassungsgesetz, vom 15. 1. 1972, in: BGBl. I, S. 13.

⁷⁷ Gesetz über die Mitbestimmung der Arbeitnehmer, vom 4. 5. 1976, in: BGBl. I, S. 1153.

⁷⁸ Vgl. Welteke (Anm. 56), S. 184 ff.

⁷⁹ Vgl. Gutachten des Wissenschaftlichen Beirates beim Bundesministerium für Wirtschaft: Staatliche Interventionen in einer Marktwirtschaft, Studien-Reihe, Heft 24, hrsg. v. Bundesministerium für Wirtschaft, Göttingen 1979, S. 20, Tz. 47.

⁸⁰ Vgl. Welteke (Anm. 56), S. 196 ff.

⁸¹ Vgl. Die wirtschaftliche Lage der Bundesrepublik Deutschland im Jahre 1977, in: WSI-Mitteilungen, 3/1977, S. 129–144, hier S. 131. Allerdings reduzierte sich die Zahl der Kurzarbeiter 1976 um rd. 65 vH; vgl. Monatsbericht der Deutschen Bundesbank, 5/1977, S. 65*.

⁸² Vgl. Bundestags-Drucksache 8/2980, S. 115.

⁸³ Nach Berechnungen des Ifo-Instituts für Wirtschaftsforschung; vgl. J. Welsch: Wirtschaftspolitische Aspekte der Strukturberichterstattung, in: Wirtschaftsdienst, 11/1981, S. 555–560, hier S. 556.

⁸⁴ Dieser zweiten Novelle des GWB von 1973 war 1966 bereits eine erste

Novelle vorausgegangen, die jedoch keine gravierenden Änderungen gebracht hatte. Vgl. W. Kartte, R. Holtschneider: Konzeptionelle Ansätze und Anwendungsprinzipien im Gesetz gegen Wettbewerbsbeschränkungen – zur Geschichte des GWB, in: Handbuch des Wettbewerbs, hrsg. v. H. Cox, U. Jens, K. Markert, München 1981, S. 193–224, hier S. 210 ff.

[85] Vgl. Gutmann u. a. (Anm. 35), S. 33 ff.; Thieme (Anm. 54), S. 78 ff.

[86] Vgl. Gutachten der Monopolkommission, Hauptgutachten II (1976/77): Fortschreitende Konzentration bei Großunternehmen, Baden-Baden 1978, Tz. 152 ff.

[87] Der Wortlaut des GWB i. d. F. von 1980 ist wiedergegeben in: Handbuch des Wettbewerbs (Anm. 74), S. 557 ff. – Der vierten Novelle von 1980 war 1976 eine kleinere dritte Novelle über die Pressefusion vorausgegangen. Vgl. Kartte, Holtschneider (Anm. 74), S. 214 f. Zu den vielfältigen Einflußfaktoren, die beim Entwurf und den Novellierungen des GWB rationale Entscheidungen behindert haben vgl. U. Jens: Möglichkeiten und Grenzen rationaler Wettbewerbspolitik in Demokratien, in: Handbuch des Wettbewerbs (Anm. 74), S. 169–192.

[88] Vgl. Lampert (Anm. 5), S. 160 ff.

[89] Vgl. Jahresgutachten 1981/82 des Sachverständigenrates zur Begutachtung der gesamtwirtschaftlichen Entwicklung: Investieren für mehr Beschäftigung, Stuttgart/Mainz 1981, S. 42, 58, 71, 80.

[90] Ebenda, S. 7.

[91] Jahresgutachten 1977/78 des Sachverständigenrates zur Begutachtung der gesamtwirtschaftlichen Entwicklung: Mehr Wachstum – mehr Beschäftigung, Stuttgart/Mainz 1977, S. VI.

[92] Jahresgutachten 1978/79 des Sachverständigenrates zur Begutachtung der gesamtwirtschaftlichen Entwicklung: Wachstum und Währung, Stuttgart/Mainz 1978, S. 176 ff.

[93] Jahreswirtschaftsbericht 1978 der Bundesregierung, Beilage zum Jahresgutachten 1977/78 (Anm. 91), S. 22; die Bundesregierung sah hiernach ihre ordnungspolitische Aufgabe „vor allem darin, die Funktionsfähigkeit der Steuerung der Wirtschaft über den Markt zu erhalten sowie ihre Ergebnisse für die bestmögliche soziale Förderung der Bürger und die Erfüllung der öffentlichen Aufgaben im Interesse des Gemeinwohls nutzbar zu machen". (S. 14)

[94] Vgl. Gutachten des Wissenschaftlichen Beirates (Anm. 79), S. 28 ff.

[95] Vgl. Jahreswirtschaftsbericht 1978 (Anm. 93), S. 17. Dem ersten Bericht, der Ende 1980 vorgelegt wurde, soll Ende 1983 ein weiterer folgen.

[96] Vgl. Jahresgutachten 1981/82 (Anm. 89), S. 160.

[97] Vgl. F. Klanberg: Transferökonomie im Umbruch, in: Wirtschaftsdienst, 8/1981, S. 397–401, hier S. 397. Nach Klanberg liegt die Gefahr moderner Wohlfahrtspolitik darin, „das Prinzip der einnahmeorientierten Ausgabepolitik durch das Prinzip der ausgabeorientierten Einnahmepolitik zu ersetzen". (S. 401)

[98] Ebenda, S. 398. E. Honecker in: Neues Deutschland, Berlin (O), vom 12.4. 1981, S. 5.
[99] Vgl. M. E. Streit: Anpassungsverhalten ökonomischer Systeme, in: Wirtschaftsdienst, 10/1981, S. 515–520, hier S. 518f.
[100] M. Jungblut: Rückkehr zu den Elendsjahren? Die Massenarbeitslosigkeit erzwingt einen Kurswechsel, in: Die Zeit, Nr. 3 vom 15.1.1982, S. 1.
[101] Jahresgutachten 1981/82 (Anm. 89), S. 13.
[102] GBl. II/1970, S. 731.
[103] GBl. II/1971, S. 325.
[104] GBl. II/1971, S. 377.
[105] GBl. I/1971, S. 175.
[106] Zur Zentralisierung der Planungs- und Entscheidungskompetenzen wurde eine „Rekonstruktion des Leitungssystems" durchgeführt, die nahezu alle Organe der zentralen und örtlichen Wirtschaftsverwaltung erfaßte. Vgl. K. Erdmann: Effizienzprobleme in der DDR-Industrie ohne angemessene Reformlösungen, in: FS-Analysen, hrsg. v. d. Forschungsstelle für gesamtdeutsche wirtschaftliche und soziale Fragen Berlin, 6/1980, S. 33–73, hier S. 36 f.
[107] Vgl. J. Nawrocki: Der Not gehorchend..., in: Die Zeit, Nr. 35 vom 20.8. 1976, S. 16; M. Haendcke-Hoppe: Handwerkspolitik der SED 1976, FS-Analysen, hrsg. v. d. Forschungsstelle für gesamtdeutsche wirtschaftliche und soziale Fragen Berlin, 9/1976. Hiernach beschlossen Politbüro der SED und Ministerrat im Februar 1976, private Einzelhandelsgeschäfte, Gaststätten und Handwerksbetriebe für Dienstleistungen „im Interesse der weiteren Verbesserung der Versorgung der Bevölkerung" zu fördern (S. 10).
[108] Vgl. Verordnung über die Aufgaben, Rechte und Pflichten der volkseigenen Betriebe, Kombinate und VVB, vom 28.3.1973, in: GBl. I/1973, S. 129.
[109] Vgl. Anordnung über die Planung, Bildung und Verwendung des Leistungsfonds der volkseigenen Betriebe, vom 3.7.1972, in: GBl. II/1972, S. 467. Zur geringen Wirksamkeit dieses Fonds vgl. C. Schwartau: Von Plan zu Plan, Herford/Berlin 1974, S. 86 ff.
[110] Vgl. Anordnung zu den Regelungen für die Arbeit mit Gegenplänen in den Betrieben und Kombinaten zur Erfüllung und Überbietung des Volkswirtschaftsplanes 1974, vom 19.12.1973, in: GBl. I/1974, S. 1. Zur Problematik der Gegenpläne vgl. K. Erdmann: Der Gegenplan 1974, FS-Analysen, hrsg. v. d. Forschungsstelle für gesamtdeutsche wirtschaftliche und soziale Fragen Berlin, 2/1974; Schwartau (Anm. 109), S. 73 ff.; „Gegenpläne" der DDR-Wirtschaftsbetriebe sollen die letzten Leistungsreserven mobilisieren, in: Informationen, hrsg. v. Bundesministerium für innerdeutsche Beziehungen Bonn, 9/1973, S. 7–10.
[111] Vgl. Regelung für die Arbeit mit Gegenplänen in Betrieben und Kombinaten bei der Ausarbeitung des Volkswirtschaftsplanes 1975, in: GBl. I/1974, S. 261–263, hier S. 262.
[112] Anordnung Nr. Pr. 92..., in: GBl. II/1972, S. 257–280.

[113] Anordnung über die zentrale staatliche Kalkulationsrichtlinie ..., in: GBl. II/1972, S. 741–778.

[114] Vgl. Anordnung über die Einführung konstanter Planpreise ..., in: GBl. I/1974, S. 240–241. Vgl. auch G. Leptin, M. Melzer: Die Wirtschaftsreform in der DDR-Industrie, in: Deutschland Archiv, 12/1975, S. 1266–1283, hier S. 1281 f.

[115] Arbeitsgesetzbuch der DDR, vom 16.6. 1977, in: GBl. I/1977, S. 185–230.

[116] Vgl. Neues Führungsorgan soll die gesamte Geld- und Kreditwirtschaft lenken, in: Informationen (Anm. 110), 22/1972, S. 7–9; sowie Verordnung über die Eingliederung der Industrie- und Handelsbank der DDR in die Staatsbank der DDR, vom 6.6. 1974, in: GBl. I/1974, S. 305.

[117] Vgl. M. Haendcke-Hoppe: Die außenwirtschaftliche Perspektive, in: FS-Analysen, hrsg. v. d. Forschungsstelle für gesamtdeutsche wirtschaftliche und soziale Fragen Berlin, 3/1981, S. 19–22.

[118] Vgl. ebenda sowie D. Cornelsen: Hauptaufgabe Export, in: DIW-Wochenbericht, 31/1981, S. 355–362, hier S. 356. Die Valuta-Mark (VM) wurde 1959 als Verrechnungseinheit zur Umrechnung der in ausländischen Währungen ausgedrückten Weltmarktpreise für Export- und Importgüter eingeführt.

[119] Ordnung der Planung der Volkswirtschaft der DDR 1976–1980 – Planungsordnung –, GBl.-Sonderdruck Nr. 775 a–c, vom 15. 12. 1974.

[120] GBl. I/1976, S. 317–321.

[121] Vgl. Zur Neuordnung des Lohnsystems in der DDR, in: Deutschland Archiv, 11/1977, S. 1226–1229.

[122] Vgl. Erdmann (Anm. 106), S. 39 f.

[123] Vgl. H. Hamel: Reformen des Wirtschaftsmechanismus, in: Das Wirtschaftssystem der DDR. Wirtschaftspolitische Gestaltungs- und Funktionsprobleme, hrsg. v. G. Gutmann, Stuttgart/New York 1982 (im Druck). Im Gegensatz zu früher steht jetzt das Leitungssystem im Vordergrund, als dessen „Herzstück" das Planungssystem gilt.

[124] Vgl. Bericht von E. Honecker auf dem X. Parteitag der SED, in: Neues Deutschland, Berlin (O), vom 12. 4. 1981, S. 8.

[125] Verordnung über die volkseigenen Kombinate, Kombinatsbetriebe und VEB, vom 8. 11. 1979, in: GBl. I/1979, S. 355–366. Zur Kombinatsbildung in der DDR als Effizienzproblem vgl. H. Hamel: Sozialistische Unternehmenskonzentration und Managerverhalten, in: Anreiz- und Kontrollmechanismen in Wirtschaftssystemen I, hrsg. v. G. Hedtkamp, Berlin 1981, S. 67–97.

[126] Vgl. Bekanntmachung vom 23. 8. 1979 sowie Anordnung zur Stimulierung der Überbietung der staatlichen Aufgaben für die Ausarbeitung des einheitlichen Planvorschlages zum Volkswirtschaftsplan 1980, vom 22. 8. 1979, in: GBl. I/1979, S. 247–248. Diese Anordnung wurde abgelöst durch die Verordnung über die Planung, Bildung und Verwendung des Prämienfonds für volkseigene Betriebe, vom 9. 9. 1982, in: GBl. I/1982, S. 595 ff.

[127] Ordnung der Planung der Volkswirtschaft der DDR 1981 bis 1985, vom

28.11. 1979, GBl.-Sonderdruck Nr. 1020, vom 1.2. 1980. Vgl. hierzu Erdmann (Anm. 106), S. 44 ff.

[128] Anordnung über die Ergänzung der Ordnung der Planung der Volkswirtschaft der DDR 1981 bis 1985, vom 30.4. 1981, in: GBl. I/1981, S. 149–212, hier S. 149. Die Kennziffer Endprodukt ist in der Aufzählung der Kennziffern für die Planausarbeitung zwar noch enthalten, aber erst an 19. Stelle (S. 154).

[129] GBl. I/1981, S. 405–416, hier S. 406.

[130] Vgl. ebenda, S. 408.

[131] K.-H. Arnold: Fluktuation von Arbeitskräften. Fakten aus Berlin. Ist Betriebswechsel vermeidbar? In: Berliner Zeitung (DDR), vom 4.11. 1980, S. 3, zit. nach Erdmann (Anm. 106), S. 65.

[132] 6. Tagung der Gemeinsamen Kommission der Ökonomen der UdSSR und der DDR zum Thema „Die wachsende Rolle des sozialistischen Weltsystems im revolutionären Weltprozeß – sozialökonomische Aspekte", in: Wirtschaftswissenschaft, Berlin (O), 4/1981, S. 385–417, hier S. 394.

[133] Vgl. K. P. Hensel: Wirtschaftssysteme – Zwangsläufigkeit oder alternative Gestaltung? in: Wirtschaftssysteme zwischen Zwangsläufigkeit und Entscheidung, Marburger Forschungsseminar, Stuttgart 1971, S. 3–13, hier S. 8 ff., sowie Diskussionsbericht, ebenda, S. 240 ff.

[134] Vgl. Die wirtschaftliche Lage (Anm. 81), S. 129 ff.

[135] Vgl. Neues Deutschland, Berlin (O), vom 28.4. 1981, S. 1.

[136] Vgl. Hamel (Anm. 123).

[137] Auch Havemann vertritt die Auffassung, daß der Markt besser in der Lage sei, Wachstum und dauernden technischen Fortschritt zu gewährleisten. „Dadurch erklärt sich der andauernde große Vorsprung der kapitalistischen Wirtschaft. Sie stellt ein elastisches, sich selbst regulierendes kybernetisches System dar, mit dem verglichen die sozialistische Planwirtschaft eher den Charakter eines starren ‚Klapperatismus' mit Hebeln und mit Schrauben hat." R. Havemann: Berliner Schriften, hrsg. v. A. W. Mytze, 3. Aufl., Berlin 1977, S. 99.

3. Teil: Die Funktionsmechanismen der Wirtschaftssysteme
(Rudolf Knauff)

[1] Zu den Bedingungen optimaler Faktorallokation vgl. K. P. Hensel: Grundformen der Wirtschaftsordnung, Marktwirtschaft – Zentralverwaltungswirtschaft, München 1972, S. 21 ff.

[2] Vgl. dazu H. Leipold: Wirtschafts- und Gesellschaftssysteme im Vergleich, 3. Aufl., Stuttgart 1981, S. 47 ff.

[3] Vgl. K. P. Hensel (Anm. 1), S. 22.

[4] So vor allem in der systemvergleichenden DDR-Literatur, z. B.: Politische Ökonomie des Kapitalismus und des Sozialismus, Berlin (O) 1975, S. 496.

⁵ In den verhaltens- und entscheidungstheoretisch orientierten Ansätzen zur Bestimmung von Wirtschaftssystemen werden das Entscheidungs-, das Informations- und das Motivationssystem als systembestimmende Elemente herausgestellt. Vgl. H. J. Thieme: Wirtschaftssysteme, in: Vahlens Kompendium der Wirtschaftstheorie und Wirtschaftspolitik, Bd. 1, München 1980, S. 1–47, hier: S. 10. Dieser Ansatz wird in modifizierter Form, erweitert um das Verteilungssystem, der folgenden Analyse zugrunde gelegt.

⁶ Ausführlicher wird das Verhalten der Nachfrager behandelt z. B. bei K.-P. Kruber: Konsum und Arbeit, München/Basel 1977, S. 30 ff.

⁷ Zur genaueren Beschreibung der betrieblichen Angebotsplanung vgl. Leipold (Anm. 2), S. 83 ff.

⁸ Zu den verschiedenen Aspekten des Risikoproblems vgl. ebenda, S. 85 f.

⁹ Das Zustandekommen von Marktgleichgewichten wird ausführlich beschrieben bei F. Wilke: Die Funktionsweise der Marktwirtschaft, in: Wirtschafts- und Gesellschaftspolitik im freiheitlich-sozialen Rechtsstaat, Bonn 1976, S. 165–193, hier S. 177 ff.

¹⁰ Vgl. dazu Leipold (Anm. 2), S. 87 ff.

¹¹ Vgl. Politische Ökonomie (Anm. 4), S. 497.

¹² Vgl. Wilke (Anm. 9), S. 182 ff.

¹³ Vgl. Achter Subventionsbericht der Bundesregierung vom 6. Nov. 1981, Bundestags-Drucksache 9/986, S. 27 ff.

¹⁴ Politische Ökonomie (Anm. 4), S. 497.

¹⁵ Ebenda, S. 498 f.

¹⁶ Vgl. Volkswirtschaftsplanung, hrsg. v. H.-H. Kinze, H. Knop, E. Seifert, Berlin (O) 1975, S. 57.

¹⁷ Vgl. dazu K. P. Hensel: Einführung in die Theorie der Zentralverwaltungswirtschaft, 3. Aufl., Stuttgart/New York 1979, S. 39.

¹⁸ Vgl. Leipold (Anm. 2), S. 199. Zu den Einzelheiten der Planung vgl. Anordnung über die Ordnung der Planung der Volkswirtschaft der DDR 1981–1985, vom 28. 11. 1979, Teil A, GBl. Sonderdruck Nr. 1020 a.

¹⁹ Vgl. ebenda, Ziffern 6–8 und 13 ff.

²⁰ Politische Ökonomie (Anm. 4), S. 503 f.

²¹ Vgl. ebenda, S. 483.

²² E. Müller: Die Bedürfnisse der Menschen und der Bedarf der Bevölkerung als Ausgangspunkt der Planung, in: Wissenschaftliche Zeitschrift der Karl-Marx-Universität Leipzig, 4/1974, S. 225–233, hier S. 228.

²³ Zur Entwicklung der Konsum- und Investitionsquote vgl. R. Knauff: Die Investitionspolitik der DDR, in: Das Wirtschaftssystem der DDR. Wirtschaftspolitische Gestaltungs- und Funktionsprobleme, hrsg. v. G. Gutmann, Stuttgart/New York 1982 (im Druck).

²⁴ F. Langner: Angebot und Nachfrage, Berlin (O) 1975, S. 30.

²⁵ Zur Kombinatsbildung und zur Stellung der Generaldirektoren vgl. K. Erd-

mann, M. Melzer: Die neue Kombinatsverordnung in der DDR, in: Deutschland Archiv, 9/1980, S. 929–942, 10/1980, S. 1046–1062; H. Hamel: Sozialistische Unternehmenskonzentration und Managerverhalten. Die Kombinatsbildung in der DDR als Effizienzproblem, in: Anreiz- und Kontrollmechanismen in Wirtschaftssystemen I, hrsg. v. G. Hedtkamp, Berlin 1981, S. 67–97.

[26] Vgl. Anordnung über die Ordnung der Planung (Anm. 18), Ziffern 18 ff. – Neben der hier beschriebenen Jahresplanung haben die Kombinate und Betriebe noch weitere sog. „Koordinierende Pläne" mit Schwerpunktaufgaben aus den Bereichen Rationalisierung, Umweltschutz u. a. auszuarbeiten. Vgl. Anordnung über die Rahmenrichtlinie für die Planung in den Kombinaten und Betrieben der Industrie und des Bauwesens – Rahmenrichtlinie –, GBl. Sonderdruck Nr. 1021, vom 22. 2. 1980, S. 17 ff.

[27] Vgl. Anordnung über die Ordnung der Planung (Anm. 18), Ziffer 47.

[28] Vgl. Beschluß des Ministerrats der DDR und des Bundesvorstands des FDGB zur Richtlinie für die jährliche Ausarbeitung der Betriebskollektivverträge vom 10. 7. 1975, in: GBl. I/1975, S. 581 ff.

[29] Vgl. Anordnung über die Ordnung der Planung (Anm. 18), Ziffer 39.

[30] Vgl. Leipold (Anm. 2), S. 203.

[31] Gesetz über den Volkswirtschaftsplan 1982, vom 3. 12. 1981, in: GBl. I/1981, S. 416 ff.

[32] Vgl. ebenda; Anordnung über die Ordnung der Planung (Anm. 18), Ziffern 17, 23; Anordnung über die Ergänzung der Ordnung der Planung der Volkswirtschaft der DDR 1981 bis 1985, vom 30. 4. 1981, in: GBl. I/1981, S. 149 ff.

[33] Vgl. Leipold (Anm. 2), S. 205. Die Darstellung wurde aktualisiert gemäß Anordnung über den terminlichen Ablauf der Ausarbeitung des Volkswirtschaftsplanes und des Staatshaushaltsplanes 1981, vom 10. 7. 1980, in: GBl. I/1980, S. 208 ff. Weil die hierin vorgeschriebenen Termine nicht eingehalten werden konnten, wurde die Anordnung wieder aufgehoben. Vgl. Anordnung über die Ergänzung der Ordnung (Anm. 32).

[34] Zur Bilanzierungsmethode vgl. Hensel (Anm. 1), S. 121 ff.

[35] Vgl. Volkswirtschaftsplanung (Anm. 16), S. 160.

[36] Vgl. Hensel (Anm. 17), S. 163.

[37] Vgl. O. Reinhold: Ökonomische Gesetze des Sozialismus und Wirtschaftspolitik, in: Wirtschaftswissenschaft, Berlin (O), 10/1972, S. 1441–1456, hier S. 1443.

[38] H. Rost: Zur Vervollkommnung der materiellen Bilanzierung, in: Die Wirtschaft, Berlin (O), 4/1982, S. 17–18. Vgl. auch C.-J. Strauß u. a.: Die Materialwirtschaft der DDR, 5. Aufl., Berlin (O) 1980, S. 256–259. Bilanzierungsverordnung vom 15. 11. 1979, in: GBl. I/1980, S. 1 ff.

[39] Zum Verhalten bei der Aufschlüsselung der Planauflagen vgl. U. Wagner: Entwicklungstendenzen sozialistischer Wirtschaftssysteme, in: Wirtschafts- und

Gesellschaftspolitik im freiheitlich-sozialen Rechtsstaat, Bonn 1976, S. 595–635, hier S. 607 ff.

[40] Vgl. Leipold (Anm. 2), S. 215 f.

[41] Vgl. Volkswirtschaftsplanung. Ausgewählte Studientexte, 3. Aufl., Berlin (O) 1974, S. 165.

[42] Vgl. Volkswirtschaftsplanung (Anm. 16), S. 217 ff.; Anordnung über die Ordnung der Planung (Anm. 18), Ziffern 14, 17, 18.

[43] Vgl. Volkswirtschaftsplanung (Anm. 41), S. 96, 113 f.

[44] Vgl. ebenda, S. 128 f.; Strauß u. a. (Anm. 38), S. 259.

[45] Vgl. Volkswirtschaftsplanung (Anm. 16), S. 198.

[46] Vgl. K. P. Hensel: Das Profitprinzip – seine ordnungspolitischen Alternativen in sozialistischen Wirtschaftssystemen, in: K. P. Hensel, U. Wagner, K. Wessely: Das Profitprinzip – seine ordnungspolitischen Alternativen in sozialistischen Wirtschaftssystemen, Stuttgart 1972, S. 4–22, hier S. 11 f.

[47] Zur detaillierten Beschreibung von Wettbewerbsprozessen vgl. z. B. E. Heuss: Allgemeine Markttheorie, Tübingen/Zürich 1965.

[48] Das Problem wirtschaftlicher Macht wird z. B. ausführlich behandelt bei H. Arndt: Wirtschaftliche Macht, Tatsachen und Theorien, München 1974.

[49] Vgl. E. Kantzenbach: Die Funktionsfähigkeit des Wettbewerbs, 2. Aufl., Göttingen 1967, S. 35.

[50] Die unterschiedlichen Beschreibungen des Wettbewerbs werden diskutiert bei H. Berg: Wettbewerbspolitik, in: Vahlens Kompendium der Wirtschaftstheorie und Wirtschaftspolitik, Bd. 2, München 1981, S. 212–265, hier S. 213 f.

[51] Vgl. H. J. Thieme: Wirtschaftspolitik in der Sozialen Marktwirtschaft, 2. Aufl., Bad Harzburg 1976, S. 70 ff.

[52] Vgl. Hensel (Anm. 46), S. 10 ff.

[53] Eine ausführlichere Beschreibung solcher Beispiele findet sich bei Kruber (Anm. 6), S. 62 ff. und bei A. Schüller: Das Marktgeschehen, in: Sozialwissenschaften, Gesellschaft – Staat – Wirtschaft – Recht, hrsg. v. H. Fisch, 2. Aufl., Frankfurt a. M. 1979, S. 208–250, hier S. 214 ff.

[54] Zu den Wirkungen der verschiedenen Konzentrationsformen vgl. Schüller (Anm. 53), S. 219 f.

[55] Vgl. Bericht des Bundeskartellamtes über seine Tätigkeit im Jahre 1979/1980 sowie über Lage und Entwicklung auf seinem Aufgabengebiet, Bundestags-Drucksache 9/565, S. 137.

[56] Vgl. ebenda, S. 152, 146.

[57] Vgl. Drittes Hauptgutachten der Monopolkommission 1978/79, Bundestags-Drucksache 8/4 404, vom 17. 7. 1980, S. 120–126.

[58] Vgl. ebenda, S. 39.

[59] Vgl. ebenda, S. 40.

[60] Vgl. ebenda, S. 68 f.

[61] Vgl. ebenda, S. 91 ff.

⁶² So z. B. J. Huffschmid: Die Politik des Kapitals, Konzentration und Wirtschaftspolitik in der Bundesrepublik, 8. Aufl., Frankfurt a. M. 1972. Zur Beurteilung der Konzentration vgl. auch Berg (Anm. 50), S. 243 f.

⁶³ Zur kritischen Auseinandersetzung mit dieser These vgl. H. Willgerodt: Fehlurteile über vielzähligen Wettbewerb, in: ORDO, Jahrbuch für die Ordnung von Wirtschaft und Gesellschaft, Bd. 26, Stuttgart 1975, S. 97–130, hier S. 115 ff.

⁶⁴ Vgl. Monopolkommission: Mehr Wettbewerb ist möglich. Hauptgutachten 1973/1975, Baden-Baden 1976, Tz. 856 ff.

⁶⁵ Vgl. Zahlen zur wirtschaftlichen Entwicklung der Bundesrepublik Deutschland, Ausgabe 1982, hrsg. v. Institut der Deutschen Wirtschaft, Köln 1982, S. 46; Drittes Hauptgutachten der Monopolkommission (Anm. 57), S. 79.

⁶⁶ So der Vorsitzende der Monopolkommission, E.-J. Mestmäcker: Wettbewerbspolitik hat eine Schlacht verloren, in: FAZ vom 23. 11. 1976.

⁶⁷ Zu Einzelheiten des Kartellgesetzes und anderen Wettbewerbsregeln vgl. G. Gutmann, W. Klein, S. Paraskewopoulos, H. Winter: Die Wirtschaftsverfassung der Bundesrepublik Deutschland, 2. Aufl., Sutttgart/New York 1979, S. 32 ff.

⁶⁸ Vgl. Bericht des Bundeskartellamtes (Anm. 55), S. 228 f.

⁶⁹ Vgl. dazu die Berichte des Bundeskartellamtes der letzten Jahre, Bundestags-Drucksachen 7/3791, 7/5390, 8/704, 9/565.

⁷⁰ Vgl. Gesetz gegen Wettbewerbsbeschränkungen. In der Fassung vom 24. 9. 1980, BGBl. I, S. 1761.

⁷¹ Die Auffassung von der unmittelbaren gesellschaftlichen Arbeit bei vergesellschafteten Produktionsmitteln vertritt z. B. E. Mandel: Zehn Thesen zur sozialökonomischen Gesetzmäßigkeit der Übergangsgesellschaft zwischen Kapitalismus und Sozialismus, in: Probleme des Sozialismus und der Übergangsgesellschaften, hrsg. von P. Hennike, Frankfurt a. M. 1973, S. 15–37, hier S. 23 ff.

⁷² Vgl. K. P. Hensel: Der systemimmanente Widerspruch der wirtschaftlichen Erfolgsinteressen, in: L. Bress, K. P. Hensel u. a.: Wirtschaftssysteme des Sozialismus im Experiment – Plan oder Markt, Frankfurt a. M. 1972, S. 53 ff.

⁷³ GBl. II/1963, S. 454.

⁷⁴ Vgl. H. Hamel: Sozialistische Marktwirtschaft in der DDR? In: Sozialistische Marktwirtschaften, hrsg. v. H. Leipold, München 1975, S. 72–103, hier S. 75 ff.

⁷⁵ Vgl. E. G. Liberman: Methoden der Wirtschaftslenkung im Sozialismus, Frankfurt a. M. 1974, S. 147.

⁷⁶ Die These des bloß mangelhaften sozialistischen Bewußtseins wird diskutiert bei Leipold (Anm. 2), S. 226.

⁷⁷ Vgl. U. Wagner: Funktionswandel des Gewinns im Wirtschaftssystem der DDR, in: Hensel, Wagner, Wessely: Das Profitprinzip (Anm. 46), S. 52–83.

[78] Zum Ausmaß der Unwirtschaftlichkeiten vgl. W. Obst: DDR-Wirtschaft, Hamburg 1973, S. 17–126.

[79] Zitiert bei Hamel (Anm. 74), S. 74.

[80] Die umfangreichen Reformen sind z. B. dargestellt bei Hamel (Anm. 74), S. 73 ff. und M. Melzer: Der Entscheidungsspielraum des VEB in der DDR, in: Vierteljahreshefte zur Wirtschaftsforschung, hrsg. v. DIW, 2/1970, S. 143–153.

[81] Vgl. P. Plötz: Deutsche Demokratische Republik 1980/81. Ein zufriedenstellendes Wirtschaftsergebnis, in: Die wirtschaftliche Entwicklung in den sozialistischen Ländern Osteuropas zur Jahreswende 1980/81, hrsg. v. K. Bolz, Hamburg 1981, S. 47–101, hier S. 65.

[82] Vgl. M. Melzer: Probleme und voraussichtliche Entwicklung der Industrie in der DDR. Prognose des Wachstums bis 1990, in: Vierteljahreshefte zur Wirtschaftsforschung, hrsg. v. DIW, 3–4/1980, S. 361–376, hier S. 361 ff.

[83] Vgl. Neues Deutschland, Berlin (O), vom 18./19.4. 1981, S. 3 ff.

[84] Vgl. Handbuch DDR-Wirtschaft, hrsg. v. DIW, Reinbek 1977, S. 96.

[85] Vgl. dazu die Stellungnahmen bei K. Erdmann: Rationalisierung oder Reform des Wirtschaftsmechanismus? In: FS-Analysen, hrsg. v. d. Forschungsstelle für gesamtdeutsche wirtschaftliche und soziale Fragen Berlin, 2/1976, S. 30.

[86] Vgl. G. Gutmann: Die DDR-Wirtschaft am Beginn der achtziger Jahre. Fortschritt durch Intensivierung? In: FS-Analysen (Anm. 85), 8/1981, S. 7–37.

[87] Vgl. Verordnung über die Planung, Bildung und Verwendung des Prämienfonds für volkseigene Betriebe, vom 9.9. 1982, in: GBl. I/1982, S. 595 ff.; Erste Durchführungsbestimmung, ebenda.

[88] Statt der Kennziffern Warenproduktion und Nettogewinn kann die SPK für bestimmte Betriebe auch die Kennziffern Nettoproduktion oder Export zu Valutagegenwert festlegen. § 4 der Verordnung (Anm. 87).

[89] Vgl. § 5 der Verordnung (Anm. 87).

[90] Vgl. F. Liepe, W. Meier: Kennziffer Nettoproduktion: Wie analysieren und beeinflussen? In: Sozialistische Finanzwirtschaft, Berlin(O), 9/1980, S. 14–15, hier S. 15.

[91] Vgl. H. Leipold: Der Einfluß von Property Rights auf hierarchische und marktliche Transaktionen in sozialistischen Wirtschaftssystemen, in: Property Rights und ökonomische Theorie, hrsg. v. A. Schüller, München 1982 (im Druck).

[92] Vgl. H. Hamel: Reformen des Wirtschaftsmechanismus, in: Das Wirtschaftssystem der DDR (Anm. 23).

[93] Vgl. Anordnung über die Planung, Bildung und Verwendung des Leistungsfonds der volkseigenen Betriebe, vom 15.5. 1975, in: GBl. I/1975, S. 416 ff.

[94] Vgl. Verordnung über die weitere Anwendung der Produktionsfondsabgabe im Bereich der volkseigenen Industrie und des volkseigenen Bauwesens, vom 2.2. 1967, in: GBl. II/1967, S. 115 ff.

⁹⁵ Vgl. Zweite Verordnung über die Produktionsfondsabgabe, vom 28.1. 1982, in: GBl. I/1982, S.126; Vierte Durchführungsbestimmung, ebenda.

⁹⁶ Vgl. Finanzierungsrichtlinie für die volkseigene Wirtschaft, vom 21.8. 1979, in: GBl. I/1979, S.253 ff.

⁹⁷ Vgl. W.Bing: Investitionsfinanzierung in der Zentralverwaltungswirtschaft, Stuttgart 1970, S.10, 13–22.

⁹⁸ Zu den Grundlagen der Preisbildung in der DDR vgl. R.Knauff: Reformen des Preissystems, in: Bress, Hensel u.a. (Anm.72), S.221–274.

⁹⁹ Vgl. Anordnung über die zentrale staatliche Kalkulationsrichtlinie zur Bildung von Industriepreisen, vom 10.6. 1976, in: GBl. I/1976, S.321 ff.

¹⁰⁰ Die produktgebundene Abgabe wird als Steuer für die einzelnen Produkte differenziert festgelegt.

¹⁰¹ Vgl. Anordnung (Anm.99), S.333. Die von den Betrieben kalkulierten Preise werden von den übergeordneten Preisbildungsorganen wie dem Amt für Preise bestätigt.

¹⁰² Ebenda, S.322.

¹⁰³ Unter Verarbeitungskosten ist die Differenz zwischen den kalkulationsfähigen Gesamtselbstkosten und den Kosten für Material sowie fremde Lohnarbeit zu verstehen.

¹⁰⁴ Vgl. A.Beyer, K.Erdmann, G.Lauterbach, M.Melzer: Aktuelle Probleme des Preissystems in der DDR, Analysen und Berichte aus Gesellschaft und Wissenschaft, hrsg. v. Institut für Gesellschaft und Wissenschaft a. d. Universität Erlangen-Nürnberg, 5/1977, S.127.

¹⁰⁵ Vgl. M.Melzer: Veränderungen des DDR-Preissystems im Zeitalter der Rohstoffverknappung, in: Das Wirtschaftssystem der DDR (Anm.23).

¹⁰⁶ Vgl. die Preisanordnungen in: GBl. I/1975, S.369 ff.

¹⁰⁷ Vgl. Melzer (Anm.105). Zur Frage der „Inflation" bei einem Festpreissystem vgl. den fünften Teil dieses Bandes sowie K.-H.Hartwig: Preiserhöhungen in der DDR. Ende einer langen Phase inflationsfreier Entwicklung? In: Deutschland Archiv, 3/1980, S.246–251.

¹⁰⁸ Vgl. M.Melzer: Preisbildung, in: DDR und Osteuropa – Wirtschaftssystem, Wirtschaftspolitik, Lebensstandard. Ein Handbuch, hrsg. v. DIW, Opladen 1981, S.48–53, hier S.51. Zu den Subventionen vgl. Plötz (Anm.81), S.64; D.Cornelsen: Kräftiges Wirtschaftswachstum, in: DIW-Wochenberichte, 5/ 1982, S.73–80, hier S.78 f.

¹⁰⁹ Vgl. Melzer (Anm.105).

¹¹⁰ Vgl. Hamel (Anm.92).

¹¹¹ Vgl. ebenda.

¹¹² Vgl. Knauff (Anm.23).

¹¹³ Vgl. Verordnung über die weitere Vervollkommnung der wirtschaftlichen Rechnungsführung auf der Grundlage des Planes, vom 28.1. 1982, in: GBl. I/ 1982, S.86 f.

[114] Vgl. DDR setzt bei Kredit und Zins einen neuen Hebel an, in: FAZ vom 9.3.1982.

[115] Vgl. Leipold (Anm. 91).

[116] Zu den systemtypischen Verteilungstheorien vgl. H. Leipold: Einkommensverteilung nach der Leistung als Preisbildungsproblem, in: Einkommensverteilung im Systemvergleich, hrsg. v. D. Cassel, H. J. Thieme, Stuttgart 1976, S. 59–71.

[117] Vgl. Jahresgutachten 1981/82 des Sachverständigenrates zur Begutachtung der gesamtwirtschaftlichen Entwicklung, Bundestags-Drucksache 9/1 061, vom 20.11.1981, S. 75.

[118] Zur Aufteilung der Einkommen aus Unternehmertätigkeit und Vermögen vgl. A. Schüller: Der Gewinn in der Marktwirtschaft, in: Gewinn und Verlust, hrsg. v. B. Gemper, Köln 1976, S. 1–28, hier S. 4.

[119] Nur sie kann als einigermaßen sinnvoller Indikator für Umverteilungseffekte angesehen werden, weil sie den Effekt des steigenden Anteils der Arbeitnehmer an der Zahl der Erwerbstätigen ausschaltet.

[120] Vgl. Jahresgutachten 1981/82 (Anm. 117), S. 75, 199.

[121] Vgl. H.-J. Krupp: Grundzüge einer verteilungspoltisch orientierten Theorie der personellen Einkommensverteilung, in: Einkommensverteilung, hrsg. v. F. Klanberg, H.-J. Krupp, Königstein/Taunus 1981, S. 193–203, hier S. 194.

[122] Zur Berechnung und Zusammensetzung des Nationaleinkommens der DDR vgl. P. von der Lippe: Einkommensstatistische Vergleiche zwischen der Bundesrepublik Deutschland, der DDR und der Volksrepublik Polen, in: Einkommensverteilung im Systemvergleich (Anm. 116), S. 31–55, hier S. 31–36.

[123] Vgl. Volkswirtschaftsplanung (Anm. 16), S. 247 ff.

[124] Vgl. den fünften Teil dieses Bandes.

[125] Zu den Umverteilungswirkungen vgl. T. Eger: Funktionen staatlicher Umverteilungspolitik und ihre Begründung; K.-H. Hartwig: Steuersystem und Einkommensverteilung, beide in: Einkommensverteilung im Systemvergleich (Anm. 116), S. 145–160, 179–192.

[126] Vgl. DDR-Handbuch, hrsg. v. Bundesministerium für innerdeutsche Beziehungen, 2. Aufl., Köln 1979, S. 1 190, 697, 694.

[127] Vgl. Handbuch DDR-Wirtschaft (Anm. 84), S. 215.

[128] Vgl. DDR-Handbuch (Anm. 126), S. 697; K. Wieland: Leistungsentlohnung in der DDR, in: Leistung und Lohn, hrsg. v. d. Bundesvereinigung der Deutschen Arbeitgeberverbände, 99–103/1980, S. 5–52, hier S. 37 ff.

[129] Vgl. Statistisches Jahrbuch der DDR 1981, S. 273.

4. Teil: Planversagen versus Marktversagen
(Helmut Leipold)

[1] J. Stohler: Wirtschaftswachstum und Wohlfahrtsstaat, in: Zeitschrift für Nationalökonomie, 4/1964, S. 349–364, hier S. 350. Zum Zusammenhang von Wirtschaft und Politik in den westlichen Wohlfahrtsstaaten vgl. auch H. Leipold: Wirtschafts- und Gesellschaftssysteme im Vergleich, 3. A., Stuttgart 1981, S. 112 ff.

[2] Vgl. R. A. Dahl, Ch. L. Lindblom: Politics, Economics, and Welfare, New York 1953; ferner J. Stohler (Anm. 1), S. 349 ff.; B. S. Frey: Entwicklung und Stand der Neuen Politischen Ökonomie, in: Politische Ökonomie des Wohlfahrtsstaates, hrsg. v. H. P. Widmaier, Frankfurt a. M. 1974, S. 30–63.

[3] Vgl. P. Bernholz: Grundlagen der Politischen Ökonomie, 2. Bd., Tübingen 1975, S. 97 ff.

[4] Dieses Demokratieverständnis wurde wesentlich durch Schumpeter und Downs geprägt. Vgl. J. A. Schumpeter: Kapitalismus, Sozialismus und Demokratie, Bern 1950, S. 428; A. Downs: Ökonomische Thoerie der Demokratie, Tübingen 1968.

[5] Zur Bürokratietheorie: vgl. A. Downs: Inside Bureaucracy, Boston 1967; W. A. Niskanen: Nichtmarktwirtschaftliche Entscheidungen, in: Politische Ökonomie des Wohlfahrtsstaates (Anm. 2), S. 208–222.

[6] Vgl. W. Brus: Sozialisierung und politisches System, Frankfurt a. M. 1975, S. 40 ff. und S. 222 f.; ferner O. Šik: Das kommunistische Machtsystem, Hamburg 1976, S. 145 ff.

[7] K. P. Hensel: Prozeßpolitische Steuerung, in: L. Bress, K. P. Hensel u. a.: Wirtschaftssysteme des Sozialismus im Experiment – Plan oder Markt, Frankfurt a. M. 1972, S. 39–52, hier S. 43.

[8] Zu diesem Problem vgl. H. Demsetz: Information and Efficiency: Another Viewpoint, in: Journal of Law and Economics, Vol. 12/1969, S. 1–22.

[9] Vgl. F. M. Bator: The Anatomy of Market Failure, in: Quarterly Journal of Economics, Vol. 72/1958, S. 351–379.

[10] Zu dieser Einteilung der Mängel vgl. auch O. Issing: Investitionslenkung in der Marktwirtschaft? Göttingen 1975, S. 28 ff. Als Überblick über Thesen zum Marktversagen vgl. ferner G. Gäfgen: Wirtschaftsordnung und Marktversagen, in: Soziale Herausforderung der Marktwirtschaft, hrsg. v. G. Gäfgen, Limburg 1976, S. 9–37.

[11] Zur Problematik der Unterscheidung von wahren und künstlichen Bedürfnissen vgl. H. Marcuse: Der eindimensionale Mensch, 2. Aufl., Neuwied/Berlin 1967, S. 25 f.

[12] Vgl. F. Vilmar: Vergeudungskapitalismus oder Wirtschaftsdemokratie, in: Sozialisierung der Verluste? hrsg. v. K. W. Kapp, F. Vilmar, München 1972, S. 12–38.

[13] Vgl. J. K. Galbraith: Gesellschaft im Überfluß, München/Zürich 1959.

¹⁴ Als Überblick über diese Auseinandersetzung vgl. H. Voigtländer: Imperative Angebotssteuerung – eine Alternative zur nachfrageorientierten Marktsteuerung? in: Jahrbuch für Sozialwissenschaft, Bd. 27/1976, S. 20–54, hier S. 27 ff.

¹⁵ Vgl. F. Mandel: Jugoslawische ökonomische Theorie, in: Zur Kritik der Sowjetökonomie, hrsg. v. P. Strotmann, Berlin 1969, S. 90–101, hier S. 97 f.

¹⁶ Vgl. dazu genauer H. Leipold (Anm. 1), S. 215.

¹⁷ Vgl. dazu auch O. Šik: Zur Konvergenzproblematik, in: Die Zukunft der Wirtschaft, hrsg. v. A. Reif, München 1976, S. 180–217, hier S. 205 ff.

¹⁸ R. L. Frey: Öffentliche Armut in der Marktwirtschaft? in: Hamburger Jahrbuch für Wirtschafts- und Gesellschaftspolitik, 19. Jahr, Tübingen 1974, S. 99–113, hier S. 111.

¹⁹ Vgl. A. Downs: Warum das staatliche Budget in einer Demokratie zu klein ist, in: Zwei Ansätze der Politischen Ökonomie, hrsg. v. B. S. Frey, W. Meißner, Frankfurt a. M. 1974, S. 105–126.

²⁰ Ebenda, S. 115.

²¹ Vgl. C. Offe: Politische Herrschaft und Klassenstrukturen, in: Politikwissenschaft, hrsg. v. G. Kress, D. Senghaas, Frankfurt a. M. 1972, S. 135–164.

²² Vgl. W. Engels: Mehr Markt, Stuttgart 1976, S. 101 ff.; B. Molitor: Öffentliche Armut – privater Reichtum, in: ORDO, Jahrbuch für die Ordnung von Wirtschaft und Gesellschaft, Bd. 24, Düsseldorf/München 1973, S. 141–156; U. Fehl: Öffentliche Versorgung und Wählerstimmenmarkt, in: Jahrbuch für Sozialwissenschaft, 1/1977, S. 83–99.

²³ W. Engels (Anm. 22), S. 115.

²⁴ Ebenda, S. 116 ff.

²⁵ Definition und Abgrenzung der gesellschaftlichen Konsumtionsfonds sind nicht einheitlich. Vgl. J. Bernard: Gesellschaftliche Fonds des Verbrauchs und sozialökonomische Aspekte der Verteilung im Sozialismus, in: Wirtschaftswissenschaft, Berlin (O) 8/1974, S. 1148–1167. Zur Abgrenzung im Vergleich zu den öffentlichen Gütern vgl. K.-P. Kruber: Verteilungswirkungen öffentlicher Güter – dargestellt am Beispiel „Hochschulbildung", in: Einkommensverteilung im Systemvergleich, hrsg. v. D. Cassel, H. J. Thieme, Stuttgart 1976, S. 193–206.

²⁶ Vgl. Politische Ökonomie des Kapitalismus und des Sozialismus, 2. Aufl., Berlin (O) 1975, S. 607.

²⁷ Vgl. K. Sontheimer, W. Bleek: Die DDR, Hamburg 1972, S. 110 ff.

²⁸ Vgl. Statistisches Jahrbuch der DDR 1981, S. 251. Zu weiteren Angaben vgl. auch H. H. Haase: Wachsende finanzielle Belastungen der DDR-Wirtschaft und ihr Ausweis im Staatshaushalt. Steigende Subventionen, Sozialleistungen und Verbrauchssteuern, in: Deutschland Archiv, 8/1979, S. 818–838.

²⁹ J. Gurtz, G. Kaltofen: Der Staatshaushalt der DDR. Grundriß, Berlin (O) 1977, S. 146.

³⁰ Vergleich der staatlich finanzierten Wohlfahrtsleistungen für die Bevölke-

rung in beiden deutschen Staaten, hrsg. v. Gesamtdeutschen Institut – Bundesanstalt für gesamtdeutsche Aufgaben, (Bearbeiter: H. Buck), Bonn 1978, S. 12.

[31] Vgl. H. Siebert: Analyse der Instrumente der Umweltpolitik, Göttingen 1976, S. 6f. Siehe ferner C. J. Dahlman: The Problem of Externality, in: Journal of Law and Economics, XXII/1979, S. 141–161.

[32] K. Littmann: Umweltbelastung – Sozialökonomische Gegenkonzepte, Göttingen 1974, S. 19.

[33] Vgl. H. Bonus: Öffentliche Güter und der Öffentlichkeitsgrad von Gütern, in: Zeitschrift für die gesamte Staatswissenschaft, 136/1980, S. 50–81.

[34] Dies betont Demsetz: „No harmful or benefical effect is external to the world. Some person or persons always suffer or enjoy these effects." H. Demsetz: Toward a Theory of Property Rights, in: American Economic Review, 57/1967, S. 347–373, hier S. 348.

[35] Zur Definition und Bedeutung der Transaktionskosten vgl. R. Coase: The Problem of Social Cost, in: Journal of Law and Economics, III/1960, S. 1–44; Dahlman (Anm. 31), S. 148.

[36] H. Willgerodt: Die gesellschaftliche Aneignung privater Leistungserfolge als Grundelement der wettbewerblichen Marktwirtschaft, in: Wirtschaftsordnung und Staatsverfassung, Festschrift für F. Böhm zum 85. Geburtstag, hrsg. v. H. Sauermann, E.-J. Mestmäcker, Tübingen 1975, S. 687–705, hier S. 700.

[37] Vgl. dazu näher H. Leipold: Eigentümerkontrolle und Managerverhalten, in: Anreiz- und Kontrollmechanismen in Wirtschaftssystemen I, hrsg. v. G. Hedtkamp, Berlin 1981, S. 29–66, hier S. 40f.

[38] K. Borchardt: Volkswirtschaftliche Kostenrechnung und Eigentumsverteilung, in: Jahrbücher für Nationalökonomie und Statistik, 178/1965, S. 70–80, hier S. 78. Vgl. auch S. Pejovich: The Capitalist Corporation and the Socialist Firm; a Study of Comparatire Efficiency in: Schweizerische Zeitschrift für Volkswirtschaft und Statistik, 1/1976, S. 1–25, hier S. 4.

[39] Vgl. dazu Siebert (Anm. 31), S. 1 ff.; ders.: Ökonomische Theorie der Umwelt, Tübingen 1978.

[40] Vgl. dazu H. Bonus: Ein ökologischer Rahmen für die Soziale Marktwirtschaft, in: Wirtschaftsdienst, 3/1979, S. 141–146.

[41] Vgl. zu dieser Unterscheidung K.-H. Hansmeyer: Ökonomische Anforderungen an die staatliche Datensetzung für die Umweltpolitik und ihre Realisierung, in: Marktwirtschaft und Umwelt, hrsg. v. L. Wegehenkel, Tübingen 1981, S. 6–20, hier S. 8f.

[42] Zu Einzelheiten der privatrechtlichen und marktgesteuerten Lösungsansätze vgl. die einschlägigen Beiträge des Sammelbandes Marktwirtschaft und Umwelt (Anm. 41).

[43] Vgl. dazu Hansmeyer (Anm. 41), S. 9; D. Cansier: Umweltschutz und Eigentumsrechte, in: Marktwirtschaft und Umwelt (Anm. 41), S. 180–207, hier S. 185f.

⁴⁴ Zu den Instrumenten der Umweltpolitik vgl. Siebert (Anm. 31).

⁴⁵ Vgl. diese Auffassungen bei M. Jänicke: Umweltpolitik in Osteuropa. Über ungenutzte Möglichkeiten eines Systems, in: Aus Politik und Zeitgeschichte, Beilage zur Wochenzeitung Das Parlament, B 23/1977, S. 3–9; V. Ronge: Die Umwelt im kapitalistischen System, in: Umweltgefährdung und Gesellschaftssystem, hrsg. v. M. Glagow, München 1972, S. 98–122.

⁴⁶ Vgl. § 2 des Gesetzes über den Ministerrat der DDR, vom 16.10. 1972, in: GBl. I/1972, S. 253–256.

⁴⁷ Vgl. insbesondere §§ 33–36 der Bilanzierungsverordnung, in: GBl. I/1980, S. 1–15.

⁴⁸ U. J. Heuer u. a.: Wirksamkeit des Wirtschaftsrechts, Berlin (O) 1979, S. 278. Zu Umfang und Auswirkungen wirtschaftlicher Fehlentwicklungen vgl. H. Dettenborn, D. Seidel: Wirtschaftliche Fehlentwicklungen, Berlin (O) 1974.

⁴⁹ Vgl. dazu Downs (Anm. 5). Eine Übersicht über die ökonomische Theorie der Bürokratie gibt U. Roppel: Ökonomische Theorie der Bürokratie, Freiburg 1979.

⁵⁰ R. Bahro: Die Alternative. Zur Kritik des real existierenden Sozialismus, Frankfurt a. M. 1977, S. 251. Zur Analyse der Bürokratie im Sozialismus vgl. auch O. Šik: Das kommunistische Machtsystem, Hamburg 1976, S. 117 ff.

⁵¹ Nach Šik (Anm. 17, S. 212) wird die Produktion bei zentraler Planung „durch die vollkommen einseitigen Interessen der monopolistischen Produzenten an der Planerfüllung bestimmt, gegen die Interessen der Menschen als Konsumenten und gegen das Interesse der Gesellschaft an einer Steigerung der Effektivität der Wirtschaft".

⁵² Vgl. Umweltbericht '76. Fortschreibung des Umweltprogramms der Bundesregierung vom 14.7. 1976, Stuttgart/Berlin/Köln/Mainz 1976, S. 112 ff.

⁵³ Vgl. G. R. Baum: Zehn Jahre Umweltschutz – eine Bilanz, in: Wirtschaftsdienst, 8/1981, S. 367–371. Dieser Aufsatz enthält ein Verzeichnis der seit 1968 in der Bundesrepublik Deutschland erlassenen und im folgenden angeführten Maßnahmen zum Umweltschutz.

⁵⁴ Vgl. J. Pukacz: Gewässerbelastung abbauen – Grundlage guter Wasserversorgung, in: Die Wirtschaft, Berlin (O) 16/1974, S. 16. Vgl. auch die Angaben bei H. Schindler: Graben wir uns selbst das Wasser ab? Berlin (O) 1979, S. 110 ff.

⁵⁵ Vgl. Statistisches Jahrbuch der DDR 1981, S. 136.

⁵⁶ Eine zusammenfassende Übersicht über diese und die nachfolgend angeführten Umweltschutzgesetze und Durchführungsverordnungen in der DDR mit Gesetzblattangaben findet sich in: Sozialistische Landeskultur Umweltschutz, hrsg. v. d. Akademie für Staats- und Rechtswissenschaft der DDR und vom Ministerium für Umweltschutz und Wasserwirtschaft, Berlin (O) 1978. Vgl. auch die Übersicht in: Zum Stand des Umweltschutzes in der DDR, hrsg. v. Gesamtdeutschen Institut – Bundesanstalt für gesamtdeutsche Aufgaben (Bearbeiter: B. Spindler), Bonn 1979; ferner J. Nohara-Schnabel: Zur Entwick-

lung der Umweltpolitik in der DDR, in: Deutschland Archiv, 8/1976, S. 808–829.

[57] Vgl. Baum (Anm. 53), S. 367.

[58] Vgl. zu weiteren Einzelheiten des Bundes-Immissionsschutzgesetzes den Umweltbericht '76 (Anm. 52), S. 154 ff.

[59] H. Siebert: Praktische Schwierigkeiten bei der Steuerung der Umweltnutzung über Preise, in: Marktwirtschaft und Umwelt (Anm. 41), S. 28–53, hier S. 34.

[60] Vgl. zum Stand des Umweltschutzes in der DDR (Anm. 56), S. 7 f.

[61] Vgl. ebenda, S. 9.

[62] Vgl. M. Melzer: Umweltschutz, in: DDR-Handbuch, hrsg. v. Bundesministerium für innerdeutsche Beziehungen, 2. Aufl., Köln 1979, S. 1 091–1 099, hier S. 1 091.

[63] Vgl. Statistisches Jahrbuch für die Bundesrepublik Deutschland 1981, Stuttgart/Mainz 1981, S. 559.

[64] Vgl. Umweltschutz in beiden deutschen Staaten, hrsg. v. d. Friedrich-Ebert-Stiftung, Bonn 1980, S. 30.

[65] Vgl. Zum Stand des Umweltschutzes in der DDR (Anm. 56), S. 13.

[66] Vgl. Schindler (Anm. 54), S. 92.

[67] Vgl. Was Sie schon immer über den Umweltschutz wissen wollten, Stuttgart/Berlin/Köln/Mainz 1979, S. 208; Umweltbericht '76 (Anm. 52), S. 175 ff.

[68] Vgl. § 53 der Verordnung über die Zulassung von Personen und Fahrzeugen zum Straßenverkehr, in: GBl. II/1964, S. 373–401. Weitere Emissionsgrenzwerte für Verbrennungsmotoren regelt die Zweite Durchführungsbestimmung zur Fünften Durchführungsverordnung zum Landeskulturgesetz – Begrenzung, Überwachung und Verminderung der Emission von Verbrennungsmotoren, in: GBl. I/1974, S. 353.

[69] Vgl. K. H. Hansmeyer, B. Rürup: Umweltgefährdung und Gesellschaftssystem, in: Wirtschaftspolitische Chronik, 2/1973, S. 7–28, hier S. 26. Ähnlich auch H. J. Hof, U. Wagner: Verteilungswirkungen externer Effekte – dargestellt am Beispiel verfahrensbedingter Umweltschäden, in: Einkommensverteilung im Systemvergleich (Anm. 25), S. 123–141.

[70] Vgl. H. Wilkens: Das Sozialprodukt der DDR und der Bundesrepublik im Vergleich, in: DIW-Wochenbericht, 23–24/1977.

[71] Für die DDR ist ein Anteil des technischen Fortschritts am Wachstum des Nationaleinkommens zwischen 1966 und 1980 von 54 vH berechnet worden. Vgl. J. Bethkenhagen, H. Lamprecht: Wachstumsfördernde und wachstumshemmende Effekte der Integration der DDR in den RGW, in: DIW-Vierteljahreshefte zur Wirtschaftsforschung, 1/1979, S. 261.

[72] Vgl. die Arbeiten von D. H. Meadows, D. L. Meadows, J. Randers, W. W. Behrens III: Die Grenzen des Wachstums, Stuttgart 1972; M. Mesarovic, E. Pestel: Menschheit am Wendepunkt, Stuttgart 1974.

⁷³ Vgl. dazu die Angaben und die zusammenfassenden Auswertungen verschiedener Schätzungen in: Global 2000. Der Bericht an den Präsidenten, Frankfurt a. M. 1980, S. 68 ff. und 429 ff.

⁷⁴ Vgl. Global 2000 (Anm. 73), S. 25 ff.

⁷⁵ Ebenda, S. 25.

⁷⁶ Vgl. P. Daublebsky: Technologie und Entwicklung, in: Die Zukunft des Wachstums, hrsg. v. H. v. Nussbaum, Düsseldorf 1973, S. 187–203.

⁷⁷ Vgl. G. Streibel: Umweltschutz und Umweltgestaltung als volkswirtschaftliche Aufgabe, in: Wirtschaftswissenschaft, Berlin (O) 8/1975, S. 1 139–1 156; Schindler (Anm. 54), S. 180 ff. Zum Zusammenhang von Umweltproblematik und Wirtschaftswachstum in der DDR vgl. B. v. Plate: Zur Grundsatzdiskussion in der DDR über die Frage des Wirtschaftswachstums, in: Deutschland Archiv, 1/1982, S. 37–55.

⁷⁸ Vgl. zu diesen Zahlenangaben Bundesbericht Forschung VI, hrsg. v. Bundesministerium für Forschung und Technologie, Bonn 1979, S. 13 und 390. Ferner: G. Fels, K.-D. Schmidt: Die deutsche Wirtschaft im Strukturwandel, Tübingen 1980, S. 65 ff.

⁷⁹ Vgl. D. McClelland: Die Leistungsgesellschaft. Psychologische Analyse der Voraussetzungen wirtschaftlicher Entwicklung, Stuttgart/Berlin/Köln/Mainz 1966; H. Heckhausen: Leistungsmotivation – Unternehmerinitiative – Wirtschaftswachstum, in: Das Leistungsprinzip in der Industriegesellschaft, hrsg. v. Institut der deutschen Wirtschaft, Köln 1979, S. 9–39.

⁸⁰ Vgl. dazu näher J. Röpke: Die Strategie der Innovation, Tübingen 1977.

⁸¹ Vgl. zu empirischen Belegen S. Myers, D. G. Marquis: Successful Industrial Innovations, Washington 1969; J. Schmookler: Invention and Economic Growth, Cambridge/Mass. 1966; L. Uhlmann: Der Innovationsprozeß in westeuropäischen Industrieländern, Bd. 2: Der Ablauf industrieller Innovationsprozesse, Berlin/München 1978; Ch. Freemann: The Determinants of Innovation. Market Demand, Technology, and the Response to Social Problems, in: Futures, June/1979, S. 206–215.

⁸² Vgl. dazu genauer Leipold (Anm. 37), S. 42 ff.; A. Schüller: Eigentumsrechte, Unternehmenskontrollen und Wettbewerbsordnung, in: ORDO, 30/1979, S. 325–346; H.-G. Krüsselberg, H. Brendel: Innovationsfinanzierung, Kapitalmärkte und Kontrolle des Unternehmerverhaltens, in: Vermögen in ordnungstheoretischer und ordnungspolitischer Sicht, hrsg. v. H.-G. Krüsselberg, Köln 1980, S. 83–109.

⁸³ Vgl. Monatsberichte der Deutschen Bundesbank, Nov./1981, S. 21.

⁸⁴ Vgl. Gängelwirtschaft statt Marktwirtschaft? Paragraphen-Dirigismus lähmt unternehmerische Dynamik, hrsg. v. d. Industrie- und Handelskammer Koblenz, Teil I und II, Koblenz 1977, Teil III, Koblenz 1978. Zu den Ursachen der Verrechtlichung vgl. die obigen Ausführungen S. 42 f.

⁸⁵ Wirtschafts- und Außenwirtschaftsrecht für Ökonomen, hrsg. v. Institut für

Wirtschaftsrecht der Hochschule für Ökonomie „Bruno Leuschner", Berlin (O) 1977, S. 536.

[86] Vgl. Anordnung über die Ordnung der Planung der Volkswirtschaft der DDR 1981 bis 1985, vom 28.11. 1979, in: GBl. – Sonderdruck Nr. 1 020, vom 1.2. 1980, Teil L, S. 19 ff.

[87] Vgl. Anordnung über die Rahmenrichtlinie für die Planung in den Kombinaten und Betrieben der Industrie und des Bauwesens – Rahmenrichtlinie – vom 30.11. 1979, in: GBl.-Sonderdruck Nr. 1 021, vom 22.2. 1980, S. 85 ff.

[88] Vgl. J. Röpke: Der importierte Fortschritt, in: ORDO, 27/1976, S. 223–241.

[89] Vgl. Anordnung über die Durchführung von Verteidigungen von wissenschaftlich-technischen Aufgaben und Ergebnissen, vom 23.5. 1973, in: GBl. I/1973, S. 289–292.

[90] Vgl. H. H. Haase: Entwicklungstendenzen der DDR-Wirtschaft für die 80er Jahre, Berichte des Osteuropa Instituts an der Freien Universität Berlin, Heft 129, Berlin 1980, S. 81.

[91] Vgl. Statistisches Jahrbuch der DDR 1981, S. 105. Zu internationalen Vergleichsdaten vgl. H.-D. Haustein, D. Ivanov: Technisch-ökonomisches Niveau der Produktion und Erzeugnisse, Berlin (O) 1979, S. 40; Haase (Anm. 90), S. 88.

[92] H. Nick: Probleme der Vervollkommnung der gesellschaftlichen Leistung des wissenschaftlich-technischen Fortschritts, in: Wirtschaftswissenschaft, Berlin (O) 4/1978, S. 396–419, hier S. 408.

[93] J. Stýblo: Sozialistische Unternehmertätigkeit und Investorenrisiko, in: Neue Richtungen der Tschechoslowakischen Ökonomie, Prag, 4/1969, S. 77–104, hier S. 84.

[94] Vgl. K. C. Thalheim: Die wirtschaftliche Entwicklung in beiden Staaten Deutschlands, Opladen 1978, S. 82.

[95] Zu diesen Angaben vgl. Haase (Anm. 90), S. 74.

[96] Vgl. zu dieser Forderung Haustein, Ivanov (Anm. 91), S. 177 f.

[97] Bahro (Anm. 50), S. 261.

[98] So auch Bahro, ebenda, S. 265: „Außerordentliche Initiativemöglichkeiten gibt es nur an der Spitze."

[99] Nick (Anm. 92), S. 417. Auch Tannhäuser sieht den entscheidenden initiativhemmenden Faktor in der Risikoscheu der „in Forschung und Entwicklung tätigen Genossen und Kollegen". S. Tannhäuser: Zu einigen Bedingungen der weiteren Effektivitätsentwicklung in den Kombinaten der sozialistischen Industrie, in: Probleme der Leitung in der Wirtschaft, Berlin (O) 1978, S. 62–66, hier S. 63. Zur Kritik der Neuerungsträgheit vgl. ferner H. Nick: Der Zusammenschluß von Wissenschaft und Produktion, in: Wirtschaftswissenschaft, Berlin (O) 10/1980, S. 1 197–1 208; W. D. Hartmann: Effektivitätssteigerung durch Neuerungsprozesse in den Kombinaten, in: Einheit, Berlin (O) 1/1980, S. 46–52.

[100] Vgl. H. Leipold: Zielbestimmung und Instabilitäten als Ergebnis politi-

scher Entscheidungsprozesse, in: Gesamtwirtschaftliche Instabilitäten im Systemvergleich, hrsg. v. H. J. Thieme, Stuttgart/New York 1979, S. 39–53.

[101] Vgl. Verordnung über die Förderung der Tätigkeit der Neuerer und Rationalisatoren in der Neuererbewegung – Neuererverordnung – vom 22.12.1971, in: GBl. II/1972, S. 1–11.

[102] Zur Beteiligung an und zum volkswirtschaftlichen Nutzen der Neuererbewegung vgl. Statistisches Jahrbuch der DDR 1981, S. 111.

[103] Vgl. Die Wirtschaft, Berlin (O) 7/1980, S. 4.

[104] Zum technologischen Rückstand der DDR-Industrie vgl. C. Schwartau: Die elektrotechnische Industrie in der DDR. Rückstand bei der Anwendung moderner Technologien, in: DIW-Wochenbericht, 42/1981, S. 475–480; K. Krakat: Realisierung des wissenschaftlich-technischen Fortschritts am Beispiel der Mikroelektronik, FS-Analysen, hrsg. v. d. Forschungsstelle für gesamtdeutsche wirtschaftliche und soziale Fragen Berlin, 1/1980.

5. Teil: Gesamtwirtschaftliche Instabilitäten
(H. Jörg Thieme)

[1] Auf die zahlreichen Definitions- und Meßprobleme der Stabilitätsziele kann hier ebensowenig eingegangen werden wie auf die bei demokratischer Willensbildung ablaufenden Prozesse der Zielbestimmung und -interpretation. Siehe dazu H. J. Thieme: Die Operationalisierung gesamtwirtschaftlicher Ziele: Definitions- und Meßprobleme, in: Wirtschaftliche Meßprobleme, hrsg. v. H.-C. Pfohl, B. Rürup, Köln 1977, S. 233–248; D. Cassel, H. J. Thieme: Stabilitätspolitik, in: Vahlens Kompendium der Wirtschaftstheorie und Wirtschaftspolitik, hrsg. v. D. Bender u. a., Bd. 2, München 1981, S. 267–330, hier S. 277–287; B. S. Frey, Theorie demokratischer Wirtschaftspolitik, München 1981.

[2] Siehe hierzu H. Miethe, H. Mielke: Die Einheit von Wirtschafts- und Sozialpolitik, in: Einheit, Berlin (O) 10/1976, S. 1160; sowie den Beitrag von R. Peterhoff in diesem Band.

[3] Siehe zum „ökonomischen Grundgesetz des Sozialismus" und zum „Gesetz der planmäßig proportionalen Entwicklung der Volkswirtschaft" u. a. Wörterbuch der Ökonomie Sozialismus, Berlin (O) 1973, S. 347–349 u. S. 658–660; Politische Ökonomie des Sozialismus und ihre Anwendung in der DDR, Berlin (O) 1969, S. 233–249. Zur Interpretation siehe K. P. Hensel: Wirtschaftssysteme – Zwangsläufigkeit oder alternative Gestaltung?, in: Wirtschaftssysteme zwischen Zwangsläufigkeit und Entscheidung, Marburger Forschungsseminar, Stuttgart 1971, S. 3–13, hier S. 5.

[4] Siehe hierzu u. a. A. Nove: A Note on the Availability and Reliability of Soviet Statistics, in: The Soviet Economy, hrsg. v. M. Bornstein, D. R. Fusfeld, 4. Aufl., Homewood (Ill.) 1974, S. 237–245.

⁵ Einkommensverteilungspolitische Ziele werden in der Analyse ausgeschlossen, wenngleich Umverteilungsprozesse als Folge von Instabilitäten in beiden Wirtschaftssystemen aktuell sind. Siehe den Beitrag von R. Peterhoff in diesem Band sowie diverse Beiträge in: Einkommensverteilung im Systemvergleich, hrsg. v. D. Cassel, H. J. Thieme, Stuttgart 1976.

⁶ Einen Überblick gibt G. J. Tichy: Konjunkturschwankungen – Theorie, Messung, Prognose, Berlin/Heidelberg/New York 1976.

⁷ Auf die statistisch-methodischen Probleme der hierfür notwendigen Schätzung einer gesamtwirtschaftlichen Produktionsfunktion für die DDR verweist H. Wilkens: Der Spielraum für Produktivitätsfortschritte in der Industrie der DDR bis 1975, in: Vierteljahreshefte zur Wirtschaftsforschung, hrsg. v. DIW, 2/1972, S. 182–190, hier S. 183–187.

⁸ Im Gegensatz zur Entstehungsrechnung des Sozialprodukts in der Bundesrepublik Deutschland enthält das (Brutto-)Nationaleinkommen in der DDR nur die Leistungen (Sachgütererzeugung und materielle Dienste) der sog. „Sphäre der materiellen Produktion". Nichtmaterielle Dienstleistungen des Bank- und Versicherungssektors, des Staates und der Wohnungswirtschaft gehen allerdings indirekt in das Nationaleinkommen ein, da sie nicht als Vorleistungen vom gesellschaftlichen Gesamtprodukt abgezogen werden. Vgl. hierzu sowie zu anderen Abgrenzungsunterschieden P. v. d. Lippe: Einkommensstatistische Vergleiche zwischen der Bundesrepublik Deutschland, der DDR und der Volksrepublik Polen, in: Einkommensverteilung im Systemvergleich (Anm. 5), S. 31–55.

⁹ Vgl. Statistisches Jahrbuch der DDR 1969, Berlin (O) 1969, Methodische Vorbemerkungen zu Teil II, S. 27; DDR-Wirtschaft, hrsg. v. DIW, 3. Aufl., Frankfurt 1977, S. 98 ff.

¹⁰ Vgl. H.-D. Schulz: Wirtschaftsstrategie für die 80er Jahre, in: Deutschland Archiv, 2/1981, S. 113–119, hier 118.

¹¹ Ob und inwieweit die relative Stabilität der jährlichen Änderungsrate des Nationaleinkommens zwischen 1965 und 1975 in der DDR angesichts der ausgeprägten Investitionszyklen als Indiz für eine „statistische Kosmetik" der Nationaleinkommensrechnung zu deuten ist, entzieht sich einer Überprüfung.

¹² Zur Begründung dieser „Bandbreitendefinition" siehe Thieme (Anm. 1), S. 249 f.; D. Cassel: Inflation, in: Vahlens Kompendium der Wirtschaftstheorie und Wirtschaftspolitik, hrsg. v. D. Bender u. a., Bd. 1, München 1980, S. 223–273; sowie die – allerdings anderen Überlegungen folgende – Relativierung des Ziels bei E. Streißler u. a.: Zur Relativierung des Zieles der Geldwertstabilität, Göttingen 1976.

¹³ Siehe für Jugoslawien D. Cassel, H. J. Thieme: Makroökonomische Stabilisierungsprobleme in der sozialistischen Marktwirtschaft Jugoslawiens, in: Arbeiterselbstverwaltung in Jugoslawien, hrsg. v. H. Hamel, München 1974, S. 135–178; für Polen K. H. Hartwig, H. J. Thieme: Schwankungen von Geldmenge, Umlaufgeschwindigkeit und Inflationsrate: Diagnose und Meßprobleme

in unterschiedlichen Wirtschaftssystemen, in: Gesamtwirtschaftliche Instabilitäten im Systemvergleich, hrsg. v. H. J. Thieme, Stuttgart/New York 1979, S. 97–115.

[14] Vgl. D. Cornelsen: Nicht ganz geglückter Start in den neuen Fünfjahrplan. Die wirtschaftliche Lage der DDR zur Jahresmitte 1981, in: DIW-Wochenbericht, 31/1981, S. 363–366.

[15] Siehe K. H. Hartwig: Preiserhöhungen in der DDR. Ende einer langen Phase inflationsfreier Entwicklung? In: Deutschland Archiv, 3/1980, S. 246–251; vgl. auch die Beispiele bei H. Dettenborn, D. Seidel: Wirtschaftliche Fehlentscheidungen, Berlin (O) 1974.

[16] In der Literatur wird dann üblicherweise von einer „aufgestauten", „unterdrückten", „versteckten" Inflation oder vom „inflationary gap" gesprochen. Siehe J. Mujżel: Changes in the Price Level in a Socialist Economy, in: Eastern European Economics, 13/1975, S. 27–65, hier S. 29.

[17] Vgl. zu dieser Inflationsdefinition und zur näheren analytischen Begründung verschiedener Inflationsindikatoren D. Cassel, H. J. Thieme: Verteilungswirkungen von Preis- und Kassenhaltungsinflationen, in: Einkommensverteilung im Systemvergleich (Anm. 5), S. 101–121, hier S. 101–105.; H. J. Thieme: Probleme der Definition und Messung von Inflationen in Systemen zentraler Planung, in: Lenkungsprobleme und Inflation in Planwirtschaften, hrsg. v. K.-E. Schenk, Berlin 1980, S. 45–70. Einen anderen Ansatz wählt B. Schwarz: Inflation (Deflation) in zentral geleiteten Volkswirtschaften, in: Struktur- und stabilitätspolitische Probleme in alternativen Wirtschaftssystemen, hrsg. v. Ch. Watrin, Berlin 1976, S. 121–161.

[18] Vgl. z. B. H. Egerland: Die Ermittlung des Volumens und der Umschlagsgeschwindigkeit des Geldes, in: Deutsche Finanzwirtschaft, Berlin (O) 14/1966, S. G 14–15.

[19] Zu den Problemen der Arbeitslosigkeit in sozialistischen Ländern siehe A. S. Koch, P. Unger: Arbeitslosigkeit in einem sozialistischen Land?, in: Sozialer Fortschritt, 7/1974, S. 176–185; B. Lewytzkyj: Einige Probleme der Arbeitskräfteversorgung im laufenden sowjetischen Fünfjahresplan, in: Österreichische Osthefte, 6/1969, S. 335–342; D. Keese: Beschäftigungsprobleme in Polen, in: Osteuropa Wirtschaft, 2/1966, S. 115–130. Für Jugoslawien siehe H. J. Hof, U. Wagner: Probleme der Beschäftigungspolitik bei Arbeiterselbstverwaltung, in: Arbeiterselbstverwaltung in Jugoslawien (Anm. 13), S. 108–134.

[20] Siehe G. Schmid: Steuerungssysteme des Arbeitsmarktes, Göttingen 1975, S. 65–70. Auch in der umfassenden empirischen Analyse des DIW bleibt das Problem der Arbeitslosigkeit ausgeklammert. Vgl. DDR-Wirtschaft (Anm. 9).

[21] Zur Fluktuation und den dadurch hervorgerufenen Störungen siehe: Probleme der Proportionalität zwischen gesellschaftlichem Arbeitsvermögen und Arbeitsplätzen, 2. Aufl., Berlin (O) 1974, S. 37–39 und S. 59–60.

[22] So betrug im Jahr 1974 beispielsweise der Auslastungsgrad des Potentials

weiblicher Arbeitskräfte nur 77,3 vH, was bei dem hohen Frauenanteil (45,2 vH) an der Erwerbsquote gesamtwirtschaftliche Bedeutung hat. Vgl. H. Vortmann: Beschäftigungsstruktur und Arbeitskräftepolitik in der DDR, in: Vierteljahreshefte zur Wirtschaftsforschung, 1/1976, S. 35–49, hier S. 37. Hochqualifizierte Arbeitskräfte werden nur zu ca. 70 vH der Arbeitszeit entsprechend ihrer Qualifikation eingesetzt; ein Drittel der Leitungspositionen ist von Beschäftigten mit zu niedrigem Qualifikationsniveau besetzt. Vgl. u.a. E. Stiller: Aspekte des effektiven Einsatzes der Arbeitskräfte, in: Die Arbeit, Berlin (O) 3/1971, S. 46; Probleme der Intensivierung des volkswirtschaftlichen Reproduktionsprozesses zur Erhöhung der Effektivität der gesellschaftlichen Produktion – unter besonderer Betrachtung der entscheidenden Rolle der Arbeitsproduktivität, in: Wirtschaftswissenschaft, Berlin (O) 1/1974, S. 23–24; D. Lötsch: Zur rationellen Nutzung des vorhandenen Qualifikationspotentials bei der Leitung und Planung sozialer Prozesse, in: Soziologische Probleme der Klassenentwicklung in der DDR, Berlin (O) 1975, S. 163–170. – Für die Existenz versteckter Arbeitslosigkeit sprechen auch in der DDR durchgeführte Untersuchungen zur Aufdeckung ungenutzter Reserven: In einem Betrieb wurden z.B. bei einer Kostenkontrolle 30 000 Arbeitsstunden als Reserven aufgedeckt. Vgl. R. Schneider: Bankkontrolle über Kostensenkung wird verstärkt, in: Sozialistische Finanzwirtschaft, Berlin (O) 3/1977, S. 25–26.

[23] Vgl. K. v. Beyme: Ökonomie und Politik im Sozialismus, München/Zürich 1975, S. 176; DDR-Wirtschaft (Anm. 9), S. 122; J. Bethkenhagen u.a.: DDR und Osteuropa: Wirtschaftssystem – Wirtschaftspolitik – Lebensstandard. Ein Handbuch, Opladen 1981, S. 13.

[24] Vgl. z.B. Probleme der Proportionalität (Anm. 21), S. 46–59; J. Adam: Wage Control & Inflation in the Soviet Bloc Countries, New York 1980.

[25] Vgl. D. Cornelsen: Hauptaufgabe Export. Die Direktive zum Fünfjahresplan für die Wirtschaft der DDR 1981 bis 1985, in: DIW-Wochenbericht, 31/1981, S. 355–362, hier S. 356.

[26] Einen knappen dogmenhistorischen Überblick über verschiedene konjunkturtheoretische Hypothesen gibt W. J. Mückl: Wodurch werden Konjunkturzyklen ausgelöst?, in: Konjunkturpolitik, hrsg. v. H.-G. Wehling, Opladen 1976, S. 38–51.

[27] Ansatzpunkte einer Systemindifferenten Stabilitätstheorie werden aufgezeigt in H. J. Thieme: Gesamtwirtschaftliche Instabilitäten und Systemvergleich, in: Gesamtwirtschaftliche Instabilitäten im Systemvergleich (Anm. 13) S. 3–16.

[28] Zur Analyse von strategischen Faktoren des Konjunkturzyklus siehe U. Teichmann: Grundriß der Konjunkturpolitik, 2. Aufl., München 1978, insbes. S. 17–52.

[29] Siehe hierzu und zum folgenden den Überblick bei H. J. Thieme: Geld- und fiskalpolitische Prozeßsteuerung in der Marktwirtschaft – Alternative Stabilisierungskonzepte?, In: 25 Jahre Marktwirtschaft in der Bundesrepublik

Deutschland, hrsg. v. D. Cassel, G. Gutmann, H. J. Thieme, Stuttgart 1972, S. 230–250. Zur empirischen Überprüfung vgl. M. J. M. Neumann: Zur relativen Bedeutung fiskalischer und monetärer Impulse, in: WSI-Mitteilungen, 1/1973, S. 14–25.

[30] Einen Überblick über die monetaristischen Hypothesen geben J. Siebke, M. Willms: Theorie der Geldpolitik, Berlin/Heidelberg/New York 1974; Cassel, Thieme: Stabilitätspolitik (Anm. 1). Für eine vertiefende Analyse siehe K. Brunner: The „Monetarist Revolution" in Monetary Theory, in: Weltwirtschaftliches Archiv, 1/1970, S. 1–30; M. Friedman: The Optimum Quantity of Money and Other Essays, London 1969.

[31] Siehe hierzu den Überblick bei B. S. Frey: Das Problem der politischen Konjunkturzyklen, in: Konjunkturpolitik (Anm. 26), S. 52–59.

[32] Siehe zu den verschiedenen Erklärungsansätzen A. Bajt: Investment Cycles in European Socialist Economies: A Review Article, in: Journal of Economic Literature, 1/1971, S. 53–63.

[33] Ebenda, S. 61.

[34] Vgl. Direktive des X. Parteitages der SED zum Fünfjahrplan für die Entwicklung der Volkswirtschaft der DDR in den Jahren 1981 bis 1985, in: Neues Deutschland, Berlin (O), vom 20. 4. 1981; Gesetz über den Fünfjahrplan für die Entwicklung der Volkswirtschaft der DDR 1981 bis 1985, vom 3. 12. 1981, in: GBl. I/1981, S. 405–416, hier S. 406.

[35] Beispiele aus der DDR finden sich bei Dettenborn, Seidel (Anm. 15).

[36] Siehe hierzu H. J. Thieme: Inflation in westlichen Marktwirtschaften und östlichen Planwirtschaften, in: List Forum, 9/1978, S. 290–309; Hartwig, Thieme (Anm. 13).

[37] Vergleicht man beispielsweise für die Periode 1960–1980 die durchschnittlichen Zuwachsraten der Einzelhandelsumsätze (ca. 4,3 vH), so wird das Ausmaß der Geldmengenexpansion (ca. 8,8 vH) deutlich.

[38] Das bestätigte beispielsweise P. Verner in dem Bericht des Politbüros an die 14. Tagung des ZK der SED, in: Neues Deutschland, Berlin (O), vom 10. 12. 1970, S. 5: „Die Arbeitseinkommen der Arbeiter und Angestellten liegen in diesem Jahr wesentlich höher als geplant, nicht zuletzt durch Sonderschichten, Überstunden u. a. Der überwiegende Teil dieser Einnahmen wird unmittelbar umsatzwirksam." Beispiele für ungerechtfertigte Prämienzahlungen schildern Dettenborn, Seidel (Anm. 15). Eine Ausnahme ist der Fünfjahrplanzeitraum 1976 bis 1980. In dieser Phase betrug die tatsächliche durchschnittliche Änderungsrate der Nettogeldeinnahmen 3,8 vH gegenüber einer geplanten Zuwachsrate von 4,0 vH. Vgl. Cornelsen (Anm. 25), S. 360.

[39] W. Eucken: Grundsätze der Wirtschaftspolitik, 3. Aufl., Tübingen/Zürich 1960, S. 285–289.

[40] M. J. M. Neumann: Stabilisierungspolitik aus monetaristischer Sicht, in: Stabilisierungspolitik, WSI-Studie zur Wirtschafts- und Sozialforschung, Nr. 27,

2. Aufl., Köln 1975, S. 75–102, hier S. 80. Ähnlich auch A. Meltzer: Die Wiederherstellung vernünftiger ökonomischer Rahmenbedingungen, in: Kredit und Kapital, 2/1971, S. 119–137.

[41] Auf einkommenspolitische Aktivitäten des Staates, wie z. B. Setzung von Lohnleitlinien, Verordnung von Lohn- und Preisstopps oder die Anwendung von Indexierungssystemen, kann nicht eingegangen werden. Siehe hierzu D. Cassel, H. J. Thieme: Einkommenspolitik, Köln/Berlin 1977.

[42] Siehe u. a. Wörterbuch der Ökonomie Sozialismus (Anm. 3), S. 128; J. Gurtz: Der Staatshaushalt der DDR, in: Sozialistische Finanzwirtschaft, Berlin (O) 17/1973, S. 35–36; Das Finanzsystem der DDR, Berlin (O) 1961; J. Gebhardt: Die Funktion der sozialistischen Finanzen, in: Sozialistische Finanzwirtschaft, Berlin (O) 5/1976, S. 51–52; S. Varga: Die Eigenarten des sozialistischen Budgets, in: Finanzarchiv, N. F., 2/1963, S. 185–203, hier S. 193; W. Ehlert, G. Gebhardt, K. Tannert: Einige Fragen des Geldes, der Finanzen und des Kredits in der sozialistischen Planwirtschaft, in: Sozialistische Finanzwirtschaft, Berlin (O) 7/1972, S. 28–32; DDR-Handbuch, hrsg. v. Bundesministerium für innerdeutsche Beziehungen, 2. Aufl., Köln 1979, Stichwort: Finanzsystem, S. 385–392; Einführung in die politische Ökonomie des Sozialismus, Frankfurt/Main 1974, S. 273–285.

[43] § 16 StabG. sieht zwar auch eine Einbeziehung der Gemeinden in die antizyklische Finanzpolitik von Bund und Ländern vor; bisher sind die Erfolge bezüglich einer solchen Abstimmung relativ gering, weil keine entsprechenden Vorschriften für Gemeindehaushalte gemacht werden und zudem ein großer Teil der Gemeindeausgaben (Personal- und Sozialausgaben) zumindest bisher stabilitätspolitischen Variationen unzugänglich war.

[44] Siehe hierzu: Kommentar zum Gesetz zur Förderung der Stabilität und des Wachstums der Wirtschaft, hrsg. v. A. Möller, 2. Aufl., Hannover 1969; K. Mackscheidt, J. Steinhausen: Finanzpolitik, 2. Aufl., Tübingen/Düsseldorf 1975; H. J. Schmahl: Globalsteuerung in der Wirtschaft, Hamburg 1970; K. Stern, P. Münch, K.-H. Hansmeyer: Gesetz zur Förderung der Stabilität und des Wachstums der Wirtschaft, 2. Aufl., Stuttgart 1972; Cassel, Thieme: Stabilitätspolitik (Anm. 1).

[45] Siehe hierzu insbesondere Mackscheidt, Steinhausen (Anm. 44), S. 73–81.

[46] Zur Diskussion des Umsatzsteuercharakters der produktgebundenen Abgabe vgl. u. a. H. E. Haase: Kritische Anmerkungen zum Staatshaushaltsplan 1976, in: Deutschland Archiv, 3/1976, S. 283–298, hier S. 289; W. Bielig, J. Gurtz: Wesen und Bedeutung der Staatseinnahmen aus der volkseigenen Wirtschaft, in: Wirtschaftswissenschaft, Berlin (O) 11/1973, S. 1 634–1 649; P. Osten: Kritische Anmerkungen zur sowjetischen Umsatzsteuer in Theorie und Praxis, in: Osteuropa Wirtschaft, 3/1975, S. 219–231; G. Hedtkamp, N. Penkaitis: Das sowjetische Finanzsystem, Berlin 1974, S. 153–157. Zum Erhebungsmodus vgl. A. Kitsche: Das Steuersystem in der sowjetischen Besatzungszone Deutschlands, Gelsenkir-

chen-Buer 1960, S. 63–64; K.-H. Hartwig: Steuersystem und Einkommensverteilung, in: Einkommensverteilung im Systemvergleich (Anm 5), S. 179–192, hier S. 182; R. Knauff: Prozeßpolitische Steuerung der betrieblichen Finanzmittel, sowie ders.: Reformen des Preissystems, in: L. Bress, K. P. Hensel u. a.: Wirtschaftssysteme des Sozialismus im Experiment – Plan oder Markt?, Frankfurt/Main 1972, S. 215–220 u. S. 221–274; S. Varga: Über den Charakter der sozialistischen Finanzwirtschaft, in: Zeitschrift für die gesamte Staatswissenschaft, 1/1963, S. 84–116, hier S. 99, Anm. 2, weist darauf hin, daß auch Sozialversicherungsbeiträge als Steuern verstanden werden können, wenn die Sozialversicherungsinstitutionen – wie in der DDR – über keine eigene Finanzverwaltung oder eigenen Reserven verfügen und der Staat die Kosten der Sozialversicherung ohne Rücksicht auf deren Zweckeinnahmen deckt, d. h. sich sowohl etwaige Überschüsse aneignet als auch für Defizite aufkommt.

[47] Legt man die Annahme zugrunde, daß nur Genußmittel und Industriegüter mit der PA belastet werden, so betrug die Steuerquote für das Jahr 1979 104 vH: Einzelhandelsumsatz von Industriewaren und Genußmitteln (64,2 Mrd. M) + Subventionen für Industriewaren (4,4 Mrd. M) ./. Produktgebundene Abgaben (35,0 Mrd. M) = Einzelhandelsumsatz zu Betriebspreisen (33,6 Mrd. M), das ergibt bei einer Relation von 35,0 zu 33,6 Mrd. M eine Steuerquote in Höhe von 104 vH. Vgl. auch Haase (Anm. 47), hier S. 296–297; M. E. Ruban, H. Vortmann: Der Staatshaushalt der DDR 1973–1976, in: DIW-Wochenbericht, 45/1976, S. 411–416, hier S. 412; M. E. Ruban, H. Vortmann: Subventionen kontra Investitionen – das Dilemma des Staatshaushalts der DDR, in: DIW-Wochenbericht, 33/1980, S. 349–353.

[48] In sozialistischen Ländern ist man nicht selten davon ausgegangen, daß sich der private Konsum den jeweiligen Produktionsergebnissen im Konsumgütersektor anpaßt, und hat vernachläßigt, daß sich mit steigendem Realeinkommen auch die Bedürfnisstruktur der privaten Haushalte verändert. Siehe hierzu G. Gutzeit: Konjunkturen in Zentralverwaltungswirtschaften, Diss., Marburg 1973, S. 110–111. Zur Ermittlung der Bedarfsstruktur in der DDR vgl. A. Scherzinger-Rüger: Konsumgüterplanung in der DDR, in: Deutschland Archiv, 10/1974, S. 1 047–1 051.

[49] Vgl. Ruban, Vortmann: Subventionen (Anm. 47), S. 351.

[50] Siehe W. Bielig, J. Gurtz: Die Staatseinnahmen aus der volkseigenen Wirtschaft, in: Sozialistische Finanzwirtschaft, Berlin (O) 16/1974, S. 41–42.

[51] Interessant ist in diesem Zusammenhang die Einführung einer „Stabilization tax" am 1. 1. 1967 in der CSSR, die als „built in stabilizer" die Lohnentwicklung im stabilitätspolitisch angemessenen Rahmen halten sollte. Sie wurde im Januar 1969 jedoch durch einen progressiven Lohnsteuertarif ersetzt. Siehe K. P. Hensel u. Mitarb.: Die sozialistische Marktwirtschaft in der Tschechoslowakei, Stuttgart 1968, S. 62, 72. J. Adam: Wage, Price and Taxation Policy in Czechoslovakia 1948–1970, Berlin 1974, S. 154–159.

⁵² Auf die Feinheiten der geldtheoretischen Analysen und die teilweise kontroversen Standpunkte kann in dem knappen Überblick über Ansatzpunkte und Instrumente der Geldpolitik nicht eingegangen werden. Siehe dazu D. Dickertmann, A. Siedenberg: Instrumente der Geldpolitik, 3. Aufl., Düsseldorf 1979; A. Woll, G. Vogl: Geldpolitik, Stuttgart 1976; J. v. Spindler, W. Becker, O.-E. Starke: Die Deutsche Bundesbank, Grundzüge des Notenbankwesens und Kommentar zum Gesetz über die Deutsche Bundesbank, 4. Aufl., Stuttgart/Berlin/Köln/Mainz 1973; H. J. Jarchow: Theorie und Politik des Geldes, Bd. 2, Geldmarkt und geldpolitische Instrumente, 3. Aufl., Göttingen 1979; Siebke, Willms (Anm. 30); O. Issing: Einführung in die Geldpolitik, München 1981; Cassel, Thieme (Anm. 1).

⁵³ Vgl. für die Bundesrepublik Deutschland J. Siebke, M. Willms: Das Geldangebot in der Bundesrepublik Deutschland. Eine empirische Analyse für die Periode von 1958–1968, in: Zeitschrift für die gesamte Staatswissenschaft, 126/1970, S. 55–74; für Jugoslawien Cassel, Thieme (Anm. 13), S. 148–157.

⁵⁴ Vgl. W. Ehlert, D. Hunstock, K. Tannert: Geldzirkulation und Kredit in der Sozialistischen Planwirtschaft, Berlin (O) 1976, S. 95 ff.

⁵⁵ In der Dezentralisierungsphase waren die „Geschäftsbanken" (Industrie- und Handelsbank; Deutsche Landwirtschaftsbank; Deutsche Außenhandelsbank; Kreis- und Stadtsparkassen; Banken für Handwerk und Gewerbe) relativ autonom und bei der Kreditvergabe insbesondere auf das eigene Gewinnstreben verpflichtet. Die Staatsbank sollte in dieser Phase deren Einlagen verwalten und sie durch entsprechende Refinanzierungskredite mit Liquidität versorgen. Die damaligen Diskrepanzen zwischen zentral geplantem Kreditvolumen und tatsächlicher Kreditvergabe durch die Banken waren eine der Ursachen für den 1971 eingeleiteten Rezentralisierungsprozeß. Seit 1974 ist die Funktion der Kreditvergabe wieder nahezu vollständig auf die Staatsbank zurückverlagert worden und die „Geschäftsbanken" sind erneut regionale oder sektorale Filialen der Staatsbank. Vgl. hierzu DDR-Handbuch (Anm. 42), Stichwort: Bankwesen, S. 129–133. Zur Funktion und zur organisatorischen Struktur des Bankensystems vgl. M. Pütsch: Die Staatsbank der Deutschen Demokratischen Republik, Frankfurt a. M. 1978; H. Buck: Zur gegenwärtigen Reform des mitteldeutschen Bankwesens, in: Bank-Betrieb, Köln, 8/1968, S. 37–41; S. M. Lang, E.-M. Ruban: Veränderungen im Bankensystem der DDR, in: Vierteljahreshefte zur Wirtschaftsforschung, 3/1968, S. 397–411.

⁵⁶ Zur Bilanzierung siehe: Das Finanzsystem der DDR (Anm. 42), S. 96–100; P. Feuersenger: Kreditplanung, in: Sozialistische Finanzwirtschaft, Berlin (O) 5/1976, S. 59–60; Ehlert, Hunstock, Tannert (Anm. 54); Das sozialistische Finanzwesen der DDR, Berlin (O) 1978.

⁵⁷ Vgl. dazu H. Buck: Finanzierungssystem der DDR, in: Handwörterbuch der Finanzwirtschaft, hrsg. v. H. E. Büschgen, 2. Aufl., Stuttgart/Tübingen 1976, S. 254–271.

⁵⁸ Siehe zum folgenden neben der bisher angegebenen Literatur: J. Gurtz: Staatshaushalt, Geldumlauf und Kredit, in: Sozialistische Finanzwirtschaft, Berlin (O) 9/1972, S. 40–42; Ehlert, Gebhardt, Tannert (Anm. 42); W. Klitzsch, S. Pech: Distribution und Geldakkumulation der Bevölkerung, in: Wirtschaftswissenschaft, Berlin (O) 2/1967, S. 263–272.

⁵⁹ Vgl. Egerland (Anm. 18); ders.: Zum Einfluß der Umschlagsgeschwindigkeit des Geldes auf die notwendige Bargeldmenge, in: Geld und Kredit, Berlin (O) 4/1956, S. 283–295; H.-D. Kühne: Zur Analyse der Entwicklung des Bargeldumlaufs, in: Deutsche Finanzwirtschaft, Berlin (O) 3/1961, S. 41–44; D. Porjasov: Zur Wirkung des Gesetzes der Geldzirkulation im Sozialismus, in: Deutsche Finanzwirtschaft, Berlin (O) 1/1966, S. 2–5; J. Gurtz (Anm. 58).

⁶⁰ Vgl. Ehlert, Hunstock, Tannert (Anm. 54); auf diesen Aspekt der Mobilisierung von Liquidität der privaten Haushalte verweist auch M. Lavigne: The Socialist Economies of the Soviet Union and Europe, London 1974, S. 274.

⁶¹ Siehe hierzu H. Maier: Die internationale Übertragung von Konjunkturschwankungen, in: Konjunkturpolitik (Anm. 26), S. 20–37.

⁶² Siehe H. Berg: Internationale Wirtschaftspolitik, Göttingen 1976, S. 84–93.

⁶³ Außenwirtschaftsgesetz vom 28. April 1961, BGBl. I, S. 481.

⁶⁴ Vgl. P. Frank: Reformen des Außenhandelssystems, in: Bress, Hensel u.a. (Anm. 47), S. 275–321; H. Lamprecht: Außenwirtschaftliche Aspekte der ökonomischen Entwicklung der DDR, in: Deutschland Archiv, 2/1975, S. 151–154; M. Haendcke-Hoppe: Außenhandel und Außenhandelsplanung in der DDR, in: Deutschland Archiv, 2/1975, S. 154–160. Von Beziehungen des privaten Sektors zum westlichen Ausland wird dabei abgesehen. Vgl. hierzu E. Sell, H. J. Thieme: Nebenwährungen bei zentraler Planung des Wirtschaftsprozesses, in: Außenwirtschaftspolitik und Stabilisierung von Wirtschaftssystemen, hrsg. v. A. Schüller, U. Wagner, Stuttgart/New York 1980, S. 127–141.

⁶⁵ Siehe hierzu A. Schüller: Produktionsspezialisierung als Mittel der Integrationspolitik im RGW, Arbeitsberichte zum Systemvergleich, hrsg. v. d. Forschungsstelle zum Vergleich wirtschaftlicher Lenkungssysteme, Nr. 2, Marburg 1981.

⁶⁶ An die Stelle der ca. 30 bestehenden Außenhandelsbetriebe, die dem Ministerium für Außenhandel unterstellt waren und bis Ende 1977 85 vH des Außenhandelsumsatzes abwickelten, traten nun 51 neue Außenhandelsbetriebe, von denen 26 den Generaldirektoren der Kombinate und der Rest den zuständigen Fachministerien unterstellt wurden. Vgl. M. Haendcke-Hoppe: Umbau des Außenhandelsapparates ein Erfolgskonzept? In: FS-Analysen, hrsg. v. d. Forschungsstelle für gesamtdeutsche wirtschaftliche und soziale Fragen Berlin, 6/1980, S. 75–93, hier S. 80 ff.

⁶⁷ Aus der Fülle der Literatur siehe die Beiträge von D. Cassel, M. Willms, A. Woll und H. Müller, H. J. Thieme, in: 25 Jahre Marktwirtschaft in der Bundesrepublik Deutschland (Anm. 29); H. Giersch: Episoden und Lehren der Glo-

balsteuerung, in: Wirtschaftspolitik – Wissenschaft und politische Aufgabe, Festschrift zum 65. Geburtstag von Karl Schiller, Bern/Stuttgart 1976, S. 277–296; O. Schlecht: Hat die Globalsteuerung versagt? In: ebenda, S. 297–318; K.-H. Hansmeyer: Stabilitätsgesetz und Marktwirtschaft, in: Die Aussprache, 5–6/1968, S. 90–94; Cassel, Thieme (Anm. 1).

[68] Vgl. J. Siebke, H. J. Thieme: Einkommen, Beschäftigung, Preisniveau, in: Vahlens Kompendium der Wirtschaftstheorie und Wirtschaftspolitik (Anm. 12), S. 73–154.

6. Teil: Sozialpolitik – Rahmenbedingungen und Strukturen
(Reinhard Peterhoff)

[1] Aus dem 13. Jahrhundert datiert die Kuttenberger Bergordnung (erstes geschriebenes Dokument) für die deutschen Bergleute mit verbindlichen Leistungen der Gewerkschaft bei Krankheit oder im Unglücksfall (Behandlungskosten und Lohnfortzahlung); eine Zunftordnung mit ähnlichen sozialen Leistungen gab es seit 1386 für die Wollenweber in Konstanz, in der Brüderschaftsordnung der Münchner Bäcker von 1447, der Bergordnung von 1450 für die Bergleute in Reichenstein in Schlesien, der Zunftordnung der Straßburger Leinweber von 1479. Das Lübecker Heiligen-Geist-Hospital von 1286 und die Augsburger Fuggerei waren Sozialeinrichtungen für die Kranken- und Altenfürsorge. Neben diesen vereinzelten privaten Sozialinitiativen gab es gleichfalls vereinzelt öffentliche Sozialfürsorge; so erließen Augsburg und Nürnberg 1522 als erste deutsche Städte kommunale Armenordnungen. Ein überregionaler Ansatz, nach dem Niedergang der Städte als geschlossene Wirtschaftsorganismen, waren z. B. die „Reichspolizeiordnung" im 16. Jahrhundert wie die Bestimmungen im „Preußischen Allgemeinen Landrecht" von 1794.

[2] So: „Arbeiterschutzgesetzgebung" von 1839 mit Regelungen zur Kinder- und Jugendarbeit, „Preußische Allgemeine Gewerbeordnung" von 1845, „Gewerbeordnung des Norddeutschen Bundes" von 1869.

[3] A. Wagner, zitiert bei G. Friedl: Gesellschaftspolitik in Deutschland, München 1967, S. 27.

[4] Vgl. D. Ricardo: Grundsätze der Volkswirtschaft und Besteuerung, übers. u. eingel. v. H. Waentig, 3. Aufl., Jena 1923, S. 6.

[5] G. Kleinhenz, H. Lampert: Zwei Jahrzehnte Sozialpolitik in der BRD, in: ORDO, Jahrbuch für die Ordnung von Wirtschaft und Gesellschaft, Bd. 23, Düsseldorf/München 1971, S. 103–158, hier S. 105.

[6] Vgl. H. Lampert: Die Wirtschafts- und Sozialordnung der Bundesrepublik Deutschland, 7. Aufl., München 1981, S. 66.

[7] H. Sanmann: Leitbilder und Zielsysteme der praktischen Sozialpolitik als

Problem der wissenschaftlichen Sozialpolitik, in: Leitbilder und Zielsysteme der Sozialpolitik, hrsg. v. H. Sanmann, Berlin 1973, S. 61–75, hier S. 62.

[8] Vgl. E. Buchholz: Sozialstaatsprinzip und Sozialpolitik, in: Grenzen der Planung, hrsg. v. E. Buchholz, H. Schimmelbusch, M. Wulff, Tübingen 1976, S. 1–38, hier S. 3.

[9] G. Wannagat: Lehrbuch des Sozialversicherungsrechts, Bd. 1, Tübingen 1965, S. 162.

[10] E. Topitsch: Das Verhältnis zwischen Sozial- und Naturwissenschaften, in: Logik der Sozialwissenschaften, hrsg. v. E. Topitsch, Köln/Berlin 1965, S. 57–71, hier S. 63.

[11] Artikel 20, Abs. 1: „Die Bundesrepublik Deutschland ist ein demokratischer und sozialer Bundesstaat." Artikel 28, Abs. 1: „Die verfassungsmäßige Ordnung in den Ländern muß den Grundsätzen des republikanischen, demokratischen und sozialen Rechtsstaates im Sinne dieses Grundgesetzes entsprechen."

[12] M. Weber: Die verfassungsrechtlichen Grenzen sozialstaatlicher Forderungen, zitiert bei H. Widmaier: Sozialpolitik im Wohlfahrtsstaat, Hamburg 1976, S. 29.

[13] Regierungserklärung der Bundesregierung vom 29. 11. 1961, in: Stenographischer Bericht, Bd. 50, Bonn 1962, S. 28 f.

[14] Vgl. u. a. H. Berthold: Sozialethische Probleme des Wohlfahrtsstaates, Gütersloh 1968.

[15] G. Tietze: Zur Herausbildung theoretischer Grundlagen des Gesundheits- und Arbeitsschutzes, zitiert bei H. Lampert: Leitbild und Zielsystem der Sozialpolitik in der DDR, in: Leitbilder und Zielsysteme (Anm. 7), S. 101–163, hier S. 105.

[16] H. Ulbricht: Aufgaben der sozialistischen Sozialpolitik bei der Gestaltung der sozialen Sicherheit in der DDR, Leipzig 1965, S. 117.

[17] Ebenda, S. 137 ff.

[18] Vgl. G. Liebscher, G. Thude, G. Tietze; Gewerkschaften, Gesundheitsschutz, Arbeitsschutz, Sozialversicherung, Berlin (O) 1964, S. 951.

[19] W. Eucken: Die Politik der Wettbewerbsordnung: Sozialpolitik, in: Soziale Sicherheit, Köln/Berlin 1971, S. 35–45, hier S. 36.

[20] Wannagat (Anm. 9), S. 172.

[21] A. Müller-Armack: Soziale Marktwirtschaft, in: Handwörterbuch der Sozialwissenschaften, Bd. 9, Tübingen/Göttingen 1956, S. 390–392, hier S. 390 f.

[22] E. Forsthoff: Begriff und Wesen des sozialen Rechtsstaates, zitiert bei Buchholz (Anm. 8), S. 15.

[23] Artikel 20 GG sollte es „in die eigenverantwortliche Entscheidung des künftig tätig werdenden Gesetzgebers stellen, wie er mit dem ‚Mut zu den sozialen Konsequenzen, die sich aus den Postulaten der Demokratie ergeben' (Carlo Schmid), die Sozialordnung in dem reorganisierten deutschen Staatswesen gestalten zu sollen meinte. Dafür wurden ihm von Verfassungs wegen keine ande-

ren konkretisierenden Richtlinien mit auf den Weg gegeben, als der Auftrag zur eigenverantwortlichen Bewältigung der Aufgabe im rechten Verständnis für die sozialen Bedingungen und Erwartungen der Zeit". Weber (Anm. 12), S. 29.

[24] Vgl. H. Thieme, S. Weber: Leitung und Mitwirkung als Kategorie des arbeitsrechtlichen Gegenstandes, in: Wissenschaftliche Zeitschrift der Martin-Luther-Universität Halle-Wittenberg, 5/1980, S. 67–75, hier S. 69 ff.; H. Hamel: Das sowjetische Herrschaftsprinzip des demokratischen Zentralismus in der Wirtschaftsordnung Mitteldeutschlands, Berlin 1966.

[25] A. Müller-Armack: Soziale Marktwirtschaft allein genügt nicht, in: Österreichische Monatshefte, 10/1960, S. 18.

[26] W. Eucken: Grundsätze der Wirtschaftspolitik, Bern/Tübingen 1952, S. 318 ff.

[27] H. Ulbricht (Anm. 16), S. 58.

[28] Gesundheitswesen und Ökonomie, hrsg. v. W. Schwarz und A. D. Bär, Berlin (O) 1970, S. 23.

[29] Programm der Sozialistischen Einheitspartei Deutschlands des IX. Parteitags im Mai 1976, in: Programm und Statut der SED vom 22. Mai 1976, mit einem einleitenden Kommentar von K. W. Fricke, Köln 1976, S. 45–106, hier S. 58.

[30] E. Honecker: Bericht des ZK der SED an dem X. Parteitag, in: Neues Deutschland, Berlin (O) vom 12. 4. 1981, S. 5.

[31] Gesundheitswesen und Ökonomie (Anm. 28), S. 13 f.

[32] H. Püschel: Die Sozialversicherung der Arbeiter und Angestellten, Berlin (O) 1966, S. 265.

[33] Vgl. Liebscher, Thude, Tietze (Anm. 18), S. 662.

[34] Nur in diesem Organisationsrahmen ist eine sehr begrenzte freiwillige Zusatzversicherung als quasi private Eigenvorsorge seit 1968 möglich.

[35] Vgl. Materialien zur Lage der Nation 1971, hrsg. v. Bundesministerium für innerdeutsche Beziehungen, Bonn 1971, S. 158.

[36] Von den sonst üblichen Regelungen abweichend organisiert sind die Selbstverwaltungsorgane der Bundesanstalt für Arbeit: der Vorstand und der Verwaltungsrat sowie die Verwaltungsausschüsse der Landesarbeitsämter.

[37] Vgl. Soziale Sicherung, Bonn 1975, S. 45.

[38] Vgl. Verordnung über die Sozialversicherung der Arbeiter und Angestellten, in: GBl. I/1974, S. 531 f.

[39] Ebenda, § 1, Abs. 3 und 4.

[40] Vgl. Marxistisch-leninistische Sozialpolitik, Berlin (O) 1975, S. 230.

[41] Vgl. Materialien zum Bericht zur Lage der Nation 1974, hrsg. v. Bundesministerium für innerdeutsche Beziehungen, Bonn 1974, S. 456.

[42] Verordnung (Anm. 38), § 6.

[43] Vgl. Zahlenspiegel. Bundesrepublik Deutschland/Deutsche Demokratische Republik – ein Vergleich, hrsg. v. Bundesministerium für innerdeutsche Beziehungen, Bonn 1981, S. 55.

⁴⁴ Ab 1982 betragen die Beitragssätze des versicherungspflichtigen Bruttolohns bzw. -gehalts eines Arbeitnehmers zur Sozialversicherung: Rentenversicherung 9,0 vH, Krankenversicherung 6,5 vH, Arbeitslosenversicherung 2,0 vH, Umlagesatz 1,85 vH. Ein Umlagesatz von 3,7 vH wird voll vom Arbeitgeber getragen.

⁴⁵ Der für die Berechnung der Altersrenten maßgebliche Festbetrag liegt seit 1974 unverändert bei 110,- M, die Beitragsbemessungsgrenze beträgt nach wie vor 600,- M. Die Mindestrente, nach weniger als 15 Arbeitsjahren, wurde um 40,- M auf 270,- M angehoben; der Mindestbetrag der Alters- und Invalidenrente, nach mehr als 15 Arbeitsjahren, stieg um 40,- M auf 280,- M. Vgl. Verordnung über die Gewährung und Berechnung von Renten der Sozialpflichtversicherung – Rentenverordnung – vom 23.11.1979, in: GBl. I/1979, S.401–413.

⁴⁶ H.Vortmann: Einkommensumverteilung als Instrument der Sozialpolitik in der DDR, in: Deutschland Archiv, Sonderheft 1975: Sozialstruktur und Sozialplanung in der DDR, S.58–68, hier S.62.

⁴⁷ Durchschnittlicher Ausgabenanteil für die Bundesrepublik in den Jahren 1969–1971, für die DDR 1968–1972. Vgl. Zahlenspiegel (Anm. 43), S.55.

⁴⁸ Die sozialpolitischen Leistungssysteme in der Bundesrepublik und der DDR sind ausführlich dargestellt in den Materialien (Anm.35 und 41).

⁴⁹ Eingliederungsbeihilfen kann das Arbeitsamt nach § 54 des Arbeitsförderungsgesetzes (AFG, i. d. F. vom 12.12.1977, BGBl. I, S.2557ff.) einem Arbeitgeber zur Einstellung eines schwer vermittelbaren Arbeitslosen in ein Dauerbeschäftigungsverhältnis gewähren. Sie erfolgt in Form eines Lohnkostenzuschusses, maximal für die Dauer von 2 Jahren bis zu 80 vH des tariflichen Arbeitsentgelt.

Einarbeitungszuschüsse, nach § 49 AFG, zielen vor allem auf eine möglichst umfassende berufliche Einarbeitung. Längstens für ein Jahr beträgt sie maximal 80 vH des Arbeitsentgelts und wird unter der Bedingung gewährt, daß der Arbeitslose oder von Arbeitslosigkeit Bedrohte nicht nur eine Dauerbeschäftigung erhält, sondern vom Arbeitgeber auch entsprechend einem Einarbeitungsplan beruflich qualifiziert wird.

Kurzarbeitergeld, nach § 63ff AFG, wird als reine Versicherungsleistung im Falle eines vorübergehenden, unerwarteten Arbeitsausfalls infolge unabwendbarer Ereignisse (zumeist konjunkturelle Absatzschwankungen) gezahlt.

Den Arbeitnehmern wird durch das Arbeitsamt 68 vH des entgangenen Netto-Arbeitsentgelts bezahlt.

⁵⁰ Vgl. S.Mampel: Das Arbeitsgesetzbuch, in: Deutschland Archiv, Sonderheft 1978: Einheit von Wirtschafts- und Sozialpolitik, Anspruch und Realität, S.39–52, hier S.42.

⁵¹ Vgl. Arbeitsgesetzbuch der DDR, vom 16.Juni 1977, Kapitel 15: Sozialversicherung der Arbeiter und Angestellten, in: GBl. I/1977, S.185–227.

⁵² Ebenda, § 54, Abs. 2.

⁵³ „Ist die Auflösung eines Arbeitsvertrages erforderlich, soll sie durch Vereinbarung zwischen dem Werktätigen und dem Betrieb (Aufhebungsvertrag) oder durch Vereinbarung zur Überleitung des Werktätigen in einen anderen Betrieb zwischen dem bisherigen Betrieb, dem Werktätigen und dem übernehmenden Betrieb (Überleitungsvertrag) erfolgen." Ebenda, § 51, Abs. 1.

⁵⁴ „Der zeitweilige Einsatz von Werktätigen in einem anderen Betrieb im Rahmen der sozialistischen Hilfe oder zur Lösung volkswirtschaftlicher Schwerpunktaufgaben ist zwischen dem Werktätigen, dem Einsatzbetrieb und dem delegierenden Betrieb zu vereinbaren (Delegierungsvertrag)." Ebenda, § 50, Abs. 1.

⁵⁵ Vgl. Statistisches Jahrbuch der DDR 1958, S. 210.

⁵⁶ Vgl. Materialien (Anm. 41), S. 411 ff.; Zahlenspiegel (Anm. 43), S. 55 f. und S. 60 ff.

⁵⁷ Das Nettoeinkommen der Arbeitnehmer kann sich zusammensetzen aus: Erwerbseinkommen, Sozialeinkommen (z. B. Kindergeld, Krankengeld), Vermögenseinkommen sowie sonstigen Einkommen.

⁵⁸ Berechnung für Bundesrepublik und DDR ohne Selbständige. Vgl. Zahlenspiegel (Anm. 43), S. 56.

⁵⁹ Ebenda, S. 55.

⁶⁰ T. Eger: Funktionen staatlicher Umverteilungspolitik und ihre Begründung, in: Einkommensverteilung im Systemvergleich, hrsg. v. D. Cassel, H. J. Thieme, Stuttgart 1976, S. 145–160, hier S. 146.

⁶¹ Materialien (Anm. 41), S. 452.

⁶² H. Barnick, B. Richter: Zur Dialektik von Produktionsweise – Lebensweise und Bedürfnisse – Interessen, in: Deutsche Zeitschrift für Philosophie, Berlin (O) 1/1980, S. 802–814, hier S. 813.

⁶³ G. Winkler: Ökonomische und soziale Probleme der weiteren Ausprägung der sozialistischen Lebensweise, in: Probleme der sozialistischen Lebensweise, Berlin (O) 1977, S. 9–40, hier S. 9.

⁶⁴ J. Rössler: Die sozialistische Lebensweise und die sozialistische Verteilung, in: Probleme der sozialistischen Lebensweise (Anm. 63), S. 66–71, hier S. 71.

⁶⁵ H. Luft: Leistungsprinzip, Sozialpolitik und sozialistische Lebensweise, in: Probleme der sozialistischen Lebensweise (Anm. 63), S. 59–62, hier S. 59. Auch Siegfried Seidel weist darauf hin, daß in § 1 des Arbeitsgesetzbuches das Hauptziel des sozialistischen Arbeitsrechts bestimmt wird: der Verwirklichung der Hauptaufgabe in ihrer Einheit von Wirtschafts- und Sozialpolitik zu dienen. Entscheidende Voraussetzung sei dabei die weitere Erhöhung der Effektivität der Volkswirtschaft u. a. durch Erhöhung der Arbeitsdisziplin, der Plan- und Vertragsdisziplin. Die seit dem VIII. und IX. Parteitag beschlossenen sozialpolitischen Maßnahmen begünstigen vor allem „diejenigen Werktätigen, die einen besonders hohen Anteil am Leistungszuwachs erbracht haben". S. Seidel: Die Rolle des Arbeitsrechts bei der Durchsetzung der Einheit von Wirtschafts- und

Sozialpolitik, in: Wissenschaftliche Zeitschrift der Martin-Luther-Universität Halle-Wittenberg, 5/1980, S. 77–80, hier S. 77 ff.

[66] Vgl. E. Standfest: Sozialpolitik als Reformpolitik, WSI-Studie zur Wirtschafts- und Sozialforschung, 39/1979, S. 18 ff.

[67] Vgl. hierzu u. a.: B. Molitor: Sozialpolitik auf Abwegen, in: Wirtschaftsdienst, 4/1979, S. 154–155; W. Stützel: Systemkonforme Sozialpolitik in der sozialen Marktwirtschaft, in: Wirtschaftsdienst, 9/1980, S. 450–455.

[68] Vgl. H.-J. von Koerber: Polens Problem der starken Nachkriegsjahrgänge, in: Beiträge zur Theorie und Praxis von Wirtschaftssystemen, hrsg. v. W. Förster, D. Lorenz, Berlin 1970, S. 167–206, hier S. 181.

[69] G. Gutmann: Beschäftigungsprobleme im Sozialismus, in: Wirtschaftsdienst, 3/1979, S. 135–140, hier S. 135.

[70] Vgl. G. Albrecht: Bemerkungen zu einer neuen Theorie der Sozialpolitik, in: Jahrbücher für Nationalökonomie und Statistik, Band 171, 5–6/1959, S. 353–371, hier S. 370 f.

[71] Ebenda, S. 371.

Abkürzungen

AFG	Arbeitsförderungsgesetz
AGL	Abteilungsgewerkschaftsleitung
BBankG	Bundesbankgesetz
BGBl	Bundesgesetzblatt
BGL	Betriebsgewerkschaftsleitung
BGO	Betriebsgewerkschaftsorganisation
BPO	Betriebsparteiorganisation
BTD	Bundestags-Drucksache
BVerfG	Bundesverfassungsgesetz
CDU	Christlich-Demokratische Union
DDR	Deutsche Demokratische Republik
DGB	Deutscher Gewerkschaftsbund
DIW	Deutsches Institut für Wirtschaftsforschung Berlin
DWK	Deutsche Wirtschaftskommission
ERP	European Recovery Program (Europäisches Wiederaufbau-Programm)
EWG	Europäische Wirtschaftsgemeinschaft
EWS	Europäisches Währungssystem
FAZ	Frankfurter Allgemeine Zeitung
FDGB	Freier Deutscher Gewerkschaftsbund
FDJ	Freie Deutsche Jugend
GBl	Gesetzblatt der DDR
GG	Grundgesetz
GWB	Gesetz gegen Wettbewerbsbeschränkungen
HO	Handelsorganisation
KPD	Kommunistische Partei Deutschlands
M	Mark der DDR
MAK-Bilanzen	Material-, Ausrüstungs- und Konsumgüterbilanzen
ME	Mengeneinheiten
MEW	Marx-Engels-Werke
NÖS (PL)	Neues Ökonomisches System (der Planung und Leitung der Volkswirtschaft)
NGA	Nettogewinnabführung
NVA	Nationale Volksarmee
OEEC	Organization for European Economic Cooperation (Organisation für europäische wirtschaftliche Zusammenarbeit)

ÖSS	Ökonomisches System des Sozialismus
PA	Produktgebundene Abgabe
PFA	Produktionsfondsabgabe
RGW	Rat für gegenseitige Wirtschaftshilfe
SBZ	Sowjetische Besatzungszone
SED	Sozialistische Einheitspartei Deutschlands
SMAD	Sowjetische Militär-Administration in Deutschland
SPD	Sozialdemokratische Partei Deutschlands
SPK	Staatliche Plankommission
StabG	Stabilitätsgesetz
Stat. JB DDR	Statistisches Jahrbuch der DDR
SVR	Sachverständigenrat zur Begutachtung der gesamtwirtschaftlichen Entwicklung
VEB	Volkseigene Betriebe
VEG	Volkseigene Güter
VEW	Volkseigene Wirtschaft
VVB	Vereinigungen Volkseigener Betriebe
ZK	Zentralkomitee

Die Autoren

Hannelore Hamel

Dr. rer. pol., geb. 1930, Wiss. Mitarbeiterin der Forschungsstelle zum Vergleich wirtschaftlicher Lenkungssysteme der Universität Marburg.

Veröffentlichungen u. a.: Das sowjetische Herrschaftsprinzip des demokratischen Zentralismus in der Wirtschaftsordnung Mitteldeutschlands, (Duncker & Humblot) Berlin/München 1966. Hensel/Hamel/Wagner/Knauff: Die sozialistische Marktwirtschaft in der Tschechoslowakei, (G. Fischer) Stuttgart 1968. Beiträge über Ungarn, Konvergenz u. a. in: Wirtschaftssysteme zwischen Zwangsläufigkeit und Entscheidung, (G. Fischer) Stuttgart 1971. Beiträge über Sozialistische Marktwirtschaften u. a. in: Bress/Hensel u. a.: Wirtschaftssysteme des Sozialismus im Experiment – Plan oder Markt, (Fischer Athenäum Taschenbücher, 5002) Frankfurt a. M. 1972. Sozialistische Marktwirtschaft in der DDR? Hinwendung und Abkehr, in: Sozialistische Marktwirtschaften, hrsg. v. H. Leipold, (Beck'sche Schwarze Reihe, 124) München 1975, S. 72–103. Zur Frage der Mitgliedschaft der RGW-Länder im Internationalen Währungsfonds (IWF), in: Außenwirtschaftspolitik und Stabilisierung von Wirtschaftssystemen, hrsg. v. A. Schüller/U. Wagner, (G. Fischer) Stuttgart/New York 1980, S. 177–194. Sozialistische Unternehmenskonzentration und Managerverhalten – Die Kombinatsbildung in der DDR als Effizienzproblem, in: Anreiz- und Kontrollmechanismen in Wirtschaftssystemen I, hrsg. v. G. Hedtkamp, (Duncker & Humblot) Berlin 1981, S. 67–97.

Rudolf Knauff

Dr. rer. pol., geb. 1940, Dozent in der betrieblichen Weiterbildung und Lehrerfortbildung, freier Mitarbeiter der Forschungsstelle zum Vergleich wirtschaftlicher Lenkungssysteme der Universität Marburg.

Veröffentlichungen: Der fondsbezogene Preis in der DDR – ein neuer Lösungsversuch des Problems der Preisbildung im Sozialismus, Diss. Marburg 1970. Hensel/Hamel/Wagner/Knauff: Die sozialistische Marktwirtschaft in der Tschechoslowakei, (G. Fischer) Stuttgart 1968. Beiträge über Preissystem (DDR) u. a. in: Bress/Hensel u. a.: Wirtschaftssysteme des Sozialismus im Experiment – Plan oder Markt, (Fischer Athenäum Taschenbuch, 5002) Frankfurt a. M. 1972. Die Investitionspolitik in der DDR, in: Das Wirtschaftssystem der DDR – wirtschaftspolitische Gestaltungs- und Funktionsprobleme, hrsg. v. G. Gutmann, (G. Fischer) Stuttgart/New York 1982 (im Druck).

Helmut Leipold

Dr. rer. pol., geb. 1944, Dozent für Volkswirtschaftslehre an der Universität Marburg und wiss. Mitarbeiter der Forschungsstelle zum Vergleich wirtschaftlicher Lenkungssysteme der Universität Marburg.

Veröffentlichungen u. a.: Betriebsdemokratie – ökonomische Systemrationalität – eine organisationstheoretische Analyse der jugoslawischen Arbeiterselbstverwaltung, (G. Fischer) Stuttgart 1974. Wirtschafts- und Gesellschaftssysteme im Vergleich – Grundzüge einer Theorie der Wirtschaftssysteme, 3. Aufl., (UTB 481) Stuttgart 1981. Hrsg.: Sozialistische Marktwirtschaften, (Beck'sche Schwarze Reihe, 124) München 1975. Die Verwertung neuen Wissens bei alternativen Eigentumsordnungen, in: Ökonomische Verfügungsrechte und Allokationsmechanismen in Wirtschaftssystemen, hrsg. v. K.-E. Schenk, (Duncker & Humblot) Berlin 1978, S. 89–122. Zielbestimmung und Instabilitäten als Ergebnis politischer Entscheidungsprozesse, in: Gesamtwirtschaftliche Instabilitäten im Systemvergleich, hrsg. v. H. J. Thieme, (G. Fischer) Stuttgart/New York 1979, S. 39–53. Eigentümerkontrolle und Managerverhalten, in: Anreiz- und Kontrollmechanismen in Wirtschaftssystemen I, hrsg. v. G. Hedtkamp, (Duncker & Humblot) Berlin 1981, S. 29–66. Wirtschaftssysteme, Ungarn, in: Handwörterbuch der Wirtschaftswissenschaft (HdWW), Band 9, 1981, S. 399–412.

Reinhard Peterhoff

Dr. rer. pol., geb. 1937, Lehrbeauftragter an der Universität Marburg und wiss. Mitarbeiter der Forschungsstelle zum Vergleich wirtschaftlicher Lenkungssysteme der Universität Marburg.

Veröffentlichungen u. a.: Beiträge über Tschechoslowakei und Polen in: Wirtschaftssysteme zwischen Zwangsläufigkeit und Entscheidung, (G. Fischer) Stuttgart 1971. Beiträge über das polnische Wirtschaftssystem in: Polen, Länderberichte Osteuropa II, hrsg. v. Johann-Gottfried-Herder-Institut Marburg, (C. Hanser) München/Wien 1976. Theoretische Entwürfe sozialistischer Marktwirtschaften, in: Sozialistische Marktwirtschaften, hrsg. v. H. Leipold, (Beck'sche Schwarze Reihe, 124) München 1975, S. 160–175. Das Staatshaushaltssystem Polens nach 1945, Berichte des Bundesinstituts für ostwissenschaftliche und internationale Studien, 4/1977. v. Delhaes/Peterhoff: Zur Reform der polnischen Wirtschaftsordnung, Arbeitsberichte zum Systemvergleich, hrsg. v. d. Forschungsstelle zum Vergleich wirtschaftlicher Lenkungssysteme der Philipps-Universität Marburg, Nr. 1, Marburg 1981. Wirtschaftliche Reformzwänge als Ausdruck von Widersprüchen in der polnischen Gesellschaftsordnung, in: Polen – Das Ende der Erneuerung? Hrsg. v. A. Uschakow, (Beck'sche Schwarze Reihe, 259) München 1982, S. 168–186.

H. Jörg Thieme

Dr. rer. pol., geb. 1941, ord. Professor für Wirtschaftslehre, insbes. Theoretische Volkswirtschaftslehre, an der Ruhr-Universität Bochum.

Veröffentlichungen u. a.: Die sozialistische Agrarverfassung – ein Ausnahmebereich im Wirtschaftssystem der DDR, (G. Fischer) Stuttgart 1969. Woll/Thieme/Cassel: Übungsbuch zur Allgemeinen Volkswirtschaftslehre, 5. Aufl., (Vahlen) München 1981. Wirtschaftspolitik in der Sozialen Marktwirtschaft, 2. überarb. Aufl., (Wissenschaft, Wirtschaft und Technik) Bad Harzburg 1976. Cassel/Thieme: Einkommenspolitik – Kritische Analyse eines umstrittenen stabilitätspolitischen Konzepts, (Kiepenheuer & Witsch) Köln 1977. Geld- und fiskalpolitische Prozeßsteuerung in der Marktwirtschaft – Alternative Stabilisierungskonzepte? In: 25 Jahre Marktwirtschaft in der Bundesrepublik Deutschland, hrsg. v. D. Cassel/G. Gutmann/H. J. Thieme, (G. Fischer) Stuttgart 1972, S. 230–250. Cassel/Thieme: Monetäre Stabilisierungsprobleme in Jugoslawien, in: Arbeiterselbstverwaltung in Jugoslawien, hrsg. v. H. Hamel, (Beck'sche Schwarze Reihe, 113) München 1974, S. 135–178. Cassel/Thieme: Verteilungswirkungen von Preis- und Kassenhaltungsinflation, in: Einkommensverteilung im Systemvergleich, hrsg. v. Cassel/Thieme, (G. Fischer) Stuttgart 1976, S. 101–122. Hrsg.: Gesamtwirtschaftliche Instabilitäten im Systemvergleich, (G. Fischer) Stuttgart/New York 1979. Probleme der Definition und Messung von Inflation im System zentraler Planung, in: Lenkungsprobleme und Inflation in Planwirtschaften, hrsg. v. K.-E. Schenk, (Duncker & Humblot) Berlin 1980, S. 45–70. Wirtschaftssysteme, in: Vahlens Kompendium der Wirtschaftstheorie und Wirtschaftspolitik, Band 1, (F. Vahlen) München 1980, S. 1–47.

Bücher zur Wirtschaftspolitik
in der Beck'schen Schwarzen Reihe

K. Paul Hensel

Grundformen der Wirtschaftsordnung

Marktwirtschaft – Zentralverwaltungswirtschaft
3., erweiterte Auflage. 1978. 193 Seiten (BSR 95)

Sozialistische Marktwirtschaften

Konzeptionen und Lenkungsprobleme
Herausgegeben von Helmut Leipold
1975. 201 Seiten mit 9 Textabbildungen (BSR 124)

Eike von Hippel

Grundfragen der Weltwirtschaftsordnung

1980. 165 Seiten (BSR 217)

Erich Preiser

Wirtschaftspolitik heute

Grundprobleme der Marktwirtschaft
6., ergänzte Auflage. 1978. 222 Seiten (BSR 51)

Erich Preiser

Nationalökonomie heute

Eine Einführung in die Volkswirtschaftslehre
13., ergänzte Auflage. 1982. 139 Seiten (BSR 5)

Helmut Arndt

Wirtschaftliche Macht

Tatsachen und Theorien
3., neub. Auflage. 1980. 222 Seiten mit 8 Textabbildungen (BSR 119)

Helmut Arndt

Irrwege der Politischen Ökonomie

Die Notwendigkeit einer wirtschaftstheoretischen Revolution
1979. 263 Seiten mit 11 Textabbildungen (BSR 187)

Verlag C. H. Beck München